新しい時代の英語科教育法

小中高を一貫した理論と実践

木村松雄〔編著〕

アレン玉井光江
醍醐路子
飯田敦史
伊東弥香
伊藤泰子
ケイト・エルウッド
菊池尚代
木塚雅貴
松本佳穂子
宮本智明
佐野富士子
下山幸成
塩澤　正
高田智子
竹蓋順子
寺内　一
辻るりこ
山口高領
山崎　勝

学文社

はしがき

　国際化・グローバル化と加速する高度情報化の社会において ELF（English as a Lingua Franca：国際共通語）としての英語の果たす機能と役割は重要となり，英語を実際に使う機会は今後ますます増えていくことでしょう。英語科教育法の果たす役割も従来以上に高まっています。学習指導要領の全面的な改訂に伴い，外国語（英語）教育は，「知識及び技能」，「思考力，判断力，表現力等」を一体的に育成すると共にその学習過程を通じて「学びに向かう力，人間性等」の資質・能力を育成することが重視されます。この理念を具現化するために，小学校・中学校・高等学校を一貫した教育システムと捉え，国際的な基準であるCEFR（ヨーロッパ言語共通参照枠）を参考に，4技能・5領域で英語の目標を設定し，外国語（英語）を使って何ができるようになるかを明確にする観点から各校種におけるCAN-DOリストの作成と実行が望まれています。生徒は指標としての到達目標をCAN-DOリストによって，省察し，自己調整を図りながら，自律した存在としての学習者（autonomous learner）へ成長することが期待されています。

　いっぽう，生徒を導き支援する教師も，自らの機能と役割をJ-POSTLなどを指標として省察することで，プロの教師として成長することが期待されています。電子化された教材を電子黒板とタブレットを用いて学習する双方向かつ課題解決型の学習行為は，教室の外との異文化間交流をも可能とし，AIやARの進捗によりさらに加速することが予測されます。総じて，これからの外国語（英語）教育は，学習そのものが中心となり，創造する新たな学習モデルのなかで機能する教師の役割と学習者の役割が論じられる「学習中心主義（learning-centered）」にシフトしていくことが予測されます。

「学習中心主義（Learning-centered）」

本書の主な特色は以下のとおりです。
1．2学期制に対応：前期15回（理論編），後期15回（実践編）の計30回講義構成
2．2017・2018年版学習指導要領の「コアカリキュラム」に対応した内容構成
3．反転学習を採り入れ，AL（アクティブラーニング）が可能となる3ステップで構成記述
〈▶PRE-LEARNING ▶IN-LEARNING ▶POST-LEARNING〉（課題提示・調査）（講義・授業）（省察・成果の確認）
4．J-POSTL（JACET教育問題研究会編『言語教師のポートフォリオ』）の掲載（巻末資料1，側注に本文と関連する J-POSTL 表示）
5．2017・2018年版学習指導要領（小・中・高）を英訳し，和英対照表を掲載（巻末資料4）

　本書は，時代の要請に応えるため，各大学で英語科教育法を担当している研究者教員と教育現場において先端の英語教育を実践している実践家教員による理論と実践の融合をめざして編集されました。各章を執筆された先生方に心から御礼申し上げます。また，J-POSTLの掲載をご了解くださったJACET教育問題研究会に感謝申し上げます。

　最後に辛抱強く編集の労をお取りくださった学文社の二村和樹氏に衷心より御礼申し上げます。本書を手にした方が将来英語の教師として輝かれることを祈っています。

編著者

目　次

はじめに　i

理　論　編　　1

1. 英語教育の目的と小・中・高の連携 ─── 2
2. 第二言語習得理論からの示唆と応用 ─── 9
3. 学習者論からの示唆と応用 ─── 16
4. 英語教師論からの示唆と応用 ─── 22
5. リスニング指導理論と応用 ─── 29
6. リーディング指導理論と応用 ─── 37
7. スピーキング指導理論と応用 ─── 44
8. ライティング指導理論と応用 ─── 51
9. 技能統合型授業の理論と応用 ─── 59
10. 小学校英語教育の展開 ─── 66
11. 中学校英語教育の展開 ─── 73
12. 高等学校英語教育の展開 ─── 80
13. CLIL と協調学習 ─── 88
14. 視聴覚教育理論と機器活用の留意点 ─── 95
15. 英語教育評価の理論と応用 ─── 102

実　践　編　　109

1. 語彙指導 ─── 110
2. 文法指導 ─── 117
3. 異文化理解教育 ─── 125
4. 教材分析と指導 ─── 132
5. ICT・視聴覚機器と応用 ─── 138
6. 評価（1）─テスト作成法・4技能測定・パフォーマンステスト ─── 145
7. 評価（2）─CAN-DO リストの作成・観点別評価 ─── 152
8. 授業分析（1）─小学校英語 ─── 158
9. 授業分析（2）─中学校英語 ─── 165
10. 授業分析（3）─高等学校英語 ─── 173
11. 授業計画（1）─授業計画に必要な知識・情報と教案作成（中学校） ─── 181
12. 授業計画（2）─授業計画に必要な知識・情報と教案作成（高等学校） ─── 186
13. アクティブラーニングの進め方 ─── 193
14. 代表的な教授法 ─── 200
15. EGP 教育から ESP 教育へ ─── 213

巻末資料 ─── 220
1．J-POSTL 項目一覧　220
2．教育実習心得　223
3．用語解説　225
4．学習指導要領（小中高：日英並記）　230

索　引　298

理論編

1 英語教育の目的と小・中・高の連携

▶PRE-LEARNING ▶▶▶

Task 1：「学習指導要領（小・中・高）」（巻末資料4参照）の「目標と内容」を読み，その共通した理念は何かを考えておきましょう。
Task 2：小・中・高を一貫した英語教育を推進するために重要なことは何かを考えておきましょう。
Task 3：以下の用語について調べておきましょう。
　＊小・中・高の連携　＊コミュニケーション能力　＊BICS と CALP

▶IN-LEARNING ▶▶▶

　第1章では，小学校，中学校，高等学校における英語教育の目標を学習指導要領の目標を中心に考えていきます。英語という外国語は，小学校，中学校，高等学校においてどのように位置づけられているでしょうか。また小・中・高に一貫して求められているものは何でしょうか。小学校からみていきましょう。

1-1 小学校学習指導要領 第4章 外国語活動

> 第1　目標
> 　外国語によるコミュニケーションにおける見方・考え方を働かせ，外国語による聞くこと，話すことの言語活動を通して，コミュニケーション図る素地となる資質・能力を次のとおり，育成することを目指す。
> 　（I. Overall Objectives: The guidelines aim at fostering the attributes and abilities that form the groundwork of communication by putting the ways of looking at and thinking about various things in the act of communication in a foreign language to work through the language activities of listening and speaking as follows.）

　小学校「外国語活動」では，コミュニケーションの定義を「コミュニケーションを図る素地」（the groundwork of communication）としているところに注目しましょう。

1-2 小学校学習指導要領 第2章 各教科 第10節 外国語

> 第1　目標
> 　外国語によるコミュニケーションにおける見方・考え方を働かせ，外国語による聞くこと，読むこと，話すこと，書くことの言語活動を通して，コミュニケーションを図る基礎となる資質・能力を次のとおり育成することを目指す。

学習指導要領：本書では，2020年度から小学校，2021年度から中学校で完全実施されるものを2017年版学習指導要領と呼び，2022年度から高等学校で年次進行実施されるものを2018年版学習指導要領と呼ぶ。なお，学習指導要領と示すものは上記をさし，以前のものは適宜○○年版学習指導要領と示す

小学校外国語活動 目標：「外国語による聞くこと，話すことの言語活動を通して」に留意。
小学校外国語 目標：「外国語による聞くこと，読むこと，話すこと，書くことの言語活動を通して」に留意

> (I. Overall Objectives: The guidelines aim at fostering the attributes and abilities that form the foundation of communication by putting the ways of looking at and thinking about various things in the act of communication in a foreign language to work through the language activities of listening, reading, speaking, and writing, as follows.)

小学校「外国語」では，コミュニケーションの定義を，「コミュニケーションを図る基礎」(the foundation of communication) としている点に注目しましょう。

1-3 中学校学習指導要領 第2章 各教科 第9節 外国語

> 第1 目標
> 外国語によるコミュニケーションにおける見方・考え方を働かせ，外国語による聞くこと，読むこと，話すこと，書くことの言語活動を通して，簡単な情報や考えなどを理解したり表現したり伝え合ったりするコミュニケーションを図る資質・能力を次のとおり育成することを目指す。
> (I. Overall Objectives: The guidelines aim at fostering the attributes and abilities to communicate through understanding, expressing, and conveying simple information and ideas to others by putting ways of looking at and thinking about various things in the act of communication in a foreign language to work through the language activities of listening, reading, speaking, and writing, as follows.)

中学校外国語 目標：「外国語による聞くこと，読むこと，話すこと，書くことの言語活動を通して」に留意

中学校「外国語」における，コミュニケーションの定義は，正しく「コミュニケーション」(communication) となっている点に注目しましょう。

1-4 高等学校学習指導要領 第8節 外国語

> 第1款 目標
> 外国語によるコミュニケーションにおける見方・考え方を働かせ，外国語による聞くこと，読むこと，話すこと，書くことの言語活動及びこれらを結び付けた統合的な言語活動を通して，情報や考えなどを的確に理解したり適切に表現したり伝えあったりするコミュニケーションを図る資質・能力を次のとおり育成することを目指す。
> (Article 1 Overall Objectives: The guidelines aim at fostering the attributes and abilities to communicate through accurately understanding, appropriately expressing, and conveying information and ideas to others by putting ways of looking at

高等学校外国語 目標：「外国語による聞くこと，読むこと，話すこと，書くことの言語活動及びこれらを結び付けた複合的な言語活動を通して」に留意

and thinking about various things in the act of communication in a foreign language to work, through the language activities of listening, reading, speaking, and writing as well as comprehensive language activities that bring these together, as follows.)

　高等学校「外国語」における，コミュニケーションの定義は，中学と同様，正しく「コミュニケーション」(communication) としている点に注目しましょう。

　以上から，小学校，中学校，高等学校の学習指導要領の目標を通時的にみた場合，「コミュケーション能力の育成」「言語や文化についての理解の深化」「積極的にコミュニケーションを図ろうとする態度の育成」などは，各校種が単独ではなく，小・中・高を一貫した理念のもと，構造的なつながりによって連動していることがわかります。また，「コミュニケーション」の定義が，「コミュニケーションの素地」(the groundwork of communication) → 「コミュニケーションの基礎」(the foundation of communication) → 「コミュニケーション」(communication) と段階をおって構造的に成長している点も見逃せません。よって，小・中・高のどの校種の英語教育に従事する場合も，一度全体を縦の系として俯瞰し，そのうえで目標を達成するための授業実践を考える必要があるでしょう。

1-5 小・中・高の連携
1-5-1 逆三角形構造型英語教育から正三角形構造型英語教育へ

　指導目標でみてきたように，小・中・の学習指導要領を通時的かつ構造的に貫く共通目標を一言で表せば，コミュニケーション能力の育成です。そして，「外国語を通じて，言語や文化に対する理解を深め，積極的にコミュニケーションを図ろうとする態度の育成を図り，コミュニケーション能力を養う」ことが共通のテーマです。今後小・中・高の連携はさらに強化されることが想定されます。最終的には理念としての一貫性を備えた制度としての一貫制英語教育構想（小−大）が必要となり，日本の外国語教育政策上重要な課題になるでしょう。そのため

一貫制英語教育構想（小−大）：アジア諸国のなかで小学校から大学までの英語教育を一貫した制度で捉えているのは中国とタイ。小・中・高・大が一貫化さ

には，これまでのような大学を頂点とする「大→高→中→小」の逆順による逆三角形構造型の英語教育ではなく，コミュニケーション能力育成を一貫して行う「小→中→高→大」の正順による正三角形構造型の英語教育を考える必要があるでしょう。小・中・高の連携はその先にあるものを意識した相互補完的且つ発展的な枠組みとして捉える必要があります。

れた場合の可能性として，①第二外国語教育の開始と，②EGP（English for General Purposes：一般的目的のための英語教育）から ESP（English for Special / Specific Purposes：特別／特定の目的のための英語教育）への比重移動あるいは同時進行による新たな英語教育システムの検討が考えられる

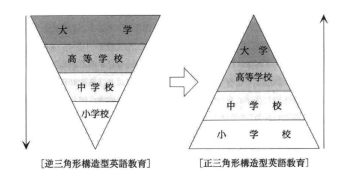

[逆三角形構造型英語教育]　[正三角形構造型英語教育]

1-5-2　小・中・高の英語教育における留意点

(1) メタ認知方略の育成

発達に応じた動機づけを含め，メタ認知方略を目的に応じて使用できる学習者の育成は，自律した学習者（autonomous learner）を育成する目標とも一致するため，小・中・高を一貫した英語教育の指導目標にしたいと思います。日本の場合，受験が最大の動機づけになる傾向が続いていますが，学習者が社会人になったときの言語能力のあるべき姿に関しての議論がほしいところです。ただ，学校の通常の授業についていけなくなっている学習者に即メタ認知方略の使用を期待することはむずかしいため，まずは，個人学習（復習から予習）が成立する条件を整理しこれを達成させることが肝要でしょう。例えば，個人学習でも授業でも役に立つノート作成のあり方，意味の連動につながる音読指導のあり方，家庭学習と授業との連動など，学習者が一人になったときに継続して実行可能な学習方法のモデルを一人ひとりの学習者の立場に立って準備することが重要となるでしょう。

→用語解説

家庭学習と授業との連動：○は授業，△は家庭学習

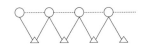

(2) BICS から CALP への比重移動

Cummins（1979）は bilingual の言語能力を BICS（Basic Interpersonal Communicative Skills）と CALP（Cognitive Academic Language Proficiency）ということばで説明しています。BICS は日常会話などの比較的具体的で抽象度の低い伝達内容を理解するために必要な技能を中心とした「基本的対人伝達能力」をさします。

　4技能すべてに関わりますが，特にリスニングとスピーキングがこの能力を支えています。CALP は抽象度の高い思考が要求される認知活動と連動する「認知学習言語能力」をさします。4技能すべてに関わりますが，特にリーディングとライティングがこの能力を支えています。言語学習に成功する学習者を SL（Successful Learner）といいますが，SL は，基本的に BICS と CALP の両方の獲得を望みます。小・中・高を一貫した教育目標（Goals）と到達目標（Objectives）を設定するに当たっては，BICS から CALP への比重移動が重要な鍵となるでしょう。生徒が将来必要とする知的で社会的な活動を支援する言語能力を育てる意味において，BICS から CALP への比重移動を図り，総体としての言語能力の獲得につながる体系的な外国語教育を行う必要があるということを認識し実践に反映することが重要でしょう。

(3) 行動志向型言語教育の推進（CEFR, CAN-DO, J-POSTL）

　新学習指導要領の外国語（英語）教育の目標を実現可能なものにするためには，行動志向型の言語教育が重要になります。行動志向型とは，CLT の理念に共通する言語の使用を通じて学び続ける言語学習観をさします。行動志向が可能となるよう，「何ができるようになるか」（CAN-DO）という観点から，CEFR（国際基準）を参考に，小・中・高を一貫した5つの領域（「聞くこと」「読むこと」「話すこと（やり取り・発表）」「書くこと」を設定し，それぞれの目標を設定します。高校卒業時における達成目標は，CEFR の A2（およそ英検2級レベル）です。また授業は，学習者が学習内容を人生や社会のあり方と結びつけて深く理解し，将来の社会において求められる資質・能力を身につけ，生涯にわたって能動的（アクティブ）に学び続ける存在となるよう，「主体的・対話的で深い学び」の場として機能することが望まれます。このため，教師には，J-POSTL などを活用した「省察（reflection）」が望まれます（CEFR, CAN-DO, J-POSTL に関しては該当章を参照）。

SL（Successful Learner）：共通特徴（木村，2011）
① PDCA サイクルを自分で実行できる
② 言語獲得への意識が高い
③ 自分の学習方法を他者に説明できる
④ 言語教育モデルは必ずしも NS（Native Speaker）ではない
⑤ BICS と CALP の両方の獲得を望む
⑥ 外向的か内向的かはあまり重要ではない
⑦ 文法を使える
⑧ 一定量の語彙をもっている
⑨ 一定の時間内に課題が処理できる ← （1）
⑩ 発達に即した学習目標を求める
⑪ 推考と発見を繰り返す
⑫ 学習を楽しみ，主体的に行う
⑬ 知的好奇心が強く，文化の相対性を意識する
⑭ 途中で挫折しても，学習そのものを放棄することはない

BICS から CALP への比重移動：

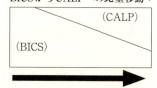

1-5-3 コミュニケーション能力の構成要素（記述モデル）

コミュニケーション能力とはどのような能力でしょうか。

Canale（1983）は，コミュニケーション能力（Communicative Comptetence）を以下の4種類の構成要素（small competencies）からなる統合体として説明しています。

(1) **文法能力**（Grammatical Competence: grammar, vocabulary, pronunciation）：言語の規則体系（文法，語彙，発音など）についての知識とそれらの知識を実際に使いこなせる能力。文法ルール，語彙，発音を個別要点的にバラバラに教えても文法能力にはなりません。「知る」だけでは不十分で「使う」ことによってそれらが有機的に機能したときに初めて文法能力として機能します。

(2) **社会言語学的能力**（Sociolinguistic Competence: appropriateness）：言語をその言語が話されている社会の社会的・文化的ルールに従って，適切に使用する能力。言い換えれば，特定の場面において，人間関係やことばの働きを考慮しつつ，最もその場に適したことばの使用を可能にする能力をさします。

(3) **談話能力**（Discourse Competence: sequencing）：メッセージの意味を正確に伝えるためには，文レベルではない談話レベルの規則に基づき前後関係を考えながら，文法知識を駆使して文と文を結びつけ，意味的連結性（coherence）や文法的結束性（cohesion）の高い，まとまりのある内容を理解したり，創り出したりすることが必要となりますが，このような能力をさします。

(4) **方略能力**（Strategic Competence: communication strategies）：コミュニケーションをより円滑に間断なく行うためのコミュニケーション・ストラテジー（communication strategies）を使いこなす能力。例えば，適切な言語表現が思い浮かばなかったりしたとき，別の遠回しの表現を使ったり，相手に聞き返したり，あるいはジェスチャーを用いたりするなどして，上記(1)(2)(3)の能力の不備を補って，なんとかコミュニケーションを継続させようとする能力をさします。この，Canale の伝達能力の記述モデルで最も大切なことは，4つの構成要素としての各能力がじつは単独ではなく相互補完的（mutually supported）に関連機能しているということです。相補性（mutual

---

小－中－高を一貫した指導原理：

① Collaboration（協同）　指導は生徒が生徒同士，教師，家族，社会に作用し働きかけられるよう様々な機会を保証する

② Purpose（目的）　指導は可能な限り実際の発話を想定した慎性（authenticity）の高い目標を設定し，場面，人間関係，ことばの働きを意識した行動を重視する

③ Student Interest（生徒の関心）　指導は生徒の関心を促進し，また関心に沿うように行う。生徒の関心と目的を年間を通して設定するカリキュラムのトピックと目標に統合する。needs analysis の定期的施行と活用。beliefs の調査と活用

④ Previous Experience（先行経験）　指導は生徒の経験したものを中心に新学習に結びつけるよう配慮する。また他教科での先行知識を活した学習を構想する（←CLIL）

⑤ Support（支援）　指導は生徒が心を開いて活動に参加できるように行い，また間違いを気にせず発話しあえるような教室の環境づくりを重視する。教室を挑戦の場にする

⑥ Various Activities（多面的行動）　指導は単なる知識の伝授にならぬようさまざまな学習活動を通して行う

⑦ Process-oriented（プロセスの重視）　学習結果に至る学習プロセスを重視する。Process-oriented ＞ Product-oriented（結果重視）

⑧ Learner's Autonomy（学習者の自律支援）　学習は学習者の自律（autonomy）的な言語学習能力を育てることも意識して行う。メタ認知方略の育成か PDCA サイクル

support）があって初めて伝達能力として機能するということは，学習段階においては，可能なかぎり4技能が統合して初めて解決できるような課題が必要になるということです。4技能を駆使して，また単独ではなく相手や仲間との協力によって解決できる課題の設定と施行が必須となります。そのうえで必要な文法力や語彙力の強化を図れば生きた知識となりコミュニケーションの育成に貢献することでしょう。

の重視
⑨Self-Assessment（自己評価）学習者も教師もそれぞれの行動目標に対して定期的に省察（reflection）を繰り返し，自己評価を行う。学習者はCan-do list を用い，教師は J-POSTL を用いる

▶POST-LEARNING ▶▶▶

1．初等英語教育が内包する発達的問題点（中だるみ現象）への対応を考え，友人と話し合ってみましょう。
2．「中学2年の壁」（学習曲線のピーク）への対応を考え，友人と話しあってみましょう。
3．小中4-3-2制（岡山県総社市「英語特区」），中高2-2-2制（東大附属中等教育学校），小中高4-4-4制（青山学院）による英語教育の内容について調べ合い，6-3-3制と比較し，発表しましょう。
4．J-POSTL（巻末資料1）のI. 教育環境 Context の A. 教育課程（Curriculum）1．／B. 目標とニーズ（Aims and Needs）1．2．3．4．5．／C. 言語教師の役割（The Role of the Language Teacher）1．2．3．4．5．6．7．8．／D. 組織の設備と制約（Institutional Resources and Constraints）1．の各項目を読み，教育実習の前後（計2回）に自己評価（5段階）し，自分の中にどのような変化が生じているかを確認し，友人と話しあってみましょう。

参考文献
キース・モロウ編／和田稔他訳（2013）『ヨーロッパ言語共通参照枠（CEFR）から学ぶ英語教育』研究社
木村松雄編著（2011）『新版英語科教育法 小中高の連携— EGP から ESP へ』学文社
木村松雄編著（2014）『青山学院4-4-4一貫制英語教育構想』学文社
文部科学省（2017）『小学校学習指導要領』
文部科学省（2017）『中学校学習指導要領』
文部科学省（2018）『高等学校学習指導要領』
投野由紀夫編（2013）『英語到達度指標 CEFR-J ガイドブック』大修館書店
Canale,M（1983）From Communicative Competence to Communicative Language Pedagogy. In J.C. Richards and R.W. Schmidt (eds.), *Language and Communication,* London: Longman.
Council of Europe（2006）Plurilingual Education in Europe : 50 years of international cooperation.
Cummins,J.（1979）"Cognitive/academic language proficiency, linguistic Interdependence, the opitimum age question and some other matters", *Working Papers on Bilingualism 19.*

2 第二言語習得理論からの示唆と応用

▶PRE-LEARNING ▶▶▶

Task 1：「学校で英語を学び，学習成果を上げる」とはどのようなことでしょうか。
Task 2：生徒が英語を習得するための条件を考えましょう。
Task 3：以下の用語の意味を調べておきましょう。
　＊インプット（input）　＊アウトプット（output）　＊インタラクション（interaction）
　＊気づき（noticing）

▶IN-LEARNING ▶▶▶

　グローバル化が進んだ現在，英語は英語を母語とする人々の言語（例えばイギリス英語，アメリカ英語）といった位置づけや，外国語としての英語（English as a foreign language），または第二言語としての英語（English as a second language）という捉え方から，世界の共通語としての英語（English as a Lingua Franca: ELF）という考え方へと変化しています。

　グローバル化は学習者の多様化にも影響し，母語，背景，学習の目的なども多岐にわたっています。第二言語（英語）習得のプロセスや学習成果を確認するためには，内的要因である学習者要因と外的要因の重要な部分を占める教師の影響が大きく，そのため，追実験もますますさまざまに多岐にわたって行わなくてはいけなくなりました。

　研究の捉え方もグローバル化の影響を受け，母語習得や移民の第二言語習得より，世界中の教室における英語の学びを捉える「指導を受けての第二言語習得（instructed second language acquisition）」が現在では研究の中心になりつつあります。

2-1 第二言語習得の位置づけ

　1960年代後半から始まった第二言語習得研究は，学習者がどのようなプロセスを経て第二言語を習得するかを探求することが目的です。研究の発端も，学習者が発する言語（学習者言語）にみられる「誤り」に一定の傾向があることを発見したことから始まりました。Corder（1967）は学習者言語の特徴（主に誤り）を分析し，「誤り（error）」と「間違い（mistake）」の区別を指摘しました。さらにSelinker（1972）は，学習者が自分なりの言語体系を構築して目標言語の体系とは異なるものの，システマティックになっている「中間言語（interlanguage)」の存在を指摘しました。彼らの功績により，学習者と学習者言語に注目が集まるようになりました。この動きは，学習者の誤りは必ずしも"悪"ではなく，言語が発達してきている途上であるとの共通認識につながりました。学習者は間違いながら他者とのやり取りを通して言語規則を発見し，言語を使いながら身につけていくのです。

　1970年代になると，子どもの母語習得研究を参考にした文法形態素の習得順序をDulay & Burt (1973) らが見つけ，母語が異なっても第二言語としての英語の形態素には習得順序があることがわかりました。その後，母語の影響がみられることも発見され，母語の如何にかかわらず，英語の習得のプロセスは同じであるとの説は必ずしもどの場合にも当てはまるわけではない，との了解が得られるようになりました。例えば，所有格の -s は，他言語を母語としている人たちよりも日本人学習者は早く習得することが知られています。

　1970年代の終わりから，応用言語学，心理学をはじめとする学際的な説を唱える研究者（Krashenなど）が出てきて，第二言語習得研究は盛んになりました。特にKrashen & Terrell (1983) がNatural Approachを提案してから，第二言語習得研究の成果を英語の指導に応用することが盛んに行われるようになりました。

　いっぽうで，第二言語習得をさまざまなアプローチで研究する方法が開発され，教育より理論や理念の精緻化を求める習得研究も盛んに行われ，第二言語習得研究の領域は拡大と深化をたどるばかりです。そのようななか，Ellis (1990) が教室で指導を受けて英語を伸ばした指導を数多く分析して理論化を試みて以来，第二言語習得研究を外国語教育の場に取り込ませようという動きは次第に盛んになり，Ellis (2008) が第二言語習得研究の枠組みに instructed second language acquisition を入れたので，今や第二言語習得（SLA）は「指導を受けての第二言語習得（Instructed second language acquisition: ISLA）」が主流になりつつあります。教室で第二言語習得を起こすにはどのような条件を揃えたらよいかが中心的な課題です。

2-2 第二言語習得が成立するための条件

2-2-1 インプット

インプットは学習者が言語学習・習得を進めるために利用するデータです。インプットは必要不可欠なものであり、インプットなしで言語の発達や上達はあり得ません。しかし、ただ浴びるようにインプットにふれていればよいというものでもありません。学習者にとって、少し上のレベルの「理解できるインプット (comprehensible input)」を豊富に提供する必要があります。これをインプット仮説 (input hypothesis) といいます (Krashen, 1982)。特に日本のような英語を日常語として使わない環境にいる生徒には、良質のインプットを豊富に与える必要があります。「良質」とは、オーセンティックな英語というだけではなく、学習者に新たに学んでほしい項目が含まれていて、それらの項目の①目立ち度 (saliency)、②頻度 (frequency)、③規則の透明性 (transparency)、④意味伝達上の価値 (communicative value) がインプットの質を左右すると言われています（佐野・長崎, 2011, 214）。

2-2-2 アウトプット

アウトプットは学習者が発した言語（音声または文字）なので、学習者のその時点での熟達度を示すエビデンスともいえます。ただ、無口な生徒もいるので、教室で自然に観察できるとは限りません。何とかして発話を引き出す必要があります。

アウトプットの重要性については Swain (1985) が、理解できるインプットを豊富に与えてイマージョン教育を行った経験から、アウトプット仮説 (output hypothesis) を提唱しました。さらに Swain (1995, 128-140) はアウトプットの役割として次の3点をあげています。

① 気づき機能：アウトプットしようとしたとき、自分の知識に「穴」があることに気づき、新たな学びを起こす。
② 仮説検証機能：学習者は自分の中間言語を使って話したり書いたりして通じるか試し、通じれば自分の仮説が正しかったことを確認。部分的に不備がある場合は、やり取りを通じて学習者はフィードバックを受け、それを手がかりにして自分の発話の形式を整えていく。

③ メタ言語機能：言語について意識的に振り返る機能。言葉を産出しようとしたとき，言語形式に関して不確かな点があると，メタ言語（文法用語）を使って，意味と言語形式を結びつける規則を振り返る機能。

2-2-3 インタラクション

生徒と教師や生徒同士のやりとりをインタラクションといいます。生徒の発話に形式上の不備があったり，意味がよく理解できなかったりした場合は，意味を確認しようと，両者の間で意味をめぐってやり取りが行われます。これを「意味交渉（negotiation of meaning）」といいます。教師が正しく適切な表現に言い直して（recast），この理解で正しいかと尋ねたり，逆に生徒から別の表現を引き出し（elicitation）たりするので，第二言語習得を促すといわれています。教師や上級話者が正しく，よりわかりやすい形に言い換えて発してくれるので，生徒としては新たな「理解できるインプット」を得る機会となります。第二言語習得が進む瞬間です。

このように，生徒の不完全な英語に対して，不完全であったことを示唆しながら，正しい英文を提供したり，正しい英文を引き出したりするやりとりが，最近では「訂正フィードバック（corrective feedback）」と呼ばれ，否定的証拠（negative evidence）を含むインプットの一種であるとの捉え方から，研究が盛んに行われています。正しい形を提供するリキャスト（recast），正しい形を引き出そうとする elicitation のどちらがより効果的であるかは，両方の説得力のある報告がなされており，まだ議論の最中です。

2-2-4 気づき

「意識」という言葉がいろいろな表現で表され，用語としての統一ができていなくて，学問上の議論ができにくい状況にあった「意識，アウェアネス，気づき，意図」などの用語を整理した Schmidt（1990）は「気づき仮説（noticing hypothesis）」を提唱しました。気づき仮説によると，言語への意識（awareness）が高まっていると知覚（perception）しやすくなり，気づき（noticing）が起こってインプットのなかに含まれる項目

を認識し，認識できたインプットを理解する（understanding）ことができると Schmidt は説明しています。

2-2-5　動機づけ

人間は誰しも，何かの行動をとるときに「動機」がないと始まりません。動機づけについては，主にカナダで発展した道具的動機づけと統合的動機づけに分類する考え方が広く受け入れられていた時代もありましたが，今では，Dörnyei（2005）の分類による①「第二言語を使う理想的な自分像（ideal L2 self）」，②「第二言語を駆使するレベルと必要性を感じている自分像（ought-to L2 self）」，学習体験に特化した③「学習経験（L2 learning experience）」による動機づけに分けることが多くなりました。このうち①と②は生徒が自分の将来像を描けるようにならないと，もてない動機づけであるので，英語学習の入門期は特に教師は動機づけの重要性をはっきりと認識し，授業内の活動やタスクに興味をもって取り組むようにする task motivation を意識したいものです。

2-3　教室における第二言語（英語）指導の実際

第二言語習得の観点から行う英語授業においては，以下の点を考慮に入れる必要があると佐野・花岡・榊（2013,75-76）は主張しています。

1）学習者の言語知識に対するアウェアネスを高める工夫をする
2）インプット，アウトプット，インタラクションの全ての段階で気づきを起こさせる
3）アウトプットによる気づきを利用し，インプット（に含まれる項目へ）の気づきを促進させる
4）気づいたことを理解させるため，インプットの提示や言語活動の提供を工夫する
5）理解できて取り組むことができた知識を繰り返し使うよう，さまざまなタイプの言語活動や言語使用（プラクティス）の機会を提供する
6）プラクティスを実際の使用場面を意識した意味中心活動のなかで行う

7）意味中心活動において意味と形式のつながりに気づかせる

8）教師が意図した項目に学習者の注意を向けさせる工夫をする

9）学習者各自のニーズに基づく「偶発的気づき」も重視する

10）学習者の気づきを重視した自律学習を育む

2-4 目標設定と評価

英語を習得するということは，自分の言葉で自分の考えや気持ち，情報などを伝達し，他者とのコミュニケーションをとることです。したがって，学習者自身の知識体系から出てきた言語材料を使って，実生活のなかで英語を使ってコミュニケーションできることが最終目標です。学校教育の場においては，それぞれの学年で学んだ言語材料を用いてコミュニケーションができることがそれぞれの学年の目標設定となります。

評価に関する最重要ポイントは，生徒が実社会での英語使用（に近い）力を発揮できるかを測定・評価する点にあります。したがって，測定の方法は，実際に生徒に話させたり，書かせたりといったスキル型，あるいは統合スキル型のテスト，あるいはタスクとなります。評価の観点は，①与えられた言語材料ではなく，生徒自身の言葉を使うことができるか，②実生活の場で使う表現であるか，③コミュニケーションを成立させること（書く，話す，聞いて話す，読んで書く，など）ができるかが中心であり，このほかに，力点をおいて教えてきたことを観点の1つとして加えることもあります。学年の担当者でよく話し合い，合意を得ることが大切です。

学習者が自分の言葉で行うタスクには，① Interviews, ② open role plays, ③ text reconstraction tasks, ④ picture composition tasks, ⑤ information gap, ⑥ opinion gap tasks などがあります。詳しくは Ellis & Barkhuizen (2005, 31-33), Tarone & Swierzbin (2009, xviii-xix) を参照してください。そのほか，生徒から学習者言語を引き出せる活動であれば何でも評価や測定のツールとして使うことができます。日ごろから実生活での英語使用の場を疑似的であっても提供し，英語の習得を促した

自分の言葉で行うタスク：
①評価者と生徒，または生徒同士で，一方が他方に，または互いに質問して情報を得る活動。英語で言葉のやりとりをする必然性がある
②状況と参加者の人間関係に関する情報が与えられ，コミュニケーションする目的が指示され，参加者はそれぞれの役を演じる活動
③ディクトグロスなど，読んだり聞いたりした文章を自分のことばで再現する活動
④絵，一連の絵，ビデオなどで示されたストーリーを自分の言葉で書き綴る，または話す活動
⑤情報の差があるコミュニカティブな活動。お互いに尋ねる必然性がある

いものです。

▶POST-LEARNING ▶▶▶

1．中学校英語検定教科書を使った授業で，インプットをどのように豊富に提供できるか検討してみましょう。
2．全国の公立高校の入試問題に中学3年生が自分の気持ちや情報を伝達する活動（試験では主にライティング）が出題されているか，都道府県別に調査比較しましょう。
3．教育実習の前後（計2回）に自己評価（5段階）し，自分のなかに英語の習得に関する意識の変化が生じているかを確認しましょう。

参考文献

佐野富士子・岡秀夫・遊佐典昭・金子朝子（2011）『第二言語習得―SLA研究と外国語教育』〈英語教育学大系第5巻〉大修館書店
佐野富士子・長崎睦子（2011）「インプット」佐野他『第二言語習得―SLA研究と外国語教育』大修館書店
佐野・花岡・榊（2013）「意識と気づき」JACET SLA研究会編『第二言語習得と英語科教育法』開拓社，pp. 75-76
Corder, P. (1967) The significance of learners' errors. *IRAL*, V (4), 161-170.
Dulay, H., & Burt, M. (1973) Should we teach children syntax? *Language Learning*, 23 (2), 245-258.
Dörnyei, Z. (2005) The psychology of the language learner: Individual differences in second language acquisition. Mahwah, NJ: Lawrence Erlbaum.
Ellis, R. (1990) *Instructed second language acquisition*. Oxford, UK: Blackwell.
Ellis, R. (2008) *The study of second language acquisition*. Oxford, UK: Oxford University Press.
Ellis, R. (2008). The study of second language acquisition. Oxford, UK: Oxford University Press.
Ellis, R., & Barkhuizen, G. (2005). Analysing leaner language. Oxford, UK: Oxford University Press.
JACET SLA研究会編（2013）『第二言語習得と英語科教育法』開拓社
Krashen, S.D. (1982) *Principles and practice in second language acquisition*. Elmsford, NY: Pergamon Press.
Krashen, S.D., & Terrell, T.D. (1983) *The natural approach: Language acquisition in the classroom*. New York, NK: Alemany Press/Pergamon Press.
Schmidt, R. (1990) The role of consciousness in second language learning. Applied Linguistics, 11, 129-158.
Selinker, L. (1972) Interlanguage. *IRAL*, X (3), 209-231.
Swain, M. (1985) Communicative competence: Some roles of comprehensible input and comprehensible output in its development. In S.M. Gass & C. Madden (Eds.), *Input in second language acquisition* (pp.235-256). Rowley, MA: Newbury House.
Swain, M. (1995) Three functions of output in second language learning. In G. Cook & B. Seidlhofer (Eds.). *Principle & practice in applied linguistics*, (pp.125-144). Oxford, UK: Oxford University Press.
Tarone, E., & Swierzbin, B. (2009). Exploring learner language. Oxford, UK: Oxford University Press.

3 学習者論からの示唆と応用

▶PRE-LEARNING ▶▶▶

Task 1：自分の過去の英語学習を振り返り，何が自分の学習に影響を与えたのか思い返してみましょう。

Task 2：どのような要因が英語学習に影響を与えるのか，他の学習者と話し合ってみましょう。

Task 3：以下の用語の意味を調べておきましょう。

＊学習者要因　＊動機づけ　＊Willingness to Communicate　＊メタ認知能力　＊学習者オートノミー

▶IN-LEARNING ▶▶▶

　学習者の立場，学習（者）中心教育が注視される近年，英語教育においても学びの転換が大きくなされ，多様化する学習者の理解は，教える立場を理解する事と同時にますます大切になってきています。また2017・2018年版学習指導要領では，学習者の主体的，対話的な学びが求められており，教室内という集団のなかで学習者個人が英語学習にどう取り組んでいくのか，教師が学習者視点に立ち，学習者の個々の特徴を理解しようとすることは，英語学習そのものを円滑に進めるうえできわめて重要です。本章ではそうしたことから，学習者の特徴を捉えたうえで，より successful な学習者へと導くために successful language learners の特徴からも示唆していきます。

学びの転換：学習観は，学習者の行動様式に着目していた「行動主義学習観」から，学習者の知覚や認知を理解しようとする「認知主義学習観」へと変化した

学習者要因：なかでも，変わりにくい要因は，年齢，性差，学習スタイルといわれ，変わりやすい要因は，動機，学習ストラテジーといわれている（小嶋ら，2010）

3-1　学習者の特徴

3-1-1「能力」「性質」

　私たちに，好みや得意不得意があるように，英語学習には学習者要因というものが関連しています。

　「能力」では，学習者の知性，ワーキングメモリー，そして言語適性が要因としてあげられています。言語適性は，①音を捉えて記憶する能力，②文法規則を見つけ出す能力，③機能的にパターンを発見する力，④暗記力という４つの要因が関連しています（白畑，2010）。

　また，「性質」は学習者の学習スタイル，動機づけ，不安，性格，Willingness to Communicate（WTC）を含みます。まず，学習スタイルは，学習者の成果につながる学習過程に，より焦点をおいています。学習者がどのように情報を処理し，学習をするのかというのが学習スタイルです。学習スタイルを形成するものに関する研究に共通するものは，Witkin & Goodenough

能力：Ellis（2008：643-645）では，学習者要因を「能力」「性質」「第二言語学習に関する学習者の認識」「学習者の行動」と分類している

学習者の知性：Gardner（1983）は，以下のように知性の性質を示している。① Linguistic, ② Logical-mathematical, ③ Spatial, ④ Musical, ⑤ Bodily-kinesthetic, ⑥ Interpersonal, ⑦ intrapersonal

言語適性：言語適性を測るテストには，Modern Language Aptitude Test（MLAT）などがある

（1981）の示した場依存（field-dependence）と場独立（field-independence）です（竹田，1994）。場依存の学習スタイルをもつ学習者は，1つひとつの物体を周囲（環境）のものと関連させて理解しようとするスタイルに対し，場独立の学習スタイルをもつ学習者は，物体を独立したものと理解しようとするスタイルをもつといわれています。学習スタイルモデルは多く存在するが，学習スタイルそのものの定義づけのむずかしさや，状況や学習の段階に応じて変化するという特徴をふまえるとまだ明らかになっていないことが多いことも事実です。

　学習スタイルに加え，学習者の動機づけ（motivation）も大きく学習に影響を与えます。動機づけの概念は，カナダでフランス語を学ぶ学習者に対する一連の研究から明らかになっています。Gardner らによると，動機づけは，統合的動機づけ（integrative orientation）と道具的動機づけ（instrumental orientation）があげられます（Gardner, 1985；Gardner & Lambert, 1972）。また，古くから取り上げられてきた教育心理学を基盤とした動機づけの概念に関して，Deci & Ryan（2008）では，内発的動機づけ（intrinsic motivation）と，外発的動機づけ（extrinsic motivation）が示されています。

　この動機というのは，学習者のおかれている環境や，学習者自身の理想とする自分（ideal L2 self）（Dornyei, 2009），学習者のビリーフ，他者とコミュニケーションをしたいといWTCなど多くのことが複雑に絡みあっており，そのなかでも，自己決定性（self-determination）（Deci & Ryan, 1985）がどの位あるのかというのが，学習者の内的動機に大きく影響を与えます。

　このように，動機づけという学習に対する態度が，言語学習において大きな役割を占めているというのは明らかであるが，そのほかにも，学習者の言語不安（anxiety）も影響することを留意しておく必要があります。

　そして，学習者の言語不安以外にも，学習者の他者とコミュニケーションをとろうと図る態度，WTC も言語学習に影響を与えるといわれています。Ellis（2008）は，この WTC を「学習者に選択肢がある中で，学習者が目標言語でコミュニケーションを始めようとする意志」としています（p.697）。WTC は L2の使用と L2学習の関係をとりなすもので，学習者のかかえ

J-POSTL IV-B-7

学習スタイル：モデルを示した例として，Neil Fleming の VARK Model があげられます。このモデルは，個々のもつ学習スタイルを4つの尺度，① Visual, ②.Aural , ③ Read/Write, ④ Kinesthetic で示しており，学習者の学習スタイルの好みを示したモデルになる

動機づけの概念：主要な3つの研究は，Skehan(1989), Brown (1994), Oxford and Anderson (1995) である

J-POSTL I-B-3

統合的動機づけ：「第二言語社会やその文化に同化・統合しようとする態度」で実際にL2の文化や言語を学び，より多くの人とのコミュニケーションをしたいといった動機である

道具的動機づけ：「就職や経済的成功など，何らかの実利的目的を達成しようとする態度」である

る不安や，その他多岐にわたる学習者要因の構成概念を含んでいます。

　そのほか，学習者の性格（personality）というのも，L2学習に影響を与える学習者要因の1つとされています。

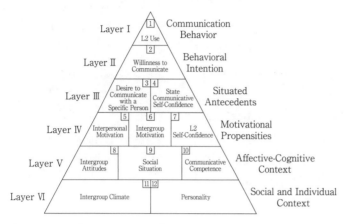

（Mitchell, Myles and Marsden, 2013, p.24）

3-1-2 「第二言語学習に関する学習者の認識」「学習者の行動」

　上記の内容に加え，「第二言語学習に関する学習者の認識」のカテゴリーには，学習者ビリーフ（belief）というものがあります。学習者のビリーフを理解すると同時に，教師自身のかかえている教育に対する信条や信念をも意識し，授業を進めていくことが大切となってきます。また，この学習者ビリーフというのは，学習者が英語学習で用いる学習方略にも大きく影響を与えるものともいわれています。

　Ellis（2008）で示された最後のカテゴリーは，「学習者の行動」であるが，これは，具体的には学習ストラテジー（learning strategies）をさします。学習ストラテジーは，Rubin（1975）の論文で初めて言語学習ストラテジーが示されて以降，good language learners に関する研究でも多くの研究者が学習ストラテジーについて言及しています。さまざまなコミュニケーション活動を通して，個々のなかの学習ストラテジーを育てることが大切です。

　このようにさまざまな「能力」「性質」「学習者の認識」「学習者の行動」が学習者の英語学習に影響を与えると考えられてきましたが，小嶋ら（2010）では，Dörney & Csizer ら（2011）

J-POSTL I-B-4

性格タイプ：古典的なものとしてC.G.Jungの性格研究があげられる

学習者ビリーフ：Horwitzによると，言語学習における学習者ビリーフとは，言語学習に対する信条・信念をさす

学習方略：Faerch & Kasper（1983）の示す第二言語習得をめざす学習者のもつ知識には「宣言的知識（declarative knowledge）と「手続き的知識（procedural knowledge）」があり，学習方略は，手続き的知識に分類される

が示した「第二言語学習者の動機づける10か条」をまとめています。

> 1．教師自身の行動によって，見本を示すこと。
> 2．教室に，楽しく，リラックスした雰囲気を作り出すこと。
> 3．タスクを適切に提示すること
> 4．学習者と良い人間関係を築くこと。
> 5．学習者の言語に対する自信を高めること。
> 6．授業を学習者の関心を引くようなものにすること。
> 7．学習者の自律を促すこと。
> 8．学習プロセスの個人化を計ること。
> 9．学習者の目標志向性を高めること。
> 10．学習者に目標言語文化に慣れてもらうこと。

そのほか，学習者の理解を行うにあたっては，上記の学習者要因に加え，学習者の発達障害についても留意しておく必要があります。その際必要に応じて，まず医学的診断を受けたうえで援助をあおぐのが望ましいでしょう。今後は，学習者の特性を理解したうえで，多様性への対応，Universal Design for Learning（UDL）という障害のある学習者も含むすべての学習者が関わりやすく，授業に参加しやすい学びを意識的に進めていくことが必要です。

3-2 自律した学習者の育成をめざして

個々の学習者の特性を理解し，英語コミュニケーションを促す授業を行い，教育の「教える」知識の享受を行うこと以外にも，学習者を自律した学習者へと導くことも，教師にとって重要な役割の1つです。

3-2-1 自律した学習者とは

自律した学習者（autonomous learner）とは，自分に学習を自分で管理し，学習計画をたて，学習を行い，その後，自らの学習を振り返るという自己主導型の学習を進めることができる学習者をさします。学習者の自律を促す授業を行うことで，学習者自身が生涯にわたって，教室の外でも自らの力で自らの学習を進めていくのを可能にします。

発達障害：発達障害には，「学習障害（LD）」「注意欠陥・多動性障害（ADHD）」「自閉症スペクトラム（ASD）」がある。個の特性を理解し，保護者，学校関係者，他職種の人たちと連携していくことが重要である

UDL：UDL の原則は，①課題理解のためのさまざまな方法の提供，②考えの表現の多様な方法の提供，③取り組みに対するさまざまな方法の提供である。詳細は，UDL ガイドラインを参照

自律した学習者：CEFR は，自律的学習観に支えられており，Newby（2011：127）は自律的能力（自律性）を3つの能力として示している。①自らの言語と学習を振り返り，状況に応じた結論を引き出す能力，②自ら学ぶようになるための方略を開発する能力，③自己の学習に責任をもつ能力（JACET 教育問題研究会編，2017：22）

3-2-2 省察

自律した学習者に育てるためには，学習者自身が①目標を立て，②計画をし，③実行に移し④評価を行うこと，つまり，自分の学習について省察（reflection）を促すことがまず第一に大切になってきます。その省察の過程は，協働学習といった他者との学習を通して，自ら省察を行うこともできるでしょうし，そのほか，ポートフォリオ（portfolio）という省察ツールを用いて，自身の学習の進捗を振り返り，記録していくことができるでしょう。省察は，学習者のメタ認知能力を高め，自律した学習者の育成には大切な力となりますので，その振り返りについての指導も大切です。そのほか，教師自身が自律しているのかということも改めて振り返る必要があります。

J-POSTL IV-5

J-POSTL VI-A-1

J-POSTL VI-A-2

3-2-3 Successful language learners の特徴からの示唆

英語学習に成功している人はどのような学習者でしょうか。成功する英語学習には，さまざまな要因（動機づけ，メタ認知，自律，文化など）が関連しているといわれています。以下は，成功する言語学習者の特徴の一部です。

> Good language learners は，
> - 学習スタイルを，状況に応じて，柔軟に調整することができる。
> - 自身の学習を管理する学習方略を持ち合わせる。
> - 語彙を増やす学習方略を知っている。
> - 自身の英語文法をよくする学習方略を知っている。
> - 他のリソース（TV や映画を見たりすることなど）を含んだ学習方法を知っている。
> - 4技能（リーディング，ライティング，リスニング，スピーキング）を伴った学習方法を知っている。

J-POSTL III-1

また，O'Malley & Chamot（1990）の示す言語学習におけるメタ認知能力は5つの要素から構成されているといわれています。

J-POSTL IV-1

> 1. 学習に対して，準備・計画をすること（preparing and planing for learning）
> 2. 方略を選択し，用いること（selecting and using strategies）
> 3. 学習をモニターすること（monitoring learning）
> 4. 方略を統合すること（orchestrating strategies）
> 5. 学習を評価すること（evaluating learning）

自律した言語学習者の育成には，メタ認知能力が大きく影響を与えるとされています。

3-3 学習者が達成感をもつ英語授業

学校教育という「集団」のなかで，学習者という「個」を育むためには，学習者の特性への理解が大切です。一人ひとりが「異なる」ということは，英語でいう単なる"different"であり"wrong"ではありません。学習者のニーズを捉え，その題材を授業内で取り入れていくような，学習者の興味・関心をさらに高めていけるような工夫が必要です。そのうえで，学習者が自身で仲間と探求活動をしながら英語学習を行えるような，プロジェクト型学習や協働学習といった集団のなかで学習者一人ひとりが「できた」という達成感を積み上げ，仲間とともに学習をしていく，そのような英語授業を展開していくことが特に学校教育では大切です。

J-POSTL I-B-5

▶POST-LEARNING ▶▶▶

1. 以下のポイントをほかの学習者とともに，話あってみましょう。①英語学習に影響を与えるとされる学習者要因とはどのようなものでしょうか。②自分が一番興味深いと感じたのはどの部分だったでしょうか。自分の英語学習歴を再度振り返りながら考えてみましょう。
2. 「成功する言語学習者」の特徴とはどのようなものでしょうか。そのために，どのような力の育成が必要と考えられるかまとめてみましょう。
3. J-POSTL の記述を参考に，自分の学習を振り返ってみましょう。

参考文献

大学英語教育学会監／小嶋英夫・廣森友人・尾関直子編（2010）『成長する英語学習者—学習者要因と自律学習（英語教育学大系）』大修館書店

白畑知彦・冨田祐一・村野井仁・若林茂則（2009）『英語教育用語辞典改訂版』大修館書店

Brown, D. H. (2000). *Principles of language learning & teaching*. (4th ed.). New York: Longman.

Carol Griffiths, ed. (2008). *Lessons from Good Language Learners*. Cambridge: Cambridge UP.

Ellis, R. (2008). *The study of second language acquisition*. Second edition. Oxford: OUP.

JACET 教育問題研究会編（2017）『英語科教育の基礎と実践—成長する英語教師を目指して』（JACET 教育問題研究会編）三修社

Little, D., Dam, L. & Legenhausen, L. (2017). *Language learner autonomy: Theory, practice and research*. Bristol: Multilingual Matters.

O'Malley and ChamoChamot. (1990). *Strategies used by Second Language Learners*. Cambridge: CUP.

4 英語教師論からの示唆と応用

▶PRE-LEARNING ▶▶▶

Task 1：中学校や高等学校の英語教員に求められるものを，できる限りあげてみましょう。
Task 2：学習指導要領外国語科（英語）の「外国語科の目標及び内容」を読んできましょう。
Task 3：以下の用語の意味を調べておきましょう。
　　＊コア・カリキュラム　＊学習指導要領　＊CEFR　＊CAN-DOリスト　＊生涯学習

▶IN-LEARNING ▶▶▶

　本章ではまず，教師全体に求められているものは何か，英語教師に求められているのは何かを考えます。次に，求められていることを実現するために理解の不可欠な，コア・カリキュラムと学習指導要領に言及します。その後，2020年以降実施の学習指導要領に影響を与えている理論としてCEFRの重要な点を確認し，英語教師はこれらの材料を使ってどのように資質・能力を伸ばしていけばよいかを論じます。最後に，CEFRの実践ツールとしてのEPOSTL，その翻案としてのJ-POSTLの要点を紹介します。

4-1 すべての教員に求められる資質・能力

　中央教育審議会（中教審）は，2012年に「教職生活の全体を通じた教員の資質能力の総合的な向上方策について（答申）」を発表しました（文科省，2012）。この文書では，「学び続ける教員像の確立」が提言されており，これからの教員に求められる資質・能力として，以下の3点が指摘されています。
① 教職に関する資質・能力（使命感や責任感，教育的愛情）
② 専門職に関する資質・能力（教科や教職に関する専門的知識，実践的指導力）
③ 総合的な人間力

　上記3点はいずれも抽象的な記述ですが，①に関しては，③の要素も含め，各大学で「履修カルテ」が作成され，そのなかで具体的な指針が示されることになっています。②の「専門職」に関する資質・能力に関しては，英語の履修生であれば，後述する『言語教師のポートフォリオ』(J-POSTL)』(JACET教育問題研究会，2014) が参考になります（巻末資料参照）。

　2015年に文科省教員養成部会は，「これからの学校教育を担う教員の資質能力の向上について（中間まとめ）」を発表しま

> **中央教育審議会**：日本の文部科学省におかれている審議会。文科省には多くの審議会があるが，中教審は，最高の位置を占め，最も基本的な重要事項を取り扱う

した（文科省, 2015）。この文書でも教員が生涯にわたって学び続けることが強調されており、さらに次の２点が追加されています。

- 情報の適切な収集・選択・活用力や深く知識を構造化する力
- これからの時代に生きる子どもたちをどう育成すべきかについての目標を組織として共有し、取り組んでいく姿勢

なぜ「生涯にわたって学び続ける」のか。それは、教員が、変化の激しい社会を生き抜いていける人材を育成することにあります。そのような人材育成には、「情報の適切収集・選択・活用をする能力や、深く知識を構造化する力」が欠かせませんし、探究心や学び続ける意識が不可欠です。

子どもたちをどう育成すべきかについての目標を「組織として共有」し、取り組む姿勢も求められています。従来から指摘されている課題だけでなく、新たな課題等に対応するためには、学校現場以外でのさまざまな専門性をもつ人々とも連携することが必要だからです。

こうした全体像を捉えながら、次に、英語の専門職に関する資質・能力のなかで英語教員に求められるものを概観します。

4-2 英語教員に求められる資質・能力：コア・カリキュラム

2017年に文科省は、「教員養成・研修 外国語（英語）コア・カリキュラム」を発表しています。この文書には、小学校および中・高等学校の教員養成と教員研修のコア・カリキュラムの概要が掲載されています。教員養成のコア・カリキュラムには、英語を教える教員になるために必要な学習内容と到達目標が示されています。

小学校教員養成課程外国語（英語）コア・カリキュラムは、外国語・外国語活動において育成をめざす資質・能力を身につけるために、以下の到達目標が示されています。

- 小学校外国語教育についての基本的な知識・理解
- 子どもの第二言語習得についての知識とその活用
- 指導技術
- 授業づくり
- 授業実践に必要な英語力

従来から指摘されている課題：いじめ・不登校などの生徒指導上の課題、貧困・児童虐待などの課題をかかえた課程への対応、キャリア教育・進路指導への対応、保護者や地域との協力関係の構築など

新たな教育課題：新しい時代に必要な資質・能力の育成、そのためのアクティブ・ラーニングや道徳教育の充実、特別な支援を必要とする児童生徒等への対応、幼小接続をはじめとした学校間連携らへの対応など

到達目標：これらの到達目標を身につけるために、教職課程の履修生は、授業だけでなく、授業観察、模擬授業を行うことが求められている

・英語に関する背景的な知識

　中・高等学校教員養成課程外国語（英語）コア・カリキュラムは，外国語において育成をめざす資質・能力を身につけるために，以下の到達目標が示されています。

・カリキュラム・シラバスを理解し，作成する力
・生徒の資質・能力を高める指導（領域統合型の言語活動の指導など）
・授業づくり
・生徒への学習評価力
・第二言語習得に関する知識とその活用
・英語コミュニケーション力・英語学・英語文学・異文化理解についての専門的知識

4-3　学習指導要領

　学習指導要領（The Course of Study）とは，ほかの国のナショナル・カリキュラムに相当し，初等・中等教育における教育課程，教科内容とその取り扱い方や基本的指導事項などを示した，法律に準じる公的文書で，教科書編集の基準となります。「英語科」は「外国語科」の１つとして捉えられています。各学校は，自らの当てはまる校種の学習指導要領を基準とし，地域や学校の実態を考慮したうえで，学習者が到達すべき目標を実現するために教育内容や授業時間数，単位数などから成るカリキュラムを編成し，検定教科書を選択することになっています。したがって，各教員は，学習指導要領に記述された内容の理解が求められています。

　カリキュラム編成や教科書の選択の際には，学習者のニーズを把握することが必要です。ニーズのほかに，学習者の英語力や学習の動機も把握する必要もあります。教える学習者の実態に基づいてカリキュラムを構築することで，年間指導計画，学習目標，指導内容，指導順序，学習形態や活動などの指導方法，時間配分，教材などを選定することになります。

　各学校ではCAN-DOリストが到達目標として作成されていますが，これも学習指導要領に則って作成されています。2017・2018年版学習指導要領では，小学校，中学校，高等学校のすべてにCEFRを世界標準として認め，それを取り入れることに

J-POSTL I-A-1

J-POSTL I-B-2

2017・2018年版学習指導要領：小学校と中学校では，2020年，2021年からそれぞれ全面実施。高等学校では2022年に高校1年生から年次進行により適用

なりました。CEFRの影響による主な改訂点は、「各言語の目標」にて、「話すこと」を「やり取り」と「発表」に分け、4技能から4技能5領域としたことをはじめ、学習したこと（知識）よりも、「学んだことを使って何ができるか」という観点が重視されたことです。CAN-DO形式の記述方法は、CEFRの行動志向の言語教育・学習観が反映されたものです。次節では、学習指導要領に色濃く反映されたCEFRの2つの理念について述べていきます。

4-4 CEFR

CEFR（Common European Framework of Reference for Languages：Learning, teaching, assessment）とは、『ヨーロッパ言語共通参照枠』です。

> CEFR：CEFRの日本語訳は、『外国語教育Ⅱ 外国語の学習・教授・評価のためのヨーロッパ共通参照枠』（吉島茂・大橋理枝他訳編, 朝日出版社, 増補版2014）

4-4-1 共通参照レベル

言語能力を段階で示す場合、文法事項の習熟度を基準にするという観点が候補として考えられますが、どの言語にも共通する能力基準を示す場合には、文法事項は採用できません。そこで、CEFRは、すべての言語に共通する使用場面、概念・機能を考慮して段階づけがなされています。共通参照レベル（common reference levels）は、言語運用能力をA1～C2の6段階に示したものですが、1種類ではなく、3種類あるということも重要です。日本でもよく利用されているのは「全体的な尺度（global scale）」で、2段階ごとに基本的な使用者（A1, A2）、自立的使用者（B1, B2）、熟達の使用者（C1, C2）に分類されています。この尺度は、参照レベル全体の概要を示したもので、専門家でない人にはわかりやすく、また、教員やカリキュラム策定者には方向づけの手立てとなります。残りの2種類は、「自己評価表（self-assessment grid）」と「話し言葉の質的な側面（qualitative aspects of spoken language use）」です。この2つのレベルは、学習指導要領では、「思考力、判断力、表現力等」と「学びに向かう力、人間性等」の記述に部分的に取り入れられています。「自己評価表」は、学習者が自己評価できるように、「理解（聞く、読む）」、「話す（やり取り、発表）」、「書く」に分類され、それぞれ6段階のCAN-DO記述文

> 3種類の尺度：日本語訳は3種類すべて、キース・モロウ編（2013）が利用できる

で表しています。「話し言葉の質的な側面」では「話し言葉」が，「言語使用の範囲」「正確さ」「流暢さ」「やり取り」「一貫性」の5つに分類され，それぞれレベル別に定義されています。

4-4-2　生涯学習

日本ではCEFRが，教員や試験実施団体が学習者を「評価」することに偏った使い方をされているかもしれません。CEFRは，外国語の評価だけでなく学習や教授のためにも使われる参照枠です。そのためにもCEFRの背景にある理念や言語教育観を理解する必要があります。ここでは生涯学習について述べます。

生涯学習（life-long learning）とは，「自律的学習」です。この理念は，2017・2018年版学習指導要領の3つの視点「主体的・対話的で深い学び」の「主体的」という概念に含まれています。つまり，「生涯をかけて外国語を学ぼうという意欲」が，この「主体的」の意味であるとされています。自律的な学習者になるためには，学習したこと・経験したことを振り返り，修正点や課題を発見しながら自己の成長を図ることができる能力を身につけることが必要です。そこで，個人の省察ツールとして，言語教師用にEPOSTLが開発されました。日本では，これが翻案化されたJ-POSTLがあります。

4-5　J-POSTL

4-5-1　J-POSTLの理念と開発過程

欧州では，CEFRをもとに『ヨーロッパ言語教育履修生ポートフォリオ』(EPOSTL：European Portfolio for Student Teachers of Languages，ヨーロッパ言語教育履修生ポートフォリオ）が開発されました（Newby 他, 2007）。その後，日本の教育環境に合うよう，検討や調査を経て，『言語教師のポートフォリオ』(J-POSTL：Japanese Portfolio for Student Teachers of Languages）が開発されました（JACET 教育問題研究会, 2014）。現在はJ-POSTLの小学校版（『小学校英語指導者のポートフォリオ』，略称は「J-POSTLエレメンタリー」）が開発中です。

2017・2018年版学習指導要領は，CEFRを世界標準と認め，これを取り入れました。CEFRをもとに開発されたEPOSTL

> J-POSTLとJ-POSTLエレメンタリー：JACET 教育問題研究会のウェブページで閲覧可能

が翻案化されて J-POSTL が開発されました。したがって, J-POSTL は, 学習指導要領と親和性が高いといえます。

4-5-2 J-POSTL の活用法

J-POSTL には, 以下の構成にて自己評価記述文が掲載されています。

Ⅰ 教育環境 （学習指導要領, 学習者の目標やニーズ, 言語教師の役割などの理解）

Ⅱ 教授法 （4技能・5領域, 文法, 語彙, 文化の指導力）

Ⅲ 教授資料の入手先 （学習支援のための資料収集能力）

Ⅳ 授業計画 （学習目標や内容の設定力と, 授業展開能力）

Ⅴ 授業実践 （授業を計画のもとに柔軟に実践する力）

Ⅵ 自立学習 （学習者の自律を高めるために, プロジェクト学習やポートフォリオなどを活用させる力）

Ⅶ 評価 （自己評価や相互評価なども含めて評価する力）

中教審は, 教員の指導力の向上について,「自らの実践を理論に基づき振り返ることは資質能力の向上に有効である」と述べています（文科省, 2012）。EPOSTL の編者の一人 Fenner (2012) に基づき, J-POSTL では, 教職課程履修生が省察する態度について, 次の三要素を強調しています。

・教員に求められる指導力とその背景にある教授理論について考えること
・教職課程を履修している学生間, および, 履修生と指導教員間とで, 対話をもつこと
・自らの授業力や知識について自己評価を行うこと

第一の要素は, 求められる指導力と教授理論についての理解が必要であることを述べています。第二の要素は対話です。英語教員にも自律的学習能力が求められますが, 学習者の自律と同様に, 初めから独りで指導力について理解することはむずかしいでしょう。理解は, 対話によって深まると考えられます。対話には, 自己開示が伴うことがありますので, 最初は躊躇する人もいるでしょう。しかし, 対話する力は, 教職に関する資質能力や総合的な人間力にも欠かせません。第三の要素は, 対話を通じて行われた自らの理論を, 現状の自らの授業力や知識について自己評価を行います。自らの成長のための評価ですの

で，根拠をもって正直な評価を行うことを心がけましょう。　　　根拠：J-POSTLには，学習・実践記録（ドシエ）を記入する欄もある

▶POST-LEARNING ▶▶▶

1．外国語学習の意義にはどのようなものがあるか，できる限りあげてみましょう。
2．学習指導要領を読み，理解がしづらい箇所に下線を引いたあと，学習指導要領解説を読んでその下線箇所について考えてみましょう。
3．J-POSTLのI.教育環境Context　C.言語教師の役割3．4．5．6．の各項目を読み，教育実習の前後（計2回）に自己評価（5段階）し，自分のなかに変化が生じているかを確認しましょう。

参考文献

文部科学省（2012）「教職生活の全体を通じた教員の資質能力の総合的な向上方策について（答申）」http://www.mext.go.jp/component/b_menu/shingi/toushin/__icsFiles/afieldfile/2012/08/30/1325094_1.pdf（2018年9月22日閲覧）

文部科学省（2015）「これからの学校教育を担う教員の資質能力の向上について（中間まとめ）」http://www.mext.go.jp/b_menu/shingi/chukyo/chukyo3/002/houkoku/1360150.htm（2018年12月9日閲覧）

文部科学省（2017）「教員養成・研修　外国語（英語）コア・カリキュラム【ダイジェスト版】」http://www.mext.go.jp/b_menu/shingi/chousa/shotou/126/shiryo/__icsFiles/afieldfile/2017/04/12/1384154_3.PDF（2018年12月9日閲覧）

吉島茂, 大橋理枝他訳編（2004）『外国語教育Ⅱ 外国語の学習・教授・評価のためのヨーロッパ共通参照枠』朝日出版社

Council of Europe（2001）CEFR：Common European Framework of Reference for Languages:Learning, teaching, assessment. Modern Language Division, Strasbourg. Cambridge University Press.

Fenner, A-B.（2012）The EPOSTL as a Tool for Reflection. In Newby, D.（Ed.）, *Insights into the European Portfolio for Student Teachers of Languages*（EPOSTL）, Cambridge Scholars Publishing.

JACET教育問題研究会（2014）『言語教師のポートフォリオ』（J-POSTL: Japanese Portfolio for Student Teachers of Languages）

Newby, D. Allan, R., Fenner, A-B, Jones, B., Komorowska, H., Soghikyan, K.（2007）European Portfolio for Student Teachers of Languages. Strasbourg: Council of Europe Publishing.

5 リスニング指導理論と応用

▶PRE-LEARNING ▶▶▶

Task 1:「学習指導要領（小・中・高）」の「英語の目標と内容」の「聞くこと」の目標を調べておきましょう（巻末資料4参照）。

Task 2:リスニングが成立するための条件を考えてみましょう。

Task 3:以下の用語の意味を調べておきましょう。

＊内部知識　＊外部知識　＊3段階リスニング　＊ Top-down Approach　＊ Bottom-up Approach

▶IN-LEARNING ▶▶▶

　英語が聞き取れるとは一般に2つのことを意味します。音としての英語が聞き取れることと，意味がわかるということです。コミュニケーション能力の育成という立場からは，相手の伝えようとするメッセージの意味がわかるようになることが重要です。本章では，メッセージの意味内容がわかるようになること，すなわち，「リスニング・コンプリヘンション（listening comprehension）」が可能になるための指導理論を中心に考えます。

5-1 リスニングの位置づけ

　リスニング（listening），スピーキング（speaking），リーディング（reading），ライティング（writing）を4技能（skills）と呼びます。伝達手段の観点からみれば，音声を手段とするリスニングとスピーキングに分けられ，文字を手段とするリーディングとライティングに分けられます。言語使用の観点からみれば，「理解」（recognition）と「発表」（production）に分けられ，前者がリスニングとリーディング，後者がスピーキングとライティングになります。入門期においては音声指導が大切で，リスニングとスピーキング，特にリスニングが重視されなければなりませんが，4技能の統合によるコミュニケーション能力の育成からは，理解面を支えるリスニングとリーディングの上に，発表面を支えるスピーキングとライティングが築かれ

4技能の分類

	音声による技能 (oral／aural skills)	文字による技能 (literacy skills)
発信型の技能 (productive skills)	話す (speaking)	書く (writing)
受信型の技能 (receptive skills)	聞く (listening)	読む (reading)

2017・2018年版学習指導要領においては「話す」（Speaking）が「発表」（Presentation）と「やりとり」（Interaction）に分化したため4技能・5領域となる

ていくような指導が大切になります。さらに，リスニングはほかの３技能と異なり，発表，語彙，文法，表現方法，内容等に関しての選択権がリスナーである学習者にはないため，最も総合力を必要とする技能であるともいえるでしょう。他の技能との関連を考えながらリスニングを重視すること，またその指導法を工夫することは言語指導上大きな意義があるといえるでしょう。

5-2 リスニングが成立するための条件

5-2-1 英語の音声が聞き取れる

英語には，少ない数え方でも11個の母音と24個の子音があります。そこで，[f]と[h] fat:hat や [v]と[b] vase:base などの最小対立（minimal pairs）を用いた音素識別の練習を行うことは耳を鋭敏にするには効果があります。また２つ以上の音が連続して発音されるときに起こる音の同化（Assimilation）や音の脱落（Elision）の例を具体例を示しながら指導することも効果があります。しかし，音声指導上最も重要かつ有効なのは，英語のリズムに慣れさせることです。音声の流れのなかで強い要素と弱い要素とが一定の間隔で繰り返されることをリズムといいます。英語では，文中の１つの強いアクセントの音節と次の強いアクセントの音節との間が常にほぼ等間隔になる傾向があり，これを強勢のリズム（stress-timed rhythm）と呼びます。２つの強いアクセントの音節がくると，それらは速く曖昧に発音されるため聞き取るのがむずかしくなります。意味の上で重要な語には通常文強勢がおかれますから，この強いアクセントのある語を捉え意味との連動を図る練習をすることは実際のコミュニケーションの場においてもたいへん有効です。通常，文の意味に影響を与える内容語（content words）は強く発音され，機能語（function words）は弱く発音されます。もちろん，文中のある語の意味を強調したり対比したりする場合には，文強勢の位置が変わることがあります。英語の教師は常に次のことを意識して音声指導を行いましょう。

内容語：名詞，動詞，形容詞，副詞，指示代名詞など

機能語：助動詞，前置詞，接続詞，人称代名詞，冠詞など

- ●意味の上で重要な語：強く，高く，ゆっくりと発音する。
- ●それ以外の語：弱く，低く，素早く発音する。

1つの文を読む際にも,即音声を聞かせるのでなく,"There're three important words to be stressed on the first line. Can you guess where they are?" と問いかけ,一度推測させてから,実際に音声を聞く練習を繰り返し行うと,聞き取りの態度形成に有効なだけでなく,学習者自らが英文を読むとき,あるいは実際に発話するときの態度形成にも有効です。「推測」と「発見」を活用することで,能動的なリスニングになります。文強勢の位置がわかったら,音読をするときに,その箇所で生徒自身が手を叩いたり,等間隔性を養うために,メトロノームを使うことも有効です。また,一定のリズムとテンポによって成り立つビート音楽に乗せて音読することもたいへん有効です。

5-2-2 イントネーション（音調）の意味がわかる

　音の高低の文中における変化をイントネーション（intonation）といいます。話し手はイントネーションによって,疑問,断定,賛成,反対などの自分の気持ちを伝えます。

　"Bill's a fine goalkeeper." という文のイントネーションを変えることで,①率直に感想を述べる,②皮肉を言う,③質問をする,というそれぞれ別の機能をもった文として読むことが可能です。リスナーは,この文の機能を聞き取れなければなりません。では話し手は,どのようなときに,①下降調,②上昇調,③混合型（上昇調＋下降調）のイントネーションを使うのでしょう。以下が基本的な知識です。

> ①下降調：平叙文,疑問詞で始まる疑問文,命令文,感嘆文など
> ②上昇調：Yes-No で答える疑問文,確認を取るための疑問文,実質的に疑問文になる平叙文,（子どもや老人に対する）柔らかい口調で発する疑問文
> ③混合型：選択疑問文,休止のある単文,重文,複文,付加疑問文など

　ただし,知識はそのままではなく,援用して初めて生きたことばの修得につながります。"When will it open?"（ハワイのスーパーマーケット。開店時刻を過ぎても開店しない店のオーナーに待ちくたびれたお客の1人の皮肉の一言は上昇調）。よって,

疑問詞5W1Hで始まる疑問文は，下降調でなければならないと指導するのではなく，疑問詞はそれ自体に疑問の意味があるので文全体を上昇調にして疑問の気持ちを伝える必要がない，と解釈する柔軟な指導も必要です。基本が終えたら，映画や映像教材などを見せて，生徒に「発見」させ，なぜそうなっているのかを考えさせると生きた指導につながるでしょう。

5-2-3　一定の語彙力と文法力がある

通常の授業におけるリスニングの指導は，教科書を用いて他の技能との関連のなかで総合的に行われる場合が多く，また熱心な生徒は予習をする段階でおよその内容を把握していますので，必ずしも純粋なリスニングにならないケースが多いようです。

教科書を中心に行う場合にも，既習の内容を文字を見ないで聞く訓練をまず行い，自分のもっている知識・情報・語彙・文法を駆使して全体の内容を把握する Top-down approach から，個々の重要な情報を意識して聞きとる Bottom-up approach をリスニング指導のなかに組み込む必要があります。最終的には，既習の語彙と文法を使って，未習の内容をできる限り聞き取る実践的な訓練が必要です。これを支援するには，①1学年下の未習のテキストを利用する，②NHK「基礎英語」などを授業に取り込む，③海外の教材・CDを利用する，④英検らの過去問を利用するなどが考えられますが，共通しているのはやさしめの未習の内容を聞く機会を増やし徐々にレベルアップをするということです。語彙は，検定教科書が扱う範囲でみると，小学校（600〜700語），中学校（1600〜1800語），高校（1800〜2500語），合計で4000〜5000語となり，大学入試までに相当数の語彙の獲得が期待されていますが，義務教育段階においては，まず教科書に出現する語彙（2000語程度：英英辞典使用可能）を十分に理解・活用できるように指導することが大切です（本書の実践編1「語彙指導」を参照）。

リスニングを支える語彙力と文法力はこのように未習の内容を聞き取る実践的な方法を組み込むことで強化していきます。

教科書を中心に行うリスニングの指導：

全体の内容を把握するとき

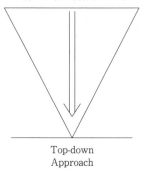

Top-down Approach

個々の要点を把握するとき

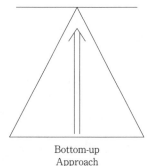

Bottom-up Approach

英英辞典の例：投野由紀夫監修『小学館－ケンブリッジ英英和辞典』小学館・ケンブリッジ大学出版局

5-2-4 一定のスピードについていける

初級者向けの学習教材のなかには，教育的な配慮から会話全体のスピードを敢えて落として聞きやすくしているものがありますが，著しくスピードを落とした教材や，そのような教師による読み方は結果的には教育的ではなくリスニングの訓練にはなりません。聞いたものを即繰り返して言わせようとする意図や目的があると，このような間違った指導法を無意識のうちにとるようです。同じ教材でも，聞いて理解するときは可能な限り自然な速度で録音されたものを，声に出して繰り返すときは繰り返せるように教育的に配慮された速度で録音されたものか教師の肉声が必要になるでしょう。初級から中級にかけての音声指導で大切なことは，意味のまとまり（meaningful unit）を意識して音を聞かせることです。意味のまとまりは，可能な限りナチュラル・スピードで聞かせることが大切です。教育的配慮として，ユニットとユニットの間に若干のポーズをおきます。ユニットごとに意味を把握しようとする態度形成が起こり，音読をする際にも意味を意識して音声化するようになります。中級から上級では，ポーズの長さを短縮し，最終的には調整のない音を聞かせます。聞けるようになったものを可視化する段階になったらユニットごとにスラッシュ（／）を入れた英文を提示することで意味のまとまりを意識した読解と音読が可能になります。

聞く時の速度：可能な限り自然な速度で録音されたものを聞かせる（natural speed）
声に出して読む時の速度：相手に伝わるように，意味のまとまり（meaningful unit）を意識して発話させる

5-2-5 話しの内容に関心があるか背景的知識がある

学習者に基本的なリスニング力が備わっていても，話しの内容が学習者の興味・関心からかけ離れたものであったり，背景的知識がまったくない場合には，予測することができないため，リスニングはなかなか成立しません。教科書のタスクが学習心理に基づいてつくられているかが重要です。また普段からニーズ分析（needs analysis）を行い，学習者の興味・関心に沿った教材の収集を定期的に行うことはたいへん有効です。既存のものがない場合には，ALTと協力してリスニングの教材を開発します。

子どもを一番よく知っている教師がつくる教材は，教師の考え（teacher's beliefs）と学習者の考え（learners' beliefs）が合

ニーズ分析（needs analysis）：行うときの参考（日本十進分類表をもとに編集）Ⅰ 人間／Ⅱ 哲学・宗教／Ⅲ 歴史／Ⅳ 地理・自然／Ⅴ 社会（科学）／Ⅵ 時事・社会問題／Ⅶ 自然科学／Ⅷ 技術・工学／Ⅸ 産業／Ⅹ 芸術／Ⅺ 趣味・娯楽／Ⅻ スポーツ／ⅩⅢ 言語／ⅩⅣ 文学／ⅩⅤ 生活／ⅩⅥ 教育

『青山学院4-4-4一貫制英語教育構想』木村松雄監，青山学院英語教育研究センター編，学文社，2015

致する最も理想の教材になる可能性があります。効果音（SE: Sound Effect）を使い，臨場感あふれる realistic なリスニング教材を作成し，授業や定期テストなどで使用してみましょう。生徒との信頼関係が強く確かなものになっていくことでしょう。

5-3　リスニング指導の実際

5-3-1　3段階リスニング

私たちには，内部にすでに獲得している知識や情報があり，これを INSIDE-THE-HEAD KNOWLEDGE といいます。これに対して，新たに外部から入ってくる知識や情報を OUTSIDE-THE-HEAD KNOWLEDGE といいます。前者を仮に内部知識，後者を外部知識と呼びます。基本的にリスニングはこの両者がぶつかり合い，相互交流を起したときに成立すると考えられます。逆にぶつかり合いや相互交流が起きないときには，リスニングは成立しないといえます。リスニングの指導過程においては，内部と外部の知識が相互交流を起すようにすることが重要になってきます。

INSIDE-THE-HEAD KNOWLEDGE ⇄ OUTSIDE-THE-HEAD KNOWLEDGE

[3段階リスニング]	
Pre-listening Activities	活動の意図・目的の明示，スキーマーの活性，学習課題（task）の提示
↓	↓
In-listening Activities ①Top-down Approach (to get the outline of the story) ②Bottom-up Approach (to get the main points of the story)	課題解決のためのリスニング INSIDE ⇄ OUTSIDE
↓	↓
Post-listening Activities	理解度のチェック，適性な評価活動の整理（CAN-DO リスト），知識の拡充，他の技能（R/W/S）への連動

リスニングの指導過程を Pre-listening, In-listening, Post-listening の3段階で構成した場合，指導上最も重要なのは，Pre-listening です。In-listening が課題解決の場となるよう，Pre-listening では事前の簡単なディスカッション，概要を把握するための事前質問が重要となります。学習者は，自らのスクリプトを活性化し，リスニングの目的を意識し，聞くための態

度形成を図ります。この段階で，内容を表現した絵あるいは，音声を消した映像を見せ，どのような話が展開されるかを想像させることは学習者の想像力を喚起し，内部知識をフルに回転させるため，たいへん有効です。In-listening では，① Top-down Approach により話しの概要をつかみ，② Bottom-up Approach により要点をつかみ，課題解決を果たします。Post-listening では，理解度のチェック，適性な評価（Can-do リストの活用），用いた学習方略の考察を生徒中心に行います。

5-3-2 真生（authenticity）の高い教材の必要性

中級から上級（高校以上）のレベルでは，教科書以外の真性の高い教材やメディア媒体を使ったリスニングの機会を設定しましょう。実際に使用されている言語による学習経験は必ずや言語獲得の機会を増やしてくれるでしょう。リスニングに限らず教材（materials）は，educational-authentic materials ではなく，authentic-educational materials を選ぶようにしましょう。すべて解る教材ではなく，意味の交渉を要し，少し上のインプット（comprehensible input）を提供することも言語習得上重要です。

> educational-authentic materials：教育的に配慮された本物に近い教材
>
> authentic-educational materials：真生を重視し，その上で教育性を配慮した教材（木村，1982）

5-4 目標設定と評価

目標設定とは，学習者が一連の活動の最後に何ができるようになるかを考え，これを行動目標に置き換えることです。その利点は，教授者が指導を通してめざすべき目標の明示，適切な教授法と教室内での指導手順の選択決定の補助，さらには学習者の領域，レベルの評価に求めることができます。評価を絶対評価で行うためには，行動目標設定と達成度を示す評価基準が必要ですが，この機能と役割を果たすのが CAN-DO リストです。本書の実践編 7 評価（2）（CAN-DO リスト作成，観点別評価）を参考にして CAN-DO リストを作成してみましょう。リスニング能力は，プロセスを重視し目標との関係から問題点を特定化し，さらにこれを課題化し改善を加えていくことからその進捗を期待できるものであり，結果のみを重視するような基準をもたない指導やテストからは解決の途は見当たりません。

信頼性と妥当性の高い目的別のリスニング教材の開発と同時

> **行動目標設定と達成度を示す評価基準**：学習者用→ Can-do リストで，教師用→ J-POSTL である

に，小中高を一貫した体系性を備えた評定尺度法（band-system）の開発が公的機関（国や自治体）において本格化することが望まれる所以です。

▶POST-LEARNING ▶▶▶

1. 中学校英語検定教科書（6種類）の各レッスンのなかで，リスニングの課題はどのように位置づけられているかを調べて比較してみましょう。
2. 中学校英語検定教科書等を参考にして中学2年レベルのリスニングの目標基準を設定しCAN-DOリストを作成してみましょう。（実践編 7章 評価(2)CAN-DOリスト作成，観点別評価を参照）
3. J-POSTLのⅡ.教授法 Methodology C.リスニング活動 1．2．3．4．5．の各項目を読み，教育実習の前後（2回）に自己評価（5段階）し，自分のなかにリスニング指導に対して変化が生じているかを確認しましょう。

参考文献
牧野勤（1977）『英語の発音―指導と学習』東京書籍
文部科学省（2017）『小学校学習指導要領』
文部科学省（2017）『中学校学習指導要領』
文部科学省（2018）『文部科学省学習指導要領』
冨田かおる・小栗裕子・河内千栄子編著（2010）『英語教育学大系第9巻 リスニングとスピーキングの理論と実践』大修館書店
Bransford,J.D.& Johnson.M.K. (1973). Considerations of Some
Fields,J. (2008). *Listening in the Language classroom*, Cambridge, UK:Cambridge University Press.
Problems of Comprehension. In W.G.Chase (eds.), *Visual Information Processing,* New York: Academic Press.

6 リーディング指導理論と応用

▶PRE-LEARNING ▶▶▶

Task 1:「英語が読める」とはどういうことでしょうか。
Task 2:リーディングが成立する条件を考えてみましょう。
Task 3:以下の用語の意味を調べておきましょう。
　＊トップダウン処理　＊ボトムアップ処理　＊スキーマ理論　＊検索読み　＊すくい読み

▶IN-LEARNING ▶▶▶

　リーディングは，読み手がテクストの内容を自分の先行知識と照らし合わせながら認識していく過程です。読み手と書き手の相互作用が活発に行われるよう，文字や語，語句の小さな言語単位から文，段落，テクスト全体という大きな言語単位へと情報を処理するボトムアップ処理と，先行知識を利用してテクストの内容を予測していくトップダウン処理が，バランスよく行われるよう指導することが重要です。

6-1 リーディングの位置づけ

　はじめに，小・中の「英語」，高校の「英語コミュニケーションⅠ」における「読むこと」の目標を学習指導要領で確認しましょう。小学校の「読むこと」の目標は2つあります。

> ア　活字体で書かれた文字を識別し，その読み方を発音することができるようにする。
> イ　音声で十分に慣れ親しんだ簡単な語句や基本的な表現の意味が分かるようにする。

　アは，アルファベットの文字の名称を発音できることです。イは，音声で十分に慣れ親しんだ語句や表現を，掲示，パンフレットなどで見て情報を得たり，絵本のなかで識別したりすることです。理解する単位が「語句や基本的な表現」であること，文字と音声の関連にとどめ，綴りと音声の関連は中学で指導する内容であることに注意しましょう。

　中高の目標には一貫性がみられます。学習指導要領（巻末資料）の該当箇所をみて，中高の「読むこと」の目標を比較しましょう。扱うテクストは，中高共通して「日常的な話題」と「社会的な話題」です。ただし，中学では「簡単な語句や文で書かれたもの」あるいは「簡単な語句や文で書かれた短い文章」

活字体で書かれた文字：筆記体について中学校学習指導要領は，「生徒の学習負担にも配慮しながら筆記体を指導することもできる」としている。コンピュータの普及に伴い，英語圏でも筆記体を使う機会は減少しているが，招待状やグリーティングカードなどに筆記体が見られる

綴りと音声の関連：小学校では文字と音声の関係を，中学校では綴りと音声の関係を扱う。すなわち，cを[siː]と読むことは小学校の学習内容，ice, cake, peachという綴りのなかでのcの読み方は，中学校の学習内容である。英語は書記素と音素の対応関係が不透明な言語であるが，ある程度の規則性がみられる。それを組織的に教える指導法にフォニックスがある。例えばball, tall, fall, smallをまとめて提示して発音し，綴りと発音のパターンを認識させる。このような指導を授業開始時や新出単語の練習時などに少々時間を確保し，継続して行うとよい

であるのに対し，高校ではこのような制約がありません。その代わり「使用される語句や文，情報量などにおいて多くの支援を活用すれば」という条件が付されています。

テクストを用いて行う理解活動も中高共通して「必要な情報を読み取る」「概要を捉える」「要点を捉える」の３つが中心です。これに加えて高校では，「必要な情報を読み取り，書き手の意図を把握すること」と「概要や要点を目的に応じて捉えること」（下線筆者）を目標とします。前者は，直接書かれていない書き手の意図も含めて理解する深い読みです。後者は，たとえば日々の出来事を知るために新聞を読むならば要点を理解する，楽しみのために物語を読むならば登場人物の心情を表す表現に注意しながら読む，というように，柔軟な読み方を求めるものです。

「読むこと」は同じく受容技能である「聞くこと」と同様に，発表技能の言語活動において重要な位置づけになっており，「話すこと［やり取り］」「話すこと［発表］」「書くこと」の目標でも言及されています。中学では「聞いたり読んだりしたことについて，考えたことや感じたこと，その理由などを」話したり書いたりすること，高校では「聞いたり読んだりしたことを基に…情報や考え，気持ちなどを論理性に注意して」話して伝えたり，書いて伝えたりすることが目標です（下線筆者）。「精査した情報を基に自分の考えを形成し，文章や発話によって表現」する過程は，未知の状況にも対応できる「思考力・判断力・表現力等」の育成に資するものであると中央教育審議会（中教審）答申は述べています。

6-2 リーディングが成立するための条件

私たちはテクストを読むとき，文字から語，文構造，さらに文章全体へというように，小さな言語単位から大きな言語単位の順に認識します。これをボトムアップ処理（bottom-up processing）といいます。しかし，書かれてあることだけを理解しても，書き手の意図を理解することはできません。次の文章を読んでみましょう。この後メアリーは何をすると思いますか。

概要を捉える：これについて中学校学習指導要領解説は，「…例えば物語などのまとまりのある文章を最初から最後まで読み，一語一語や一文一文の意味など特定の部分にのみとらわれたりすることなく，登場人物の行動や心情の変化，全体のあらすじなど，書き手が述べていることの大まかな内容を捉えることである」と解説している。6-2で述べたボトムアップ処理に偏らないよう注意を促している

要点を捉える：これについて中学校学習指導要領解説は，「…例えば説明文などのまとまりのある文章を最初から最後まで読み，含まれている複数の情報の中から，書き手が最も伝えたいことは何であるかを判断して捉えることである」と解説している

思考力・判断力・表現力等：中教審答申（平成28年12月）が示した，育成をめざす資質・能力の３つの柱の１つ。あとの２つは，生きて働く「知識・技能」と，学びを人生や社会に生かそうとする「学びに向かう力・人間性等」である

> Mary heard the ice cream man coming down the street. She remembered her birthday money and rushed into the house … (Rumelhart, 1977, p.265)

　メアリーはアイスクリーム売りのトラックがやって来たのを聞いて，お誕生日にもらったお小遣いを思い出し，家に駆け込んだ…。おそらく読者は，お小遣いを握りしめてアイスクリームを買いに駆け出す7～8歳の女の子を想像するでしょう。もしこの次に and locked the door. と続いたらどうでしょうか。読者はテクスト全体の解釈を見直さなければなりません。

　私たちは，アイスクリーム売りが来ると子どもたちが集まってくるということを知っており，テクストから喚起されるそうした先行知識を用いて，書かれていないこともイメージとしてもつことができます。このように，既存の知識を利用してテクストの内容を予測していく認知過程をトップダウン処理（top-down processing）といいます。読解は，トップダウン処理とボトムアップ処理の相互作用であると考えられています。これはスキーマ理論　→用語解説　と呼ばれています（Carrell & Eisterhold, 1983）。リーディングとは，読み手が書き手の意図とインタラクションしながら意味を構築する過程ともいえます。

　この相互作用が起こるための条件は，ボトムアップ処理に関しては，①文字が識別できる，②語彙知識がある，③文・文構造・文法事項に関する知識がある，④談話に関する知識があることです。代名詞がさす内容，置き換え表現，省略語句を理解することは初歩の段階から行うべきでしょう。また，まとまりのあるテクストを読む場合，とりわけ④が重要です。接続詞や談話標識（discourse marker）に注意しながら論理的なつながりにしたがって読むことや，説明文であれば主題文（topic sentence）と支持文（supporting sentence）を特定することが重要です。トップダウン処理に関する条件は，⑤内容に関する背景知識があることです。ほとんど知らない内容の場合は，関連した内容を喚起したり，テクストに添えられた図表や絵などの視覚情報をヒントにするなどします。

談話に関する知識：2つ以上の文がつながって，1つのまとまりを構成するとき，このまとまりを談話（discourse）という

代名詞：生徒の習熟度に応じて，人称代名詞や指示代名（this/that, these/those）が何を指示しているか確認しながら読むことが必要である

置き換え表現：たとえば絶滅危惧種に関するテクストでパンダが話題になっているとき，the bamboo-eating animal, the endangered animal という語句はパンダのことをさす。また名詞は one, ones, the same, 動詞は do, 節は so で代用されることがある

談話標識：文と文の論理的なつながりを示す語句。談話標識によって，文章の流れや後続の内容を予測することができる。逆接…however, yet, nevertheless／対照…in contrast, on the other hand／例示…for example, for instance, including／言い換え…in other words, that is／強調…in fact, indeed／一般化…in general, generally／結果…therefore, as a result, consequently／要約…in short, to sum up

6-3 リーディング指導の実際

6-3-1 3段階リーディング

　情報のボトムアップ処理とトップダウン処理が相互にうまく作用するよう，リーディングの指導過程をPre-reading, In-reading, Post-readingの3段階で構成するとよいでしょう。Pre-readingでは，学習者のもつスキーマ（先行知識）を活性化させ，テクストの内容を予測させます。検定教科書（以下，教科書）のリーディング教材は，本文の前にタイトル，リードがあり，写真，イラスト，図表などの視覚資料を豊富に載せています。これらを利用して，生徒と英語で簡単なやり取りをします。たとえばMother Teresaの伝記を読む場合，彼女のもとに集まる人々の写真を見ながらWhere is Mother Teresa? What is she doing? Why do these people come to see Mother Teresa? などの質問をして，生徒がすでに知っている知識を引き出します。

　物語を読む場合は，セクションごとに次に起こることを予測させるとよいでしょう。自分の予測どおりになるか知りたいと思う気持ちが，読む意欲を高めます。

　In-readingでは，1回目で概要または要点を把握し，2回目に正確な読みを目的にするとよいでしょう。1回目は，主題文（topic sentence）に下線を引くよう指示したり，大意把握の問題を与えるなどして，読解ポイントをあらかじめ与えておきます。教師の肉声またはCDで本文を聞きながら黙読すると，一定のスピードで読むことができます。

　2回目は，意味のかたまり（sense group）に区切り，内容を正確に確認します。逐語訳は必要ありません。文脈のなかでの単語の意味，文構造，代名詞が指示するもの，省略されている語句，談話標識（discourse marker）の働き，段落と段落の論理的なつながりなど，内容理解に必要なことを説明します。重点的な解説が必要な文法項目などは別の機会に取り上げ，あくまでも本文の内容から逸脱しないようにします。

　Post-readingではさまざまな言語活動が可能ですが，まず内容理解の確認から始めるべきでしょう。教科書の課末に，正誤問題，英問英答，要約の空所補充問題などがあります。これらをいつ使うのか，どのように使うのか，生徒の実態も考慮して

文脈のなかでの単語の意味：すでに学習した単語が，既習の意味とは違う意味で使われていることがある。とりわけbreak, get, takeなどの基本動詞は意味の範囲が広いので，知っている単語だと思っていても的確な理解が難しい場合がある。また，book（本／予約する），fine（元気な／罰金）のように異なる品詞・意味で使われる語も注意を要する

英問英答：教科書に用意された英問英答は生徒の学習段階に応じて補充や改変が必要になる場合が多い。yes/noで答えられる平易なものから，Wh疑問文で問うもの，意見を問うものへ難易度順に使うとよい

要約の空所補充問題：最終的には空所補充ではなく，自分の力で要約できることを目指したい。「英語コミュニケーションⅠ」2の（3）①言語活動に関する事項のウの（ア）および（イ）に「読み取った内容を話したり書いたりして伝え合う活動」がある。最初はキーワードを与えるなどの支援を与えて，このような言語活動を行うとよい

指導計画を立てる必要があります。たとえば概要・要点に関する問題は１回目の読みの直後に，行間を読むことを求める問いはヒントを与えて数回読んだあとに扱うといった配慮をします。

　読んだ内容について，考えたことや感じたことを話したり書いたりする発表技能の言語活動に発展させる場合は，内容の正確な理解とともに，発表に必要な音韻，語彙，統語の知識が前提となります。これが不十分なまま発信型コミュニケーションを行うと，生徒は自信がないので声も小さく発言も多くは期待できません。発表技能への橋渡しとして，意味的・構造的に十分理解した文章を反復音読させることも１つの方法です。
→用語解説

6-3-2　豊富なインプットの必要性

　教科書は多くの制約の下で編集されるため分量の点でも不十分であり，これを補う必要があります。各課の題材に関連した情報をほかのリソースに求めましょう。特に英語を母語とする同年代あるいは子どもを対象に書かれた絵本，雑誌，インターネットなどに，利用価値の高いものがあります。例えば動物がテーマであれば，動物園や水族館の子ども向けサイトを，戦争と平和がテーマであれば，広島平和記念資料館の日英二カ国語のサイトを使うことができます。自ら情報にアクセスするという学びに向かう力を育成する意味でも，教科書以外のリソースの利用は奨励したいものです。英語教育ポータルサイトも豊富な情報源です。

　教室内では精読（intensive reading）が中心ですので，教室外で平易な読み物をできるだけ多く読む多読（extensive reading）を行うことにより，インプット量を増やすことができます。学習者向けに段階別につくられた graded readers は，語彙，文法，文の長さなどをコントロールしており，生徒が自分のレベルにふさわしいものを選べば，辞書を引かずに読み進むことができます。興味のある本を生徒自身に選ばせ，１冊読み切ったという達成感を積み重ねると，意欲も高まります。

6-3-3　目的別指導

　学習指導要領は「コミュニケーションを行う目的や場面，状況などに応じて」外国語で理解したり表現したりする力を養う

英語教育ポータルサイト：英語教育関係の最新情報，教材，指導事例・指導案，教員研修会報告などを提供するポータルサイトに「えいごネット」がある。文部科学省の協力の下，一般財団法人英語教育協議会（ELEC）が運営している。リーディング教材では，やさしく読める英語ニュース（和訳とキーワード付）のほか，「読む活動の教材」のリンクから各自治体の総合教育センターが開発した教材にアクセスできる。音声付，Q&A 付のものもあり，補助教材やテスト作成への利用も可能

graded readers：出版社ごとにレベルが数段階に示され，物語，伝記，ミステリー，SF，ノンフィクションなど，ジャンルは多岐にわたる。図書館に揃えることができれば，課外学習として多読を取り入れることができる

ジャンル：テクストの目的の違いに基づく分類

テクストタイプ：テクストの形式の違いに基づく分類

ことを，中高ともに外国語の目標に掲げています。テクストはその目的により，説明文，意見文，物語文などのジャンル，新聞記事，メールなどのテクストタイプに分類されます。「目的や場面，状況などに応じて」読めるようになるには，幅広いジャンルおよびテクストタイプに接することが不可欠です。教科書に含まれていない場合は，これを補う必要があります。

　イベントのポスター，時刻表，テレビ番組案内，メニューなどは，必要とする情報を読み取る検索読み（scanning）をします。新聞や雑誌の記事などは，多くの場合，短時間で読み要旨を把握するすくい読み（skimming）をします。こうした目的別指導のため，日ごろから生の教材（authentic material）を集めるよう心がけておくとよいでしょう。

6-4　目標設定と評価

　中高では，「必要な情報を読み取る」「概要を捉える」「要点を捉える」ことが学習指導要領の目標ですので，これらにそって単元目標を設定し，達成度を測定します。既習の教科書本文は内容を覚えているので，これを使うと読解力ではなく記憶力を問うテストになります。したがって，リーディング・テストには初見のテクストを用います。説明文の「概要を捉える」力を問うのであれば，各段落のサブタイトルを考えさせる問題などが考えられます。また，「概要を捉える」ための下位技能を問う問題もよいでしょう。一般論と例を区別する，未知語の意味を推測する，代名詞がさす内容を特定するなどの言語操作が発問のポイントになります。これらを問うアイテムを含めると，どの部分が優れ，どの部分を強化すべきかという診断的情報が得られ，その後の指導に役立ちます。

　評価はテストによるものだけではなく，また教師によるものだけでもありません。例えば「概要を捉える」という目標をさらに具体的に細目化し，主題文を特定する，キーワードを拾う，段落間の論理的つながりを理解するなどの下位項目を小目標としてあらかじめ与え，単元終了時に生徒に自己評価させます。これにより，目標を明確に意識して授業に参加し，終了後の振り返りを次の学びに生かすというサイクルができ，学びに向かう力の育成につながります。

生の教材：来日外国人の数が増え，国内でも日英二カ国語のテクストを容易に入手できるようになった。生徒に集めさせ，英語が国際共通語として身近で使われていることを実感させてもよい。また，駅の標示や商業施設のフロアマップ，観光地のパンフレット，時刻表などを利用して旅行の計画を立てるというタスクも可能である

リーディング・テスト：読んで理解したことは外から観察できないので，理解したという証拠を引き出すテスト問題を作成しなければならない。重要なのは，つくろうとするテストがどのような言語操作を使うことを求めるのか，あらかじめ明確にしておくことである。要点の把握を求めるなら主題文を選ばせる，物語のあらすじの把握を求めるなら，主な出来事を数個の文で順不同に並べ，時系列に並べ替えさせるなどの出題形式が考えられる。公立高校入試問題や英検，ケンブリッジ英検などの外部試験の読解問題が，どのような形式でどのような言語操作を求めてるか分析してみるとよい

▶POST-LEARNING ▶▶▶

1. 中・高等学校の学習指導要領は，「英語を使用している人々を中心とする世界の人々や日本人の日常生活，風俗習慣，物語，地理，歴史，伝統文化，自然科学などに関するもの」のなかから題材を取り上げることを求めています。中高それぞれの教科書を1冊選び，どのような題材が取り上げられているか表にまとめましょう。

2. 上記1．で作成した表から，中高が共通して取り上げる話題を1つ選び，本文について，①取り上げ方の視点，②文章のスタイル，③写真・イラスト・表やグラフなどの扱い，④語彙の提示のしかたなどを比較し，考察しましょう。さらに，理解確認問題，読後の言語活動を比較し，考察しましょう。

3. 上記2．の結果をふまえ，中学の指導を生かした高校の指導案，高校の指導を見通した中学の指導案をつくり，発表しましょう。

4. J-POSTLのII．教授法 Methodology　D．リーディング活動　1．〜9．の各項目を読み，教育実習の前後（計2回）に自己評価（5段階）し，自分のなかに変化が生じているかを確認しましょう。

参考文献

高梨庸雄・卯城祐司（2000）『英語リーディング事典』大修館
天満美智子（1989）『英文読解のストラテジー』大修館
土屋澄男（2004）『英語コミュニケーションの基礎を作る音読指導』研究社
卯城祐司（2009）『英語リーディングの科学―「読めたつもり」の謎を解く』研究社
Carrell, P. L. & Eisterhold, J. C. (1983). Schema theory and ESL reading pedagogy. *TESOL Quarterly, 17* (4), 553-573.
Rumelhart, D. E. (1977). Toward an interactive model of reading. In *Attention and performance Vol. VI*. New York; Academic Press

7 スピーキング指導理論と応用

▶PRE-LEARNING ▶▶▶

Task 1:「英語が話せる」とはどういうことでしょうか。
Task 2:スピーキングが成立するための条件を考えてみましょう。
Task 3:以下の用語の意味を調べておきましょう。
　　＊スキーマ　＊情意フィルター　＊理解しやすさ　＊意味交渉　＊正確さと流暢さ　＊コミュニケーション・ストラテジー　＊コミュニカティブな指導法とタスク中心の指導法

▶IN-LEARNING ▶▶▶

　英語が「話せる」ということは主に2つのことを意味しています。英語の音の特徴を理解し発すること，発話の機能を理解して使えることです。スピーキング指導では，発話をコミュニケーション行為全体のなかで捉える視点をもち，教師は生徒のニーズ・興味・関心や到達度を把握したうえで，教材を選択します。教室英語を多用しながら，生徒の学び合いのなかで発話の機会を増やすようにします。

7-1 スピーキングの位置づけ

　スピーキングは，音声（sound）という手段を使った産出・発表・表現（production）活動という位置づけになります。話し言葉の言語的知識や情報だけでなく，文化的・社会的文脈のなかで相手とのインタラクションを通して，自分の意図とした内容を適切に伝えることが話し手には求められます。相手からの制約を受ける相互性と時間的制約がスピーキングの特徴です。

7-2 スピーキングが成立するための条件

7-2-1 話す必然性と学習環境づくり

　日本の言語環境において，英語を「話す」必然性や，「話したい」という気持ちを生徒に感じさせる学習環境，授業内容，指導方法を考えます。例えば，時間制限やタイムプレッシャーのようなコミュニカティブ・ストレス（communicative stress）は生徒の情意（不安，自信）に影響を与えます。また，生徒の興味・関心がトピックと合っているかどうか，タスクに親しんでいるかなど，認知的な複雑さ（cognitive complexity）にも留意しなければなりません（冨田他，2011：164-173）。

> コミュニカティブ・ストレス：時間制限とタイムプレッシャー，話すスピード，参加者数，応答のタイプ，会話の主導権

7-2-2 知識と技能の一致
(1) 音　声
　英語の音声的特徴（音素の識別，音声変化，プロソディー，文の区切り）を理解し，発声することが基本です。母語話者モデルと同じ発音でなくても，相手にとって「理解できる（comprehensible）」「通じる（intelligible）」ことが重要です。歌に例えると，歌詞の1つひとつ（個々の発音）が多少異なっていても，メロディー（プロソディー）の共通性で音楽を楽しむことができるのと似ています。

> プロソディー（prosody）：強勢，リズム，イントネーション（音調，抑揚）。発話レベルにおいて現われる音声的特徴

(2) 語彙・文法
　話したい内容を表現するための適切な語句や文法の知識と技能が必要です。単語の羅列にとどまらせないようにします。

(3) 談話・社会・文化
　前後関係，場面や状況・文脈に応じた表現を使い，相手の言語に関連した社会文化的規範やルールに準じた発話内容にします。

7-3　スピーキング指導の実際
7-3-1　スピーキングのプロセス
(1) 話す内容の概念化
・自分がすでにもっている知識体系・背景知識（スキーマ schema）を利用しながら，トピックに関するイメージを描き出す。
・話したいトピックや情報を選択し，発話内容を考える。
・社会・文化的側面に関する内容スキーマ（content schema）の活性化によって選択の幅を広げる音声化の準備段階である。

> 内容スキーマ：社会・文化的な題材に関する知識の集合体

(2) 文章の形成
・概念化で選択した考えを表現するために適切な語句や文法を選択し，どのように話すかを計画する。
・文法・修辞法に係わる形式スキーマ（formal schema）を用いる段階である。

> 形式スキーマ：言語形式や修辞法に関する知識の集合体

(3) 発話の産出
・考えた内容を実際に声に出し，音声による算出を行う。
・英語の基本的な音声の特徴を意識して発話する。
・発話機能（speech function）や談話（discourse）に留意する。

> 発話機能：話し手による発話が聞き手に対して果たす対人的機能を概念化したもの。
> 談話：2つ以上の文のまとまり

(4) モニタリング
・自分の発話の正確さや適切さを言語規則でチェックする。
・相手とのやりとりの現状を理解し，言語使用場面における標準的なパタンを認識・理解する。

7-3-2　スピーキング指導の観点
(1)　リスニングとの関係

　よい話し手は，よい聞き手です。スピーキング活動では，相手の発話を聞きとり（受信），その内容を理解して，相手に反応する・質問する（発信）という一連の流れのなかで，インプットとアウトプットが繰り返されます。

(2)　意味交渉（negotiation of meaning）

　コミュニケーション成立のために「意味交渉」の技能が求められます。意味交渉とは，話し手と聞き手がお互いの意志や意味を伝え合うためのさまざまなやりとりのことです。対話の内容に対して，話し手と聞き手は「理解の確認」「明確さの要求」「理解の再確認」などを行います。相手との意思疎通を図るため，相互交流的修正（interactional modification）や対話的調整（conversational adjustment）を重ねながら，意味を相互に求め合う行為が意味交渉です。また，このようなやとりは言語習得を促すと考えられています（白畑他，2009：205）。

> 相互交流的修正対／話的調整：コミュニケーションにおける意味交渉の過程で行われる言語的修正

(3)　正確さ（accuracy）と流暢さ（fluency）

　「正確さ」は言語規則を基準とし，個々の単語や文の発音練習，モデル構文をまねて繰り返す練習，教師と生徒間でのパタン・プラクティスなどを用いる指導法です。いっぽう，伝達能力育成のための指導法では「流暢さ」が重視されます。この２つは対立する概念ではなく，車の両輪のように両者をバランスよく伸ばすための工夫が必要です。日本人英語学習者が英語を話せない，あるいは積極的に話すことができない理由の１つとして，正確さを求めすぎることによる情意の問題があります。

(4)　スピーキング・ストラテジー（speaking strategy）

　スピーキング・ストラテジー（あるいはコミュニケーション・ストラテジー）は，言語能力（文法，語彙など）の不足を補って，自分の意志や考えを伝えたり，会話の継続のために意識的かつ意図的に用いる手段のことです。

- つなぎ言葉を使う（Well, let me see...）
- あいづちを打つ（Uh-hu, Okay, Really?）
- 簡単な表現に言い換える（It's very big = enormous.）
- 相手に繰り返してもらう（Pardon? One more, please.）
- 相手に助けを求める（How do you say this in English?）
- 話題を変える（By the way, Anyway）
- ジェスチャーやアイコンタクトなどの非言語（non-verbal language）を使う

(5) 教室英語（classroom English）

　教室英語によって，生徒は言語活動における場面ごとに新しい英語を学び（意味あるインプット），学んだ英語を使う（アウトプット）機会を通して，英語を使う「必然性」を理解します。話すことに対する情意フィルターを下げ，リスニングとスピーキングの能力を高めます。

7-3-4　スピーキング指導の形態・タイプ

(1) 発音・音声のためのスピーキング活動
- リピーティング（repeating），オーバーラッピング（overlapping），シャドーイング（shadowing）

(2) 意味・内容のためのスピーキング活動

A．モノログ（monologue）形式：話し手1人が複数の聞き手を相手にするスピーキングです。
- レシテーション（recitation）／リプロダクション（reproduction），リテリング（retelling），ストーリー・テリング（story telling），スピーチ（speech），プレゼンテーション（presentation），ショウ・アンド・テル（show and tell）

B．ダイアログ（dialogue）形式：話し手と聞き手がインタラクションのなかで意味交渉を行うスピーキングです。

［会話タイプ］
- チャット（chat）／ペア・トーク（pair talk），ロール・プレイ（role play），インフォメーション・ギャップ（information gap），スキット（skit）／ドラマ（drama）

［討論タイプ］
- ディスカッション（discussion），ディベート（debate）

オーバーラッピング：文章を見ながら音声モデルに重ねて発声する（英語のリズムやイントネーションの練習）

シャドーイング：文章を見ずに耳から聞こえてきた音声を聞こえたままに発声する（英語特有のプロソディーの体得）

レシテーション／リプロダクション：文章を暗記し，書かれている内容を口頭で再生する（特定の学習事項の定着，正確さの向上）

ショウ・アンド・テル：話し手が写真や持ち物などを見せながら説明する。身近な話題や興味・関心などを選び，それにまつわる「もの」の提示によって話し手が発表内容を工夫しコントロールする（ジェスチャーを使って説明する場合もあり）

7-3-5　スピーキング指導の手順

(1) プレ・スピーキング活動（pre-speaking activity）

生徒が「話す」ために必要な状態・状況を準備します。

・テーマやトピックに関連する生徒のスキーマに働きかける
・教室内で発話を促す雰囲気をつくり出し，具体的な言語使用場面を設定する
・生徒の話す内容に役立つ多様な教材を選択し使用する
・生徒の発話を促すために語彙や表現方法を提示する
・スピーキング・ストラテジーを教える

(2) イン・スピーキング活動（in-speaking activity）

生徒同士の学び合いや協働学習を通して，「発音・音声のための活動」と「意味・内容のための活動」をバランスよく取り入れながら正確さと流暢さを伸ばすようにします。

［正確さ→流暢さへ：CLTの考え方］
・学習者への言語形式の「提示（presentation）」→「練習（practice）」→「産出（production）」（PPT）

［流暢さ→正確さへ：TBLTの考え方］
・学習者に達成させるべき「タスクを与え」→「タスク達成のために英語を使わせ」→「タスク遂行に用いた言語材料の正確さに焦点を当てる」

(3) ポスト・スピーキング活動（post-speaking activity）

PDCAサイクルによって継続的な指導を行います。

・活動の内容，過程，方法を振り返る
・言語活動でむずかしかった点や問題点に即して事後指導を行う
・次の授業計画を立てて指導を続ける
・生徒の自律を促すような自立学習・宿題を与える

> PDCAサイクル：Plan（計画）・Do（実行）・Check（評価）・Action（改善）を繰り返すこと

7-4　スピーキング活動の目標設定と評価

7-4-1　目　標

2017（平成29）年公示の学習指導要領では，「話すこと（やりとり・発表）」は4技能・5領域で，「伝え合う」という双方向のコミュニケーションを重視しています。また，『教員養成コア・カリキュラム（英語）』（東京学芸大学，2017／文部科学省，2017）をみると，教職履修生が育成すべきスピーキング能

> コア・カリキュラム：中・高等学校教員養成課程のための「英語科の指導法（8単位）―生徒の資質・能力を高める指導」に記載

力として,「話すことの指導」と「英語でのインタラクション」であることがわかります。

7-4-2 言語活動と評価

目標設定のもと,生徒のスピーキング能力をどのように評価するのでしょうか。表7.1は,コミュニケーション能力の4つの構成要素(Canale & Swain, 1980)を使って,「話す」活動とタスクを規準(観点別)によって評価する例です。評価基準は達成度に応じてA(十分),B(普通),C(要改善)(+, -を適宜加える)に設定します。教師はスピーキング能力を多面的に捉えて,目標,指導,評価の一体化を図ります。

表7.1 スピーキング活動の目標・言語活動・評価の例

コミュニケーション能力 (communicative competence)	焦点を当てる能力	活動タイプ	タスク	評価規準
文法的 (grammar)	正確さ	オーバーラッピング	文章を見ながら,音声モデルに重ねて発声する	英語のリズムやイントネーションを正確に表現しているか
談話的 (discourse)	流暢さ	スピーチ	聞き手・聴衆の前でまとまった内容を話す	英語の音声変化の特徴を意識し談話構成を自然に伝えているか
社会言語的 (socio-linguistic)	適切さ	ロール・プレイ	具体的な条件や言語活動場面設定下で役割を演じる	場面や目的に応じた適切な言語を使用しているか
方略的 (strategic)	意味交渉	ディスカッション	あるテーマやトピックについて意見交換や方針決定を行う	相手の意見を聞きながら自分の意見を積極的に述べているか

▶POST-LEARNING ▶▶▶

1. スピーキング活動に影響を与える学習者要因について具体例を用いて説明してみましょう。
2. 意味・内容のためのスピーキング活動において生徒のスキーマを活性化させる方法の具体例を説明しましょう。
3. スピーキング・ストラテジーにはどのような種類があるか,言語活動場面と英語表現の具体例を集めて練習してみましょう。
4. これまで日本では体系化された教授法が英語授業で用いられてきましたが,それぞれの特徴を「正確さ」と「流暢さ」を伸ばす視点から整理し,スピーキング指導と「フォーカス・オン・フォーム(Focus on Form: FonF)(言語形式の焦点化)」という試みの関係性について考えてみましょう。
5. J-POSTL のⅡ.教授法 Methodology(A.スピーキング活動)の項目1,2,3,4,5,6について,対象学年を想定し,どんな活動ができるか話し合ってみましょう。

参考文献

ベネッセ教育総合研究所（2018）『スピーキング力を伸ばしながら，どう4技能の英語力を身につけていくのか？―上智大学・ベネッセ英語教育シンポジウム報告書』ベネッセ教育総合研究所

和泉伸一（2009）『「フォーカス・オン・フォーム」を取り入れた新しい英語教育』大修館書店

白畑知彦・冨田祐一・村野井仁・若林茂則（2009）『改訂版　英語教育用語辞典』大修館書店

文部科学省（2017）「教員養成・研修　外国語（英語）コア・カリキュラム【ダイジェスト版】―文部科学省委託　英語教員の英語力・指導力強化のための調査研究事業」http://www.mext.go.jp/b_menu/shingi/chousa/shotou/126/shiryo/__icsFiles/afieldfile/2017/04/12/1384154_3.PDF（2018年9月29日閲覧）

東京学芸大学（2017）『文部科学省委託事業「英語教員の英語力・指導力強化のための調査研究事業」平成28年度報告書（平成29年3月20日）』http://www.u-gakugei.ac.jp/~estudy/report/index.html（2018年9月29日閲覧）

冨田かおる・小栗裕子・河内千栄子編（2011）『リスニングとスピーキングの理論と実践−効果的な授業を目指して』〈大学英語教育学会英語教育学体系　第9巻〉大修館書店

Canale, M. and M. Swain（1980）. Theoretical Bases of Communicative Approaches to Second Language Teaching and Testing. *Applied Linguistics, vol 1,*（*1*）, 1-47

8 ライティング指導理論と応用

▶PRE-LEARNING ▶▶▶

Task 1:「英語で書ける」とはどういうことでしょうか。
Task 2:英語が書けるようになるには,どんなことを意識する必要があるのか考えてみましょう。
Task 3:以下の用語の意味を調べておきましょう。
 *ジャンル *ヴォイス *循環的プロセス *フィードバック *ポートフォリオ

▶IN-LEARNING ▶▶▶

　第二言語ライティング（Second Language Writing）教育研究では,「英語で書ける」ということは,一般的に「習得した第二言語（英語）の知識を活用して,自分の考え・意見を表現し,それを相手に伝えられる」ことを意味しています。自分の考え・意見が正確に書けるようになるには,2つの能力を鍛える必要あると考えられています。1つは,単語を正しく綴り,文法や文の構造を正しく理解し使えるようになること（英語力）と,もう1つはその知識・能力を用いて実際に文章を作成できること（書く力）です。ライティング力を養うためには,「英語力」・「書く力」のどちらか一方を身につけるだけでは十分ではありません。本章では,「外国語としての英語（EFL）ライティング」指導理論に焦点をあて,よりよい書き手を育てるための指導法を考えていきます。

EFL（English as a foreign language）：外国語として学習する英語のこと。EFL学習者の場合,主に学校の授業内で英語を学び,教室外ではほとんど英語との接触がない。日本はEFL環境であるといえる
cf. ESL（English as a second language）

8-1 ライティングの位置づけ

　小学校高学年では,2020年から英語が教科化するのに伴い,「書く」指導も本格的に始まります。これからは,小学校から高等学校までの一貫した英語ライティング教育が求められます。学習指導要領において,「書く」指導の目標は以下のように記されています。

> 小学校
> ア　大文字,小文字を活字で書くことができるようにする。また,語順を意識しながら音声で十分に慣れ親しんだ簡単な語句や基本的な表現を書き写すことができるようにする。
> イ　自分のことや身近で簡単な事柄について,例文を参考に,音声で十分に慣れ親しんだ簡単な語句や基本的な表現を用いて書くことができるようにする。
> 　　　　　　（「第2章 外国語科の目標及び内容」より）

> 中学校
> ア　関心のある事柄について，簡単な語句や文を用いて正確に書くことができるようにする。
> イ　日常的な話題について，事実や自分の考え，気持ちなどを整理し，簡単な語句や文を用いてまとまりのある文章を書くことができるようにする。
> ウ　社会的な話題に関して聞いたり読んだりしたことについて，考えたことや感じたこと，その理由などを，簡単な語句や文を用いて書くことができるようにする。
> 　　　　　　　　　（「第2章 外国語科の目標及び内容」より）

> 高等学校
> 「英語コミュニケーションⅠ」
> ア　日常的な話題について，使用する語句や文，事前の準備などにおいて，多くの支援を活用すれば，基本的な語句や文を用いて，情報や考え，気持ちなどを論理性に注意して文章を書いて伝えることができるようにする。
> イ　社会的な話題について，使用する語句や文，事前の準備などにおいて，多くの支援を活用すれば，聞いたり読んだりしたことを基に，基本的な語句や文を用いて，情報や考え，気持ちなどを論理性に注意して文章を書いて伝えることができるようにする。
> 「論理・表現Ⅰ」
> ア　日常的な話題について，使用する語句や文，事前の準備などにおいて，多くの支援を活用すれば，基本的な語句や文を用いて，情報や考え，気持ちなどを論理の構成や展開を工夫して文章を書いて伝えることができるようにする。
> イ　日常的な話題や社会的な話題について，使用する語句や文，事前の準備などにおいて，多くの支援を活用すれば，聞いたり読んだりしたことを活用しながら，基本的な語句や文を用いて，意見や主張などの論理の構成や展開を工夫して文章を書いて伝えることができるようにする。
> 　　　　　　　　　　　（「第2章 外国語科の各科目」より）

　小学校では，英語を書き写すことや基本的な表現を用いて自分のことを書けるようになること，中学校では，正確さを意識しながら，日常生活や身近な内容に関して自分の考えや気持ちをまとまりのある文章で書けるようになること，高等学校では，論理構成や展開を意識しながら，日常生活や身近な内容に関して自分の意見や主張を書いて伝えられるようになることがそれぞれ目標に掲げられています。このように，ライティング指導は，日常的・社会的な話題に関して自分の考えや気持ちが書け

るように自己表現力を育成すること，高年次に進むにつれ，正確さとまとまりのある文章作成を意識して指導すること，そして最終的には，学習者が書いた文章を相手に伝えることができる指導をしていくことが必要です。つまり，ライティングを通してのコミュニケーション能力育成が鍵となります。

8-2 第二言語ライティング教育のパラダイム・シフト

第二言語ライティング教育研究は，この20年で急速に発展した新しい分野です。この分野が確立する前は，西欧諸国で英語母語話者に向けて開発されたライティング教授法を借用し，そのまま ESL，EFL 環境下に適用してきました。指導法をめぐっては，これまでに大きく3回のパラダイム・シフト（paradigm shift）がありました。

ESL（English as a second language）：第二言語として学習する英語のこと。ESL 学習者とは，英語を第二言語として日常生活のなかで学ぶ者をさす

パラダイム・シフト：教授法の歴史的変遷

	1960–70	1980–90	1990–
教授法	Product Approach	Process Approach	Post-Process Approach
理　念	Writing as a product	Writing as a (discovery) process	Writing as social practice
	ライティングの形式重視	（書き手の）認知重視	社会的文脈重視
教師の役割	評価者	ファシリテーター	一人の読み手

8-2-1　プロダクト・アプローチ（Product Approach）

1960～70年代に普及したプロダクト・アプローチ（product approach）は，学習者が書いた作品（composed product）のなかで形式を重んじる考え方で，習得した語彙や文法が正確に使われているかの視点から指導がされます。学習者はライティングの課題に取り組み，書き終えたら修正・校正をすることなく課題を教師に提出するという直線的なプロセス（linear process）です。読み手が教師に限定されてしまうのも特徴です。

8-2-2　プロセス・アプローチ（Process Approach）

1980年代に入り，書き手の文章作成過程における思考や書き直しの機会を重視する指導法が取り入れられ始めました。ライティングは認知的問題解決型プロセス（Casanave, 2004）であり，書き手の考えや気持ちを引き出し，新たな学び，気づきが

ある活動だと位置づけています。つまり，「書くことは考えること」という理念です。この指導法は，書くプロセス（composing process）を重視します。学習者はライティングに取り組み，執筆後にピア・レビュー活動を行います。その後，他者とフィードバックを授受し，修正した作品をもう1度ピア・レビューすることで課題を仕上げていきます。このように，学習者は何度も考え，執筆・修正作業を繰り返すため，ライティングは循環的プロセス（recursive process）だと考えられます。

ピア・レビュー（peer-review）：自分が書いた作品をクラスメイトや同僚と読み合い，コメントを授受する活動

8-2-3　ポストプロセス・アプローチ（Post-Process Approach）

1990年代，プロセス・アプローチでは形式が身につかないという反省から，社会的文脈と言語形式の関係を重視した指導法が取り入れられるようになりました。この指導法は，プロダクト・プロセスの二項対立を超える新しい指導法です。ライティングは特定のコンテクストに依存する（context-dependent）という考えのもと，書く目的・場面・読み手に応じて変化する語彙使用・文章形態・文章構成に対する学習者の意識を高めることを目標とした指導法です。このジャンル準拠指導法は，プロセス・アプローチを補完する指導法として注目されたため，ポストプロセス・アプローチと呼ばれています。

第二言語ライティング教育におけるパラダイム・シフトを説明してきましたが，1つのアプローチがよく，ほかが悪いというものではありません。現在のライティング教育では，ポストプロセス・アプローチが主流ですが，この理念を支持しながらも，プロセス・ライティングの手順や手法を実践している教員がいるのも事実です（Atkinson, 2003）。大切なことは，私たちが与えられた教育環境における学習者のニーズ，書く目的，学習段階などを十分に理解したうえで，適切な指導法を選ぶことです。

ジャンル準拠指導（genre-based pedagogy, genre-based instruction）：情報伝達機能の観点から，目的・読み手・言語使用の関係を重視したライティング指導法。近年の研究では，日本のEFLライティング環境下においても，ジャンル準拠指導法が「書くこと」と「言語上達」の両方に貢献すると報告されている（Yasuda, 2011）

8-3 書けるようになるために心がけるべきこと

英語で書けるようになるためには，「英語力」と「書く力」を身につける必要がありますが，特に3つの概念を意識してライティング活動に取り組むことが大切です。

8-3-1 Voice

Voiceとは,「書き手の内なる想い・考え」(Iida, 2010) をさし,ジャンルを問わずvoiceはどのテクスト(text)のなかでも表現されます。この「書き手のvoiceを表現する力」を自己表現力と呼びます。Voiceは自己表現の一部であり,書き手のアイデンティティ表現にも関係する(Matsuda & Tardy, 2007)ため,ライティングの核となる大切な要素です。私たちは日常生活のなかで,このvoiceを相手に伝えるためにさまざまな選択肢のなかから言葉を選んで文章を書いています。指導の際,学習者からこのvoiceをいかに引き出し,自己表現力を育成していけるかが鍵です。

> アイデンティティ:自分は他者とは異なる独自の存在であるという自己認識の概念

8-3-2 Audience

従来の英語ライティング教育は,読み手が教師だけに限られており,学習者にとってライティングが提出すべき課題にすぎず,読み手を意識した指導とは程遠いものでした。しかし,ライティングは「読み手と書き手の相互作用・相互交流」(Hyland, 2004)であり,書き手の意図を読み手に伝えることが本来のライティングの目的になります。教室内では,教師は読み手の1人であることに変わりはありませんが,指導の際,ピア・レビュー活動を積極的に導入し,書き手がクラスメイトからフィードバックを授受できる環境をつくることで読み手への意識を高めることが大切です。また,課題提示の際,学習者に読み手を設定するよう促すことで,読み手の意識を向上させる指導も心掛ける必要があります。

> Audience:第二言語ライティング教育研究において,Audienceは主要概念の1つであると考えられており,書けるようになるためには,読み手に対する意識(audience awareness)を高め,読み手が求めているもの(andience expectations)を理解することが大切である(Paltridge *et al.*, 2009)

8-3-3 Context

ライティングは,特定のコンテクストに依存する言語活動です。例えば,研究論文というジャンルのなかで,自然科学系と人文科学系での書き方は異なります。人文科学系のなかでも,文学系と教育系での論文作成方法は異なります。Eメールという別ジャンルでも同様のことがいえます。招待,謝罪,依頼,祝福の場面で書くメールは,文章作成や表現方法が異なります。これは,コンテクストや目的や読み手によって適切な使用語彙,文章構成,表現方法が決まってくるからです。円滑な意思疎通

を図るためには，場面・状況にふさわしい書き方を習得し，実際に使えるようになる必要があります。そのため，場面や言葉の働きを意識しながら書く練習をしていくことが大切です。このように，私たちはライティングを指導する際，どの場面・状況（context）で，誰に向けて（audience）書いているのか，そしてどのように自分の考えや気持ち（voice）を表現したいのかを学習者に意識させることが非常に重要です。

J-POSTL II-B-2

8-4 ライティング指導の手順

よい書き手を育てるためには，単に書き方を指導するのではなく，特定の状況で目的をもって書く手順を指導していくことが必要です。ここでは，ジャンル・アプローチとプロセス・アプローチの考え方に基づいた4技能統合型の指導手順を紹介していきます。

8-4-1 Planning

書き始める前に，最初にすべきことはジャンル分析（genre analysis）です。ここでは，何について書くのか，どのジャンルを扱うのかを理解します。教科書やモデルの文章を読み，学習者は内容理解に加えて，テクストの展開や，それぞれの展開（move）を実現する言語的特徴などを分析することで，ジャンルに特有の表現方法や文体に対する理解を深めます。ジャンル分析後，書くテーマに関してフリーライティング（free writing）をします。次に，書いた内容に関して，関連のある内容を紐付け，図式化しマインドマップを作成します。最後に，マインドマップを参考にアウトラインを作成し，文章の枠組みを決めていきます。

フリーライティング：自分の思ったことや感じたことをありのままノートに綴ること
J-POSTL II-B-4

8-4-2 Drafting

アウトライン作成後，実際に書く作業に入ります。ここでは，ジャンル分析で学んだジャンル特有の表現方法や文体に注意しながら執筆をしていきます。書いた内容とマインドマップを比較したり，必要に応じて文章の構成を変更したりするなど，DraftingとPlanningの過程を何度も行き交いながら，執筆をしていきます。

J-POSTL II-B-5

8-4-3 Revising/Rewriting

執筆後，学習者はフィードバックを授受し修正作業を行います。ピア・レビュー活動では，「どのように執筆内容を改善できるか」という視点でお互いの作品を読み，よかった点と改善点をあげ，話し合いながら修正点を明確にしていきます。その一方，教師も1人の読み手として学習者に修正フィードバック（corrective feedback）をしていきます。執筆内容すべてにコメントをする必要はありませんが，どの項目（global errors あるいは local errors）に重点をおき，どのようにフィードバック（直接的フィードバックあるいは間接的フィードバック）をするか考慮する必要があります。学習者・書く目的・学習段階に応じても変わりますが，教師は適切なタイミングで最も効果的なフィードバックを与えることが大切です。最終的に学習者は，教師とクラスメイトからのフィードバックを参考に，修正・書き直しをし，仕上げていきます。

実際の書く手順は，Planning → Drafting → Revising/Rewriting の直線的なプロセスではなく，繰り返し行われる循環的プロセスになります。ライティング指導において，4技能統合をより意識する場合，フリーライティングで書いた内容をクラスメイトと共有し，議論をしたり，完成した作品を発表したりすることで，英語運用力を高めることもできます。

> global errors：内容や構成の誤り
>
> local errors：語彙や文法使用の誤り
>
> 直接的フィードバック（direct feedback）：教師が学習者の誤りを正しい形に訂正すること
>
> 間接的フィードバック（indirect feedback）：教師は，学習者の誤りを指摘するが，学習者自身で正しい形に訂正させること
>
> **J-POSTL** II-B-1

8-5 ライティングの評価

ライティングの評価は，学習者が提出した作品（product）を評価する方法と課題を提出するまでの過程（process）を評価する方法があります。前者は，学習者が提出した課題のみを評価するため，そこに至る過程は評価の対象になりません。その一方で後者は，最終課題のみならず，課題が完成するまでの過程を評価します。フリーライティング，アウトライン，1回目の執筆，フィードバックをふまえた2回目の執筆，最終版など，学習者が執筆したすべての内容を総合的に評価していきます。ポートフォリオを用いて，これらの作品を1つにまとめたものを評価する場合もあります。これは，学習者の成長に焦点を当てた評価方法になります。

ライティング指導法と評価法は密接に関係していますので，

> ポートフォリオ（portfolio）：学習過程記録，ライティングの作品集。ライティング教育においては，リフレクション・ペーパーや他者からのコメントをポートフォリオに含める場合もある

学習目的や学習段階，あるいは課題に応じて評価の観点を変えていく必要があります。

　書けるようになるためには，多くの時間と労力を要します。どのような場面で（状況），何のために（目的），誰に向けて（読み手）書いているのかを意識せずに，ただ形式だけに注意を払って書いていてもライティング能力は上達しません。ライティング活動を通して，学習者の「英語力」と「書く力」をバランスよく指導し，総合的な英語運用能力を育成していくことが大切です。

▶POST-LEARNING ▶▶▶

1．書き手のvoiceを引き出す課題を設定し，実際にどのようなライティング活動ができるのか指導案を作成してみましょう。
2．中学校英語検定教科書を参考に，中学3年レベルのライティングの目標基準を設定しCan-doリストを作成してみましょう。
3．J-POSTLのII. 教授法 Methodology B. ライティング活動6項目を読み，教育実習前後（計2回）に自己評価し，自分のなかに変化が生じているかを確認しましょう。

参考文献

文部科学省『小学校学習指導要領』2017年
文部科学省『中学校学習指導要領』2017年
文部科学省『高等学校学習指導要領』2018年
Atkinson, D. (2003). L2 writing in the post-process era: Introduction. *Journal of Second Language Writing, 12*, 3-15.
Casanave, C. P. (2004). *Controversies in second language writing: Dilemmas and decisions in research and instruction*. Ann Arbor: The University of Michigan Press.
Hyland, K. (2004). *Disciplinary discourses: Social interactions in academic writing*. Ann Arbor: The University of Michigan Press.
Iida, A. (2010). Developing voice by composing haiku: A social-expressivist framework for teaching haiku writing in EFL contexts. *English Teaching Forum, 48*, 28-34.
Matsuda, P. K., & Tardy, C. M. (2007). Voice in academic writing: The theoretical construction of author identity in blind manuscript review. *English for Specific Purposes, 26*, 235-249.
Paltridge, B., Harbon, L., Hirsch, D., Shen, H., Stevenson, M., Phakiti, A., & Woodrow, L. (2009), *Teaching academic writing: An introduction for teachers of second language writers*. Ann Arbor: The University of Michigan Press.
Yasuda, S. (2011). Genre-based tasks in foreign language writing: Developing writer's genre awareness, linguistic knowledge and writing performance. *Journal of Second Language Writing, 20* (2), 111-131.

9 技能統合型授業の理論と応用

▶PRE-LEARNING ▶▶▶

Task 1：各技能「リスニング」「リーディング」「スピーキング」「ライティング」を個別に重視する授業の長所と短所を考えてみましょう。

Task 2：技能を統合する言語活動には，どのような活動があるでしょうか。

Task 3：以下の用語の意味を調べておきましょう。
  ＊5つの領域　＊コミュニケーション活動　＊フィードバック

▶IN-LEARNING ▶▶▶

　技能を統合的に扱いコミュニケーションの資質，能力の育成を図る領域統合型の授業について考えてみます。「聞くこと」「話すこと［やり取り］」「話すこと［発表］」「読むこと」「書くこと」の5つの領域の言語活動を統合することにより，実際の社会や世界と近い環境で学ぶことができます。

9-1 予測困難な社会の変化

　急速なスピードで技術が進化し，人工知能と共存する社会がやってきています。こうしたさまざまな社会の変化に柔軟に対応し，新しい時代に求められる資質・能力を育む教育が期待されているなか，学習指導要領では，教育課程全体を通して次の3つの柱の重要性を解説しています。

①何を理解しているか，何ができるか（生きて働く「知識・技能」の習得）

②理解していること・できることをどう使うか（未知の状況にも対応できる「思考力・判断力・表現力等」の育成）

③どのように社会・世界と関わり，よりよい人生を送るか（学びを人生や社会に生かそうとする「学びに向かう力・人間性等」の涵養）

これら3つの柱は，個別の知識や技能のみを重視するのではなく，1つひとつの学びを統合することにより，本物の知識や能力を備えることにつながり，実社会で活用できるコミュニケーション力が育成できるとしています。英語による言語活動が実社会とかけ離れていれば，生徒の学ぶ意欲も下がります。教師は社会の変化に敏感になりながら，どのような英語が社会で使えるのか，常に考えながら教室活動を工夫していく必要があります。

学習指導要領：中学校学習指導要領解説（平成29年告示），高等学校学習指導要領解説　外国語編・英語編（平成30年告示）（→巻末資料4）

9-2 コミュニケーション活動

具体的に学習指導要領では，「聞くこと」「読むこと」「話すこと［やり取り］」「話すこと［発表］」「書くこと」の5つの領域を総合的に扱い，コミュニケーション活動を繰り返すことの重要性を述べています。この5つの領域は，国際的な基準である CEFR (Common European Framework of Reference for Languages: Learning, teaching, assessment；「外国語の学習・教授・評価のためのヨーロッパ言語共通参照枠」) に準じています。CEFR では，コミュニケーション活動（communication activities）を，reception（受容），interaction（やり取り），production（産出）の3領域を総合することとし，communicative competence（コミュニケーション能力）の内容は，linguistic competence（語彙・文法などの知識と技能），sociolinguistic competence（社会的文脈などを考慮して言葉を使える力），pragmatic competence（場面・状況・相手などを考慮して言葉を使える力）と定義しています。このことを参照しながら学習指導要領では5つの領域を設定しているのです。グローバルな基準に基づいた授業が期待されているといえます。

> communicative competence：本書の理論編1-5-3 コミュニケーション能力の構成要素（記述モデル）Canale（1983）と比較すること

9-3 技能統合型の授業の目標

中学では，「主体的に外国語を用いてコミュニケーションを図ろうとする態度」の育成，さらに高校では，より自律した英語学習者の育成をめざし，多くの足場かけを必要とする段階から，必要に応じて支援を活用する段階へと移行させることが目標です。教師は，授業を通して各生徒が自立して「英語を用いて何ができるようになるか」を明確にできるよう，英語に関連した身近で興味のある題材を選び，指導をしていかなくてはなりません。学習指導要領では，日常的な話題から，社会的な問題に広げたり，言語活動のなかで生徒が思考，判断，表現する過程を深める工夫が求められています。教室外でも英語にふれることができるような仕掛けとしては，例えば，さまざまなメディア（例：インターネット，SNS，YouTube など）や，国際的なスポーツ大会，スポーツ選手の英語によるインタビュー，海外ブランドのファッション雑誌などのトピックなども考えられます。

> **J-POSTL** IV-B-1

高校の学習指導要領では次のように記されています。

> (2) 英語を使用している人々を中心とする世界の人々や日本人の日常生活，風俗習慣，物語，地理，歴史，伝統文化，自然科学などに関するものの中から，生徒の発達の段階や興味・関心に即して適切な題材を効果的に取り上げるものとし次の観点に配慮すること。
> (ア) 多様な考え方に対する理解を深めさせ，公正な判断力を養い豊かな心情を育てるのに役立つこと。
> (イ) 我が国の文化や，英語の背景にある文化に対する関心を高め，理解を深めようとする態度を養うのに役立つこと。
> (ウ) 社会がグローバル化する中で，広い視野から国際理解を深め，国際社会と向き合うことが求められている我が国の一員としての自覚を高めるとともに，国際協調の精神を養うのに役立つこと。
> (エ) 人間，社会，自然などについての考えを深めるのに役立つこと。

　技能統合型授業は複数の領域を統合し，「やり取り」や「即興性」といった実社会を意識した英語力育成が求められています。

9-4 技能統合型授業の理論と応用

　技能統合型の授業を展開するうえで気をつけなければならないことは，ともすると教師は1つの技能（例えば，「聞くこと」），または2つの技能（例えば，「聞くこと」「話すこと」）のみに長時間注力してしまい，全体の統合的技能や領域をおざなりにしてしまうことです。日本のように教室外で英語を必須で使用しなくてもよい環境においては，生徒が文法問題集や翻訳練習，教科書の音読ばかりに集中し，教師もその指導で終わってしまうことも少なくありません。学習指導要領は，こうした過去の学習法が英語能力育成に必ずしもつながらなかった反省をふまえて，技能統合型を強調しているのです。

　ここでは，英語のみの教育理論ではなく，学習全般に共通する理論，原理をまとめたメリルの「第1原理」を技能統合型授業の理論として考えてみます。さらに，技能統合型授業の応用として「模擬国連」を紹介します。

統合的技能：文部科学省は，全国の中学校3年生約600校および高等学校3年生300校を対象に，英語に関する4技能がバランスよく育成されているかを調査した結果，統合的な言語活動を行っている学校のほうが，生徒の「話すこと」「書くこと」の得点が高いだけでなく，「聞くこと」「読むこと」の得点も高いことがわかった（平成29年度英語教育改善のための英語力調査）

9-4-1 メリルの「第一原理」

知識および技能と思考力，判断力，表現力などをバランスよく効果的に統合する授業を設計する理論として，インストラクショナルデザイン研究者であるメリル（Merrill, M. David, 2002；2007）の「第一原理（First Principles of Instruction）」を参考にしながら，技能統合型授業について考えてみます。

メリルは学習を促進するための授業には次の5つの原理が必須であると述べています（図9.1）。

① 「課題（task）」または「問題（problem）」課題に取り組むとき
② 「活性化（activation）」事前に学んだ関連知識や経験を呼び起こすとき
③ 「例示（demonstration）」観察できる例示があるとき
④ 「応用（application）」新しい知識を応用するとき
⑤ 「統合（integration）」新しく学んだ知識を日々の生活に統合するとき

> メリル：ユタ州立大学の名誉教授で，教育工学分野での国際的な功労者。特に学習活動を促進するための「第一原理」は，あらゆる年齢を対象とした教育環境に応用されている

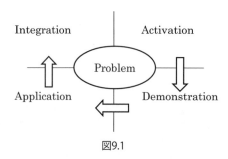

図9.1

> J-POSTL I-C-7
> J-POSTL I-C-8

まず最初に，教師は生徒たちに現実に起こりそうな問題や課題を提示します。教科書の内容を応用したり，新出の単語が利用できる問題や課題を考えてみましょう。

2番目は生徒がすでにもっている知識や情報，すでに学んだ表現形式，コミュニケーションなどの活性化です。生徒が自ら考え，生徒個々の既知情報を呼び起こさせることが必要です。脳を活性化させるためには，生徒同士でのやり取りや，生徒たちが進んで課題や問題に取り組みたいと思える興味や関心のある問題や課題を提供しなくてはなりません。ここで大事なことは，活性化によって，自らの知識が不足していることに気づかせてあげることです。

> J-POSTL III-3, 5, 7

3番目は，問題や課題を解決するために，似た場面や状況を例示することです。類似場面や状況に応じたやり取りや発表，文章表現などの具体例を示してあげます。ここで重要なことは部分的な言語ではなく，場面や状況を含んだ全体像に沿った言語活動を例示することです。教師の説明だけでは理解できなかった事柄や表現法が現実に使用されている場面を例示することで，生徒は英語を身近に感じ，学習意欲も高まります。また，生徒同士が主体的なやり取りを通して例示に参加することも大切です。

　4番目は生徒に応用する機会を提供することです。ここでの言語活動には，生徒間の共同作業や先生からのプロンプト（prompt）やリキャスト（recast）などを通して生徒自ら，誤りの気づきを喚起する手法が有効です。

　5番目は統合です。学んできたことを統合して，最初の問題や課題を解決できるか実践してみます。生徒には表現法を創造する，自ら得た知識を他の生徒に発表する，さらに学びの成果を省察するなどの機会を与えましょう。課題遂行の過程がスキーマ記憶に蓄えられれば，実社会で同様な問題に遭遇した際にも利用できるようになります。

9-4-2　模擬国連

　技能統合型授業を展開する際に模擬国連を利用する方法が考えられます。模擬国連は国際連合が行っている国際会議を模倣して行う教育的活動で，特に高校生を中心に世界中で広く開催されています。国際連合の公用語は英語，フランス語，ロシア語，中国語，スペイン語，アラビア語の6言語ですが，事務局の作業言語は英語とフランス語です。目的は国際の平和と安全の維持で，特に2016～2030年までの15年間は，「持続可能な開発目標（Sustainable Development Goals(SDGs)）」を掲げ，「貧困に終止符を打ち，地球を保護し，すべての人が平和と豊かさを享受できるようにすることを目指す普遍的な行動を呼びかけています」。

　通常，模擬国連は半年ほどの時間をかけ，じっくりと調査，準備をして参加者は全員で寝食を共にしながら解決法をみつけていきますが，ここではもう少し手軽に授業内で行える方法を

J-POSTL V-B-1

プロンプト（prompt）：生徒の自己訂正を促すフィードバックで，次の4つがある
①メタ言語的フィードバック（metalinguistic feedback）
　生徒：Did you come tomorrow?
　教師：Did? Future tense?
　生徒：Will you come tomorrow?
②引き出し（elicitation）
　生徒：Did you come tomorrow?
　教師：Did you …
　生徒：Will you come tomorrow?
③繰り返し（repetition）
　生徒：Did you come tomorrow?
　教師：Did you tomorrow?
　生徒：Will you come tomorrow?
④明確化要求（clarification request）
　生徒：Did you come tomorrow?
　教師：Pardon?
　生徒：Will you come tomorrow?

リキャスト（recast）：誤りをすぐに修正して提示する方法
　生徒：Did you come tomorrow?
　教師：DID you come TOMORROW?
　生徒：Will you come tomorrow?

SDGs：国連開発計画（NUDP）駐日代表事務所ウェブページ参照

考えてみたいと思います。

①模擬国連の準備

教師の準備としては，議題の決定，各生徒の国割の決定，各生徒の準備としては，割り当てられた国についての一般的な情報と，議題を解決するために必要な情報の調査をします。

この準備を通して，上記で述べたメリル理論における生徒の知識の「活性化」を促します。各自が見聞きして知っている情報を英語で書き出す，生徒同士で情報を交換するなど調査の段階で英語を使用することを奨励しましょう。

教師は生徒の言語活動を容易にするため「例示」をします。図書館やインターネットなどを利用して，生徒のレベルに応じた英語力で情報を入手できるよう，調査法を示してあげます。YouTubeなど一般に公開されている英語による国紹介の映像なども利用できるでしょう。問題解決には，どのような情報が必要なのかも例をあげて示してあげましょう。

基本的には，割り当てられた国の「現状」「政策」「可能な解決法」の3点を用意しておきます。

②模擬国連の会議

通常の流れは，まず，1分間のスピーチ（上記の3点）をします（position speech）。ここでは，割り当てられた国の代表として，その国の紹介をします。会議では各生徒は割り当てられた国の代表となりますので，生徒は自分の感情で発言をしてはいけません。割り当てられた国を守る立場で会議に参加することは模擬国連の大事なルールです。

論点を整理したもの，生徒が調査した政策のエッセイ，公式発言や非公式発言などの時間配分をあらかじめ用意しておけば，生徒も参加しやすいかもしれません。

Position speech後は，公式討議になり順番に意見をスピーチしていきます。時間を区切って非公式討議となります。非公式討議は，目的達成のために議長が議論進行する方法と，自由に席を立って討議することができる方法があります。

会議はディベートのように勝敗を決めるものではなく，よりよい国際社会にするための解決方法を話し合うものです。ただ，その話し合いの際には交渉が必要で，割り当てられた国の国益になるよう話を展開させます。途中，動議があればほかの生徒

J-POSTL II- G -1

準備：学生の英語レベルに応じて，議題（問題）の難易度を調整する必要がある。資料が入手しやすいか，英語にしやすい議題か，対立軸が明確か，生徒にとって身近な話題かなどの視点から検討します。クラッシェンのi+1を意識してほしい

例示：外務省のウェブサイト，CIA World Factbookなどを利用するとよい。地理的・社会的状況，経済的状況，外交・国際関係などテーマを分け，生徒が楽しんで主体的に調査できるよう導きたい。日本語の情報を利用しても構わないが，授業の言語活動は英語にする

J-POSTL V-E-1
J-POSTL III-6
J-POSTL VII- E -1

J-POSTL V-A-3

論点：A1 A2レベルの場合は，言語活動のテンプレートをつくっておくとよい。例：（あなたの国名）believes that music is important.

が割り当てられた国の意見を尊重して協調しながら，文章を作成し決議案を提出，投票にかけて決議を採択します。

③模擬国連の成果の統合
参加した模擬国連の決議案にいたるまでを振り返り，何ができて何ができなかったのかなどの成果を話し合いましょう。

J-POSTL VII-F-1

▶POST-LEARNING ▶▶▶
1．技能統合型授業を行う際の問題点はどのようなものが考えられるでしょうか。また，その解決法を考えてみましょう。
2．小学生，中学生，高校生向けに，授業で模擬国連を導入する授業展開を考えてみましょう。
3．小学生，中学生，高校生向けに，技能統合型授業を考えてみましょう。

参考文献
稲垣忠・鈴木克明（2015）『授業設計マニュアル Ver. 2：教師のためのインストラクショナルデザイン』北大路書房
JACET SLA 研究会編著（2013）『第二言語習得と英語科教育法』開拓社
文部科学省（2018）「平成29年度　英語教育改善のための英語調査」
Merrill, M. D.（2002）First principles of instruction. *Educational Technology Research and Development,* 50（3），43-59.
Merrill, M. D.（2007）First principles of instruction: A synthesis. In R. A. Reiser & J. V. Dempsey（Eds.），*Trends and issues in instructional design and technology*（2nd ed., pp. 62-71）. Upper Saddle River, NJ: Merrill/Prentice-Hall.

10 小学校英語教育の展開

▶PRE-LEARNING ▶▶▶

Task 1：第二言語学習者としての児童と中学生以上の学習者とはどのように違うのでしょうか。

Task 2：小学校での外国語活動および外国語の目標は何でしょう。そして，どのような経緯で導入されたのでしょう。

Task 3：以下の用語の意味を調べておきましょう。
　　＊臨界期仮説　＊発達段階説　＊外国語の見方・考え方　＊音韻認識能力

▶IN-LEARNING ▶▶▶

　2017年度告示の学習指導要領により，公立小学校の高学年に外国語，そして中学年に外国語活動が導入されました。本章では，①第二言語学習者としての小学生の特質，②公立小学校での外国語活動と外国語科の目標とそれらの導入の経緯，そして，③課題について考えていきます。

10-1　第二言語学習者としての小学生の特質

　第二言語習得において，子どもは大人より早く簡単に言葉を覚え，使いはじめると思われがちですが，果たして本当にそうでしょうか。子どもと大人の学習者では身体，認知，言語，および精神の発達が異なり，それが第二言語習得に大きな影響を及ぼしていることは明らかです。ここでは小学生とそれ以降の学習者とを比較し，第二言語学習者として小学生がどのような特質をもっているのか見ていきたいと思います。

10-1-1　身体発達の側面から

　まずは，身体的な発達，特に脳の発達から考えます。レネバーグ（1967）は，失語症患者の症例から言語習得には臨界期があり，思春期を過ぎると言語を獲得することはできないという仮説を立てました。彼は思春期を過ぎると脳が柔軟性を失い，言語習得はむずかしくなると考えました。失語症患者の言語回復が第一言語習得になるのか，または第二言語習得になるのか判断がむずかしいところですが，仮説が出された以降も脳の発達からみた言語習得についてはさまざまな説が出ています。

　この臨界期仮説をそのまま第二言語習得に応用する学者は少ないのですが，第二言語習得と年齢の関連を探るため，移民を対象にさまざまな研究が行われてきました。そのような研究を

臨界期：「生物の発達期のうち，将来の特質が右か左に決定されようとしている時期」（藤永，2001：165）

まとめて Lightbown & Spada（2013）は，第二言語習得の目的がネイティブに近い発音の獲得にあるのなら，早期に始める必要はあるが，そうでないのなら，早期に始める効果についてはまだ明らかにされていないという結論を出しています。

さらに学校教育というコンテクストに限ると，早く学習を始めても外国語習得が成功しているわけではないという報告もあります（Munoz, 2006）。

10-1-2　認知発達の側面から

認知構造を考えると小学生と中学校以降はかなり異なります。ピアジェの発達段階説に従うと小学生は「前操作期（2～7歳）」から「具体的操作期（7～12歳）」に属しています（Crain, 2000）。この理論に従うと，外界と直感的に，また自己中心的に関わっていた子どもたちは，小学校の中学年以降，徐々に論理的な思考をするようになります。しかし，小学校段階ではまだ仮説や可能性の検証はむずかしく，抽象的な思考も未熟なものにとどまります。

10-1-3　母語発達の側面から

また，母語の発達についていえば，就学前，子どもはすでに大人に近い文法能力を獲得しているといわれています。小学校に入学し，授業や学校生活を通して，徐々に高度な言語運用能力を獲得していきます。児童は言葉を使って論理的な思考ができるようになりますが，これは前述の認知的な発達とともに読み書き指導が始まることが大きく影響しています。8～9歳ごろになると，子どもたちにとって主たる情報源が話し言葉から書き言葉にかわります（Cameron, 2001）。書き言葉の発達から，彼らのメタ言語能力もさらに発達します。

10-1-4　精神的な側面からの違い

自己中心性の世界から脱却するということは，同時に自分が何をしているのか，また周りからどのように見られているのか理解することを意味します。第二言語習得においては情意フィルター（affective filter）が高くなり，特に大人の学習者は，外国語を使うことに恥ずかしさや不安を覚えます。個人差はあ

発達段階説：ピアジェは子どもが成長するにつれ，彼らの認知構造に質的な変化が起こると考え，それを①感覚運動期，②前操作期，③具体的操作期，④形式的操作期の4つの段階に分けた

情意フィルター：不安や学習意欲の欠如，または自信喪失など心理的な障壁をさす

りますが，小学生の場合は中学生以上の学習者より情意フィルターが低めの傾向にあります。

このようにそれぞれの側面から児童の特徴がみえてきますが，授業をした経験から付け加えると，①児童は外国語学習について分析的というより全体的（holistic）に取り組み，②動作およびジェスチャーを使った活動を好むという特徴があります。

10-2 公立小学校における外国語活動と外国語

ここではまず，どのような経緯を経て公立小学校に外国語活動および外国語が導入されたのかをみていきたいと思います。

公立小学校での外国語教育は，1992年に大阪の2つの市立小学校で「国際理解教育の一環としての英語教育の研究」として始まりました。1998年告示の学習指導要領により新設された総合的な学習の時間の枠内で，「国際理解に関する学習の一環としての外国語会話等」が実施できるようになりました。多くの小学校で英語活動が実施されましたが，学校裁量で行われたこともあり，その実施形態は千差万別でした。これは教育の機会均等という面から大きな課題であることが指摘され，2008年告示の学習指導要領により，高学年を対象とした週1回の領域科目としての外国語活動が導入されました。

外国語活動の導入により児童の外国語に対する学習意欲の高揚，中学での外国語教育への積極的な参加など良い効果が報告された一方で，「①音声中心で学んだことが，中学校の段階で音声から文字への学習に円滑に接続されていない，②日本語と英語の音声の違いや英語の発音と綴りの関係，文構造の学習において課題がある，③高学年は，児童の抽象的な思考力が高まる段階であり，より体系的な学習が求められる」（学習指導要領解説，p.7）などの課題が指摘され，その対応が求められました。

その結果，2017年告示の学習指導要領において，高学年へは「外国語科」，そして中学年へは「外国語活動」が導入されることになりました。次にこれらの目標についてみていきます。

10-2-1 外国語活動

外国語活動は，3〜4年生を対象に週1回実施される必修の

総合的な学習の時間：児童・生徒が横断的かつ総合的な課題について取り組む時間であり，2000年度より段階的に導入されている。内容としては国際理解・福祉・情報・健康・環境などがある

領域科目です。教科ではないので評価はなく，教科書もありません。文部科学省は外国語活動の副読本として『Let's Try! 1』（3年生用）と『Let's Try! 2』（4年生用）を作成し，2018年度から使用できるように各小学校に配布しました。外国語活動の目標は以下のようなものです。

> 外国語によるコミュニケーションにおける見方・考え方を働かせ，外国語による聞くこと，話すことの言語活動を通して，コミュニケーションを図る素地となる資質・能力を次のとおり育成することを目指す。
> (1) 外国語を通して，言語や文化について体験的に理解を深め，日本語と外国語との音声の違いに気付くとともに，外国語の音声や基本的な表現に慣れ親しむようにする。
> (2) 身近で簡単な事柄について，外国語で聞いたり話したりして自分の考えや気持ちなどを伝え合う力の素地を養う。
> (3) 外国語を通して，言語やその背景にある文化に対する理解を深め，相手に配慮しながら，主体的に外国語を用いてコミュニケーションを図ろうとする態度を養う。

10-2-2 外国語

次に外国語は，5，6年生を対象に導入される教科ですが，外国語活動で「聞くこと」「話すこと」を中心に外国語学習を行ってきた児童に，「読むこと」「書くこと」を加えて総合的に外国語学習を行います。文部科学省は移行期間（2018〜2019年）に使用する教科書として『We Can! 1』（5年生用）と『We Can! 2』（6年生用）を作成し，各小学校に配布しました。『We Can!』にはデジタル教材も用意されていますが，それにはさまざまな国から等身大の児童が参加し，英語を話しています。児童は世界共通語としての英語を肌で感じることができます。外国語の目標は次のようになります。

> 外国語によるコミュニケーションにおける見方・考え方を働かせ，外国語による聞くこと，読むこと，話すこと，書くことの言語活動を通して，コミュニケーションを図る基礎となる資質・能力を次のとおり育成することを目指す。
> (1) 外国語の音声や文字，語彙，表現，文構造，言語の働きなどについて，日本語と外国語との違いに気付き，これらの知識を理解するとともに，読むこと，書くことに慣れ親しみ，聞くこと，読むこと，話すこと，書くことによる実際のコミュニケーションにおいて活用できる基礎的な技能

『We Can!』：小学校高学年用の文部科学省作成外国語教材。それぞれ8時間単位のユニットが8つと6時間単位のユニットが1で構成されている。Let's Listen, Let's Watch and Think, Let's Play, Let's Chats, Let's Sing, Activity という名前の活動があり，別にワークシートも用意され，それを通して読み書き活動が行われる

を身に付けるようにする
(2) コミュニケーションを行う目的や場面，状況などに応じて，身近で簡単な事柄について，聞いたり話したりするとともに，音声で十分に慣れ親しんだ外国語の語彙や基本的な表現を推測しながら読んだり，語順を意識しながら書いたりして，自分の考えや気持ちなどを伝え合うことができる基礎的な力を養う。
(3) 外国語の背景にある文化に対する理解を深め，他者に配慮しながら，主体的に外国語を用いてコミュニケーションを図ろうとする態度を養う。

今回の学習指導要領では「主体的・対話的で深い学び」の実現に向けた授業改善の推進という観点から，各教科の学びで「見方・考え方」を働かせることが重要だと説明されています。外国語活動および外国語科における「見方・考え方」は「外国語で表現し伝え合うため，外国語やその背景にある文化を，社会や世界，他者との関わりに着目して捉え，コミュニケーションを行う目的や場面，状況等に応じて，情報を整理しながら考えなどを形成し，再構築すること」とされています (p. 11)。
また今回の学習指導要領では，重要なことは「外国語で何ができるのか」であり，小学校から高等学校まで一貫して外国語能力が向上することを想定し，CEFRを参照して策定されたことも大きな特徴です。

> CEFR (Common European Framework of Reference for Languages: Learning, teaching, assessment)：外国語の学習・教授・評価のためのヨーロッパ言語共通参照枠

10-3 小学校英語の課題

外国語活動に関しては，今まで高学年で行われてきた外国語活動の経験を生かすことができます。しかし，外国語は新設科目であり，多くの課題があります。そのなかでもここでは新しく導入される「読み書き」指導を中心に私見を述べます。

10-3-1 音を大切にした文字教育

文字指導は，通常アルファベットの文字（字形）とその名前の学習から始めますが，その際アルファベットの音を意識しながら教えることが次の学習の足場がけになります。英語のアルファベットの名前には，英語の音素44のうち15の子音と2の半母音，および8の母音が含まれています。この「字形と名前」の学習が次の「字形と音」の学習につながっていきます。その

> 音素：言語音のなかで意味を変えることができる最小の単位。英語の音素の数については，学者により若干の違いがある

ため，英語圏の研究ではアルファベットの知識（文字と名前に関する知識）とのちに発達するリーディング能力に強い関連性があることが指摘されています（Share, Jorm, Maclean, & Matthews, 1984）。教室では，写字などに時間を費やすのではなく，字形を見ながら意識して音を出させる指導が必要です。

次に大切なのは，音韻認識能力（phonological awareness）を育てる活動です。音韻認識能力とは話されている言葉がどのような音構造をもっているのかを知る力です。例えば，日本語では「まめ，まり，なつ，まつ」と聞いて，最初の音が違うのは「なつ」だと気づく力です。これは「ま，ま，な，ま」と聞かせて，どの音が違うという，音声知覚とは異なる力になります。また，文字と音との関係を教えるフォニックスとも異なります。

英語の教室で実施可能なものとしては頭韻（alliteration）と脚韻（rhyming）に気づく力を育てる活動があります。例えば，mouse, map, milk, six のなかで最初の音（音素）が異なるのはどの単語かを当てさせたり，cat, mat, hat, pet のなかで韻をふまない単語を見つけたりというものです。

「文字とその名前」の知識と「音韻認識能力」を育てたのちに「文字とその音」の関係を教えるフォニックスに移ります。両方の力が揃っていない状態でフォニックスを導入すると，実際には役に立たないものとなってしまいます。これらの指導を体系的に，かつ明示的に行うことが大切です。

10-3-2 指導者，連携，評価

紙面の関係上，ここでは残りの主な課題について簡単にふれるだけにします。まずは指導者についてですが，学級担任，外国語指導助手，日本人英語専科教員，そのうち誰が担当することになっても，今以上の指導力と英語力が求められます。子どもを対象とした英語教育（Teaching English to Young Learners：TEYL）についての研修が必要になります。現在行政が中心となって実施している中央研修や中核教員研修はありますが，教員一人ひとりの力を向上させるためには，各学校で校内研修が適切に行われることが重要になります。

次に評価についてですが，外国語では「知識・技能」「思考

中央研修・中核教員研修：文部科学省は，「グローバル化に対応した英語教育 改革実施計画」（2013年12月13日公表）に基づき，平成26年度（2014年度）より小・中・高等学校における英語教育推進リーダーを養成するため，外部専門機関と連携した中央研修を開始した。中央研修参加者は，英語力および英語指導力の充実を図るとともに，研修修了後には，「英語教育推進リーダー」として各地で研修（小学校の場合，中核教員研修など）の講師として，研修内容の伝達・普及を行うこととされている（『小学校外国語活動・外国語研修ガイドブック』p.164）

力・判断力・表現力」「主体的に学習に取り組む態度」という3つの観点で評価することになるでしょう。1回の授業ですべてを見取ることはむずかしく，適切に活動と合わせながら計画的に評価していく必要があります。またパフォーマンステストやCan-do評価も含め多面的・多角的に児童の力をみていくためにも研修が必要になります。

　最後に中学年と高学年の小小連携，そして小学校と中学校の小中連携が大切になります。特に，文字と音の関係を理解する力を育てるためには時間がかかり，体系的な指導が必要になりますので，リタラシー指導にはきめ細やかな小中連携が必要になります。

▶POST-LEARNING ▶▶▶

1. 児童の第二言語学習者としての特質を考え，授業活動にはどのような配慮が必要でしょう。それらについて話し合いましょう。
2. 他国の小学校英語の状態を調査し，開始学年，授業数などを日本のそれと比較しましょう。
3. 本章をもとに小学生に対しての効果的なリタラシープログラムを考え，話し合いましょう。

参考文献

アレン玉井光江（2010）『小学校英語教育法』大修館
藤永保（2001）『ことばはどこで育つのか』大修館書店
文部科学省（2017）『小学校学習指導要領（平成29年告示）解説　外国語活動・外国語編』，開隆堂
文部科学省（2017）『小学校外国語活動・外国語研修ガイドブック』（http://www.mext.go.jp/a_menu/kokusai/gaikokugo/_icsliiles/afieldfife/2017/07/07/1387503_1.pdf　2018年12月5日アクセス）
文部科学省（2018）『Let's Try!1』『Let's Try!2』東京書籍
文部科学省（2018）『We Can!』『We Can! 2』東京書籍
Cameron, L (2001) *Teaching Languages to Young Learners*. Cambridge University Press.
Crain, W. (2000) *Theories of Development Concepts and application*. Upper Saddle River: Prentice Hall
Lenneberg, E. (2001) *Biological Foundations of Language*. Wiley.
Lightbown, P., & Spada, N. (2013) *How Languages are Learned*. Oxford University Press.
Muñoz, C. (2006) *Age and the Rate of Foreign Language Learning*. Clevedon; Multilingual Matters Ltd.
Share, D., Jorm, A., Maclean, R., & Matthews, R. (1984). Sources of individual differences in reading acquisition. *Journal of Educational Psychology, 76,* 1309-1324.

11 中学校英語教育の展開

▶PRE-LEARNING ▶▶▶

Task 1：小学校・中学校の学習指導要領を読み解き，新しい英語教育の課題を把握しましょう。
Task 2：英語教育施策と，教授法理論の変遷を把握しましょう。
Task 3：学習者中心の授業とは，そしてわかる授業，生徒が達成感を得られる指導法はどのようなものでしょうか。
Task 4：以下の用語について，その内容を調べておきましょう。
　＊構造言語学　＊行動主義心理学　＊動機づけ理論　＊メタ認知　＊学習者中心　＊ユニバーサルデザイン
　＊CEFR　＊ポートフォリオ　＊アクティブラーニング　＊反転学習

▶IN-LEARNING ▶▶▶

　小学校で＜コミュニケーションの素地＞を身につけて入学してきた生徒たちを，中学校ではどのように迎えどのようにして英語学習への意欲と学力を高めていくのでしょうか。
　中学校英語教育施策と教授法理論の変遷を概観し，現在おかれている英語教育の環境を理解してみましょう。
　1947（昭和22）年に試案として公表された学習指導要領（The Course of Study）から70年余の歳月を経て，当初選択教科外国語として発足した英語教育は，その時代の要請を反映して数次の改訂を経てきました。学習指導要領が「試案」の扱いから「国家的な最低基準」としての拘束力をもつようになった1958（昭和33）年頃から年間総授業時数や必修語彙の提示がなされるようになり，指導のねらいもより具体化されました。教授法としては戦前のOral Method（H.E. Palwer）と戦後の構造言語学と行動主義心理学を背景にして開発されたOral Approach（C.C. Fries）を基本としつつも，テキストの正確かつ迅速な理解を期して文法訳読法も広く行われ，折衷式教授法と称されてきました。1989（平成元）年には「コミュニケーションの力を備え，国際社会に生きる日本人の育成」をキーワードに言語活動も4領域と定義され，音声指導の重視が求められるようになるのと期を一にしてコミュニカティブ・ティーチングの実践が拡大，JETやALTが導入され，教室でのTTも一気に拡大していきます。1998（平成10）年の改訂からは「実践的コミュニケーション能力の育成」をキーワードに授業でも言語活動がより比重を増し，AccuracyとFluencyのニーズのどちらに比重をおくべきか，といった議論も沸き起こり現在に至

JET：JETプログラム（Japan Exchange and Teaching Program：1987～）により派遣された青年外国人語学指導員

ります。一方では，2011年度から導入された小学校外国語活動により中学校の英語教育も小中連携をもとにした学びの連続性を，そしてこれまで以上に高校における学びの高度化に向けて基礎力の涵養が期待されることになります。こうした英語教育変遷の先に続く，今後の中学校英語教育はどうあるべきでしょうか。

11-1 学習指導要領の特長と留意点

2017年告示の学習指導要領は，CEFRをはじめとする世界的言語教育観とも相呼応し場面・文法事項・達成目標ともにより具体化され，新たな文法事項や目標概念も加わったものとなっています。主な着目点をあげれば以下のようになります。

J-POSTL I-A-1

11-1-1 〈思考力・判断力・表現力〉の育成をめざして新設された項目

「情報を整理しながら考えなどを形成し，英語で表現したり，伝え合ったりする」ために，「コミュニケーションを行う目的，場面，状況などに応じて」，「情報を整理しながら考えなどを形成し，これらを論理的に表現する」力をつけることが目標となっています。

J-POSTL II-A-2

J-POSTL II-A-3

J-POSTL II-B-1

J-POSTL II-B-4

11-1-2 〈話すこと〉の目標が「発表」と「やりとり」に分化されたこと

〈話す〉ことでは，従来の表現活動にとどまらず「適切な応答」や「自ら質問し返す」などのインタラクティブな力をつけることが期待されています。コミュニケーション・ストラテジーが多分に意識されることとなりました。

コミュニケーション・ストラテジー：コミュニケーション能力を構成する4つの要素の1つStrategic Competenceの活用。場を読み取りもてる言語材料を駆使する方略（本書の理論編1-5-3のCanale（1983）を参照のこと）

11-1-3 「授業は英語で行うことを基本とする」が意味すること

生徒が英語にふれる機会を充実するとともに，授業を実際のコミュニケーションの場面とするために，「授業は英語で行うことを基本とする」ことが明示されています。中学校においては，Classroom Englishをはじめ，従来から教師・生徒ともに英語の使用率は一定の水準にありましたが，これを一層進展さ

せることが目標となっています。いっぽうで重要なのは「その際，生徒の理解の程度に応じた英語を用いる」こととされている点です。また，「障害のある生徒」などについて，学習活動を行う際に生じる困難さに応じた指導内容や方法の工夫が求められ，〈合理的な配慮〉に関する知見も重要です。グローバル化の進展とともにますます多様な背景をもつ生徒を受け入れることとなる中学校においては英語教育においても〈ユニバーサルデザイン〉の探究，工夫と配慮が不可欠です。そのことが授業全体の質を向上させ，どの生徒にとっても「わかる授業」になってゆくからです。

> **合理的な配慮**：「障害者の権利に関する条約」（2016年）における定義。「障害者が他の者と同様にすべての人権及び基本的自由を享有し，又は行使するための必要且つ適当な変更及び調整」例えば構音障害などにより発音が不明瞭な言語障害のある生徒へのスピーチについての配慮など

11-1-4　その他

「国語科や理科，音楽科など他の教科で学習したことを活用したり，学校行事で扱う内容と関連づける」こと，指導計画の作成や実施に当たっては「ネイティブ・スピーカーや英語が堪能な地域人材など」の協力を得ること，外国語科においては〈英語〉を履修させることを原則とすること，がうたわれています。日本においては，こうした教科横断型学習に〈反転学習〉〈アクティブ・ラーニング〉の要素を加味することにより，"CLIL"を参考とした内容重視で思考力・表現力を活性化する指導法の実践が開発されています。

> **CLIL**（Content and Language Integrated Learning）：内容言語統合型学習

11-2　〈主体的・対話的で深い学び〉をめざす
── J-POSTL の活用

文部科学省のコア・カリキュラムには「中学校校及び高等学校における外国語（英語）の学習・指導に関する知識と授業指導及び学習評価の基礎を身に付ける」という全体目標のもと，自律した英語教師の資質を獲得するための具体的な学習内容や学習項目，到達目標などが掲げられています。それらをより周到に設計し精査を重ねた指標が J-POSTL に示されています。理論として確立された数々の英語指導法も J-POSTL による省察を併行して加えることで無理なく授業に応用することが可能になります。そのなかでも，特に中学校英語教育において重要であると思われるいくつかの指標を示します。

11-2-1　学習者の知的関心，達成感への配慮ができる

学習意欲の喚起には内発的動機づけが重要です。教材，言語活動，指導と評価など，すべての教育活動において個々の生徒或いは集団としての中学生の知的関心，達成感への配慮が求められます。調査結果によれば学習意欲を高める要因として大きく3つの要素をあげることができます。

(1) 肯定的な体験
・内容が興味深いものである　・授業が理解できる　・質問に答えられる　・テストでよい点がとれる　・英語で言いたいことが言える　・文法がわかる　・発音がうまくできる　・先生に褒められる　・授業が楽しい雰囲気である（先生のユーモアも含めて）など

(2) 異文化・外国人との接触体験
・外国人の先生に教わる（ティーム・ティーチング）　・先生が教科書以外に英語や外国の話をしてくれる　・外国の映画やドラマを観る　・外国の音楽を聴く　・外国人とうまく話ができるなど

(3) 授業中の英語使用
・授業でたくさん基本文の口頭練習をする　・授業のなかでたくさん英語を使うなど

中学生の意識において興味深いことは，単語の発音練習や音読，パターン・プラクティス，暗唱のような基礎的トレーニングも，コミュニケーション力につながる大切なものとして肯定的に捉える傾向があります。基礎力定着のためのこうした活動を授業や家庭学習に配置し，努力を評価することも彼らの学力や意欲，達成感を高めることにつながるでしょう。

11-2-2　学習者が学習ストラテジーを適切に使えるように支援できる

成功する学習者は自分の学習プロセスを助けるストラテジーを知っており，それを用いて学習を効果的に行っているといわれます。学習ストラテジーは，メタ認知ストラテジー，認知ストラテジー，社会情意ストラテジーに分類されます。本書の理論編5～8に記述された，英語の技能それぞれに適合したストラテジーを教師が紹介したり，生徒同士で話し合わせることも

J-POSTL I-A-4, 5

内発的動機づけ：自己目的的な学習の生起・維持過程。熟達指向性と自律性をあわせもつ。

調査結果：「提言　日本の英語教育―ガラパゴスからの脱出」（光村図書）による

J-POSTL Ⅰ～Ⅶの各記述文との呼応・相関をみてとることができる

J-POSTL V-B-5

有用です。社会情意ステラテジーについては,「ストレッチや深呼吸をして不安を和らげる」「間違いを恐れず,質問をためらわない」など自分の不安や恐れを和らげるための方略も多感な時期の中学生には不可欠なものです。教師の側は意図して〈ピア・サポート〉を奨励し,違いを認め助け合い,学び合える集団を育成していく努力が求められます。

ピア・サポート:友人や仲間を思いやり,支える実践活動(「日本ピア・サポート学会」)

11-2-3 学習者が授業活動において英語を使うように設計し指導できき

J-POSTL V-E-2

J-POSTL V-E-1

これまでの〈教師中心〉の授業から〈学習者中心〉に発想を転換することで,おのずから「英語で授業を行う力」のあるべき姿がみえてきます。すなわち,授業を英語で行うということは,教師が生徒に理解できる英語を使って知識を与えるのみならず,学習者にできるだけ多く英語を使う経験を与えることに,より力点がおかれることになります。例えば生徒の興味・関心が高い話題について,ペアやグループで学び合い考えや気持ちを伝え合うこと(インタラクション)を目的としたアクティブ・ラーニングを取り入れること,タスクをもとにした学習者中心の協働学習,ロールプレイ,ディスカッション,ディベート,メール交換などの活動を取り入れていくことが重要になります。

11-2-4 学習者と保護者に対して英語学習の意義や利点を説明できる

J-POSTL I-B-1

「なぜ英語を学習するのか」という問いを,生徒・保護者と共有することが大切です。「英語は国際共通語だから」,「入試の教科になっているから」といった理由のみでは内的動機づけにはつながりにくく,英語を通して異言語や異文化に関心・興味をもつこと,言語や文化を相対的にみる視点がもてるようになること,バランス感覚,論理的思考力や表現力を獲得することなどが個人や集団の人生を豊かにするばかりでなく,ひいては世界の平和と協調に貢献する力となる意義を説き,長期的・短期的両面の到達目標を共有することが大切です。

J-POSTL I-B-3

J-POSTL I-C-1

11-2-5 個人学習，ペアワーク，グループワーク，クラス全体などの活動形態を提供できる

いかにして〈学習者中心〉の授業を設計していけばよいでしょうか。学習者が主体となって能動的に学習に参加し，自ら学習を計画・管理・調整し，自己の学習に責任をもつ自立型の学習者を育てることがアクティブ・ラーニングの根本となります。これまで授業の中心を占めてきた教師の営み，例えば「教材・テーマの選定」「授業の進行」「評価」すら，一定の範囲を設けて周到な計画のもと生徒たちに開放し（役割を分担する），さまざまな活動形態を設計・駆使することが求められます。教師の役割が「教える（Teach）」のみでなく，ときには「支援する（Support）」「調整する（Co-ordinate）」機能を果たす場面も当然増大していきます。

11-2-6 「聞くこと」「話すこと」「読むこと」「書くこと」の4技能が総合的に取り込まれた指導計画を立案できる

社会におけるコミュニケーションでは，必ずいくつかの技能が複合して機能していることから，授業でも4技能統合型の協同学習が取り入れられることになります。グループ・ディスカッション，ストーリー・リテリング，インフォメーション・ギャップタスク，問題解決タスク，情報交換タスク，画像描写タスク，ショウ・アンド・テル，ディベート，ロール・プレイ，コミュニケーション・タスクなどの活動を通して能動的なアクティブ・ラーニングを推進することができます。ただし，こうした活動に向けても周到な準備（発音，文法などの基礎トレーニング，個人理解，合理的配慮，役割分担など）が十分なされていることが必須条件となります。

11-2-7 文法はコミュニケーションを支えるものであるとの認識をもち，使用場面を明示して言語活動と関連づけて指導できる

文法は「コミュニケーションを支える」骨格であり，授業では形式と意味，文脈を合わせて指導することが必要です。この際，言語における自然な文法発生順序を追体験する形に近づけるべく，目標となる文法事項はあくまでも意味のある使用場面

> 文法・構造シラバス（grammatical/structural syllabus）：文法項目や構造を中心に選択・配列・提示を行うシラバス

において紹介することが妥当であり，唐突に文章を提示して文法事項を示すような指導は避けるべきでしょう。現行の検定教科書の多くが基本的には文法シラバスに則って編纂されていますが，概念や機能，場面や状況をもとに構成するシラバスも導入されています。

新出の文法項目を既習の文法項目と関連づけるなど，関連項目を振り返りスパイラルに定着に導く配慮も望まれます。

概念・機能シラバス（notional functional syllabus）：学習者が表現する「意味」と実際に言語を使う際の「機能」に従って教授内容が選択・配列・提示されるシラバス

▶POST-LEARNING ▶▶▶

1. 中学校英語検定教科書（6種類）を通読し，「英語を教えること（English Teaching）」から「英語教育（English Education）」へのパラダイムシフトがどのように図られているか調べて比較してみましょう。
2. J-POSTL の Personal Statement（自分自身について）を記入し，次いでⅠ. 教育環境 Context, Ⅴ. 授業実践 Conducting a Lesson の各項目を読み，教育実習の前後（計2回）に自己評価（5段階）し，自らの成長を確認しましょう。
3. 辞書指導（電子辞書も含む），ICT機器（自動翻訳機も含む）を活用した指導についても研究・実践を深めましょう。

参考文献

大学英語教育学会（2011）『英語教育学大系 第7巻 英語教師の成長』大修館書店
池田央（1994）『現代テスト理論』朝倉書店
JACET教育問題研究会編（2017）『行動志向の英語科教育の基礎と実践』三修社
鹿毛雅治（1996）『内発的動機付けと教育評価』風間書房
小池生夫編（2012）『応用言語学事典』研究社
小池生夫他（2013）『提言 日本の英語教育—ガラパゴスからの脱出』光村図書
村野井仁（2010）『第二言語習得から見た効果的な英語学習法・指導法』大修館書店
笹島茂編（2011）『CLIL 新しい発想の授業』三修社
安井稔（2014）『英語とはどんな言語か』開拓社
Krashen, S.（1981）*Second language acquisition and second language learning.* Pergamon

12 高等学校英語教育の展開

▶PRE-LEARNING▶▶▶

Task 1：高等学校の英語教育の教育課程はどのように規定されていますか。
Task 2：高等学校の英語教育の特徴と留意点について考えてみましょう。
Task 3：高等学校の英語の授業構成と展開で注意することがらは何ですか。
Task 4：以下の用語について，その内容を調べておきましょう。
　＊教育課程　＊学習指導要領　＊4技能・5領域　＊4技能の統合　＊小学校・中学校における英語教育との接続　＊大学入学者選抜試験　＊高大接続

▶IN-LEARNING▶▶▶

　2018（平成30）年3月告示の高等学校学習指導要領は，2021年度から施行されます。今回の高等学校学習指導要領の改訂は，「聞く・話す・読む・書く能力を総合的に育成すること」と，「発信力の育成をさらに強化」することが重要なポイントになっています。以下では，主に新「高等学校学習指導要領」に基づき，高等学校の英語教育の教育課程を考察したあと，どのような英語の授業を構成し展開することが求められているかについて考えます。

12-1 高等学校における英語教育の教育課程

　日本の初等・中等教育の教育課程は，約10年ごとに改訂される学習指導要領にすべて基づいています。以下では，現在施行されている2009（平成21）年版学習指導要領の「外国語」について概観したあと，2021年度施行の2018年版学習指導要領の内容を詳しくみていきます。

12-2　2009年版高等学校学習指導要領

　2020年度までは，2009年版学習指導要領が効力を有しています。そこでは，高等学校の「外国語（英語）」は，表12.1の科目に分類されています。

　2009年版学習指導要領では，外国語の目標を「外国語を通じて，言語や文化に対する理解を深め，積極的にコミュニケーションを図ろうとする態度の育成を図り，情報や考えなどを的確に理解したり適切に伝えたりするコミュニケーション能力を養う」と定めており，表12.1記載のすべての科目において「コミュニケーション能力の育成」を求めています。

初等・中等教育：小学校教育を「初等教育」，中学校・高等学校教育を「中等教育」と呼ぶ。特に中学校教育を「前期中等教育」，高等学校教育を「後期中等教育」と呼んで区別することもある

学習指導要領：専門学科を除き「外国語」という教科になっており，「英語」という教科は存在していない。「英語」はあくまでも「外国語科」の1科目にすぎない

表12.1 2009年版高等学校学習指導要領における「外国語（英語）」

科目名	標準単位数
コミュニケーション英語基礎	2
コミュニケーション英語Ⅰ	3
コミュニケーション英語Ⅱ	4
コミュニケーション英語Ⅲ	4
英語表現Ⅰ	2
英語表現Ⅱ	4
英語会話	2

2009年版学習指導要領の「外国語（英語）」：高等学校には，専門学科で開設される教科としての「英語」もあるが，本章ではそれについては割愛する。なお，普通科の高等学校では，外国語は必履修教科に指定されており，外国語科目として英語を指定した場合には，表12.1記載の「コミュニケーション英語Ⅰ」をすべての生徒が履修することになる

12-3　2018年版高等学校学習指導要領

12-3-1　学習指導要領改訂の背景

2021年度から施行される2018年版学習指導要領では，アウトカム・ベース（outcome-base）を基軸とする学校教育が指向されています。そこで，学習指導要領改訂の3本柱として，①「何を理解しているか，何ができるか」（生きて働く「知識・技能」の習得）・②「理解していること，できることをどのように使うか」（未知の状況にも対応できる「思考力・判断力・表現力等」の育成）・③「どのように社会・世界と関わり，よりよい人生を送るか」（学びを人生や社会に生かそうとする「学びに向かう力・人間性等」の涵養）が設定され，学校教育を通して育成をめざす資質・能力として規定されています。これらは「主体的・対話的で深い学び」による授業改善と「カリキュラム・マネジメント」（→用語解説）の充実により達成することが求められています。したがって，「外国語の学習においては，語彙や文法等の個別の知識がどれだけ身に付いたかに主眼が置かれるのではなく，児童生徒の学びの過程を通じて知識・技能が，実際のコミュニケーションにおいて活用され，思考・判断・表現することを繰り返すことを通じて獲得され，学習内容の理解が深まるなど，資質・能力が相互に関係しあいながら育成されることが必要」とされ，「児童・生徒同士の協働，教員等との対話など，様々な対人関係や情報と触れ合うことにより自己の思考を広げ深める『対話的で深い学び』の実現」を志向することが求められています。

アウトカム・ベース：教育修了時に，学習者が学習したことを実際に実行することができる能力を習得しているかを重視する。したがって，学習の結果「何ができるようになるか」と「何を，どのように学ぶか」に重点がおかれているといえる

主体的・対話的で深い学び：一般的には「アクティブ・ラーニング」と呼ばれている

（本文下線）：2016年中央教育審議会答申である「幼稚園，小学校，中学校，高等学校及び特別支援学校の　学習指導要領等の改善及び必要な方策等について」のなかで述べられている

12-3-2　2018年版高等学校学習指導要領における「外国語」

2018年版高等学校学習指導要領における教科「外国語（英

語）」は，表12.2に示す科目区分に変更されました。

表12.2　2018年版高等学校学習指導要領における「外国語」

科目名	標準単位数
英語コミュニケーションⅠ	3
英語コミュニケーションⅡ	4
英語コミュニケーションⅢ	4
論理・表現Ⅰ	2
論理・表現Ⅱ	2
論理・表現Ⅲ	2

　2018年版高等学校学習指導要領では，小学校・中学校の2017年版学習指導要領と同様に，従来の4技能を維持しつつ，「話す」技能を「やり取り」と「発表」に分け，全部で5領域としています。具体的には，「英語コミュニケーション」と「論理・表現」を通じて，以下の事項を指導することが，高等学校学習指導要領の「目標」で規定されています。

（1）「英語コミュニケーション」
・「聞くこと・読むこと・話すこと［やり取り・発表］・書くこと」の力を総合的に育成すること。
・明確な目標（英語を使って何ができるようになるか）を達成するための構成・内容とすること。
・複数の力を結びつけた統合的な言語活動を中心とすること。
・「英語コミュニケーションⅠ」は，中学校段階での学習の確実な定着（高等学校への橋渡し）を含むこと。

（2）「論理・表現」
・「話すこと［やり取り・発表］・書くこと」を中心とした発信力の強化を基軸とすること。
・スピーチ，プレゼンテーション，ディベート，ディスカッションなどの言語活動を中心とすること。
・聞いたり読んだりして得た情報や考えなどを活用してアウトプットする統合型の言語活動を行うこと。

　上記をふまえ，高等学校学習指導要領の特徴を考えると，「目標」に記載されている事項が，CAN-DOリスト型（「〜をできるようにする・〜ができるようになる」）になっており，前項の冒頭で述べたアウトカム・ベースの教育を志向していることが理解できます。また，高等学校学習指導要領の「目標」は，小学校と中学校の外国語教育の「目標」から引き継がれており，

科目区分変更：このような改訂の背景には，以下にあげた2009年版の高等学校学習指導要領に基づく高等学校の英語教育に課題が見いだされることによる
・生徒の英語力について，「聞くこと・読むこと・話すこと・書くこと」全般，特に「話すこと・書くこと」（発信力）の力が脆弱
・言語活動，特に統合型の言語活動（例：聞いたり読んだりしたことに基づいて話したり書いたりする活動）が不充分

4技能・5領域：「聞くこと・読むこと・話すこと［やり取り・発表］・書くこと」の力を総合的に育成し，発信力の育成を強化することが目標となっている。なお，日常生活で，4技能を別個に使うことは基本的にあり得ず，必ず複数の技能が組み合わさって使われていることに鑑みるとき，4技能を統合的に育成することが重要になる点には，一定の合理性があるといえる

J-POSTL IV-B-1

小学校から高等学校までを一貫する外国語教育が意図されていることがわかります。そして、このようなCAN-DOリスト型の目標設定は、Council of Europeが開発したCommon European Framework of Reference for Languages: Learning, teaching, assessment（CEFR）に基づいています。高等学校の英語教育では、表12.3に示したCEFRで規定されているA2〜B1〜B2レベルを到達目標として設定しており、高等学校卒業時には、B2レベルの英語力を有した生徒になっていることが求められています。

表12.3　各資格・検定試験とCEFRとの対照表
文部科学省（2018年3月）

CEFR	ケンブリッジ英語検定	実用英語技能検定 1級〜3級	GTEC Advanced Basic Core CBT	IELTS	TEAP	TEAP CBT	TOEFL iBT	TOEIC L&R/ TOEIC S&W
C2	230-200	各級CEFR算出範囲	各試験CEFR算出範囲	9.0-8.5				
C1	199-180	3299-2600	1400-1350	8.0-7.0	400-375	800	120-95	1990-1845
B2	179-160	2599-2300	1349-1190	6.5-5.5	374-309	795-600	94-72	1840-1560
B1	159-140	2299-1950	1189-960	5.0-4.0	308-225	595-420	71-42	1555-1150
A2	139-120	1949-1700	959-690		224-135	415-235		1145-625
A1	119-100	各試験CEFR算出範囲 1699-1400	689-270					620-320

高等学校3年間で学習する語彙数は、2009年版高等学校学習指導要領よりも多くなっており、高等学校で新たに1800〜2500語程度を学ぶことになります。

また、2009年版高等学校学習指導要領と同様に、「言語の使用場面の例」と「言語の働きの例」および文法項目も示されています。つまり、外国語教育のシラバス構成原理について考えれば、Grammatical syllabus（文法中心のシラバス）、Situational syllabus（場面中心のシラバス）、Notional-functional syllabus（概念・機能中心のシラバス）が学習指導要領のなかに折衷されていることが理解されるでしょう。

→用語解説

12-3-2　2018年版高等学校学習指導要領に基づく大学入試改革

高等学校の教育と切り離すことができない事項に、大学入学者選抜試験があります。今回の高等学校学習指導要領改訂に伴

Council of Europe：ブリュッセルに本部を置くEUの一機関である欧州協議会のこと

CEFR：日本語では、「外国語の学習・教授・評価のためのヨーロッパ言語共通参照枠」と呼ばれている。これは2001年に欧州協議会が定め、基礎レベルの言語使用者から熟達した言語使用者まで、A1〜C2までの6段階の参照レベルが示されている。学習指導要領では、CEFRを参考に、「外国語を使って何ができるようになるか」という観点から、小学校・中学校・高等学校で一貫した教育目標が設定されている。なお、さらなる詳細は、「高等学校学習指導要領解説　外国語編・英語編」（p.8）を参照のこと

到達目標：CEFRでは、A1からC2まで6段階の能力レベルが設定されている

語彙数：「英語コミュニケーションⅠ」では、「小学校及び中学校で学習した語に400〜600語程度の新語を加えた語」を、「英語コミュニケーションⅡ」では、「英語コミュニケーションⅠ」で学習した語に「700〜950語程度の新語を加えた語」を、「英語コミュニケーションⅢ」では、「英語コミュニケーションⅡ」で学習した語にさらに「700〜950語程度の新語を加えた語」を加えることが規定されている。したがって、小学校で学習する語彙が600〜700語程度、中学校で学習する語彙が1600〜1800語程度であることに鑑みるとき、高等学校卒業時までに総計4000〜5000語程度の語を身につけることになる

って，大学入試制度が大きく変更されることになり，その波を最も強く受けるのが外国語（英語）であるといえます。文部科学省は，「大学入学共通テスト実施方針」において，「高等学校学習指導要領における英語教育の抜本改革を踏まえ，大学入学者選抜においても，『読む』『聞く』『話す』『書く』の4技能を適切に評価するため，共通テストの枠組みにおいて，現に民間事業者等により広く実施され，一定の評価が定着している資格・検定試験を活用する」と述べています。

大学入学共通テスト実施方針：http://www.mext.go.jp/component/a_menu/education/micro_detail/__icsFiles/afieldfile/2017/10/24/1397731_001.pdf を参照。なお，2020年度から実施される共通テストで活用される資格・検定試験は，「ケンブリッジ英語検定・TOEFL・IELTS・TOEIC・GTEC・TEAP・実用英語技能検定」の7種類になる

12-4 高等学校における英語の授業展開

12-4-1 授業構成の考え方

高等学校の英語の授業は，教師による文型・文法に関する解説，新出語彙の発音と意味の確認，教科書本文の音読，そして割り当てられた箇所を学習者が日本語に訳す作業ではないことは明らかです。小学校・中学校の英語の授業と同様に，1時間の授業のなかで4技能・5領域を偏りなく扱い，英語をコミュニケーションのツールとして活用し，英語を用いてさまざまな言語活動を行うことが必須条件になっています。したがって，以下に示した中学校の英語の授業構成の方法に基づいて高等学校の英語の授業も構成することにより，学習指導要領で示された教育課程上の接続・連携のみならず，授業の方法という意味においてもそれが達成されることになります。

さまざまな言語活動：授業中に学習者の言語活動の量を十分に確保し，かつ言語活動の質を中学校のそれよりも高い内容にすることがポイントになる。また，高等学校の授業が，小学校・中学校の授業の積み重ねにより成り立っていることに鑑みるとき，高等学校の英語の授業構成の原則は，小学校・中学校におけるそれと大きな差異がないことも理解できる

12-4-2 授業の構成と展開

授業の大まかな流れは，以下に示すとおりです。

1. Warm-up（ウォーミング・アップ）【3〜5分程度】
   ↓
2. Review（前時の学習内容の復習）【5〜8分程度】
   ↓
3. Introduction/Presentation of a new material（新しい教材の導入／提示）【8〜10分程度】
   ↓
4. Practice（言語材料を使った活動・練習）【10〜12分程度】
   ↓
5. Reading（教材の内容理解）【8〜10分程度】
   ↓
6. Consolidation（まとめと宿題の提示）【3〜5分程度】

1〜6.の各段階で取り扱う具体的な内容は，次に示すとおりです。

1．Warm-up：英語での挨拶・身近なことがらに関する簡単な英問英答・教師または学習者による短いスピーチ・英語の歌など，これから英語を学習するという意識づけや動機づけになる活動を行います。

2．Review：通常は，前の時間に教科書で扱った教材を中心に復習します。教科書本文の内容を復習するのであれば，CDを用いて本文を学習者に聞かせ，学習内容を想起してもらいます。その後，教科書本文の音読練習をクラス全体で行い，発音の確認を行います。これらの活動をふまえ，前時の教材内容に応じて，True or False，多肢選択法による質問，英問英答，ポイントとなる文型・文法事項に関するパタン・プラクティス（pattern practice）→用語解説などを，口頭で行います。また，ディクテーション（dictation）により，教科書のターゲット・センテンス（target sentence）を含む文の書き取り（テスト）を行うことも効果的でしょう。

3．Introduction/Presentation of a new material：オーラル・イントロダクション（Oral introduction）→用語解説やオーラル・インターアクション（Oral interaction）→用語解説により，新教材の導入や提示を行います。学習者が新教材を容易に理解できるように，絵・写真・realia・イラスト・漫画などを用い，日本語を用いずに行います。

　オーラル・イントロダクションでは，新教材の導入が終わったあと，True or False，多肢選択法による質問，簡単な英問英答などを総て英語で行い，新教材の内容を学習者が理解しているかを確認します。オーラル・インターアクションでは，新教材の導入の過程で，教師からの英語による簡単な質問により，学習者が新教材を理解しているかを確認しながら授業を進めます。

　次に，必要に応じて，新教材に出ている文型・文法事項を説明しますが，ここでの説明はできる限り簡単・簡潔に行います。文法解説に時間を費やすのではなく，学習者自身が言語を使う機会や練習に多くの時間を充てることを基

教科書で扱った教材：一般的には，教科書本文になる
本文を学習者に聞かせること：このあとで行われる活動により，CDを聞かせる回数，教科書を見ながら聞かせるか閉じて聞かせるかなどは適宜調整します
True or False：内容の真偽（正誤）を二者択一式で問う問題
ディクテーション：読み上げられた外国語の文章や単語を書き取る活動
ターゲット・センテンス：学習者が，学習・習得しようとする文のことで，新出文型を含んでいる文のこと
realia：実物教材
新教材の容易な理解：一般的に高等学校では予習を前提とした授業が行われているが，本来的には予習を前提としない授業を行うことが教師には求められている。したがって，学習者全員が理解できることが，オーラル・イントロダクションやオーラル・インターアクションの成否を分けることになる
文型・文法事項の説明：文型・文法事項に関する説明を聞いたからといって，学習者がそれを使えるようになるとは限らない
J-POSTL II-E-2
言語を使う機会や練習：この点は，高等学校学習指導要領にも記載されている。特に，「英語で授業を行うことを基本とする」という文言が記されていることから理解できるように，文型・文法事項の説明を行うことが英語の授業に求められているのではない。したがって，日本語を用いて文型・文法事項を延々と解説することは論外である。図や表などを用い，新出文型・文法事項を視覚的にわかりやすく簡潔に説明し，速やかに新出文型・文法事項を用いた言語活動による練習の機会を学習者に与えることが必要である

本としなければなりません。

4．Practice：新出教材に含まれている文型・文法事項を中心に，口頭練習を主体とする活動を行います。まず，パターン・プラクティスなどを使ってドリル（drill）的な練習を行い，文型・文法の基礎の定着を図ります。次に，ペアー・ワーク（pair-work）により，ドリルで身につけた文型・文法事項を正しく発話したり聴きとったりすることができるようにするための対話形式の練習を行います。そのうえで，グループ・ワーク（group-work）やインタヴューゲーム（interview game），ロール・プレイ（role-play）などの活動を行い，学習者が複数の人と関わりながら創造的に自分の言葉を使いながらコミュニケーションを行う機会を設けます。なお，ALT（Assistant Language Teacher）が授業に参画しているティーム・ティーチング（team-teaching）の場合には，ドリル学習よりもコミュニケーション活動に重点をおいた授業展開にし，学習者に英語を使う必然性を体験させることが重要です。

5．Reading：新出教材の本文（通常は教科書の本文に該当します）の内容を扱います。初めに，新出単語の発音練習と意味の確認を行います。発音練習に関しては，フラッシュ・カード（flash card）を用いるとよいでしょう。新出単語の意味の確認は，教材本文に出てくる文とは異なる例文を提示し，絵や写真，realia などを用い，すべて英語で行います。必ず例文を用いて新出単語の意味を確認します。なぜならば，単語の意味は文章中にその単語が位置づけられて初めて決まるからです。

　次に，教材本文を見ずに教師の音読や CD などにより，本文を聞かせます。学習者にあらかじめ聞くポイントを提示したり，本文の内容に関する背景知識（background information）を与えておくことが必要です。本文を聞き終わったあと，ワーク・シートを配布し，本文の内容を正しく理解しているかを確認する目的で，本文の内容に関する質問を True or False，多肢選択法による質問，簡単な英問英答などで学習者に提示し，再び本文を聞かせます（学習者の理解度に応じて，複数回聞かせることになります）。

J-POSTL V-E-1

ロール・プレイ：役割実演法。実際の場面を想定し，さまざまな役割を演じさせて，英語を使いながら課題解決をさせる学習方法

コミュニケーションを行う機会：ペアー・ワークやグループ・ワーク，ゲームやロール・プレイなどのコミュニケーション活動では，教師は必ずワーク・シート（work sheet）を用意し，学習者がコミュニケーション活動を円滑に進められるよう工夫することが必要である

J-POSTL V-C-2

ALT：外国語指導助手
ティーム・ティーチング：複数の教員が1つの授業に入り，役割分担をしながら共同で行う授業

J-POSTL IV-C-4

Reading：本文の全訳を授業中に行うことは，厳に慎まなければならない。日本語に訳さなければ英語を理解できない学習者を生むばかりでなく，学習者がコミュニケーション・ツールとして英語を使う機会を奪うことにもなる。したがって，どうしても本文の全訳が必要な場合には，あらかじめ教師が全文訳を用意しておき，単元の終了時に配布するようにしておけば，学習者は言語活動に集中できる

本文を聞き終わったあとで，ワーク・シートの解答を確認します。そのうえで，本文の音読練習や文型・文法事項の再確認を行います。そして，最後に本文全体の要旨を学習者にまとめてもらう活動を行います。すでに配布し解答を確認したワーク・シートの内容をまとめれば本文の要約ができるように，ワーク・シートを工夫したり，必要な単語や文章を穴埋め形式で書き込むことで要約文が完成できるようにしておくとよいでしょう。また，ストーリー・リテリングにより，教材本文の要約を口頭で行うことも，大きな意味のある活動です。

6．Consolidation：1時間の授業のまとめを行います。新出単語と教材本文の発音練習，ポイントとなる文型・文法事項の定着を図るドリルなどを行います。また，必要に応じて適宜宿題を課します。

▶POST-LEARNING ▶▶▶

1．高等学校学習指導要領において，英語の授業に求められていることがらをまとめてみましょう。
2．教師として高等学校で英語の授業を行う際，何に留意してどのような授業を行うことが求められていますか。
3．英語の授業展開に基づいて，実際の授業の指導案を作成してみましょう。

参考文献
文部科学省（2009）『高等学校学習指導要領』東山書房
文部科学省（2017）『小学校学習指導要領』東洋館出版
文部科学省（2017）『中学校学習指導要領』東山書房
文部科学省（2018）『高等学校学習指導要領』
　　http://www.mext.go.jp/component/a_menu/education/micro_detail/__icsFiles/afieldfile/2018/07/11/1384661_6_1_2.pdf
文部科学省（2018）『高等学校学習指導要領解説　総則編』
　　http://www.mext.go.jp/component/a_menu/education/micro_detail/__icsFiles/afieldfile/2018/07/13/1407073_01.pdf
文部科学省（2018）『高等学校学習指導要領解説　外国語編・英語編』
　　http://www.mext.go.jp/component/a_menu/education/micro_detail/__icsFiles/afieldfile/2018/07/13/1407073_09.pdf
柴田義松（1994）『教育課程』放送大学教育振興会
田中耕治編（2009）『よくわかる教育課程』ミネルヴァ書房

13 CLIL と協調学習

▶PRE-LEARNING▶▶▶

Task 1：「内容と言語の統合」とはどういうことでしょうか。
Task 2：「協調学習」を行う意義は何でしょうか。
Task 3：以下の用語の意味を調べておきましょう。
　　＊低次思考力　＊高次思考力　＊足場（Scaffolding）　＊ジグソー法　＊汎用能力

▶IN-LEARNING▶▶▶

　CLIL の枠組みである「4つのC」について理解し，それらの統合の意義について考えます。協調学習については，代表的な方法であるジグソー法を取り上げ，授業手順を概観します。さらに，CLIL と協調学習を実践するために必要な指導技術について検討します。

13-1　内容言語統合型学習

　CLIL（Content and Language Integrated Learning）は，「内容言語統合型学習」と呼ばれ，教科科目の内容を目標言語を使用しながら学習することによって，科目内容と言語の両方を学ぶことを目的とします。CLIL の考え方を示す枠組みとして次の「4つのC」と呼ばれるものがあります。

13-1-1　CLIL の4つのC

(1) Content（内容）

　Content とは，授業で扱う科目内容やトピックをさします。英語の授業で扱う題材内容は，大抵は他教科の科目内容と関連があり，ときには，科目横断的なトピックの場合もあります。

(2) Communication（言語）

　Communication とは，語彙や発音や文法など，言語についての知識とそれを運用する技能を指します。特に，Content に関係のある語彙については学習しておく必要があります。

(3) Cognition（思考）

　Cognition とはトピックについて思考をすることです。表13.1のブルーム（Benjamin Bloom）による思考の分類（taxonomy）をみてみましょう。低次思考力を要するタスクには正解がありますが，高次思考力を要するタスクには，定まった正解がありません。CLIL では，タスクを段階的に課すこと

協調学習（collaborative learning）：目標の達成に向けてグループで課題解決に取り組む学習である。一方，協同学習（cooperative learning）は，グループでの分担や協力により活動を促進させる学習である。共同学習は広義のグループ活動全般をさす

によって，生徒に高次思考力を働かせることを求めます。

表13.1　ブルームの思考分類

低次思考力 （Lower-order thinking skills）	暗記（Remembering）―覚える 理解（Understanding）―解釈や説明をする 応用（Applying）―別の状況に当てはめる
高次思考力 （Higher-order thinking skills）	分析（Analyzing）―分類や比較をする 評価（Evaluating）―判断や批評をする 創造（Creating）―新たに創りだす

(4) Culture（協学）

Cultureとは，他者と関わって共に学ぶことをさし，ペアワークやグループワークによる協同学習を行ったり，異文化や国際問題について地球市民の一員としての意識をもつことです。

13-1-2　CLILの授業手順

(1) Activating（pre-task）

トピックについて，生徒の知識や経験や思考を活性化する活動です。言葉によるやり取りや，写真や動画などの視覚補助を活用します。

(2) Input（presentation task）

新教材の提示を行います。リスニングやリーディングなどのインプットと低次思考タスクにより，題材内容について理解させます。トピックに関連する語彙など言語面での指導も行います。

(3) Thinking（processing task）

インプットにより理解した題材内容について，高次思考タスクによって，ほかの生徒と共同でさらに処理を進め，自分の考えをまとめさせます。

(4) Output（production task）

授業のまとめとして，スピーキングやライティングにより成果物を産出します。

13-1-3　足場（scaffolding）

CLILの授業過程において，学習を円滑に進めるための教師によるサポートを足場（scaffolding）といいます。例えば，題材に関する背景知識を与えたり，学習した内容をワークシートに整理させたり，スピーキングやライティングのためのフレー

協学：従来はCommunityという語が使われ，教室・学校・近隣・国・地球全体というさまざまなレベルの共同体をさすものであったが，多民族・多文化・他言語からなる共同体に生きる地球市民として，協同学習や国際意識という意味で，現在ではCultureという語が使われている

（実践例）：トピック…「循環型社会」／課題…「人が時として環境にやさしくなれない理由はなぜか」

(1) Activating（pre-task）
リーディング資料の予告編としてのOral Introductionを行い，リーディングのための予備知識を与え，本時の課題を明示する

(2) Input（presentation task）
各グループが3種類の資料のいずれかを読む
　資料A：ゴミの焼却・埋め立て
　資料B：ビニール袋を食べて死ぬ海ガメ
　資料C：江戸時代のゴミ処理

(3) Thinking（processing task）
①資料A, B, Cの情報を統合する
②統合した情報を活用して分析を行う
③ALTの話を聞き，日本とアメリカの比較をする
④自分自身が「環境にやさしいか」を振り返る
⑤「環境にやさしくなれない理由」を考える

(4) Output（production task）
①グループの口頭発表とクラスでの質疑を行う
②個人でエッセイを書く

ムを示すことなどが足場がけとして行われます。

13-2 協調学習

協調学習は，教師の主導による授業とは異なり，主に生徒同士のやり取りを通して生徒が共同学習を行う授業形態です。代表的な方法として，ここではジグソー法を取り上げます。

13-2-1 ジグソー法

ジグソー法は，生徒が他者と考えながら学ぶことを意図しており，生徒のコミュニケーションの力を引き出すための型と考えることができます。生徒が下図のようにグループを組み替えることによって，A，B，Cの生徒がもつ異なる情報がジグソーパズルのピースのように統合されて，生徒の思考が促進されるという仕組みです。

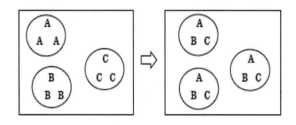

ジグソー法：1971年に米国の社会心理学者エリオット・アロンソン（Elliot Aronson）により考案され，1980年代に日本に導入された。ここでは，ジグソー法の一例として「知識構成型ジグソー法」（the knowledge constructive jigsaw method）を紹介する。これは，東京大学・大学発教育支援コンソーシアム推進機構が提唱する手法である

13-2-2 協調学習（ジグソー法）の授業手順

(1) 教師が課題を提示する

教師が本時の課題を示し，必要な背景知識を補ったり，生徒の既有知識を活性化したりします。

(2) 生徒が最初のグループでA，B，Cのいずれかの資料を読む

本時の教材のインプットです。生徒は本時の課題に関連した異なる情報のピースを得ます。

(3) 生徒が次のグループに移動し本時の課題に取り組む

生徒は，最初のグループから3つの異なる情報のピースをもち寄って共有し，それらを活用して本時の課題に答えを出します。

(4) 生徒が課題の解をスピーキングやライティングで発表する

授業のまとめとして，スピーキングやライティングにより成

果物を産出します。

13-3 CLILと協調学習がめざすもの

13-3-1 「英語を学ぶ」から「英語で学ぶ」へ

　従来の多くの英語授業は，「英語を学ぶ」ことが目標の中心にあり，授業では，読解や文法や語彙の理解に力が注がれてきました。その反面，題材内容について考えたり，話し合ったりする活動はあまり行われてこなかったのではないでしょうか。

　これに対して，CLILの授業は，「言語」とともに「内容」も大切にします。CLILにおいては，「内容」が出発点であり，それを「英語で学ぶ」授業を行います。

　それでは，協調学習（ジグソー法）はどうでしょうか。ジグソー法の授業では意見交換が行われ，課題に対する自分たちなりの解を英語で出すことがゴールです。ですから，ジグソー法もCLILと同様に，題材内容について「英語で学ぶ」授業であると考えることができます。

13-3-2 対話的な学び

　CLILは対話をしながら授業を進めます（対話型授業：dialogic talk）。協調学習（ジグソー法）でも，対話ができないと話し合いは進行しません。自分の意見を述べられることが対話の第一歩ですが，さらに，相手に質問したり，相手の質問に答えたりしながら，対話を進めていくことが必要になります。

13-3-3 汎用能力

　CLILも協調学習（ジグソー法）も，授業の出発点は，何らかの教科科目の内容に関するトピックです。そのトピックに関して，本時の新教材により知識を得ます。この知識は，ある概念を説明できる知識のことで宣言的知識（declarative knowledge）といいます。それでは，授業のゴールは何でしょうか。いずれの授業も授業のまとめのproduction taskとしてスピーキングやライティングを行っていますが，何について話したり書いたりするのが望ましいのでしょうか。授業の最終ゴールは，前述した宣言的知識の答え合わせではありません。高次思考力により取り組むタスクは，定まった正解のない問いで

宣言的知識：概念や意味を言葉で説明できる知識

した。この点はジグソー法の場合も同様です。知識の答え合わせではなく，知識を実際にどう活用できるかという汎用能力が最後の production のゴールになります。生徒たちは，学習によって得た宣言的知識を活用して，他人事ではなく自分の生活との関連を考えて，学習言語（vertical discourse）と日常言語（horizontal discourse）の両方を使って，現実の場面で知識をどのように活用するかを発表しあいます。宣言的知識が「説明できる」知識であるのに対して，「活用できる」知識のことを手続的知識（procedural knowledge）といいます。

13-4 CLILと協調学習を支える指導技術

13-4-1 「4つのC」の統合

「4つのC」はCLILを構成する枠組みですが，これらの4つのCが統合することが重要です。4つのCの統合がうまくいかないとどのようなことになるでしょうか。「内容」と「言語」が統合しないと授業を英語で行うことができません。「内容」と「言語」に「思考」が統合しないと，既習の内容を説明することはできますが，意見を述べることはできません。「思考」と「言語」が統合しないと話し合いが日本語で行われ，日本語で考えた結果を和文英訳することになってしまいます。「内容」と「思考」を伴わない「協学」は単なるドリルやゲームになってしまうかもしれません。

13-4-2 授業の各段階で必要な指導技術

前述した，CLILと協調学習（ジグソー法）の授業手順を比較してみると，手順の(1)〜(4)に大きな相違はありません。そこで，(1)〜(4)の各段階で必要な指導技術を考えてみましょう。

(1) 本時の題材を提示する前の準備として，生徒のスキーマ（既存の知識や経験）を活性化させます。例えば，Oral Introduction などによって，視覚教具を活用してトピックの導入をします。

(2) 新教材を提示して学習させる段階です。リスニングによる概要の聞き取りやリーディング（黙読）による概要の読み取りを指導し，英問英答にも慣れさせる必要があります。聞き取った内容や読み取った内容を自分の言葉で相手に伝

学習言語：CLILのContentに関わる言語はアカデミックな語彙でCALP（Cognitive Academic Language Proficiency；認知学術言語能力）と関係がある（本書の理論編1-5-2 (2) を参照）

日常言語：CLILのアカデミックなContentを学習する際に，生徒は学習内容を自分の生活や体験と結びつけて考察するので，その際に使われる言語は，BICS（Basic Interpersonal Communication Skills；基本的対人コミュニケーション技能）と関係がある（本書の理論編1-5-2 (2) を参照）

手続的知識(procedural knowledge)：日常生活に応用して活用できる知識

えられるようにするために，Story Retelling などの低次思考力を使う活動に習熟させておく必要があります。

(3) 高次思考力が必要な段階です。既習の内容を説明することにとどまらず，意見が言えなければなりません。自分の意見が言えること，相手に質問できること，相手の質問に答えられることが必要となります。教師は対話をしながら授業を進める（dialogic talk）ことによって，生徒から発言を引き出すことが求められます。必要な指導技術は，意見のやり取りをするオーラル・ワークということになります。

(4) 授業のまとめとしての産出活動の段階です。スピーキングは一方通行の発表で終わらせずに，聞き手との間で対話的なやりとりをさせたいものです。聞き手からの発言を引き出すためには，スピーチの内容を聞き手が十分に理解していることが不可欠です。そのために，発表者に対して，スピーチの際のデリバリーの指導が必要です。原稿を読み上げさせるのではなく，聞き手の理解を確認しながら，聞き手に向かって話させましょう。さらに，教師の発言も重要です。発表者にはスピーチの内容に関してコメントをしてフィードバックを返しましょう。ライティングについては，英語の誤りだけではなく，文章構成や単語の選択にも言及して推敲のための助言をしましょう。

> デリバリー（delivery）：スピーチを効果的に聞き手に伝える技術のことで，声の大きさ・話す速さ・間のとり方・アイコンタクト・表情・ジェスチャー・姿勢などをさす

▶POST-LEARNING ▶▶▶

1．中学校英語検定教科書（6種類）の各レッスンにある発展的な課題について，CLIL の「4つのC」の考え方に合致したものか考察してみましょう。
2．高等学校の英語教科書から題材を選んで，協調学習（ジグソー法）の教材となる3つのピースの案を考えてみましょう。
3．ジグソー法以外にどのような協調学習の方法があるか調べてみましょう。
4．J-POSTL のⅢ.教授資料の入手先 Resources 1．2．3．4．5．6．7．の各項目を読み，学習者のために活用できる教科書以外のさまざまな教授資料の入手に関して，教育実習の前後（計2回）に自己評価（5段階）し，自分のなかに変化が生じているかを確認しましょう。

参考文献

池田真・渡部良典・和泉伸一（2016）『CLIL 内容言語統合型学習　上智大学外国語教育の新たなる挑戦　第 3 巻　授業と教材』上智大学出版

和泉伸一・池田真・渡部良典（2012）『CLIL 内容言語統合型学習　上智大学外国語教育の新たなる挑戦　第 2 巻　実践と応用』上智大学出版

三宅なほみ・東京大学 CoREF・河合塾編著（2016）『協調学習とは―対話を通して理解を深めるアクティブラーニング型授業』北大路書房

奈須正裕・江間史明編著（2015）『教科の本質から迫るコンピテンシーベイスの授業づくり』図書文化

笹島茂他（2014）『CLIL GLOBAL ISSUES―英語で学ぶ国際問題』三修社

笹島茂編著（2011）『CLIL 新しい発想の事業―理科や歴史を外国語で教える⁉』三修社

渡部良典・池田真・和泉伸一（2011）『CLIL 内容言語統合型学習　上智大学外国語教育の新たなる挑戦　第 1 巻　原理と方法』上智大学出版

Ball, P., Kelly, K., & Clegg. J.（2015）*Putting CLIL into practice*. Oxford: Oxford University Press.

Coyle, D., P. Hood & D. Marsh（2010）CLIL: *content and language integrated learning*. Cambridge University Press.

Dale, L., & R. Tanner（2012）*CLIL skills*. Haarlem: European Platform.

14 視聴覚教育理論と機器活用の留意点

▶PRE-LEARNING ▶▶▶

Task 1：視聴覚に関わるものを授業で扱うときに考慮すべき点は何だと思いますか。書き出してみましょう。

Task 2：板書をする際に留意すべき点は何でしょうか。書き出してみましょう。

Task 3：以下の用語の意味を調べておきましょう。
　＊経験の円錐　＊育成すべき資質・能力　＊情報活用能力　＊アクセシビリティ　＊インクルーシブ教育

▶IN-LEARNING ▶▶▶

　視聴覚教育の知識は，教育の目標達成を実現するための補助的な手段である教具・教材・機器・設備を授業や学習で効果的に利用するための基礎となります。そして，新しい技術が登場し，それが授業や学習をさらに効果的にするものであれば，取り入れていくことは教師として当然の流れです。そこで，本章では，視聴覚教育の本質を学び，日本の現場で情報通信技術（ICT）を含めた教具・教材・機器・設備を活用するための基本的な内容を学ぶことを目的とします。具体的な教育機器の活用は本書の実践編5で扱います。

14-1 視聴覚教育とは

　「視聴覚教育」とは，山口（2004）が述べているように「『教える』こと，そして『学ぶ』ことと，メッセージおよびメディアとの関係を，教育的関心から問題とする教育研究および実践の分野」といえるでしょう。そして，私たちは，それぞれの関係を有機的かつ効果的につないでいくために，「何を」「いつ」「どこで」「どのように」利用すれば，より効果的な授業や学習を進めていけるのかを考える必要があります。

14-2 デールの「経験の円錐」

　アメリカの教育学者であるエドガー・デール（Edgar Dale）は，1946年に著書 *Audio-Visual Methods in Teaching* のなかで，さまざまな型の視聴覚資料の関係と学習過程で得る経験の関係を段階的に示した「経験の円錐」（Cone of Experience）モデルを提唱しました（図14.1）。教育においての学習経験は，具体的経験を通して抽象化・一般化していくことと，抽象的なことを具体的な体験や経験と結びつけていくことの双方向性が必

デールはその後，1954年，1969年に改訂している

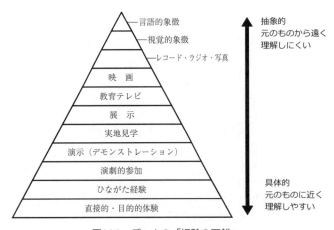

図14.1　デールの「経験の円錐」
山口榮一（2004）『視聴覚メディアと教育』玉川大学出版部 p.29をもとに作成

要（平野，2010）です。下部の底辺に自分で実際に経験する具体的経験（直接的・目的的体験）を，上部の頂点に言葉の説明だけの抽象的経験（言語的象徴）を配置したこの図は，視聴覚資料，提示方法，学習経験を理解しやすさの階層にしているため，児童生徒を主体的に学ばせ，深い学びへと導くために視聴覚資料（メディア）を活用するうえで参考になります。

14-3　学習指導要領における視聴覚教育の位置づけ

小学校・中学校・高等学校の学習指導要領では，内容の取扱いについて以下の内容が記載されています。

> ・児童（生徒）が身に付けるべき資質・能力や児童（生徒）の実態，教材の内容などに応じて，視聴覚教材やコンピュータ，情報通信ネットワーク，教育機器などを有効活用し，児童（生徒）の興味・関心をより高め，指導の効率化や言語活動の更なる充実を図るようにすること

また，2019（平成31）年度大学入学生からの新教職課程コア・カリキュラム（2017）では，随所に「情報機器及び教材の活用を含む。」という表現が盛り込まれています。

このような記載の真意は，情報活用能力の育成にあります。学習指導要領のもととなった文部科学省中央教育審議会答申（2016）では，育成すべき資質・能力を「三つの柱」①個別の知識・技能，②思考力・判断力・表現力等，③学びに向かう力，人間性等としています。その②で重要な点として，「世の中の

学習指導要領：小学校・中学校は2017（平成29）年3月公示，高等学校は2018（平成30）年3月公示（→巻末資料4）

様々な事象を情報とその結び付きとして捉えて把握し，情報及び情報技術を適切かつ効果的に活用して，問題を発見・解決したり自分の考えを形成したりしていくために必要な資質・能力」をあげています。これこそが情報活用能力であり，この能力を育てたいために，学習指導要領でもコア・カリキュラムでも「機器」の扱いに言及しているのです。そして，「機器」の扱いの基礎に視聴覚教育が位置しているのです。

14-4 アクセシビリティとインクルーシブ教育

　視聴覚教育のなかに，これからはアクセシビリティとインクルーシブ教育を含めるべきだと考えています。アクセシビリティとは，厚生労働省によれば，年齢や身体障害の有無に関係なく，誰でも必要とする情報に簡単にたどり着け，利用できることをさします。インクルーシブ教育とは，障害のある子どもを含むすべての子どもに対して，子ども一人ひとりの教育的ニーズにあった適切な教育的支援を，可能なかぎり「通常の学級において」行う教育のことをいいます。一人ひとり，誰もが「違う」ことを前提とした教育で，健常者であろうとなかろうと，同じ権利をもった主体として，社会の一員に含まれるような「共生社会」をめざしています。

　このような共生社会のなかでは，さまざまな人がいることを前提として提示方法，説明方法などを考えることが大切です。聴覚優位，視覚優位，言語優位，体感覚優位といった認知優位を考慮しながら，物事を考えるプロセスなどにおいて自分がどういった傾向にあるかを知ると同時に，さまざまな人がいることを知ることこそが，豊かな共生社会を築いていく基盤となります。上記14-1で，視聴覚教育では「より効果的な授業や学習を進めていけるのかを考える必要がある」と述べましたが，それはすべての児童生徒が対象なのです。

　視聴覚教育で扱うべき項目として「色」について例をあげてみましょう。人間の瞳は色を，鮮やかさの「彩度」，明るさの「明度」，色合いの「色相」の3つの要素で判断します。この3つの要素の割合は人によって異なるため，色の感じ方にも個人差が出てきます。一般的によく知られているのは赤と緑の区別がつきにくいタイプです。緑色の黒板で赤のチョークを使うの

アクセシビリティ：厚生労働省「アクセシビリティについて」
https://www.mhlw.go.jp/accessibility

は見づらいから避けたほうがよいといわれるのは，このためです。そのほかにも青と紫の区別，水色やピンクが見えにくいタイプの人もいます。提示で利用するプレゼンテーションソフトウェアで作成したスライドではさまざまな色を扱うことができますが，色覚バリアフリーな色の組み合わせを知ったうえで色を使い分けることができれば，すべての児童生徒に効果的な授業や学習を進めていけることになります。

14-5 視聴覚教具・教材・機器活用の留意点

新しいものが登場すると，その新規性に飛びつき，先人が培ってきた大切なものを忘れてしまうことがあります。そこで，まず，黒板活用と留意点を扱います。昔からあるものとはいえ，視覚情報を扱う基礎を確認できるからです。次にプレゼンテーションソフトのスライド活用と留意点を扱います。黒板活用に加えて必要な留意点を確認することが目的です。

14-5-1　黒板活用と留意点

黒板の大きなメリットは，面積が広く，たくさんの情報を一度に示せることでしょう。本日のめあてのように常に提示しておきたい内容と，授業の流れに沿って書いたり消したりする内容を区別して示すことができます。また，磁石やクリップを使って，あらかじめ用意した「はりもの」を貼ることもできます。教師が使うスペースと児童生徒が使うスペースの両方を確保できるため，共同作業がしやすいのも魅力でしょう。例えば，児童生徒が答えを黒板に書き，教師がそれを添削する学習も簡単に行えます。児童生徒がそれぞれの考えを板書し，それぞれの板書を見ながら討論することもできます。

筆記具としてのチョークは，文字だけでなく文字修飾（下線や囲みなど）や図・絵などもその場で手軽に描け，修正・加筆が簡単に行えます。黒板に当てる角度や筆圧を調節することで太さや濃さを変えることもできます。色チョークを使っての強調もリアルタイムで効果的に行うことができます。

黒板を使う場合は，広いがゆえに，一気にではなく順次説明しながら板書します。書く過程を見せながら説明することは，児童生徒が板書を写して理解するための時間を確保することに

J-POSTL III-3

J-POSTL V-C-2, V-D-1

もなり，よりよい理解を促すことにつながります。

　いっぽうで，教師と児童生徒が同じ教科書を使っているにもかかわらず，説明を共有するためには板書する必要があり，その時間を確保しなければなりません。また，チョークの粉で手や服や空気や黒板周辺が汚れやすく，黒板消しをきれいにしておかないと，板書をきれいに消すことができません。さらに，板書は一度消してしまうと再利用できず，もう一度書かなければなりません。字が汚い場合は読みにくく，音声・動画などを提示する場合，別の教具・機器に頼る必要があります。

　アナログの黒板であっても，板書する際のレイアウト，教室最後部にいても読める文字の大きさ，カラーチョークを使う意味，消すものと消さないものの区別など，視覚的に重要なたくさんの要素を考えてきたのです。

14-5-2　スライド活用と留意点

　プレゼンテーションソフトのスライドで提示する場合，黒板の広さにはかないません。限られたスペースをどのように使うかという視点が求められます。いっぽうで，できることが増えると，それだけ選択すべきものも増えることになります。文字の種類（フォント），色の選択，文字・図形・絵・写真などの出し方の選択（アニメーション効果），音声や動画の扱いなど，何を使い何を使わないのか，動かすのか動かさないのかというon/offの選択をあらゆる場面で迫られます。例えば，フラッシュカードをスライドで作成する場合，クリックで次のカードに切り替えるのか，自動で何秒で切り替えるのかということも事前に考えて作成する必要があります。

14-6　明確な目標と明確な指示のある活用を

　視聴覚に関わるものを利用する場合，活用の意図を教師・児童生徒ともに理解することが重要です。その際，5W1Hで考えるとよいでしょう。

　　［What］何を（何のどの部分）を利用するのか
　　［Who］誰（教師／児童生徒の個人・ペア・グループ・一斉）が利用するのか
　　［When］いつ利用するのか（授業前（授業前の仕込みを含

文字の種類：初期の文字指導を伴う場合，小文字がaやgではなく𝖆や𝗀と示されるフォントを用いることが望ましい
Microsoft…Comic Sans MS／Apple…Chalk board

J-POSTL V-D-2

む）・授業中・授業後（宿題やフィードバックを含む））

［Where］どこ（どの場面：授業中であれば導入時・復習時・提示時・説明時・解答解説時・練習時・応用展開時…）で利用するのか

［Why］どのような学習目標を達成するために利用するのか，なぜ利用する必要があるのか，利用するメリットは何か

［How］部分的利用か全体的利用か・聴覚刺激か視覚刺激のどちらかか，両方か

特に新しいものは，多機能であるがゆえに，利用者である教師も児童生徒も何に焦点を当てた活動であるかを見失う危険性があります。使う側がその利用の意図を意識して取り組めるよう明示的に伝達しないと，きちんと活動をしているように見えてもポイントがずれていて，すべき認知過程を経ていないために返って学習効果が見込めない活動になってしまいます。

14-7 人工知能（AI）の可能性

人工知能（AI：Artificial Intelligence）は，画像などのパターンだけでなく，話す言葉や書く言葉も認識するようになりました。与えられた問題に対して膨大な情報のなかを検索して適切な回答を出力したり，学習スケジュール管理やテスト結果の集計・分析など一定のパターンに沿って行うことが得意分野です。今では，単語の発音を録音すれば，その音を分析してほかの人に伝わりやすい発音であるのか，伝わりにくい発音であるのかを判定し，結果を返してきます。文章を入力すれば，ミススペルや文法的な誤りを指摘し，修正案を返してきます。間違いやすい問題や類似問題を出したり，学習の効果測定や到達度の評価もしてくれるため，学習の精度を上げることにおおいに貢献してくれるでしょう。しかし，現段階では，学習者の個人差までを判断して適切な指導ができる域には達していません。上手に摩擦音を出せない学習者に対して，どのようにすれば出せるようになるかをアドバイスしながら確認していくような指導は，教師でなければできません。

AIの得意分野と教師の得意分野を適切に組み合わせることこそが，これからの学習指導においては大切なことです。

14-8 教師に必要な「そうぞうりょく」

教師には2つの「そうぞうりょく」が必要です。「こんなことができたらいいな」と自由に「想像」し，同僚と相談したりしながら熟考し，教材や機器の効果的な使い方を「創造」し，実際に授業で実行し，児童生徒の反応を見ながら修正していくという過程です。このような試行錯誤のサイクル（図14.2）を繰り返すことで，よりよい授業をめざすことができるのです。

図14.2 試行錯誤のサイクル

J-POSTL I-B-7, III-5

本章では，視聴覚教育理論と視聴覚を扱う際の留意点を中心に説明してきました。皆さんもスマートフォンやタブレットの教育的な活用法を日々考えていきましょう。理論をふまえたうえでの実践こそが，昔も今も，そしてこれからも必要なことなのです。

▶POST-LEARNING ▶▶▶

1．視聴覚教育とはどのようなことを扱うのでしょうか。
2．視聴覚情報を扱うときには何に留意すべきでしょうか。
3．身近なスマートフォンやタブレットの機能を視聴覚教育と照らし合わせ，活用法を具体的に考えてみましょう。

参考文献

平野智紀（2010）「みることによる学び 視聴覚教育理論と批判的メディアリテラシーの視点から」『2010年度アート・コミュニケーションプロジェクト報告書』京都造形芸術大学アート・コミュニケーション研究センター http://acop.jp/images/2010/05/ffeb00f701e3f23e2727a8f1abbfd027.pdf

国立教育政策研究所（2017）「資質・能力を育成する教育課程の在り方に関する研究報告書4〜ICTリテラシーと資質・能力〜」http://www.nier.go.jp/05_kenkyu_seika/seika_digest_h28a.html

文部科学省（2017）「教職コアカリキュラム」http://www.mext.go.jp/b_menu/shingi/chousa/126/houkoku/1398442.htm

文部科学省中央教育審議会（2016）「幼稚園，小学校，中学校，高等学校及び特別支援学校の学習指導要領等の改善及び必要な方策等について（答申）」http://www.mext.go.jp/b_menu/shingi/chukyo/chukyo0/toushin/1380731.htm

山口榮一（2004）『視聴覚メディアと教育』玉川大学出版部

15 英語教育評価の理論と応用

▶PRE-LEARNING▶▶▶

Task 1:「測定」と「評価」の違いは何でしょうか。
Task 2:あるテストが「よいテスト」であるための要件は何か考えてみましょう。
Task 3:以下の用語の意味を調べておきましょう。
  ＊妥当性　＊信頼性　＊実行可能性　＊熟達度判定テスト　＊到達度判定テスト　＊アセスメント・リタラシー

▶IN-LEARNING▶▶▶

皆さんはこれまで経てきた教育段階でさまざまなテストを受けてきたと思いますが、テストにはそれぞれ目的があり、その目的によって測定の対象となる能力が決まります。指導と評価は表裏一体であり、テストの点数だけが注目され、そのためだけに勉強をするのは本末転倒です。入学試験のように人の人生を左右するようなテストは gate-keeping test と呼ばれ、これまでに蓄積してきた全般的な実力を測る「習熟度判定テスト＝実力テスト」ですが、教師が指導のなかでつくるテストは、そのほとんどが、教えられた内容がきちんと身についているかを測定する「到達度判定テスト」として形成的評価をするものです。つまり、教えたことを適切に測るテストがつくれることは教師にとって必須な能力です。実際には教室内のテストにも、それからの指導のためにある時点の能力を測る「診断テスト（diagnostic test）」や、一学期間などの長い期間における習得度を測る「総括的テスト（summative test）」など目的と用途の違うものがありますので、この章では、さまざまなテストの目的に沿った適切なテスト項目や設問及び評価基準の作成法などについて説明します。

15-1 素点と真の能力値

人はテストの結果としての「素点」にどうしても注目してしまいますが、素点は決して真の能力値を表してはいません。例えば、あるテストの点差について考えてみましょう（図15.1参照）。このように高得点者、中得点者、低得点者の間に10点ずつ差がある場合、その10点は均等な能力差を表しているでしょうか。難易度の高いテストであれば、高得点者間の10点差は中・低得点者の10点差よりも大きな弁別力と意味をもつでしょ

熟達度判定テストと到達度判定テスト：テストの名称はさまざまあり、その境界は明確でないことも多い。これらの用語はテストの性格を表す。通常「熟達度判定テスト」では、特に学習対象範囲を定めない全般的実力を測定し、「到達度判定テスト」では、学習目標に対する到達度を測定する。よって、前者は通称「実力テスト」と呼ばれることが多いが、大学入試用のセンター試験などは、広義では高校までの既習事項の到達度判定という側面ももつ

総括的評価と形成的評価：この2つの用語はテストの用途と深く関わる評価方法を表す。総括的評価は、ある程度の期間の学習の到達度をまとめて測定するもので、何らかの客観的評価を学習者に与えるために行うことが多い。形成的評価は、学習の途中で個々の学習者の到達度やつまずきを見つけ、継続的に指導に生かしていくために行う

選抜テストと診断テスト：これらの用語は、テストの用途を狭義に表すもので、あるテストが人を選抜するための総括的評価である場合は選抜テスト（スクリーニング・テスト）、指導に生かすための形成的評価として特定の能力を測定するものなら診断テストと呼ぶことが多い

うし，とてもやさしいテストであれば，それぞれの10点差が示す意味はまた違ってきます。さらに，テスト項目や質問に対してなされる重みづけ（どの設問を重視してより大きな点数を割り当てるか）によってもそれぞれの10点が表す能力値は変わってきます。

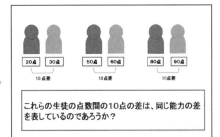

図15.1 素点の表すもの

通常自分でつくったテストの結果が単にきれいな正規分布に近いとよいテストだったと思いがちですが，本当はこれから紹介するようなさまざまな要素を熟慮して作成に当たらなければ，教師も点数だけに目が行ってしまって，重要な指導のポイントにつながる差異を見逃してしまう可能性があるのです。

最近では，項目応答理論（IRT）に基づく分析用ソフトウェアを使うと，個々の生徒の真の実力や個々の設問の適切さが正確に判定できますが，日常的なテストに対してそこまでするよりは，まず目的に適ったよいテストをつくることでその結果を指導に反映させていくことのほうが重要です。ただ，教師が思い込みや惰性で，不適切な問題を繰り返し出題していることは多々ありますので，ときどき期末テストなどの結果をそういうソフトウェアで分析して，自分のテストについて反省点を見つけることは有益です。

素点／真の能力値：素点（raw score）は，受験者の真の能力値を表すわけではなく，そこには常に測定誤差が含まれることはよく知られている。項目応答理論（Item Response Theoty）は，精緻な統計的モデルによって，テストの結果から，受験者個々人の真の能力値（θ）だけではなく，各設問の識別力（弁別力），困難度，当て推量の確率などの変数値（パラメータ）を示すことを可能にした

15-2 テストに重要な概念

テストをつくる際に，重要な概念はたくさんありますが，理論的なものと実践的なものに分けて説明したいと思います。まず面倒でも青写真となる「テスト細目（Specification）」をつくることが大切であり，それをつくることによって外してはならない概念や要素を確認していくことができます。理論的に必ず押さえておかなければならないのは以下の3点です。

① 妥当性（Validity）：測定すべき能力を測る問題が出題されているか，教えた事項をきちんと測る出題がなされているるか。

② 信頼性（Reliability）：結果に信頼性があるか，つまり，同じテストを同一集団に再度，または能力分布が同等の集団に行ったときに安定した同じような結果が得られるか。

③ 実行可能性（Practicality）：時間や資材などのリソースに関する現実的制約のなかで十分実行可能なテストか。授業や指導を犠牲にしなければ行えないようなところはないか。

この3点はいわば鉄則のようなものですが，これらを実現化するためには，さまざまな実践的・具体的な要素を考えなければなりません。それらの要素を以下にあげます。

① テストの<u>目的</u>は何で，<u>どんな能力を対象として測定する</u>のか（妥当性を担保するために必要な決定であり，いくら信頼性が高くても，測るべきものを測っていないテストは不適切である）。

② 対象とする能力を測定する<u>タスクと設問形式</u>として適切なのはどのようなものか。

③ 問題の<u>難易度</u>が，指導してきた内容および解答者のレベルに合っており，弁別力が十分あるかについては，相対評価か絶対評価かという点も考えて決めなければならない。難易度の設定は安定かつ一貫した結果を導き出すために必要な信頼性とも深く関わっており，問題がむずかしすぎると「当て推量」による解答が多くなる。また，達成度判定テストにおいて，応用問題を出すことも可能であるが，それは教えたことから十分導き出せる範囲のものでなければならない。

④ 問題の点数の「<u>重みづけ（Weighting）</u>」も結果に大きな影響を与えるので，習得すべき内容の重要度に応じて慎重に決定すべきである。

⑤ エッセイ式（記述式）の問題や，発信能力（スピーキングやライティング能力）を測る場合は，指導上重要なポイントに対してそれぞれに段階的に点数を与えるような<u>採点基準（ルーブリック）</u>の作成が必要である。その際，あまり複雑なルーブリックをつくると教師の採点がたいへんになると同時に，それをもとに生徒にわかりやすくフィードバックを返せるというよい「波及効果」（Washback

---

相対評価と絶対評価：さまざまなテストの種類の背後にある評価の考え方である。相対評価は「集団準拠型テスト（Norm-referenced Test）によって測定され，集団内での比較を前提とする。よって選抜テストやプレースメント・テストなどのように，分布が広く分散していることが期待される。絶対評価は「基準準拠型テスト（Criterion-referenced Test）によって測定され，到達度と指導の効果が確認できる。つまり，全員が満点近い点数を取ればそれは喜ばしいこととともいえる

ルーブリック：受信的能力のテストをつくる際もルーブリック（採点基準）は必要であるが，発信能力の測定（パフォーマンス評価）にはより重要である。パフォーマンス評価の基準には，総合的評価基準（Holistic Scale）と分析的評価基準（Analytic Scale）があり，生徒に対してどこがどう弱いかなどのフィードバックを明確に示せるのが，分析的評価基準の利点である

Effect）が損なわれるため，実行可能性を考えつつ，タスクとクラスの状況に合ったものを作成すべきである。

15-3 テスト作成のサイクル

上記のようなことを念頭において，まずテスト細目（計画書）をつくってテスト作成を始めることが重要です。2019年度から適用される「英語教育コア・カリキュラム」にもあげられているような，指導に生かすための評価力，つまり学習状況の把握に直結する評価規準の設定や，形成的のみならず総括的評価が適切に行えるようになるための第一歩です。慣れないと複雑な作業に思えるかも知れませんが，おさえておくべき要素や要件に対してCan-do リスト（チェックリスト）→用語解説を用意し，それを使って確認しながら細目作成を行うようにするとそれほどたいへんな作業ではなくなるでしょう。何より，そういうテスト作成方法を習慣づけることで，教師自身のテスト作成能力や評価力が高まり，適切な指導につながります。

Green（2014）は，もともと外部テストや大がかりな総括的テストの作成のために使用されていたテスト作成サイクルを，授業関連の形成的テストにも使うべきと考えて図15.2のようなモデルを提唱しています。個々のテストに対して毎回このようなこのような作業を行わなくとも，同じクラスを教えていれば，一度試行してみたテストが次のテストを改善するためのパイロットとして機能し，よい循環をつくっていくことができます。このモデルの最大の利点は，教師が自分でつくったテストが，これまで述べてきたようなよいテストの要件を満たしているかを常に振り返り，その反省点を次のテストづくりに反映させて持続的に改善努

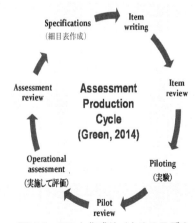

図15.2 テスト作成サイクルのモデル
Greenのモデルは，小規模のクラス内テストであっても，Plan（計画）→ Do（実行）→ Check（評価）→ Act（改善）という PDCA サイクルによって作成することを推奨している

波及効果：以前は，入学試験などの出題傾向が，指導や学習に影響を与えるために，本質的な学習に取り組めないというネガティブな意味で使われることが多かったが，クラスでの指導においては，クラス内テストやそれに基づくフィードバックが学習によい影響を与えるというポジティブな使い方もするようになってきた

Can-do リスト：「何がどのようにできる」というように能力の内容を機能的に現実の状況に即して記述した能力記述文。もともとは新指導要領も基準としている「ヨーロッパ共通言語参照枠（CEFR）」によって広まったもので，基本的には到達目標を明確に示す。評価基準として使用することもあるが，そのためにはそれぞれの記述文が示す能力を適切に測定する評価ツールの開発が必要である。ここでは教師がよいテストをつくるための到達目標を細かく記述したチェックリストとしての使用を勧めている

力をしていくことができるという点なのです。

15-4 アセスメント・リタラシー

　日本では，テストに対してどうしても「人を選別する道具」すなわちスクリーニング・テストという考え方が強いのですが，授業に関連づけて授業内で行うテストは個々の生徒の弱点やつまずいているところを明確に示します。教師がよいテストを通じて個々の生徒が乗り越えなければならない弱点をフィードバックとして指摘することは，学習によい波及効果（Positive Washback Effect）を生むのです。

　世界的に，教師が十分な評価とテスティングの知識をもち，授業や指導の改善に役立てる能力が脚光を浴び，「アセスメント・リタラシー」（Taylor, 2009）を身につける教師教育が盛んになっています。残念ながら，日本においては，これまで教職課程の指導内容や教員採用試験の出題に評価やテスティングに関する問題が扱われることが少なかったので（Murray *et.al.*, 2011），新コア・カリキュラムでその重要性が強調されることで，今後この概念の認知度が増すことが強く期待されます。

　アセスメント・リタラシーについては，日本言語テスト学会（JLTA）や大学英語教育学会（JACET）のテスト研究会（SIG）などが，教員向けの研修を始めており，これから日本においても教師教育の重要な部分になっていくと思われます。その標準的な内容を"Why""What""How"というわかりやすい言葉でまとめたInbar-Lourie（2008）の枠組みを紹介します。

15-4-1　目的と指導の文脈に合っていること（Why）

　日々評価に直面する教師として，ぜひ第一に考えていただきたいことは，作成しているテストが「目的と指導の文脈に合っているか」という点です。つまり，テストをつくる際にまず考えなければならないことは，「なぜ，何のためにそのテストを実施し，それは全体のカリキュラムや指導のなかでどんな意味をもつのか」ということです。このことは私たちがつくるテストでどんな内容をカバーし，出題形式をどのようなものにするかという点に大きく影響するのに，じつはあまり考えられていないことが多く，その結果，実際に教えたことを十分カバーし

> アセスメント・リタラシー：Taylor (2009) の定義によると，「アセスメント・リタラシーとは，教師が評価者として知っておくべきこと全てを指し，評価の原理原則に関する理解，知識，技能を含む。それは効果的な教育実践を行うために欠かせない。同時に教師は行った評価とその結果を，行政担当者，政策策定者，メディア関係者，一般大衆を含む全ての利害関係者と共有すべきである」。最後の透明性に関する部分は，学校レベルのテストであれば，生徒，父兄や学校関係者に対して十分に説明責任が果たせることを意味する

ていない期末試験や，診断テストなのにやたらむずかしい選別的なテストが行われたりしています。特に，スピーキングやライティングの評価（パフォーマンス評価）に関しては，教師が不慣れなせいもあって，目的や指導の文脈に合わないテストをよく目にします。

15-4-2 何を（どんな下位能力を）測るのか（What）

次に考慮しなければならないのは，主に妥当性に関連する「何を（どんな下位能力）を測るテストをつくるのか」という点です。テスト作成法では，目的を明確に確定したら，細目表（specification）をつくる作業に入るのですが，それは各テスト項目の内容と形式を決める指針となります。測りたいものが，「スキミングやスキャニングをして短時間に大意を把握する力」なのに，表層的な事実の真偽を問うような問題を出してはいけないし，「トピック・センテンスの根拠が論理的にサポートされているパラグラフを書く力」をみたいのに，ナラティブのような論理的展開を特徴としない題材（prompt），例えば「先週末をどう過ごしたか」というようなトピックを与えるのは不適切です。同様に，あまり熟考せずに文章のあちこちを括弧で抜いたリーディング問題をつくったり，一部を翻訳させたりする問題をよくみかけますが，そのような問題で自分が測定しようとしている能力が本当に引き出せるのかについて，常に再検討していただきたいのです。

15-4-3 どのような問題形式が適切なのか（How）

最後の側面が，テストに関する議論の中心になることが多い，「どのような形式の問題でターゲットとする能力を測るのが適切か」という点です。目的に合致し，測るべき能力を引き出すであろうテストを計画していても，使用するタスクや問題形式が，難易度や重みづけ（配点）なども含めてそれに合致していなければ目的は果たせません。例えば，リスニングやリーディングなどの受信能力のテストでは，測定の目的を達成し，対象とする能力を引き出すために，多肢選択式，語句挿入式（クローズ・テスト），記述式のどの設問形式が適切なのかをまず考えなければなりませんし，同時に多肢選択式であればどのよう

パフォーマンス評価：発信能力の指導は学習指導要領でも以前から強調されてはいたが，2020年から大学入試への導入が決まり，避けては通れないものとなっている。書いたり話したりするためには，まず伝える内容である情報や材料を，読んだり，聞いたりする受信活動で収集し自分でまとめることが必要になるので，4技能統合型の指導がより必要になる。同時に自分で情報の判断・分析・統合をするような認知的能力，特にクリティカル・シンキング能力に脚光が当たっている。これについては実践編で詳しく説明するが，評価のなかで，言語的能力と認知的能力を峻別するのがむずかしい

翻訳問題：翻訳をさせる問題形式については，今だに賛否両論がある。翻訳自体が良い悪いということは，評価というよりどちらかというと指導の問題に属する。指導において翻訳を日常的にさせてしまうと，受信活動でも発信活動でも，常に日本語を介在させなければコミュニケーションができないというネガティブな転移（negative transfer of teaching）を引き起こす。テスト作成上の問題としては，大意を日本語で書かせるのは日本語力にあまり影響されないので構わないが，逐語訳を要求して日本語の出来に点数が左右されるような問題は不適切だといえよう

な選択肢を用意するのか，クローズ・テストであればどの部分を書き入れさせるのか，記述式であればどんな発問をしてどんな解答を引き出すのかを評価基準と共に考えなければなりません。よく目にするのが，多肢選択式の錯乱肢（distractors）が本文とまったく関係のない分野や領域に関するもので，正解があまりに明らかだったり，逆に，どの選択肢も内容的には正解に近いのに表現法の適切さだけで正解が決まるような設問です。

> **錯乱肢**：多肢選択式の問題における正解以外の選択肢のこと。錯乱肢の選択によって，問題の難易度がかなり変わってくるため，これについても設問が測定する能力を考慮しつつ作成したい。例えば，読解力を問う設問の場合は，できるだけ文中に現れる概念や表現を使うべきであり，文法力を問う設問の場合は，測定したい点（品詞の違い，動詞の時制など）が正解に対して明確に区別された誤答を用意すべきである

▶POST-LEARNING ▶▶▶

1．中学または高校の検定教科書のまとまりのある数課を選んで，到達度判定テストを作成するための詳しい細目表をつくってみましょう。各自が作成した細目表について，ペアやグループで長所・短所について意見交換しましょう。

2．公立中学や高校の入試問題をいくつか選んで，学習指導要領の内容と照らし合わせながら，よいと思う問題，あまり適切でないと思う問題を理由とともにあげてください。

3．教育実習で教えた，あるいは教えるであろう生徒を想定して，ある能力や技能を測定するテストをつくる際に使う Can-do リスト（チェックリスト）をつくってみましょう（巻末資料3の用語解説に示した例を参照）。

4．J-POSTL の VII. 評価について自己評価（5段階）し，これから自分が強化して行かなければならない点を確認しましょう。

参考文献

池田央監訳（2008）『テスト作成ハンドブック』教育測定研究所
光永悠彦（2017）『テストは何を図るのか―項目反応理論の考え方』ナカニシヤ書店
Bachman, L.F. (1990). *Fundamental Considerations in Language Testing*. Oxford: Oxford University Press.
Fulcher, G. (2012). Assessment literacy for the language classroom. *Language Assessment Quarterly, 9* (2), 113-132.
Green, A. (2014). Exploring language assessment and testing. London and New York: Routledge.
Inbar-Lourie. O. (2008). Constructing a language assessment knowledge base: A focus on language assessment courses. *Language Testing, 25* (3), 385-402.
Murray, A., Ito, Y., Kimura, K., Matsumoto, K., Nakamura, Y., & Okada, A. (2011). Current trends in language testing education in Japan. In A. Stewart (Ed.), *JALT2010 Conference Proceedings*. Tokyo: JALT
Taylor, L. (2009). Developing assessment literacy. *Annual Review of Applied Linguistics. 29*, 21-

実 践 編

1 語彙指導

▶PRE-LEARNING ▶▶▶

Task 1：自分自身の経験から，効果的な語彙学習法と，語彙学習の効果が上がる要因について考えてみましょう。

Task 2：自分自身または目の前の学習者たちの語彙サイズはどのぐらいで，現実的な目標値はどのぐらいでしょうか。

Task 3：以下の用語の意味を調べておきましょう。

＊ワードファミリー　＊偶発的語彙学習と意図的語彙学習　＊受容語彙と発表語彙　＊語彙学習方略

▶IN-LEARNING ▶▶▶

　私たちが言葉を習得するにあたり，豊富な語彙の知識とその運用能力を身につけることは必要不可欠な要素です。本章では，英語を聞く，話す，読む，書くときに使える語彙とはどのようなものか，どんな学習法があるのか，学習者の習熟度に合わせて留意すべき点などについて考えていきます。

1-1 使える語彙とはどのようなものか

　皆さんの目の前にいる学習者たちは，どのような目的で英語を学習しているのでしょうか。何をするにも，目的を定めたうえで，それを達成するために適切な目標を設定しなければ，遠回りになったり目的地にたどり着かなくなったりすることさえあるため，まずは目的を押さえる必要があります。例えば彼らの目的が，聞く，読む，話す，書くといった活動のなかで英語を使いこなせるようになることだとすると，それらの活動のなかで「実際に使える語彙」を習得させることを念頭に指導を考えなければなりません。

　例えば，「discuss という単語を知っていますか」と聞かれた場合，皆さんはどう答えるでしょうか。「～について話し合う」という日本語訳を思い浮かべられたら「知っている」と答えるかもしれませんが，それだけでは英語を話したり，書いたりする際に discuss を使いこなすことはできないでしょう。Nation (2013) は表1.1に示したように，単語の構成要素として18項目あげています。先ほどの discuss を例にとると，「他動詞なので discuss the problem のように直後に目的語を取る」といった語法の知識や，「話し言葉でも書き言葉でも頻出する語ではあるけれど，日常生活では talk about のほうがよく使われる」

語彙：英語に vocabulary と word という単語があるように，日本語にも「語彙」と「単語」という言葉がある。本来，語彙は「一つの言語の，あるいはその中の特定の範囲についての，単語の総体」であり，単語は「文法上の意味・機能を有し，言語使用において独立性のある最小単位」(『広辞苑』第6版) と定義されているが，本章では，各文脈において広く慣用的に使用されているほうの言い回しを用いている

表1.1　What is involved in knowing a word? (Nation, 2013:49)

Form	spoken	R	What does the word sound like?
		P	How is the word proncunsed?
	written	R	What does the word look like?
		P	How is the word written and spelled?
	word parts	R	What parts are recognizable in this word?
		P	What word parts are needed to express the meaning?
Meaning	form are meaning	R	What meaning does this word form signal?
		P	What word form can be used to express this meaning?
	consep: and referents	R	What is included in the concept?
		P	What items can the concept refer to?
	associations	R	What other words does this make us think of?
		P	What other words could we use instead of this one?
Use	grammatical functions	R	In what patterns does this word occur?
		P	In what patterns must we use this word?
	Collocations	R	What words or types of words occur with this one?
		P	What words or types of words must we use with this one?
	constraints on use	R	Where, when, and how often would we expect to meet this word?
		P	Where, when, and how often would can we use this word?

表中のRはreceptive knowledge（聞く，読む際に使う受容知識），Pはproductive knowledge（話す，書く際に使う産出知識）のこと

などの知識も含まれます。特に高頻度語彙については，できるだけ多くの項目を習得することがコミュニケーション活動のなかで適切にその語を使いこなすことにつながると考えられます。

　また，語彙は従来，語彙サイズで示される「広さ」と，表1.1に示されているような「深さ」の二次元で考えられてきましたが，近年では「流暢さ」の要素も加えて論じられることが増えてきました（Daller & Treffers-Daller, 2007）。これは，実際のコミュニケーションでは聞いたり読んだりしたことを即座に正確に理解して反応する必要があるからです。このため，これらのことを考慮して単語学習の活動を設定する必要があります。

1-2　どのぐらいの語彙を習得すればよいのか

　表1.1に示されている深さと速さの側面も備えた「使える単語」の数が多ければ多いほどコミュニケーション活動がスムーズに行えるようになるのはいうまでもありません。例えば，英語のネイティブ・スピーカーの大学生の語彙サイズである約1万7000語（ワードファミリー換算）を目標にすることも考えられます（Zechmeister, et al., 1993）が，学習者の多くは英語の語彙学習にばかり時間を割くわけにはいきません。そこで，現実的な目標を設定し，それに向かって効率よく学習していくこと

ワードファミリー換算：規則活用の屈折形，名詞の複数形，動詞の過去形，形容詞や副詞の比較級，-ableやun-などの語根から接辞がつく語などまでを含めて1語とする数え方

が求められます。1つの現実的な最終目標例としては、書き言葉で8000〜9000語、話し言葉では3000語（ワードファミリー）が考えられます（Webb & Nation, 2017）。

いっぽう、2020年から順次試行される学習指導要領で示されている語彙数の目安は、小学校で600〜700語、中学校で1600〜1800語、高校で1800〜2500語で合計4000〜5000語になりますが、これらの数値はワードファミリー換算ではないため、実際には前述の目標値との間に大きな隔たりがあります。そのため、目標に到達するためには、学校教育のなかで4000〜5000語を確実に習得することに加えて、学習者が自律的に語彙学習を継続していく必要があることがわかります。これを念頭におくと、教師の役割としては直接的な語彙指導よりも、語彙指導の計画立案、語彙学習方略の指導、語彙力の測定などのほうが重要であるとのNation（2008）の主張も合点がいきます。

　語彙学習は、語彙学習自体を直接の目的として行う意図的学習と、英語使用を目的としながら副産物として語彙を学習する偶発的学習とに大別できます。偶発的学習には、文化的、語用論的な語彙の知識を習得できる可能性があるという長所がありますが、20〜50語に1語の割合で未知語に出会うぐらいでないとその未知語を正確に推測できないため非効率であることが指摘されています。このため、前述の「語彙指導の計画立案」として、中学2，3年生ぐらいまでは意図的学習を中心とし、それ以降は、ある程度の語彙と文法を習得しているため偶発的学習も織り交ぜて語彙力を増進させていくなどと長期計画を立てることも教師の役割といえます。

学習指導要領の語彙数：学習指導要領では、綴りが同じ語は品詞に関わらず1語と数える。動詞の活用形、名詞の単複、形容詞や副詞の比較変化などのうち規則変化するものは1語とみなす

1-3 語彙学習に成功するためにはどうすればよいのか

　語彙学習方略（Vocabulary Knowledge Strategy：VLS）の研究は1990年代後半から本格的に開始されて以来、多くの知見が得られており、学習者が知っておくべき方略としては、「文脈から未知語を推測する方略」「接辞を学ぶ方略」「辞書使用の方略」などがあります（Nation, 2008）。ただ、どの学習者にも万能なVLSがあるわけではなく、学習者のVLS習得に時間がかかる場合もあります。それでもVLSの指導が肝要とされるのは、「どういう場で、どのような目的で、その方略を使用す

るかということを明示的に指導し，VLSに対する意識を高め，その有効性に対する誤った思い込みを変えることにあるため，VLS指導は無駄にはならない」（水本，2017）と考えられるためです。

　さて，なぜ上述のVLSが有効なのでしょうか。心理学で明らかにされている記憶とはどのようなものか（鹿取他，2015）を知ったうえで，考えてみましょう。記憶の過程としては，まずワーキングメモリに情報がインプットされ，すでに長期記憶にある知識と統合されたのち，必要なときに想起されアウトプットされます。新しい行動の獲得のためには，「覚えたいことを既習の知識と統合して長期記憶に」したあとに，「必要なときに想起して使えるように再生，再認，再構成を繰り返す」ことが大切で，そのためにはリハーサル（復唱）や精緻化が有効といわれます。リハーサルのタイミングは，忘れかけたころに行うと，想起する努力が必要となるため記憶は強化されます。また，答えを提示するタイミングは，解答が提示される前に自ら考えて答えを出し，その後にフィードバックが与えられて誤りを訂正されるほうが深く学べ，正解は長く保持されます。これがVLSの「文脈から未知語を推測する方略」を指導，実践する意義です。さらに，既習の知識と関連づけながら覚えれば実質的に長期記憶に限界はありませんが，効果的な想起の手がかりをつくらなければ必要なときに想起できなくなるため，知識を精緻化することは欠かせません。これがVLSの「接辞を学ぶ方略」や「辞書使用の方略」を指導，実践する意義です。

1-4　小学校での語彙指導

　2020年施行の学習指導要領には小学校で習得する語彙数の目安として600〜700語という数値が示されていますが，単語リストが提示されているわけではなく，日常的なコミュニケーションとして英語を聞いたり，話したりするときに使用される語の習得が期待されています。

　最初に押さえておきたいのは，単語を「聞いてわかる」ようにするためには，英語のネイティブ・スピーカーが話す真性の高い英語を耳が慣れるまで聞くことが大切だということです。なぜなら，実際の発話には，倒置，省略，発音変化，ポーズ，

ワーキングメモリ：短期記憶を発展させたモデルで，言語処理などの高次の認知活動で必要とされる情報の短期的な貯蔵と操作をさす（米山朝二，2011，『新編英語教育指導法事典』研究社）
再生：学んだことを再現すること
再認：学んだことをそれと確認できること
再構成：学んだことの要素を組み合わせて再現することをさす心理学の用語
精緻化：覚えるべき情報に，別の関連情報を加えることで想起する際の手がかりを増やす記憶方略

聞いてわかる：発音を聞くことは重要であるが，それに加えて，言語を学ぶ場合には，視覚的なインプットよりも聴覚的なインプットのほうが記憶に保持されやすいことも覚えておきたい（鹿取他，2015）

言いよどみなどが含まれており，ゆっくり，はっきりと発音された英語をいくら聞いても，これらに対応できるようにならないからです。たとえば，英語の閉鎖音が単語の最後にくると，ほとんど発音されませんが，不自然に遅い発話を聞いていると，こうしたことは習得されません。また，インプットはアウトプットのお手本としても機能するので，より多くの聞き手に理解される英語をアウトプットするためにも，真性の高い英語をインプットすることが大切です。

　いっぽう，書く活動については，英語学習時の脳活動に関する研究を行っている中野（2015）は，小学3，4年生の段階で楽しく音素認識と発音スキルを習得することが重要と主張しています。また，英語を学び始めたばかりの3年生であっても，アルファベットや既習語をなぞる活動は，課題の難易度を徐々に高めながら繰り返すことで学習効果が認められ，6年生の後半になると文字を使った語彙学習のほうが文字を使わない場合よりも記憶を強化するとも報告されています。これらのことを念頭におくと，例えば5年生の段階での未知語を学習する流れとしては次のような案が考えられます。

　①聞く：単語の発音を聞き，概念（絵など）と結びつける。
　②理解する：単語の意味を理解する。
　③発音する：意味を考えながら，聞いたとおりに発音する。
　④読む：単語の綴りをみる。
　⑤なぞる：意味を考えながら単語の綴りをなぞる。
　⑥使う：単語を使った用例をつくり，話す。

　このようにタスクの難易度や順番を考慮しつつ，繰り返し未知語にふれさせる活動を通して確実に使える単語にすることが，中学校以降の英語学習への橋渡しになるでしょう。

1-5 中学校での語彙指導

　小学校での学びと，心理学の知見，表1.1に示した単語の諸側面等をふまえると，中学校で未知語を学習する流れとして次のようなものが一案として考えられます。

　①聞く：単語とその用例を聞き，用例の意味を推測する。
　②理解する：単語と用例の意味を理解する。
　③発音する：意味を考えながら単語と用例を発音する。

閉鎖音：[p] [t] [k] [b] [d] [g] をさし，たとえばGood job! や Check it out. の各語末の音はほとんど発音されない。逆にこれらの語末の閉鎖音をはっきりと発音すると，リズムも悪くなり英語らしく聞こえなくなる

真性の高い英語：小学生以下を対象とした教材として『えいご絵じてん』シリーズ（旺文社）や『アルクの2000語えいご絵辞典』（アルク）などがある。特徴として，①自然に近い英語で発音されている，②用例の発音も聞くことができる，③それらの日本語訳を確認できることなどがあげられる

④読む：単語の綴りをみせる。
⑤なぞる：意味を考えながら単語の綴りをなぞる。
⑥書く：意味を考えながら，何もみずに単語を書く。
⑦使う：単語の用例をつくって，話したり書いたりする。

ポイントとしては，小学校と同様に，単語の綴りを見せるより先に音声で聞かせること，未知語の意味が推測できるような用例を提示すること，常に考えながら活動させること，自分で単語を使わせることがあげられます。

また既習語は，記憶から呼び出す想起練習をすることで強く定着するため，時間を空けて何度もテストをしましょう。ここでいうテストとは，自分で能動的に想起すること自体をさすため自己テストも含みます。なお，テストには波及効果がつきものなので，ワンパターンな形式ではなく，表1.1を参照しながらどんな形でその語を定着させたいのかを検討し，複数の形式で，期間をあけて何度も実施することが望ましいでしょう。

1-6 高校での語彙指導

高校では，英英辞典も含め本格的に辞書指導を行っていきましょう。英語学習者向けに編纂された英英辞典，例えば『Longman Dictionary of Contemporary English』には，①約2000語の定義語彙を使用し，わかりやすい文法構造で見出し語が定義されている，②話し言葉と書き言葉の各コーパスをもとに頻度情報が付されている，③機能は制限されますが無料で使えるWebサイト・スマホアプリがある，④真性の高い用例の発音も聞けるなどの特徴があります。また，yeah や thanks には informal と記されており，discuss には In everyday English, people usually say **talk about** rather than **discuss**. と説明があります。つまり，2000語以上の語彙と，ある程度の文法を習得している高校生には，単語をより深く知り，適切に使用することにつながるため，英英辞典の使用は有益といえます。

ただし，英語で定義を読むよりも日本語訳をみたほうが明確，迅速に意味を把握できる場合もあるので，英和辞典との併用をお勧めします。たとえば，パソコンやスマートフォンで利用できる英和・和英辞典「英辞郎 on the WEB」は，通常のブラウザと同様，AND 検索，OR 検索，NOT 検索ができることはも

想起練習：発表語彙と受容語彙の研究は2000年を過ぎたころから活発に行われており，受容語彙が自動的に発表語彙に変容することはないため，発表語彙を増やすためには，努力して再生または再構成させるアウトプットの活動を行う必要が説かれている

波及効果：テストの結果が授業に及ぼす影響。特定の形式，内容がテストに多用されれば，授業中にその特徴をもった活動に積極的に参加するが，出題されない活動には注意を払わなくなる（米山,2011）

LDOCE：通称エルドスと呼ばれる

定義語彙：英英辞典の定義語彙はワードファミリー換算のため，学習指導要領で示される2000語よりも実際には多く，高校生でも未知の定義語彙があることは予想される

ちろん，例えば「address 演説する」で「演説する」という日本語訳がついている address の用例を調べられ，また「put {1} together」で put と together の間に1つの単語が挿入されているデータを調べたりすることができるため，ライティングの際にも便利に使えるといった特徴があります。

最後に，8000〜9000語の語彙を習得しようとした場合，授業外での自習は必須となりますが，インターネット上には，聞いたり読んだりできる良質な英語教材や辞典があるほか，自分の習得したい単語をオンラインの単語帳に蓄積していったり，習得したい単語だけをテストできるスマートフォン用アプリなどもあり，なかには無料のものすらあります。教材には恵まれていく一方ですが，よいものがそこにあるだけでは学習者の語彙力は伸びません。学習者が授業時間外でも「実際に使える語彙」を大量に習得するためには，常に最新の情報を入手し，玉石混淆の教材のなかから学習者にとって有益なものを紹介することも，現代の英語教師の重要な役割といえるかもしれません。

ブラウザ検索：AND 検索は「AとB両方を含むデータ」を，OR 検索は「AとBのどちらかを含むデータ」を，NOT 検索は「Aは含むがBは含まないデータ」を検索すること

単語学習アプリ：例えば，英単語学習教材として Quizlet（パソコンおよびスマートフォンで利用可能）や mikan（スマートフォン用アプリ）は多くの機能を無料で使用でき，広く普及している

▶POST-LEARNING ▶▶▶

1．LDOCE で usually, opposite, insult の使用頻度を確認したうえで，各単語の効果的な指導方法を考えてみましょう。
2．市販の印刷された単語集と，Quizlet や mikan などの単語学習アプリを比較して，それぞれの長所短所をまとめましょう。
3．使用場面，目的，相手との関係などによって使う表現が異なる例を1つ取り上げ，それに気づかせる活動を具体的に考えてみましょう（J-POSTL, p.34）。

参考文献
鹿取廣人他編（2015）『心理学』（第5版）東京大学出版
水本篤（2017）「語彙学習方略：理論と実践」『KELES ジャーナル』2, 44-49
中野秀子（2015）「L2としての英語学習中の脳活動—熟達度に関する研究—」『LET Kyushu-Okinawa Bulletin』16, 9-18.
Daller, H., Milton, J., & Daller, T. J. (2007). *Modelling and assessing vocabulary knowledge*. Cambridge: Cambridge University Press.
Nation, P. (2008). *Teaching vocabulary: Strategies and techniques*. New York, NY: Thomson Heinle.
Nation, P. (2013). *Learning Vocabulary in Another Language* (2nd ed.). Cambridge: Cambridge University Press.
Webb, S., & Nation, P. (2017) *How vocabulary is learned*. Oxford: Oxford University Press.
Zechmeister, E.B. *et al.* (1993). Metacognitive & Other Knowledge about the Mental Lexicon: Do We Know How Many Words We Know?, *Applied Linguistic*s, 14 (2) 188-206.

2 文法指導

▶PRE-LEARNING ▶▶▶

Task 1：これまで受けた文法指導はどのようなものでしたか（例：説明を受けたあとに和文英訳練習を行った）。
Task 2：「文法を身につけている」とはどういうことでしょうか。
Task 3：以下の用語の意味を調べておきましょう。
　＊メタ言語意識　＊明示的知識　＊暗示的知識　＊タスク中心教授法　＊Focus on Form

▶IN-LEARNING ▶▶▶

　英語教員の多くは，自らが生徒として受けた指導法を参考にして授業を組み立てていることがあり，文法指導の場合はそれが顕著に表れます。そこで，まずは自分が受けた文法指導を振り返ってみましょう。例えば，教師から今日の授業ではどの文法事項についてやるのか明示されたうえでその文法事項の説明を受け，そのあと和文英訳や単語の並べ替えといった練習問題を行った，という指導法があるでしょう。あるいは，どの文法事項を扱うのか明示されず，教師から大量のインプットを受けながらその文法事項にふれたという指導法もあるでしょう。学習者の視点から，それぞれの指導法の長所や短所がみえると思います。そういった学習者としての視点を忘れないことも教師にとっては大切ですが，これからは教師として何が学習者にとって有効的な文法指導法なのかを見極める必要があります。ここでは，文法指導が本来めざすべき目標を達成するためには，どのような指導法が効果的なのかということを考えていきます。

> **大量のインプット**：例えば，教師が口頭で単元の導入を行うオーラルイントロダクションがある

2-1 文法指導の目標

2-1-1 「文法を身につけている」とは

　「文法を身につけている」人はどのような人でしょうか。文法知識をもっているだけにとどまらず，それを使いこなせて初めて「身につけた」といえるでしょう。自転車の乗り方を知識としてもっていても実際に乗れなかったら「自転車に乗れる」とはいえないことと同じです。文法を身につけていれば，「情報を正確に伝える」「話し手の態度や感情を伝える」「効率よく情報を伝える」という3つのことができるとしています（田中・田中，2014：9）。すべてに「伝える」という言葉が入っていることから，発信すること，すなわちスピーキングとライティン

グと直結していることがわかります。学習指導要領では，発信する力には「話すこと［やり取り］」「話すこと［発表］」「書くこと」の3種類あるとしており，そのすべてにおいて文法は必要となるのです。ただし，発信ができるようになるためには，まずは受信，すなわち理解できることが前提となるので，リスニングとリーディングも含まれることはいうまでもありません。

2-1-2　文法指導のめざすべきゴール

文法指導のめざすべきゴールは何でしょうか。学習指導要領によれば，文法は「コミュニケーションを支えるもの」という位置づけになっています。前述の3つの「伝える」ことはスピーキングとライティングと直結していますが，コミュニケーションは当然のことながらリスニングとリーディングも含めます。リスニングやリーディングをする際にも文法知識を駆使し内容理解に結びつけなくてはならないからです。したがって，4技能・5領域すべてにおいて文法が使えるようになることがゴールとなります。富永（2018）は，発信で使えるようになるものと，認識できればよい文法とを分けて指導に反映させることも提案しています。

2-2　文法指導を考えるうえでのキーワード

2-2-1　メタ言語意識

日本語を母語とする人にとって，日本語を話すことは容易なことですが，日本語に「ついて」話すのはどうでしょうか。例えば，「は」と「が」の違いが説明できるでしょうか。母語習得の過程で，子どもはだんだんと母語を客観的に分析できるようになります。そうすることで，なぞなぞやダジャレといった言葉遊びもできるようになります。このように，言語を客観的にみるようになることをメタ言語意識といいます。

2-2-2　明示的知識と暗示的知識

言語について述べることのできる意識的な知識を明示的知識と呼ぶのに対し，言語に関する無意識的な知識を暗示的知識といいます。筆者が英語母語話者であるアメリカ人に，apple という名詞につく冠詞がなぜ a ではなく an なのかを説明した際，

まずは受信：母語習得ではインプットを受けることから始まりアウトプットへつながるため，言語習得ではインプットが出発点となる

4技能・5領域：「聞くこと」「読むこと」「話すこと［やり取り］」「話すこと［発表］」「書くこと」をさす

明示的知識と暗示的知識：ほかに，宣言的知識（「何」に関する知識）と手続き的知識（「どのように」に関する知識）という分類もある（本書の理論編 13-3-3 汎用能力を参照）

その友人が初めてその規則を知ったというエピソードがあります。彼女はそれまでも英語母語話者として何の問題もなくaとanを使い分けていたのですが，その理由を考えたことがなかったようです。すなわちaとanについて暗示的知識としてもっていたことがうかがえます。

2-2-3 言語の3つの側面

言語には形式（form），意味（meaning），機能（function）の3つの側面があります。例えば，May I〜という表現にはm+a+yとIというスペリングや/mei ai/という発音があり（形式），「〜していいですか？」という意味があり（意味），誰かに許可を得たいときに使う（機能）という特徴があります。言語を身につける際，これらの3つの側面を習得しなくてはなりません。

2-3 これまでの文法指導のアプローチ

2-3-1 伝統的な教授法

1960年代，言語習得の理論において行動主義が主流だった時代，文法訳読方式やオーディオリンガルメソッドといった教授法が盛んでした。これらは，言語の3つの側面のうちの形式を重視した教授法で，Focus on Forms（FonFs）→用語解説 という総称で呼ばれます。代表的な教授法であるオーディオリンガルメソッドではパターンプラクティスが特徴的です。特に正確さ（accuracy）に重きをおいており，誤りがあった場合にはすぐにフィードバック・修正を行うことが望ましいとされていました。しかし，教室内で「形式」の練習をしても実際の場面では使えないという問題点が明らかとなり，もっと意味に注意を向けるべきという流れになりました。その結果，コミュニカティブアプローチという新たな教授法が主流となってきました。

2-3-2 コミュニカティブアプローチ

和泉（2009）によると，コミュニカティブアプローチには弱いバージョンと強いバージョンがあり，弱いバージョンは比較的，伝統的教授法に近いと考えられます。強いバージョンには内容中心教授法（content-based language teaching）とタスク

行動主義：言語は繰り返し練習を行い，フィードバックを受けて修正しながら習得されると考えている

パターンプラクティス：This is a pen, This is a bookといった文を教師のあとに続いて生徒が正しくリピートする方法である

内容中心教授法：内容（教科や特定のトピック）を第二言語で学習することで，内容と言語の両方を一度に習得することをめざしている

中心教授法（task-based language teaching）がある，としています。ここでは後者のタスク中心教授法について詳しくみていきます。まず，タスクの定義について考えます。高島（2011）は，タスクの特徴として以下の4つをあげています。

①メッセージの伝達が最も大切である。
②情報等の差を，活動を通して埋める。
③学習者自身のことばで活動を行う。
④コミュニケーションの結果が明確に表れる。

このような特徴のタスクを中心とした教授法は，形式を重視した伝統的教授法とは異なり，意味を重視したものとなります。そのため，これらの教授法はFocus on Meaning と称されます。→用語解説
例えば「道案内」というタスクを用意し，地図を使いながら道案内の表現を学ぶことができます。そうすることで，実際に英語で道を尋ねられたときに英語で返答することができることをめざします。意味を重視することで流暢さ（fluency）は伸びましたが，今度は形式やその正確さがおろそかになってしまうという問題点が出てきました。そこで形式と意味，さらに機能用をバランスよく取り入れた教授法の必要性が高まり，Focus on Form（FonF）が注目されるようになりました。→用語解説

情報の差を埋める：これを目的とした活動を information gap activity と呼ぶ

2-3-3 Focus on Form

Focus on Forms や Focus on Meaning にみられる従来の文法指導では，形式あるいは意味のどちらかのみに焦点を当てた授業をしており，そうするともう一方がおろそかになってしまうという問題点がありました。Focus on Form では，形式，意味，機能の3つをバランスよく捉えています。和泉（2009）はLong & Robinson（1998）をもとにFonFを「意味に焦点を当てた授業の中で，生徒が遭遇する発話や内容理解の問題に対して，彼らの注意を言語形式に向けさせる試み」と定義しています。前述のタスク中心教授法を使いながら，言語形式に注意を向けることでFonFを実現させることも可能です。

3つのアプローチをまとめると，下図のようになります。

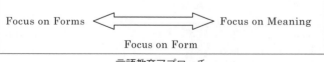

言語教育アプローチ

2-4 これからの文法指導のあり方

2-4-1 これからの文法指導のアプローチ

　中学・高校ともに学習指導要領では，文法指導は「意味のある文脈でのコミュニケーションの中で繰り返し触れることを通して活用すること」とあります。ここで重要となるのは，「意味のある」「繰り返し触れる」「活用する」です。まず，生徒にとって「意味のある」文脈を用意しなくてはなりません。生徒の日常生活や興味のあること，また近い将来起こるかもしれない出来事など，生徒が有用であると感じる状況を考えることが必要となります。2つ目の「繰り返し触れる」では，一度やっただけではなかなか身につかないという現状をふまえています。例えば，金谷他（2017）では，高校生がどの程度中学英語が使いこなせるのかを調べるため大規模な調査を行い，使いこなせるレベルに到達することの困難さが浮き彫りとなりました。繰り返しふれることがさらなる定着につながるといえるでしょう。3つ目の「活用する」については，実際に使うこと，すなわち生徒が主体となる授業展開の必要性が出てきます。学習指導要領には，「用語や用法の区別などの指導が中心とならないよう配慮し，実際に活用できるようにする」ということも留意点として書かれています。ペアワークやグループワークを積極的に取り入れ，生徒が言語を使う時間を増やすことが大切です。

　これらのことを考慮すると，FonF の授業を行うことが望ましいのですが，FonF は ESL 環境で発展したアプローチであり，インプットの量が多いことが前提となります。インプットの量が多ければ，明示的知識に働きかけることなく形式に気づかせることはできるでしょう。しかし EFL である日本の場合はインプットの量が格段に少ないのです。杉浦他（2002）では，大学に入学したばかりの日本人英語学習者がそれまでに受けたであろうインプットの量を概算しています。1回の授業で10分間の英語を聞いたとして，そのような授業が週3回あり，年間35週間，中学・高校の6年間，とすると合計6300分（105時間）の英語を聞くことになります。いっぽう，海外留学をして毎日5時間英語を聞いたとすると，105時間は21日分，すなわち3週間分の計算となります。絶対的にインプットの量が少ないことがうかがえます。和泉（2009）によると，インテイク（in-

気づき：Schmidt（1990）は言語習得には「気づき」（noticing）が必要であると述べている

インテイク：知識として取り込まれることをさす

take）される量はインプットの量よりも少なくなり，アウトプットできる量はそれよりもさらに少なくなります。したがって，絶対的にインプットの量が少ないEFLの環境では，アウトプットできる量はかなり少なくなることが予測できます。そのようなEFLの環境で効果的なFonFを実現させるためには，明示的指導も必要になるでしょう。高島（2011）では，FonFの活動をFonFsで挟んだ「フォーカス・オン・フォームアプローチ」を提案しています。まず，文法説明や練習で始め（FonFs），次にタスクを用いるなどして生徒にインタラクション（interaction）をさせるFonF活動を行い，最後にフィードバックとしての文法説明でまとめる（FonFs）という流れになっています。小学生以降の学習者はメタ言語意識が発達しているため，それに働きかけるような明示的指導は特にEFL環境では効率的であると考えられます。

> インテイクの量はインンプットの量より少ない：すなわち聞いたこと（あるいは読んだこと）のすべてを学習するわけではなく，その一部しか知識として取り込まれないためである

2-4-2　文法指導の実際

では，教室内で具体的にどのような活動を行えばいいのでしょうか。PPP（Presentation-Practice-Production）という流れで授業を進めることが多くあります。まず学習する文法項目について明示的に説明を行い（Presentation），次に使い方の練習をさせて（Practice），最後にその項目を使って発表などさまざまな活動をさせる（Production）というものです。Presentationでは明示的に説明する代わりに，既習の似たような構造（例：現在完了と過去完了）も一緒に提示し，何が違うのかを生徒に気づかせる暗示的な提示の仕方もできるでしょう。田中・田中（2014）では，さらに「導入」を加え，4つのステップとして，以下のように述べています。

　導入：「何だろう？」をつくり出す
　説明：「なるほど！」と感じさせる
　練習：「できそう！」と思わせる
　活動：「できた！」をつくり出す

従来の指導法では練習で終わる，すなわち「できそう！」と思ったところで終わってしまったことが多かったのですが，学習指導要領では「実際に活用できるようにする」とあるので，4つ目の活動を通して「できた！」という成功体験を積み重ね

てあげることでゴールにより近づくと考えられます。

　ディクトグロスも有効な活動としてあげられます。ディクトグロスとは，まずはメモを取りながらリスニングを行い，そのメモをもとにほかの生徒と一緒に文章を再生するという活動です。再生する過程では文法的な正確さが求められるため意味に焦点を当てながら形式にも注意を向けさせる活動として有効とされています。また，聞いたことを再生することは日常生活でも行われるので機能にも結びつき，さらにインプットに基づいたアウトプットであるため言語習得の流れにも沿っているといえるでしょう。

　インフォメーションギャップは，ペアになった生徒がそれぞれ違う情報をもっており，お互いの抜けている（gap）情報（information）を埋めていくことを目的とする活動です。インタラクションをとらないと目的が達成できないという状況をつくることで，コミュニケーションが自然と起こるようにしています。例えば，There is/are 構文の学習で，絵描写（picture description）をさせます。2人の生徒のうち，Aが自分の部屋の見取り図の絵を持ち，その絵についてBに説明をします。その際 There is a desk near the window. のように表現することができます。Bはその説明に沿って絵を描写しますが，Aの説明が理解できなかったときは，Is the desk near the window? のように既習の疑問文の練習を行うことができます。このような意味のやり取りを意味交渉（negotiation of meaning）といいます。意味交渉は言語習得に効果的であるとされています。

　佐藤（2013）は，文法項目のリサイクルを提案しています。例えば高校1年で仮定法の基本形を教え，2・3年でその基本形をリサイクルした形を教える，すなわち高校3年間を見据えたカリキュラムを考慮することの必要性を論じています。リサイクルは既習文法の定着も促すため，たいへん有効であると考えられます。また，卯城（2014）は英語で文法を教えることについて論じています。

2-5　文法の評価

　語彙と同様，文法はテストに多くあらわれる項目ですが，その評価方法はさまざまで，定期考査の筆記試験には穴埋め問題

インプットに基づいたアウトプット：アウトプットをする際にインプットにある語彙や文法を使うことができるため，「インプット→アウトプット」という流れは有効である

意味交渉：意味交渉には理解チェックや明確化要求（例：Could you repeat, please?）などがある

評価：具体例は小泉他（2017）を参照

や並べ替え問題，和文英訳や英文和訳などがあります。しかし，これらは「活用」に結びつかないことが考えられ，文法がコミュニケーションを支える程度に身についているかどうかを確認するためには実際にコミュニケーションをさせてみないと評価できません。授業内でやった活動と似たものをテストとして使うことも可能ですが，そこで問題になるのは評価の仕方です。評価基準をどのようにするのか，文法が「身についている」と「まだ身についていない」の境目はどこか，といったことを明確にしておく必要があります。

▶POST-LEARNING ▶▶▶

1. 1つの文法項目を選び，中学校英語検定教科書あるいは高校英語検定教科書6冊のなかで，その項目がどのように扱われているのか「形式」「意味」「機能」の観点から比較してみましょう。
2. 複数の文法項目について，さまざまな文法書ではそれぞれどのように説明されているのか比較してみましょう。
3. 大学入試問題をみて，文法がどのように評価されているのか確認しましょう（大学内比較，大学間比較など）。
4. J-POSTL のⅡ. 教授法 Methodology E. 文法 1．2．の各項目を読み，教育実習の前後（計2回）に自己評価（5段階）し，自分のなかに変化が生じているか，また生じている場合はどのような変化なのか，なぜそのような変化が生じたのか確認しましょう。

参考文献
和泉伸一（2009）『「フォーカス・オン・フォーム」を取り入れた新しい英語教育』大修館書店
金谷憲・白倉美里・大田悦子・鈴木祐一・隅田朗彦（2017）『高校生は中学英語を使いこなせるか？』アルク
小泉利恵・印南洋・深澤真（編）（2017）『実例でわかる英語テスト作成ガイド』大修館書店
佐藤一嘉（2013）「文法指導での導入の重要性：フォーカス・オン・フォームにおけるインプットの役割」『英語教育2013年11月号』大修館書店，pp.19-21
杉浦正利・竹内彰子・馬場今日子（2002）「リスニング能力養成のための自律学習：ディクテーションの効果」『名古屋大学言語文化論集』23巻2号，pp.105-121, http://www.lang.nagoya-u.ac.jp/proj/genbunronshu/23-2/sugiura.pdf
高島英幸（2011）『英文法導入のための「フォーカス・オン・フォーム」アプローチ』大修館書店
田中武夫・田中知聡（2014）『英語教師のための文法指導デザイン』大修館書店
富永幸（2018）「これからの文法指導を考える」『英語教育』8月号大修館書店，pp.20-21
卯城祐司（2014）『英語で教える英文法：場面で導入，活動で理解』研究社
Long, M., & Robinson, P. (1998) Focus on from : Theory, research, and practice. In C.Doughty & J. Williams (Eds.) *Focus on from in classroom second language acquisition.* pp.15-41. New York : Cambridge University Press.
Schmidt, R. (1990). The role of consciousness in second language learning. *Applied Linguistics, 11*, 129-158.

3 異文化理解教育

▶PRE-LEARNING ▶▶▶

Task 1：「異文化理解」を定義してみてください。
Task 2：英語の授業で「異文化理解」を扱う意義と方法を考えてみましょう。
Task 3：以下の用語の意味を調べておきましょう。
　＊学習者要因　＊動機づけ　＊Willingness to Communicate　＊メタ認知能力　＊学習者オートノミー

▶IN-LEARNING ▶▶▶

　文化と言語は切り離せません。なぜなら，文化の一部が言語であり，その言語が人と人を結びつけ，その集団特有の文化をつくるからです。いわば両者は相互補完の関係にあるといえます。現在，英語は特定の文化圏の民族語ではなく，実質的な国際語となっています。しかし，人間が言語を話すかぎり文化の匂いがしない英語など存在せず，互いの文化背景の理解なしに，真の意味での国際コミュニケーションは成立しません。世界の多様な人々が多様な英語を話すことを認識し，尊重することは，寛容な精神と心の葛藤を伴う「異文化理解」そのものなのです。→用語解説
このように，異文化理解では，文化に関する「知識」以上に，自分のなかでの「態度」や「行動」の変化が求められています。これをふまえ，本章では英語の授業で具体的にどのように異文化理解を促したらよいのか考えていきます。

> 文化と言語：Brown, H.D.(2014)は"Language is a part of culture and a culture is a part of a language"と表現している

3-1 言語と文化の関係

3-1-1 文化とは

　文化間コミュニケーションでいう文化とは，基本的に「ある特定の集団が学習を通して共有する行動様式，ものの考え方，生活様式の総体」をさします。言語やジェスチャーなど人間の行動パターンを「行動文化」，考え方，価値観などを「精神文化」，そして，日本食や服装など衣食住に代表される文化のもつ物理的特徴を「物質文化」と呼びます。例えば，日本人の多くは「調和」や「形式」や「年齢の差」などを重要視する志向（精神文化）があります。相手の年齢が1つ上だけで「先輩」と呼び，言葉使いに留意し（行動文化），それができない人を私たちは「失礼な人だ」と判断します。就職時期になるとみな黒いリクルートスーツ（物質文化）を身に着け，一斉に就職活動を始めます。もちろん，日本人も多様な個人の集りであり，

> 文化間コミュニケーション：人はみな違う文化背景をもっている。よってすべてのコミュニケーションは異文化間コミュニケーションであるともいえる。最近では，異文化という言葉ではなく，「（多）文化間コミュニケーション」という言葉が一般化している

> 文化：意識的，無意識的に学習され，時とともに常にダイナミックに変化するという特徴もある。茶道や華道などの伝統的な文化は「達成的文化」，歴史や地理などは「情報文化」と呼ぶ

画一的に語ることはできませんが，上記のように同じ集団，民族には一定の傾向があることは間違いありません。

3-1-2 英語教育で文化を扱う理由

なぜ，言語教育と文化は切り離せないかを考えてみましょう。それは，とりもなおさず言語を学ぶことは文化を学ぶことだからです。例えば，英語では「弟」を little brother とか younger brother と表現せざるをえないこと，反対に日本語には aunt にあたる漢字が，「叔母」と「伯母」の2つあることなどを考えるとき，日本人と英語母語話者の年齢差に関する価値観の違いを意識せざるをえません。ほかにも，英語では，大統領から母親まで you などという呼称で呼ぶことができますが，日本で母親を「あなた」と呼んだら何が起こるか考えてみると，言語の背景に年齢や男女差に対する文化の違いが大きく影響していることがわかります。

2つ目は，外国語を学ぶ目的が「異なる文化をもつ人間」とコミュニケーションをすることにあるからです。日本人同士が日本国内で英語を第二公用語として用いるかぎり，言葉の文化的解釈の違いから生ずる誤解はほぼ発生しません。しかし，多文化間でのコミュニケーションの場合，1つの単語でさえ完全に一対一対応をみせないため，話者の意図がどれだけ正確に伝わるかは，その言葉・話題・文化についてお互いにどれだけ他者と同じ背景知識（スキーマ）をもつかにかかってきます。

3つ目の理由としては，学習者が文法や発音を学ぶだけでは，文化間コミュニケーションに必要なルール（社会文化的能力）などは身につかないことがあげられます。誰にどのような丁寧さで，どのように言うべきか，何は言わないほうがいいのかなどの基準は自然には身につきません。ましてや，沈黙やジェスチャーなどの非言語行動の意味，会話や文章構成のルール，思考方法の違い，コミュニケーションスタイル，背景的知識，価値観などの重要な文化情報は言語を学ぶだけで身につきません。

3-1-3 「世界共通語」には文化学習は必要ないか

英語は「民族語」であると同時に，実質的な「国際語」です。学習指導要領でも，「様々な英語が国際的に広くコミュニケー

文化の違い：例として，good bye や holiday という単純な単語さえ，God be with you. や Holy day からきていることを考えれば，キリスト教がその背景にあることを意識せざるをえない

言葉の文化的解釈：ある実験で，バイリンガルの日本人女性が "moon" という単語から連想した言葉は sky, rocket, cloud であったのに対し，「月」という単語から連想した言葉は，月見，すすき，満月であった。言葉をとりまく暗示的意味は，日本語と英語では同じ人間が喋る二言語間でさえもこれほど異なる

民族語：英語を母語とする特定の民族のなかで使う言語
国際語：非母語話者間でのコミュニケーション手段として使われる言語

ション手段として使われている実態にも配慮すること」とあります。このように，英語は国際語の地位を獲得し，特定の英語文化圏とはつながりが希薄になりました。では，文化的要素を英語の授業で扱う必要はないのでしょうか。

　答えは，まったくその反対です。人間が話すかぎりその人間の所属する文化の発想形式がその英語のなかに表れるのは当然です。まして，世界中の多様な文化背景をもつ人々が英語を使えば，相手の文化，つまり，発想形式や表現方法，価値観などを常に考慮しながら，コミュニケーションをとることが求められます。学習指導要領の目標の1つとして掲げられている「実際のコミュニケーションにおいて，目的や場面，状況に応じて適切に活用できる技術を身に付けるようにする」とは，まさに，相手の文化背景や英語力などに合わせて，互いに歩み寄りながら，コミュニケーションを成立させる能力を身につけるべきであるということでしょう。

3-2 異文化理解とは

　さて，具体的に「異文化理解」とはいったい何なのでしょうか。英語教育でいう異文化理解とは，「文化背景にある知識を増やし，文化相対主義の立場から，多様性を受けいれる寛容な態度を持ち，それに基づいてコミュニケーション行動をとることができる」ということでしょう。学習指導要領にも「英語の背景にある文化に対する関心を高め，理解を深めようとする態度を養う」「世界の人々や日本人の日常生活，風俗習慣，物語，地理，歴史，伝統文化，…」「多様な考え方に対する理解を深めさせ，…豊かな心情を育てる」（高等学校指導要領第3款の3(2)）などという言葉が散見され，めざしているものは同様に思われます。

　ただ，異文化を受け入れることは言葉でいうほど簡単ではありません。例えば，異文化背景をもつ人と長く付き合うと，近すぎる対人距離，体臭，食事の音，なまりの強い英語，大きすぎる声，直接的すぎるものの言い方，言い訳の多い発言，根拠のない自信やおおげさな言い方など，気になることがたくさんあります。日本人の発想からすると受容不可能だと思えるほどの違いを「これもありなのだ」と自分に言い聞かせることは，

文化相対主義：文化には絶対的な上下優劣は存在しないという考え方。この反対が自文化優越主義，あるいは自文化中心主義

認知レベルを超えた忍耐や厳しい覚悟を伴う情意レベルでの理解です。これを小林（2005）は異文化理解とはまさに痛みと主体的な行動を伴う「自己変容」だと表現しています。

3-3 異文化理解と英語教育の関係

上記のような「行動」や「感情」のレベルの異文化理解は英語の授業の枠組みのなかで身につけさせることは大変ですし，英語教育の中心的な目的ではありません。英語の授業での異文化理解教育は，あくまで言葉によるコミュニケーションに資するような異文化理解であるべきでしょう。それは，「異文化背景を持った他者が自分とは価値観，行動表現が異なることを強く認識し，主に言葉で適切に自分の意思を伝え，意味の交渉を行う態度や能力を持つ」ことです。具体的にいえば，「文化間コミュニケーションに必要な知識，態度，技術の習得」に関わる諸問題を扱うのが外国語教育における異文化理解教育ではないでしょうか。そのなかで，学習者のなかに「文化の多様性の理解と共存への覚悟」が芽生えることを期待するのです。

3-4 異文化理解指導の実際

3-4-1 文化学習は深入りが肝心

では，知識，態度，技術の習得はどのように促せばいいのでしょうか。いわゆる文化の構成要素すべてを扱うことは困難ですし，あらゆる民族の文化を学習することは不可能です。しかも，上記に関する知識はあくまで，特定の文化の傾向を表すのであり，具体的なコミュニケーション場面では個人と対面することとなり，その相手は集団の傾向とまったく異なる発想やふるまいをするかもしれません。

よって，もし，情報としての文化について授業で扱う場合には，その情報の背景にどのような歴史があり，なぜそうなるのかなどにふれながら学習者といっしょに考え，文化情報そのものではなく，「文化の見方」や「文化の学び方」を学ばせることが大切です。

例えば，アメリカには Thanksgiving Day や Columbus Day という休日があります。しかし，この背景には，土地を奪われ，戦争や疫病で苦しめられた先住民にとっては，生き残ったこと

自己変容：言語とアイデンティティは密接に関わり，異なる言語を話すときにはアイデンティティまで変わらざるをえないという考え方。言語との関係でアイデンティティを言語自我（language ego）ともいう

「認知」「行動」「感情」の3つの学習レベル：異文化理解で頻繁に登場するが，例えば，挨拶の場面で，握手をしなければいけないと知ることと，実際に握手ができることと，心地よく握手ができることはまったく違うという意味

文化の構成要素：精神文化，行動文化，物質文化，情報文化，達成的文化など。具体的には，世界観，神や自然への態度，コミュニケーションスタイル，非言語，周辺言語，認知様式，信念，態度，価値前提，価値観，時間・空間の概念，宗教，美術，音楽，建築物，衣食住，家族・地域社会の構造，生活様式，家族の概念，地理，歴史など

J-POSTL II-G-1, IV-B-2

「文化の見方」「文化の学び方」：別の言葉では culture awareness とか culture general という（次節参照）

に感謝する "Survival Day" でもあることも知らせます。国民の休日といいながらも，これをまったく祝わない州や町があります。そしてそれが許される背景には，アメリカの「個人志向」があることを学習します。そうすると，ほかにも国民の休日の背後には，喜び以外に悲しみがあるのではないかと生徒は考えるようになります。そこで，オーストラリアの独立記念日のAustralia Day を一緒に調べてみます。すると，やはり先住民にとっては "Invasion Day" であることがわかるといった具合です。こうして，平和や異文化について考えるきっかけを与えます。もちろん可能なかぎり英語で情報提供します。情報のレベルの文化学習は生徒に考えさえ，応用できるようにしなければ，うわべだけの情報提供になり，授業で扱う意味がありません。

3-4-2　カルチャー・アウェアネスを育てる

上記のように，特定の文化に関する断片的な知識は，話し相手が別の文化圏の出身者となると役に立ちません。文化間コミュニケーションで重要なのは知識より，「自文化中心主義」から脱却することであり，異なる発想や行動に対する関心，寛容，共感的な態度をもつことです。この文化に対する敏感な感受性をカルチャー・アウェアネス（culture awareness）と呼びます。教科書にある文化情報はあくまで一例として捉え，どちらかといえば，異文化を理解するための方法や柔軟な態度を育てることに異文化理解活動の中心をおくべきです。文化の差異に着目した「文化特定」（culture specific）の情報より，文化の共通項や付き合い方を学ぶ「文化一般」（culture general）という考え方が大切なのです。「空腹な人に魚を与えるのではなく，魚の釣り方を教えれば一生困らない」という老子が言ったとされるあの言葉に象徴されるのが，異文化理解教育です。英語教育でもこのカルチャー・アウェアネスの育成をめざしたいところです。

3-4-3　日常の授業でできる異文化理解活動

カルチャー・アウェアネスを育成で最も重要なのは，何よりも教師自身が異文化理解を実践するものでなければならないと

Thanksgiving Day：11月の最終木曜日。入植したPilgrim Fathersたちが，翌年の収穫に感謝したとされることから発祥したアメリカの休日

Columbus Day：10月第2月曜日。連邦政府の定める休日だが，国民の1～2割しか休みにならない

Australia Day：1月26日。イギリスの囚人を乗せた第1船団がシドニーに到着したことを祝う日

J-POSTL II-G-1, IV-B-2

いうことです。言語や文化の多様性に敏感であり，異質なものに非評価的な考え方で接し，常に文化の相互理解に対し柔軟な姿勢をもつ努力は必須です。日々，これらのことを意識しているだけでも，授業にその態度は反映されます。自分をマイノリティーの立場に身をおき，誤解され，不安を感じ，辛い思いをした経験などがあれば，異文化理解を扱う教員としての資質は十分でしょう。その意味で，一定の長さの異文化圏での生活は必須かもしれません。

　行動や情意のレベルでの異文化理解教育はむずかしいと上述しましたが，英語の授業でもできることはあります。例えば，<u>日本人特有の緊張感，恥ずかしさ，曖昧さへの不安などを乗り越え，学習者の内なる動機を外へ向けての行動として表現させる</u>ような言語活動を行います。コミュニケーションの喜びや緊張などを実際に疑似体験することによって，感情のレベルに訴えながら，行動修正を図るという方法です（塩澤他，2010）。例えば，ペアで互いに廊下側と窓側を背にして立たせ，対人距離を大きくあけて会話練習をさせてみます。各ペアの間には川が流れていると状況設定とします。学習者は大声を話す必要がありますが，その音量に彼らの声はかき消されて恥ずかしさは消えます。次に，顔を30cm程度まで近づけて言語活動をさせてみます。さらに，同じ状態で一人はぜったいに目線を合わせてはいけないというルールのもとで言語活動を行います。その後，どのように感じたかを話し合います。このようにして，普段の英語の授業内で対人距離，視線の大切さ，恥ずかしさを乗り越えて思い切って話すことの大切さや，会話が成立したときの喜びなどを実感させることができます。これなら，日常の授業でもできるのではないでしょうか。ほかにも専門的な異文化コミュニケーショントレーニング方法（CCT）がありますので，一度受講してみるといいかもしれません。

　最後に繰り返しますが，英語を教えること自体がすでに文化を教えることでもあり，教員は日々の授業のなかで目ざとく文化要素をみつけ，常にカルチャー・アウェアネスを育てるような言語活動を意識して行っていくことが大切だということを強調しておきます。また，異文化理解は教えれば，翌日から生徒の態度が代わり，行動できるというものではありません。日常

（本文下線）：これを筆者は affective competence（感情制御能力）と呼ぶ。WTC（Willingness to Communicate）や EQ（Emotional Quantitate）も同じ発想上にあるかもしれない

J-POSTL II-G-1，IV-B-2

CCT：culture assimilator, simulation, critical incident, role play, Ecotonos など異文化理解のために開発された教材もある

異文化理解を促す：教育でよく使われる名言 "Tell me and I'll forget; show me and I may remember; involve me and I'll understand." がそのまま当てはまるのが，異文化理解教育

的に異文化理解に関わる言語活動を行うと同時に，情報を一方的に提供するという演繹的な授業形式ではなく，常に，関わらせて，感じさせて，考えさせながら異文化理解を促すという「帰納的」な授業形式（Inductive Teaching）を心がけることも忘れないでください。これをいま日本ではアクティブ・ラーニングと呼んで国をあげて推奨していますが，世界的にはずっと以前から「当たり前」のことでした。

> 「帰納的」な授業形式：例や前提から結論を導く考え方，指導法。"Spoon feed" するようにすべてを教えずに考えさせる学習者主体の授業
>
> アクティブ・ラーニング：学習者を主体として考えさえ，関わらせながら，能動的に学ぶスタイル。中央教育審議会（2012年）ではじめて大きく取り上げられた（本書の実践編13のアクティブラーニングを参照）

▶POST-LEARNING ▶▶▶

1. 手元にある中学と高校の教科書で異文化理解的要素のある教材がどの程度，どのように扱われているか調べてみましょう。
2. 感情や行動に変化を促すような異文化理解教材やアクティビティーを1つ以上作成してみましょう。
3. 文化的な理解不足で誤解や問題を生じさせてしまった身近な事例とその理由をあげて，グループで紹介しあいましょう。
4. J-POSTL の II. 教授法 G．文化の1〜8の質問項目に答え，この授業を終えて，あなたにどの程度の異文化理解教育の資質や技能があるか確認してみましょう。

参考文献

小林小百合（2005）「多文化社会への質的変化と寛容の変容」佐藤郡衛・吉谷武志（編）『人を分けるものつなぐもの―異文化間教育からの挑戦』ナカニシヤ出版

文部科学省（2017）「高等学校学習指導要領」http://www.mext.go.jp/a_menu/shotou/new-cs/youryou/1304427.htm

塩澤正・吉川寛・石川有香（2010）『英語教育と文化』〈英語教育学大系第3巻〉大修館書店

Brown, H. D. (2014) *Principles of Language Learning and Teaching* (6th ed). New York: Pearson Longman

4 教材分析と指導

▶PRE-LEARNING▶▶▶

Task 1：教材を分析する際に念頭におくべきものは何か考えてきましょう。
Task 2：自らの日本語力や英語力を4技能の点から比べてみましょう。例えば、「憂鬱」という表現を読む力と書く力を比べてみましょう。
Task 3：以下の用語の意味を調べておきましょう。
＊学習指導要領外国語科（英語）の「外国語科の目標及び内容」 ＊4技能・5領域 ＊協調学習（協同学習） ＊異文化理解教育 ＊視聴覚理論

▶IN-LEARNING▶▶▶

　実際に授業を行う際には、授業計画が欠かせません。授業計画の際に必要なものの1つが、教材分析です。本章では、具体的な教科書の一部を題材として、教材分析の際の観点を概観します。教材分析にて具体的に行うことは、どのような言語活動があり得るかを考えることです。分析の観点には、4技能・5領域、コミュニケーション活動に統合した文法や語彙の学習などのさまざまな観点がありますが、このような観点を通じた分析を概観することによって、大きくいえば「読む」だけの活動のなかにもほかの技能を使わせる活動が可能であることを理解します。その結果、本章では、4技能・5領域のコミュニケーション活動の具体的な理解が進み、後述する「授業分析」や「授業計画」についての章の理解を深めることになります。

4-1 教材分析の前提

　教材分析の前に確認しておくことがあります。それは、学習指導要領、学校の教育理念や教育課程、学習者の能力やニーズ、年間指導計画、使用する教科書です。

　学習者の能力を把握するために、それまでに行われた実力試験の結果を入手することや、診断テストを行うことがあげられます。学習者のニーズを把握するためには、アンケートを実施する方法もあります。能力・ニーズの把握には、授業見学や他の教員との話し合いも有益でしょう。

　使用する教科書が定まれば、それを、年間指導計画に即して、時期別の目標を設定することになります。検定教科書を使った場合には、その教科書のある単元をいつまでに終わらせるといった目標を立てることが多いでしょう。

> 年間指導計画：詳しい授業計画については、本書の実践編11と12で扱う

本章では，中学3年生を対象とした授業を念頭におき，年間指導計画を「英語を用いて，場面に応じて適切に情報や考えなどを伝え合うことができる」とします。本章では，教科書分析の一例を示すために，『New Horizon English Corse 3』（笠島・関他, 2015）を使用します。

4-2　教科書分析の際の大きな手順

　教科書に限らず，教材分析の手順としては大きな視点から進めて，次第に焦点を当てていきます。次のとおりとなります。

　①教科書1冊の構成の確認
　②各 Unit などの目標の確認
　③分析対象とする Unit 内の題材の分析

　教科書分析の最初は，教科書1冊の構成を確認することです。本教科書の場合，いくつかの Unit にて基礎の定着と確認をしたあとに，場面別のコミュニケーション活動を行い，テーマ別の自己表現活動として，プレゼンテーションを行うという構成になっています。

　1つの Unit 内では，見開き2頁から成る「読む」ための素材が4つ続くなかで新出の語彙や文法表現が扱われたあとには，「聞く」「話す」「書く」ための素材が2つ続きます。本章では，Unit 1の教材分析を示していきます。

　次に，それぞれの Unit の目標を確認します。例えば，Unit 1の目標には，次の目標が示されています。

・「受動態の平叙文と疑問文の形式を用いて，あることについて，ちがう視点から述べることができる」
・「make +（代）名詞＋形容詞」の形式を用いて，気持ちや状態の変化を表すことができる」

こうした目標に対応する基本例文として，以下が掲載されています。

　例文1　This painting is loved by many people.
　例文2　Was this picture painted by the same person?
　例文3　This idea makes me happy.

4-3　題材の分析

　今回，手紙が題材となっている見開き2ページを取り上げま

Unit 目標：ほかの目標として「ある作品を適切な視点から紹介することができる」が掲げられているが，これは本分析題材のあとの活動にて行うものと考える

す。手紙を書いたのはKotaで，彼が今日読んだばかりの本と雑誌のことを英文日記に書いているという設定であることをつかみます。

> Friday, April 22
> I read about ukiyo-e and Japanese pop culture today. I knew little about them before, but I learned that both are much loved in foreign countries. It makes me proud of Japan.
> I also learned that ukiyo-e was pop culture in Japan during the Edo period. In fact, ukiyo-e prints were sold like posters.
> I think manga and anime will be traditional Japanese arts like ukiyo-e someday. Maybe even kawaii culture can become a part of Japanese tradition. This idea makes me happy.

設定：さらに，この題材の前には，彼が読んだ本や雑誌が扱われていることもつかむことも必要

内容理解の確認のために，右ページ下には，以下の3つの質問文が掲載してあります。

1. Are ukiyo-e-and Japanese pop culture loved in foreign countries?
2. What did Kota also learn about ukiyo-e?
3. What does Kota think about manga and anime?

それでは，ある題材を，指導を念頭においた分析の具体例を示していきます。分析をする際に，Unitの目標を，担当する学習者のことを念頭におきつつ，題材を，以下の観点で分析していき，どのような言語活動がありうるか考えていきます。

4-3-1　4技能・5領域活動の観点

手紙文を読むという活動が中心と，まずは判断します。そこで，英単語の識別能力を高めるために，foreignなどの新出語について，黒板に書いたり，フラッシュカードを用いて提示したり，題材を読ませながら，"What are new words?"などと尋ねる活動を考えます。

しかし，ほかの活動も考えられないか検討することも必要です。検定教科書の指導書には，題材の多くに音声が付いている場合が多いので，読ませる前に聞かせるという可能性も検討します。これは「聞く」という言語活動になります。1つの活動にとどめないことにはいくつかの利点があります。それらは，学習者の興味・関心にあった活動を増やすことのほかに，コミュニケーション活動を増やすという点があります。

新出語：教科書の巻末には語彙リストがあり，第3学年だけでなく，どの学年で新出した語彙なのかがわかるようになっている

4-3-2 コミュニケーション活動に統合した文法や語彙の学修という観点

この観点で有益な J-POSTL の自己評価記述文には，Ⅳ（授業計画）のBカテゴリーの3番「文法学習や語彙学習をコミュニケーション活動に統合させた指導計画を立案できる」があります。今回は，基本例文 "This idea makes me happy." を用いて，すぐ下に設けられているイラストを補助とした基本的な活動を行うことも必要でしょう。しかし，この基本的な活動自身はコミュニケーション活動と感じない学習者もいるかもしれません。そのような場合には，学習者にとってコミュニケーションと思わせる言語活動を考案することが求められます。その一例としては，この基本例文の前に自然とつながるような内容を英語で示すことが考えられます。例えば，"People in XXX lost their houses because of the disaster. They are worried about their life. I heard from a TV program that the Japanese government began to help them." という文が考えられます。このように，目標とする基本例文には，学習者にとって実感が湧く内容を念頭においたうえで，どのような表現が前後に来るのかを示すことで，学習者にとってリアルな言語表現と思わせる手助けになるでしょう。こうした言語活動は，「聞く」活動や「読む」活動になります。

4-3-3 言語や文化に関心をもたせるという観点

見開き右側のページの一番下に，「これまで紹介されているもの以外に，海外で愛されている日本文化としてどんなものがありますか。例をあげて発表しましょう」というコーナーがあります。このユニットで扱われている日本文化には，浮世絵，マンガ，アニメ，カワイイ文化があげられています。これらは目で見てわかる文化と捉えられます。ほかの文化を考えて，言語活動に組み込めないか考えるとよいでしょう。

例えば，英語として使われている日本語や，食の文化は，広い意味で文化といえます。なお，この観点をふまえた言語活動は，発表活動です。4技能・5領域を示す学習指導要領では「話すこと［発表］」という活動になります。発表活動の前に，I think … is also one example as Japanese culture. という表現

イラストを補助とした基本的な活動：後述する4-3-6に関連

（本文下線）：そのように思わせないためには，イラストを見て説明するという行為はコミュニケーション活動の一部であると説明することも可能

（本章で紹介した見開きページの前の部分には，"… is one good example." という表現が掲載されている）を提示することによって，学習者に「話すこと［やり取り］」を促す活動も行うことになります。

4-3-4　個人学習・共同学習の観点

学習には，個人で行う学習も協同で行う学習（協調学習）も必要です。まずは個人で読ませるという活動も必要でしょう。読ませたあとに，感想の意見交換をしたり，読んだ内容の概要について話し合うという活動も必要でしょう。このように，言語活動が個人で行われるか，協同で行われるかといった観点も必要です。こうした活動については，個人で読む活動は「読む」活動であり，読後の感想を言い合う活動は，における「話すこと［やり取り］」に分類されます。

4-3-5　未定着の文法・機能表現の定着の観点

単語やフレーズは，多くの場合少なくとも複数回はふれないと覚えられないでしょう。単語やフレーズを読んだり，聞いたりというのではなく，話したり書いたりという場合にはもっと時間がかかるものです。そこで，授業では，学習者がまだ定着していない文法・機能表現を定着させるような活動が求められます。

例えば，今回の題材に含まれている「…のような」や「…のように」の意味の like はそれぞれ，中学2年までの同シリーズの教科書にすでに出てきています。担当の学習者がこのような like を表現することに慣れていないと判断できれば，"Give me some examples of traditional Japanese arts." などの表現を用いて問いかけて答えさせることが，最初の言語活動になるでしょう。次に，"Let's say we learned from Kota's letter that manga and anime may be traditional Japanese arts someday. Remember you have to use the word "like". Let's begin with the words "manga and anime may be …"" などの手助けを出しながら，like を使った表現ができるか確認するとよいでしょう。これらの言語活動は，教員と学習者間における「話すこと［やり取り］」に分類されます。

4-3-6　イラストなどの視聴覚教材や他の補助題材の利用可能性の観点

本題材では，基本例文 "This idea makes me happy." のすぐ下には，基本練習として，イラストを見ながら，this music と us と sad を用いて，文をつくる練習が設けられています。イラストそのものは，教科書を通じての学習を助けるためにつくられたものですが，実際のコミュニケーションにおいては，イラストや動画像といった視覚情報を補助としながら，理解や相手に対する伝達を行うことは少なくありません。このように視覚情報の教育的有用性および自然さを考えると，教材分析の際に，視聴覚教材を利用する可能性を検討するのが望ましいといえます。

なお，教科書の題材だけでは学習者の興味・関心をひかないのではと考えた場合，著作権などに配慮しつつも，ほかの画像や動画像の利用も検討するとよいでしょう。繰り返しになりますが，学習者の興味・関心を考慮しつつ，学習の意欲の湧く活動を考案することが理想です。

J-POSTL V-D-2

本章をまとめれば，J-POSTL のⅢ（教授資料の入手先）の5の自己評価記述文「学習者に適切な教材や活動を考案できる」といった目的のために，教員は教材分析を行えるようになることが求められているといえます。なお，本章では教材の分析として教科書の分析を主に紹介してきましたが，ほかには，辞書や参考書をどのように使わせるかといった準備も必要です。

▶POST-LEARNING ▶▶▶

1. 教材を分析する際に念頭におくべきものは何か考えてきましょう。
2. 教室外の言語使用には，テレビ番組を見てその概要を人に伝えるといった，複数の言語活動が多くあります（映像を聞いて見て理解して，その後に口頭で伝えたり，メールなどで伝える）。このような言語活動を複数あげて，教室内での言語活動に応用できるか考えましょう。
3. J-POSTL のⅢ.教授資料の入手先 Resources 1～7までの各項目を読み，教育実習の前後（計2回）に自己評価（5段階）し，自分のなかに変化が生じているかを確認しましょう。

参考文献
笠島準一・関典明（著者代表）『New Horizon English Corse 3』（2015）東京書籍，pp.12-13

5 ICT・視聴覚機器と応用

▶PRE-LEARNING ▶▶▶

Task 1：英語科で特徴的なICT・視聴覚機器の使い方をいろいろと書き出してみましょう。

Task 2：自分が授業をするときに教室内に設置してあってほしいICT・視聴覚機器とその理由を書き出してみましょう。

Task 3：以下の用語の意味を調べておきましょう。
＊電子黒板　＊教材提示装置　＊電子辞書　＊デジタル教科書　＊タブレットPC

▶IN-LEARNING ▶▶▶

英語教育では，言語自体を扱う能力の育成と，言語を社会と結びつけて運用する能力の育成の両輪が必要です。本書の理論編14で示した「経験の円錐」を思い出してください。言語的象徴だけでは最も抽象的で理解しにくく，実際の体験を伴うと具体的で理解しやすいということでした。現在，コンピュータの普及と情報通信技術（ICT：Information and Communications Technology）の発展のおかげで，言語自体を実体験への結びつけるために利用できる教具，教材，機器，設備の選択肢が増えてきました。本章では，授業で活用しやすいものを中心に取り上げ，具体的な機能を紹介します。活用法は無限ですから，自分が教える際には何をどう活用できるか考えてみてください。

5-1 ICT活用と「主体的・対話的で深い学び」

学習指導要領で強調されていることの1つに，「主体的・対話的で深い学び」（アクティブ・ラーニング）があります。「主体的な学び」とは児童生徒が自ら学ぼうとする気持ちをもちながら自己省察を繰り返して自分を高めていく学び，「対話的な学び」とはほかの人とコミュニケーションを取りながらお互いによい影響を与え合って自分の考えを広げていく学び，「深い学び」とは自ら見いだした問いに対して既知の情報を関連づけながら解決策を考えたり創造したりする学びです。これらの学びは，ペアワーク，グループワーク，ディスカッションという場を与えるだけでは達成されません。反転学習で授業外でも学び，授業内では対話的で実体験に近づく学びをし，さらに「どうしてだろう？　もっと知りたい」と深い学習へと結びつける必要があります。そのときにICT機器を用いることは後述するようにとても親和性が高いといえます。

J-POSTL IV-C-1, V-D-1

反転学習：知識のinputとoutputの場を従来と反転させた学習。デジタル教材等を利用して自宅で知識を習得し，教室ではその内容の確認・応用を行う

5-2 ICT・視聴覚機器を活用した指導

　以前は視聴覚教室，LL教室，コンピュータ教室，CALL教室といった特殊教室でしか利用できなかった機器が，現在では徐々に普通教室でも使えるようになってきました。電子黒板（プロジェクタおよびスクリーンまたはホワイトボード），スピーカー，Wi-Fi環境があれば，普通教室で扱える視聴覚情報は質量ともに無限に広がっていきます。しかし，人間は五感から受け取る情報量のうち視覚が83％，聴覚が11％を占める（教育機器編集委員会，1972）といわれるほどですから，教師がただ見せたり聞かせたりするだけでは学習者に適切なポイントに焦点を当てた活動をしてもらえません。実際の児童生徒をイメージしながら適切な情報を整理・選択し，誤解されない絞りこんだ指示や提示をすることが指導上大切です。

5-3 電子黒板

　電子黒板を定義すれば，コンピュータの画面をそのまま提示でき，教室にいる全員が同じ視覚情報を共有できるだけの大きさがあり，ペンなどを使って画面に直接手書き入力ができるものといえるでしょう。

　電子黒板では，コンピュータで表示できるものなら何でも（文字，絵，写真，音声，動画など）学習者全員が見られるように提示することができます。さらに，任意に選択した場所を瞬時に拡大してわかりやすく示したり，電子黒板上に自由に図形や文字を書き込むこともできます。黒板のように画面に直接書き込んだりタッチパネルで簡単に操作できるので，児童であっても容易に利用することが可能です。電子黒板上に板書したり，音声・動画ボタンをタッチする動作を児童生徒にみせることができるため，突然音が出たり動画が始まったりするという違和感を学習者にもたせずにすみます。画面に書いた内容を撮影・保存して再利用することができるため，前回の授業の復習として役立てることも可能です。また，DVD（Blu-ray），教材提示装置，電子辞書，デジタル教科書の提示機器としても使うことができます。

J-POSTL I-C-8

5-4 DVD（Blu-ray），字幕つき動画教材

　英語科の教材として使うDVDの大部分は音声・字幕とも日本語と英語がついていますが，活用する際にはいろいろなon/offを使い分けることができます。そこで，音声も字幕もoffにして「どのような会話をしているか考えながら見てみましょう」，音声だけを流して「どのような場面だと思いますか」と推測させる活動もできます。さまざまな内容を扱っているTED Talksでも字幕のon/offができる動画が多いので，同じような活動ができます。気をつけるべき点は，活動内容の指示は誤解なくわかりやすく簡潔に行うことです。動画教材は情報が多いために「動画をよく見てください」といった漠然とした指示では教師が求める認知過程を学習者がとらないことがあるからです。

5-5 教材提示装置（書画カメラ，実物投影機，OHC）

　教材提示装置とは，固定カメラで撮影したものをテレビモニター・スクリーン・電子黒板などに映し出す装置です。実物や写真やイラストを映して拡大表示したり，教科書を映して教師が指さしながら説明したり，児童生徒が書いた作文を映して添削したりなど，教室にいる全員が同じ画像・映像を共有しながら学習できます。教材提示装置だけで使うことはなく，別に映し出す道具（電子黒板／プロジェクター＋スクリーンなど）が必要ですが，時間も手間もかけずに手軽にクラス全員に提示することができます。

5-6 電子辞書

　電子辞書は，英和辞典，和英辞典，英英辞典，コロケーション辞典，類義語辞典，百科事典などさまざまな情報を，携帯できる1つの機器のなかに搭載しています。そのため，手軽に良質な言語資料を使ってさまざまな検索ができます。紙の辞書を使った場合，アルファベット順に並んでいるため，単語の最初の文字からアルファベット順に探していく必要があります。しかし，電子辞書で標準の「前方一致検索」では，入力したアルファベットから順に単語の候補が現れ，文字を入力するごとに候補が絞られていきます。さらに，単語の最後の文字から入力して検索する「後方一致検索」，ある条件に合った単語や表現

TED：Technology Entertainment Designの略語で，幅広い分野の専門家のスピーチを主催・紹介するアメリカの非営利団体。「Ideas worth spreading（広める価値のあるアイデア）」を活動目標としている

TED Talks：TEDが提供しているプレゼンテーションの様子を録画した動画アーカイブ
https://www.ted.com/talks

を探し出す「条件検索」，複数の条件で探し出す「複合検索」，複数の辞書にまたがって一気に検索する「串刺し検索」，わからない文字の部分を＊印にして検索する「ワイルドカード検索」もあり，あいまいな検索にも対応します。また，少し前に調べたものを再度調べるのに便利な「ヒストリー機能」，調べた言葉の説明画面から別の調べたい言葉にすぐにたどり着ける「ジャンプ機能」があります。

　最近の電子辞書は，調べるだけでなく学習するためのツールとしても充実しています。単語の発音や文の音声を内蔵スピーカーから出す読み上げ機能，自分が発声した発音を判定して必要があれば矯正方法を示してくれる発音判定機能，覚えたい単語を登録して自分独自の単語集をつくる機能，その単語をフラッシュカードのように表示して反復学習できる機能，英検やTOEICの問題集を使って学習したり復習したりできる機能，その内容をミニテストで採点してくれる機能など，充実しています。手書き入力や動画再生にも対応し，電子黒板につなげて提示できる機能つきのものもあります。最新の機種ではワンセグでテレビを見たり，Wi-Fi環境があればインターネットに接続してブラウザを使った検索も可能です。このように，電子辞書は，調べる，覚える，学習する，楽しむを多角的に支援するツールへと進化しています。

　多機能になって便利になったとはいえ，画面のサイズが限られているため，紙の辞書のように多くの情報を一度に見渡すことはできません。最初に出てきた意味や用法だけを見て調べたことにせず，文脈に合った品詞や意味を探してスクロールすることも必要です。紙の辞書での辞書指導で基本的な調べ方を学び，その後に電子辞書を使った辞書指導を行うことが効果的だと考えられます。

5-7　デジタル教科書

　デジタル教科書といった場合，狭義ではそのコンテンツだけをさします。しかし，それを十分に活用するためには4つの要素が必要です。「学習コンテンツ」，コンテンツを効果的に検索・表示するための「ソフトウェア（アプリ）」，表示・入力機器である「デバイス」，インターネットにつなぐための「ネットワ

多角的に支援するツール：電子辞書活用事例集
https://edu.casio.jp/exword/school/

ーク」です。広義では，この4つが揃った状態でデジタル教科書と呼んでいます。

5-7-1　デジタル教科書が正式な教科書へ

学校教育法では，長年，小学校，中学校，高校の授業では，紙の教科書の使用が義務づけられていました。しかし，学校教育法の一部改正によって，2019年4月から，検定済教科書の内容を電磁的に記録した「デジタル教科書」がある場合は，教育課程の「一部」において，通常の紙の教科書に代えて「デジタル教科書」を使用できるようになりました。また，紙の教科書を使用して学習することが困難な児童生徒に対して，文字の拡大や音声読み上げなどによってその学習上の困難の程度を低減させる必要がある場合には，教育課程の「全部」または「一部」において，紙の教科書に代えて「デジタル教科書」を使用できることとなりました。今後さらに普及するでしょう。

5-7-2　指導者用デジタル教科書

指導者用デジタル教科書は，紙の教科書とまったく同じ内容を提示できることに加えて，ページ数の制約がないために紙面では掲載できなかった資料や音声や動画も扱うことができます。さまざまな機能を以下の表5.1にまとめました。

初期のころのデジタル教科書から比べると，現在のものは数段使いやすくなっています。授業で使用している教員の声に耳を傾けながら改良を重ね，現在では授業内でスムーズに扱えるよう，各社が工夫を凝らしています。授業をよりわかりやすくするための機能を備え，視覚・聴覚の両面において提示力を大幅にアップしているため，授業内活動をより充実させることができるものといえるでしょう。

5-7-3　学習者用デジタル教科書

いっぽう，学習者用デジタル教科書は，児童生徒が，1人1台のPCやタブレット端末で学習するための教育コンテンツをさします。コンテンツを扱える情報端末の導入という問題をクリアしている一部の学校ではすでに副教材として使用されていますが，今後さらに普及していくでしょう。学習項目の解説や

表5.1　指導者用デジタル教科書の主な機能

機　能	内　容
拡大縮小機能	画面の一部分を拡大したり縮小したりして表示できる機能。
音声再生機能	単語や文章の音声読み上げを聞くことができる機能。再生速度の変更やリピート読みや役割読みができるため，バリエーション豊富な音読活動に活用できる。
動画再生機能	動画を再生する機能で，字幕を出したり消したりできる。紙の教科書のスキットを実際に行っている児童生徒の動画，本文のストーリーに対応した実写動画，内容理解を深めたり児童生徒の興味関心を広げる資料映像などが準備されている場合が多い。
アニメーション機能	さまざまなパターンで文字を出したり，消したりする機能。単語別，チャンク別，文別など，さまざまな提示方法が用意されている。音声に合わせたフレーズリーディング練習，リピーティング練習やシャドーイングの練習にも活用できる。
マスキング機能	ワンクリックで，本文の一部を隠すことができる機能。隠す部分を少しずつ増やすことで，音読から暗唱につなげる指導ができる。
参考資料機能	紙の教科書では紙面の制約上掲載できなかった画像や資料を見ることができる機能。
フラッシュカード機能	新出語句やイラスト等をフラッシュカード形式で表示する機能。英語のみ／日本語のみ／日本語から英語／英語から日本語の表示選択や，カードの順番や各カードを見せる時間の変更ができ，繰り返し行うことで定着活動を容易に行うことができる。
スタンプ機能	文法説明時に頻繁に使う「名詞」「動詞」のようなものをスタンプで用意し，クリックで画面に貼り付けることができる機能。
作図・描画機能	自分で画面上に書いた線・文字・イラスト・図形などの場所を動かしたり回転させたり複製したりできる機能。
保存機能	画面への書き込みなどを保存し，後でまた見ることができるようにする機能

必要な繰り返し練習に何度でも付き合ってくれる個別学習支援が一番の特徴です。

J-POSTL　VI-A-1，VI-A-2
J-POSTL　VI-B-2，IV-B-3

5-8　タブレットPC

コンピュータは総合的な機器として活用できますが，そのなかでもタブレットPCにはほかに多くのメリットがあります。軽くて持ち運びが楽なため，教室内を移動しながらでも課題に取り組むことができます。手書き入力で文字だけでなく図・表・グラフも自由に描け，学習事項を保存できるために，デジタル・ポートフォリオとして児童生徒の考えや学習成果を視覚化することができます。校内にWi-Fi環境があれば校内のどこでもインターネットにアクセスして調べたり，他者と情報を共有したり議論したりして対話的に深く学習することができます。さまざまな学習アプリを活用することができ，プレゼンテーション支援アプリを使えばグループで情報を共有しながらプレゼンテーションのスライドを作成できます。電子黒板などの提示装置につないで発表することもできます。カメラやビデオカメラもついていますから，例えば発表を撮影し，その動画を見ること

デジタル・ポートフォリオ：学習時のメモ，テスト結果，作品などの成果物の写真や図などをコンピュータのなかにデジタル化して蓄積したもの。今までの学びの過程や成果を次の学習へと役立てるために利用できる

で自己評価したり相互評価に活用することも簡単にできます。デジタル教科書のデバイスとして利用すれば，学習履歴や成果を保存しておくこともできます。タブレットPCはアクセシビリティ対応ですので，教師だけではなく，むしろ児童生徒のための道具としておおいに活用できる機器です。

本章では，さまざまな視聴覚機器，情報通信機器を扱ってきました。これらはあくまでも指導・学習効率を高めるために用いるのであって，使用者が使用の意図を理解したうえで主体的に活用法を見いだしていく必要があります。道具を使いさえすればうまくいくと考えるのは軽率です。道具の使い方を知ったうえで，使う必要がなければあえて使わないという選択肢があることを忘れてはいけません。

J-POSTL VII-C

アクセシビリティ：本書の理論編14-4を参照

▶POST-LEARNING ▶▶▶

1．プレゼンテーションソフトを使って視覚教材を作成してみましょう。そして，ほかの学生と見せ合い，お互いのよさと改善点について話し合ってみましょう。
2．機器を使わないほうが授業・学習をより効果的にできる場面を考えてみましょう。
3．教育実習先で使う教科書がわかったら，その出版社のホームページに行き，自分の指導案を思い浮かべながらデジタル教科書の機能を確認してみましょう。

参考文献
一般社団法人デジタル教科書教材協議会　https://ditt.jp/
教育機器編集委員会編（1972）『産業教育機器システム便覧』日科技連出版社
文部科学省（2018）「学校教育法等の一部を改正する法律（概要）」https://www.mext.go.jp/b-menu/houan/kakutei/detail/1405486.htm
文部科学省「教育ICT活用実践事例集」　https://jouhouka.mext.go.jp/school/leducation_ict_katsuyo/
総務省（2017）「教育ICTガイドブック Ver.1」　https://www/soumu.go.jp/main_content/000492552.pdf
財団法人コンピュータ教育開発センター（2008）「学力向上ICT活用指導ハンドブック」
https://www.cec.or.jp/cecre/monbu/report/handbook.pdf

6 評価(1)
―テスト作成法・4技能測定・パフォーマンステスト

▶PRE-LEARNING ▶▶▶

Task 1：よいテストをつくるうえで必ず考慮しなければならないことをあげてみましょう。

Task 2：パフォーマンステスト（ライティング・スピーキング能力を測るテスト）が受信能力（リーディング・リスニングテスト）と比べてむずかしい点はどんなところでしょう。

Task 3：以下の用語の意味を調べておきましょう。
　＊総合的評価基準　＊分析的評価基準　＊スキル統合型評価　＊評価者間信頼性　＊21世紀型スキル

▶IN-LEARNING ▶▶▶

　学習指導要領ではかなり以前から4技能を連動させたコミュニカティブな指導が強調されていますが、入学試験が受信能力中心であったこともあり、発信能力（ライティング・スピーキング能力）の指導にはなかなか力が注がれてきませんでした。2020年からは大学入試に発信能力の評価が導入されるため、最近は検定教科書の単元も充実し、さまざまな発信能力の活動を指導に取り入れる学校や先生方が増えています。新コア・カリキュラムにも、パフォーマンス評価の重要性が明記されているのですが、発信能力の評価にはとても複雑でむずかしい部分があり、苦労されている先生方が多いようです。この章を通じて考えていきたいのは、「4技能」というようにスキル分野を分割して考えるのではなく、発信というのは、読んだり聞いたりして得た情報を自分なりに理解・判断・分析・統合して、初めて可能になるものだという連動性です。表現する内容がなくてはそれを書いたり、話したりして表現することはできませんから、パフォーマンス評価をするためには、技能統合型の評価が必要になることが多いのです。これからのグローバルな時代に十分機能し活躍できるようなコミュニケーション能力には、情報を取捨選択し、批判的思考によって問題解決をしていく能力（21世紀型スキル）を含みます。つまり、パフォーマンス評価にはメタ認知的・メタ言語的側面が必ず関わってくるのです。

パフォーマンス評価と能力観の変遷：「パフォーマンス評価」という言葉は何か特別なもののように捉えられる傾向があるが、発信能力（書く、話す能力）が測定対象となってきたことの背景には、能力観の変遷がある。1950年台までのAudio-lingualの時代は技能は個別に測れるとされ、その後80年台ぐらいまでは、すべての能力を支える普遍的能力があるという見地から大規模な標準テストが発達した。その後、さまざまな技能の間の関連性は多様であることが徐々に判明し、グローバル化する世界のニーズを受けて、ペーパーテストで測定できる能力と現実社会でのコミュニケーションの乖離が問題とされるようになってきた

21世紀型スキル：OECDの主導でまとめられた「キー・コンピテンシー」と同様に、デジタル化とグローバル化が進む新しい時代に対応し機能していく人材に必要な能力を、米国の教育省や教育機関と企業が協力してまとめたもの。キー・コンピテンシーの方は生涯自律的に学ぶ能力や生きる力として、21世紀型スキルは自ら考え問題解決をする方法として、学習指導要領に取り入れられている

6-1 テスト作成法

　本書の理論編15でテストと評価に関する重要な概念を説明しましたが、ここでは、より実践的に一般的なリーディングの問題を例にしてテスト作成法を説明してみます。読解力を測る問題は、速読などの速さに関する観点を除くと、おおよそ以下の

4種類に分かれます（括弧内の名称は筆者の造語）。

> 1）趣旨や中心的なアイディアを問うテスト項目（Main-idea Question）
> 2）文章中にある事実を問うテスト項目（Fact-recycling Question）→これには比較的広範な分野に関するグローバルな事実の確認と，中心的な事実ではない細部を取り出させる問題（surface fact retrieval）がある。
> 3）文脈の中で語彙や表現の意味を問うテスト項目（Word-in-Context Question）
> 4）文章中には現れていないが十分に判断・推測できる内容を問うテスト項目（Judgment/Implication Question）

　テスト細目（計画書）をつくるときに，このような問題の性質を考えることは，ターゲットとする下位能力を適切に抽出することにつながります。また，読解問題のなかに文法や語彙を問う設問を加えてもいいのですが，それはテスト細目にそれらを測定することが予定されている場合のみであり，文法や語彙の知識はすべての技能に関連するので技能とは呼びません。授業のなかで総括的な達成度を測るようなテストを想定する場合，授業で指導目標とし，かつ指導してきた下位能力を判定できるような問題をつくるべきであり，配点（重みづけ）もその重要度に合ったものにすべきです。しかし，実際にテスト項目をつくり始めるとついそのような配慮を忘れてしまい，一番つくりやすい 2）の事実把握を問うもの，それも中心的な事実ではない細部を問う問題を多く作ってしまう傾向がよく見られます。3）の語彙・表現問題に関しても，前後の文章を読まなくても知っていればできるような，わざわざ文章のなかで読解力に関連づけて出題する必要がない問題になってしまっていることがよくあります。そういう落とし穴に陥らないよう，「テスト作成のためのCan-doチェックリスト」(→用語解説)で自分の作ったテストを再点検していただきたいのです。同時に，問題形式を安易に多肢選択式にするのではなく，対象とする下位能力を引き出すためにより適切な問題形式があるのであれば，それを選択すべきですし（うまくいかなければ次の機会に改善すればいいのです），多肢選択式の錯乱肢も適当に選ぶのではなく，正解と対比する際に読解力が必要になるようなものにすべきです。よい到達度判定テストをつくることは，外部テスト作成と同様にたいへん

メタ認知能力：コア・コンピタンスや21世紀型スキルがめざす汎用的で応用性の高い能力を反映して，新しい指導要領が注目する能力である。それは，学習のなかで起こる個々の認識とそこに至る方法ではなく，認識や知識獲得のプロセス自体を俯瞰的に見て，ほかの状況や文脈にも応用できるような形で考え方や方法論を把握できるようになることである。これを言語習得に当てはめると，個々の文法事項を知識として獲得することよりも，それがどのような法則性や考え方に支えられているかに目を向けて，その仕組みを理解・説明できるような能力を「メタ言語的」能力という

技能統合型テスト：今の時代にスキル統合型（integrated）という場合，古くは70年台後半にOllerが語彙と意味処理を問うクローズ・テストを"integrative"と呼んだり，Dictionary of Language Testing（Davies et al., 1999）にも記載があるような下位能力同士の統合のことではないことをまず認識しなければならない。ここでスキル統合型というのはPlakans（2013）が定義しているように4技能のような性質の違うスキルを複数組み合わせた指導や評価のことである

な作業ですが、不適切なテストに基づいて的外れの指導をすることの悪影響を考えれば、周到な配慮は「急がば回れ」の諺どうりだといえます。

6-2 4技能測定

受信能力の測定については、本書の理論編15で紹介したアセスメント・リテラシーの3つのポイント、つまり、何のために（Why）、どんな下位能力を（What）、どのようなタスクや問題形式で（How）測定するのかをきちんと検討して作問すれば、十分妥当性と信頼性のあるテストが作成できるはずです。ただ、文法や語彙問題をリーディングテストやリスニングテストのなかで出題する場合、読解能力や聴き取り能力と混同が起こるようなものにならないよう注意が必要です。例えば、安易に文法や語彙の問題および錯乱肢をつくったために、読解や聴き取りをしたあとにその語彙の同義語を考えなければならないような認知的負荷の高い語彙問題や、逆に、読解や聴き取りができれば特に文法事項を習得していなくても正解できるような文法問題です。

> 例① 聞き取った内容と合致するように、最も適当な語を下から選びなさい。
> She knew that the news report about the election was (　　).
> a. correct　　b. proper　　c. false（正解）　　d. trivial
> ＊リスニング材料に現れる"not true"という表現の同義語を聞く問題。選択肢に使われた語彙がすべて既習のものであれば難易度の高い設問として出題してもいいが、例えば、"The news report about the election was not true."という文がリスニング材料で一度しか読まれないのであれば、不正解の理由は聞き逃しによるかもしれないので、測定対象とは違う能力を測ったことになってしまう可能性がある。

> 例② 読解問題のなかに括弧を設けてそれを埋める問題
> He (　　) about becoming a doctor in his childhood.
> a. dream　b. is dreaming　c. dreamed（正解）　d. dreams
> ＊これは例①とは反対に、リーディング材料の全体が過去形で書かれているので、それだけで答が決まってしまう問題。これも難易度の低い設問として出題してもいいのだが、文中に現在形の文が存在しないという文脈では、解答者がどういう場合にどの時制を使うべきかを区別できているか測れている

外部テストの性格の違い：ここでは、リーディングの問題を4つの範疇に分けてみたが、よく知られている外部テストはその目的と妥当性の違いから、設問の性質が違っている。例えば、TOEIC®はリスニングも含めて、細部の詳細を問う問題が多く、TOEFL®-iBTはバランスよく全種類が出題されている。英検はこの両者ほどスピードが必要ではないこともあり、文中には表れていないことを文脈から推測させる問題がかなり多い。このような設問の選択にも、それぞれのテストがどのような受験者を高得点者として求めているのかという特徴が現れているので、学校で使用したり、生徒に勧める際には考慮する必要がある

認知的負荷：1つの設問で複数の能力を測るような問題は、それだけの認知的負荷を与える意味があるのかを考えて出題すべきである。例えばTOEFL®-iBTのスキル統合型の問題（スピーキング・セクションとライティング・セクションの独立スキル型以外の問題）は、日本人のほとんどの大学生にとって非常に認知的負荷が高い難問であるが、留学などで将来そういう能力が必要な学生には、難易度を落とした問題を用意するなどして練習をさせるべきである

かは疑問である。また錯乱肢のaとdの対比は現在形の動詞の形の差異を問うもので，時制に焦点を当てるのであれば，正しい過去形と誤ったものを錯乱肢として使って規則的変化と不規則的変化の把握を問いたい（thinked of と thought of のような）。この問題に関しては，できれば，現在形と過去形が混在する要約文などを別に用意してそのなかで時制を問うのが望ましいと思う。

これらの例はそれ程ひどいものではなく，教師がよく出題してしまうような問題ですが，そのほかに留意しなければならない点に，ある設問に解答することが別の設問のヒントになってしまうという問題間の依存性（Item Dependency）もあります。いっぽうで，パフォーマンス測定には非常にむずかしい側面が多々含まれます。一言でパフォーマンス測定といっても，単純であまりコンテクストを含まないように解答が制御されたものから，ライティングならさまざまな目的で書かれるジャンルの違うエッセイ，スピーキングならスピーチ，ディスカッション，プレゼンテーション，ディベートなど，複雑な評価基準が必要なタスクを伴うものがあります。そこでは，妥当性，特に基準妥当性（Criterion Validity）が重要です。一般的には，書かれたもののほうがエビデンスが残ることと，世界的によく知られた評価基準が存在するため，ライティング評価のほうがスピーキング評価より実行可能性のハードルが低くなります。スピーキングは録音しなければその場で消えてしまうという可塑性の問題に加えて，評価の観点の設定が非常にむずかしいことが知られています。最近では発音を判定するようなコンピューター・システムも存在しますが，個々の発音が正確でも，イントネーションや chunking（意味のまとまりで自然に切れているか），速度の調整や pausing というような prosodic（韻律的）な要素も，コミュニカティブであるかを判定する重要な要素となります。ヨーロッパ共通言語参照枠（CEFR）や学習指導要領では相互交渉（interaction）を重要視していますから，相手の問いかけに対して，語用論的に適切な返答をする能力も評価基準に含まれています。スピーキング評価では特に，評価者が評価基準を十分理解して，安定したスコアをつけられることが重要です（評価者間信頼性）。ここに，発信能力の養成がなぜ必要かを示すために，それが将来どのような職業上の能力につながる

問題間の依存性：認知的負荷の問題とは別に，作問上あまり好ましくないので避けたいのは，いくつかの設問に関連性が深く，1つの問題を解くことで，別の問題のヒントになるようなケースで，これは問題間の依存性（item dependency）と呼ばれる

妥当性の種類：テスト作成に際して最も大切な概念といえる妥当性には実はいくつか種類がある。詳細は巻末の注で説明するが，測定すべき内容や構成概念を測っているかという一般的なものに加えて，パフォーマンス評価のような場合，到達目標に即して使用するタスクや作業に対して，評価の基準（criterion）が適切かという「基準的妥当性（Criterion Validity）」が重要になる

スピーキング評価のむずかしさ：上記で，基準的妥当性の問題を取り上げたのは，スピーキング活動について適切な評価基準をつくることが，ライティング評価よりむずかしいからである。よく「流暢さ（fluency）」を含む採点基準を見かけるが，それが何を意味し，何をどうできれば5段階評価の3であったり，5であったりするのか，基準作成者自体が説明できないことも多い

評価者間信頼性：基準的妥当性を担保するためには，まず評価基準が適切であることに加えて，それぞれのスコアの意味が明確に示されていることが重要である。外部テストや成績に大きな影響のあるテストでは，評価者が複数いることが望ましいのですが，基準が曖昧だと，評価者同士のスコアが合致しないこと

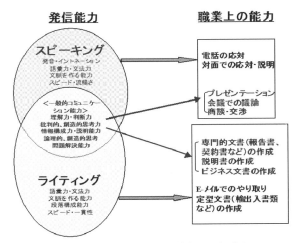

図6.1 発信能力と職業上の能力のつながり

かを示してみます（図6.1参照）。ここで再度強調したいのは，単純な会話や定型文書の作成であっても（BICS=対人伝達言語能力），伝える内容がなければ発信は成立しないということです。また，複雑な文書を書いたり，プレゼンテーションやディスカッションをするためには（CALP=認知・学習言語能力），その前に受信能力によって十分な情報を収集し，理解・判断しながら自ら取捨選択し，さらに産出のために分析・統合するという高い認知能力が求められます。よって，前述のように，これからの教育がめざすべきなのは，個々のスキルをバラバラに指導・評価するのではなく，受信と発信を統合した表現力です。ただ，中等教育で実施するタスクとしては，ロールプレイで依頼，助言，感謝，拒否などの状況に合わせて適切な文がいえるかを評価したり，Eメールやレターの趣旨に合った1-2文を自分で書かせてみるようなもので十分です。前者では相手の発話のリスニングができなければ対話が成立せず，後者では全体の意味が読解できていなければ適切な文が書けないわけです。

6-3 パフォーマンス評価

最近では，検定教科書にもさまざまなパフォーマンス活動が盛り込まれています。以下に，いくつか例をあげてみます。Sはスピーキング活動，Wはライティング活動を表します。

①スピーチや名文の暗唱（S），日本文の英文への翻訳（W）
②ある状況や文脈における，質問とその返答（S/W）

も多く，その現象は評価者間信頼性に欠けると考えられる。たとえ，教師一人だけが評価するのであっても，誰が採点しても同じような点数がつくような「評価者間信頼性」をもつ評価基準をつくることが必要である

BICSとCALP：1984年にCumminsが考案した概念で，コミュニケーションの種類を，BICS（Basic Interpersonal Com-munication Skills=対人伝達言語能力」とCALP（Cognitive Academic Language Proficiency=認知・学習言語能力）とに区別するもの。日常的交渉が中心BICSに比べて，図6.1の中段に示すようにさまざまな認知能力を必要とする複雑で高次な言語使用（CALP）の評価基準は当然まったく違うものとなるが，どちらに対しても受信能力を前提とした統合スキル的活動・評価が必要となる

③読んだり聞いたりしたものの要約（主にW）

④Prompt（題材）に関する感想や意見を自由に表現する（S/W）

⑤Promptや刺激材料に対して論理的に構成された文章を書いたり（W），指示どおりの説明をする（S）

　これらの活動を評価する際には，教えたり練習してきた成果を測定すべきなので，十分準備の時間を与えて，もともともっている既存の知識や経験が影響を与えないようにしなければなりません。また，常に教師が評価するのではなく，自己評価やピア評価をさせると，生徒が到達目標や評価基準を内面化して，より主体的かつ自律的に改善に取り組むことにつながります。さらに，TOEFL®-iBT や TEAP のようなテストに含まれるスキル統合型のタスクを取り入れることは将来のために理想的ですが，その測定，特にルーブリックの作成は当然複雑なものとなります。スキル統合型のタスクには，ある刺激材料を基に要約を完成させたり，質問に自分なりに答えさせたりする一過性のものと，プレゼンテーションのためにまず調査をし，流れを構築し，原稿を書き，教師や仲間からのフィードバックによって改善をするというような，多面的で時間をかけたプロジェクトとして行うプロセス型のものがあります。後者の評価には，それぞれの局面での成果物を評価と共に継続的にファイルし，本人がそれを振り返ることで今後の学習に生かせるような「ポートフォリオ型」のものが理想的です。それは，指導と評価の一体化にさらに一歩踏み込んだ「ダイナミック・アセスメント」にもつながります。パフォーマンス評価のルーブリックは，生徒にフィードバックを返さない総括的評価の場合は総合的評価基準（Holistic Scale）を使ってもいいですが，授業内の評価であれば，何をどうしたら自分のスピーキングやライティング能力が改善できるのかを明確に示すような分析的評価基準（Analytic Scale）の使用が望ましいと思います。それは到達目標や指導目的に対する生徒一人ひとりの弱点を「見える化」する効果があるからです。

自己評価やピア評価による自律的学習者の養成：教師中心の指導法から学習者中心の指導法への変化と連動して，自己評価やピア評価を使うことで，学習者が到達目標や評価基準を自分のものとし，自律的に使用・応用できる力をつけることにも注目が集まっている。ときには，評価基準自体の適切さについて学習者同志で議論させるのも，批判的思考を養う協働的アクティブ・ラーニングとして有効である。CEFRは，もともと生涯にわたって自らの「学び方」を発展させていけるような自律的学習者を想定している

ダイナミック・アセスメント：分析的評価基準（Analytic Scale）によって，常時生徒にフィードバックを与えたり，プロジェクト型活動で総合的なポートフォリオ評価を行うことは，最近脚光を浴びているダイナミック・アセスメントの考え方にも通じる。そこでは，学習と評価を表裏一体のものと捉えるだけでなく，評価結果を必ず学習に生かすべく生徒の潜在能力に合った段階的指導をする（Haywood & Lidz, "Dynamic Assessment in Practice", 2007）。常に各学習者の達成段階に合った介入や足場掛け（Scaffolding）を行うことで，評価は指導は継続的かつ包括的に連動していく

▶POST-LEARNING ▶▶▶

1．本で紹介されていたり，研究に使われているライティングやスピーキングの評価基準について，よいところと問題のあるところを考え，ペアやグループで意見交換しましょう。

2．1．の活動を参考にして，自分の授業の到達度判定テストとして行うライティングかスピーキングのテストをその評価基準と共につくってみましょう。

3．授業中のスキル統合型活動の成果を測定するための評価基準をまず自分でつくってみて，そのプロセスで苦労した点についてペアやグループで意見交換しましょう。

4．J-POSTLのⅦ．評価について，スキル統合型評価や「世界語としての英語（ELF）」の評価などの新しい流れを反映して，加えたほうがいい項目はないか，グループで議論してみましょう。

参考文献

小泉利恵・印南洋・深澤真（2017）『英語テスト作成ガイド』大修館書店

根岸雅史，東京都中学校英語教育研究会編著『コミュニカティブ・テストへの挑戦』三省堂

渡辺良典他編（2016）『20周年記念特別号（言語テスティング研究の最新情報）に』日本言語テスト学会

Cumming, A. (2013). Assessing integrated writing tasks for academic purposes: Promises and perils. *Language Assessment Quarterly*, 10, 1-8.

Plakans, L. (2013). Assessment of integrated skills. In C. A. Chapell (Ed.), *The encyclopedia of applied linguistics vol. I* (pp. 204-212). UK: Wiley-Blackwell.

Show, S.D. & Weir, C.J. (2007). Examining Writing, *Studies in Language Testing 26*. Cambridge: Cambridge Univ. Press.

Tsagari, T, & Banarjee, J. (Eds). (2017). *Handbook of Second Language Assessment*. Boston: Walter de Gruyter, Inc.

Taylor, L. (2011). Examining Speaking, *Studies in Language Testing 30*. Cambridge: Cambridge Univ. Press.

7 評価(2)
―CAN-DOリストの作成・観点別評価

▶PRE-LEARNING ▶▶▶

Task 1：検定教科書には，巻末にCAN-DOリストを掲載しているものがあります。1冊選び，当該教科書が英語を使って何ができることをめざしているかみてみましょう。

Task 2：各都道府県総合教育センターが公表している指導案をダウンロードし，単元目標と評価規準がどのように設定されているかみてみよう。

Task 3：文部科学省のサイトから次の2つの文書をダウンロードし，概要を理解しておきましょう。
＊国際共通語としての英語力向上のための5つの提言と具体的施策　＊各中・高等学校の外国語教育における「CAN-DOリスト」の形での学習到達目標設定のための手引き

▶IN-LEARNING ▶▶▶

　言語知識の習得にとどまらず，言語活動の機会を増やしてバランスのとれたコミュニケーション能力を育成するため，文部科学省は「CAN-DOリスト」の形で学習到達目標を設定することを各学校に求めています。CAN-DOリストは，学習したあと英語を使ってできるようになることを記述したものです。これを達成するための指導および達成度を評価する方法を工夫して，指導と評価を改善することを意図しています。観点別学習状況の評価においては，学力の三要素をもとにした「知識・技能」「思考・判断・表現」および「主体的に取り組む態度」のそれぞれの観点から評価することになっており，CAN-DOリストの目標は「思考・表現・判断」の観点から評価します。目標達成の前提となる知識・技能，主体的に学習に取り組む態度も合わせて評価します。

7-1　「CAN-DOリスト」の形での学習到達目標のねらい

　2011年，文部科学省は外国語能力向上のための方策をまとめ，そのひとつとして，各中・高等学校が「CAN-DOリストの形」での学習到達目標（以下，CAN-DOリスト）を設定・公表することを提言しました。これを受けて各都道府県は，CAN-DOリストの作成および指導と評価への活用に取り組んでいます。

7-1-1　「CAN-DOリストの形」での学習到達目標とは

　文部科学省が各中・高等学校に作成を求めるCAN-DOリストとは，英語を使ってできることを技能別，学年別に並べたものです。例えば，「将来の夢ややりたいことなどについて短い

外国語能力向上のための方策：
文部科学省に設置された「外国語能力の向上に関する検討会」が2011年に発表した「国際共通語としての英語力向上のための5つの提言と具体的施策」
1．生徒に求められる英語力について，その達成状況を把握・検証する
2．生徒にグローバル社会における英語の必要性について理解を促し，英語学習のモチベーション向上を図る
3．ALT, ICT等の効果的な活用を通じて生徒が英語を使う機会を増やす
4．英語教員の英語力・指導力の強化や学校・地域における戦略的な英語教育改善を図る
5．グローバル社会に対応した大学入試となるよう改善を図る
「CAN-DOリスト」の形で学習到達目標を設定することについては，提言1で述べられている

スピーチをすることができる」「挿絵のある短い物語を読んで、あらすじや大切な部分を読み取ることができる」というものです。これを能力記述文（descriptor）といい，文部科学省（2013）は「学習した後に言語を使って行動する主体として何ができるようになったかを記述したもの」と定義しています。「行動する主体」として英語を使うのですから，教師の指導を離れたときに自分の力でできることをめざすものです。

「…できる」で終わる文がすべて能力記述文ではないことに注意しましょう。たとえば「不定詞を正しく使うことができる」「英語の音声の特徴を捉え，正しく発音することができる」という文は，言語材料に関する知識や技能を示すものであり，能力記述文ではありません。知識や技能を使ってコミュニケーションとしてできることを記述した文が，CAN-DO リストを構成します。したがって，学習指導要領の［思考力，判断力，表現力等］に示された言語活動ができるようになることをめざしていると考えてよいでしょう。

7-1-2 CAN-DO リストのねらい

CAN-DO リストの作成は，文部科学省に設置された「外国語能力の向上に関する検討会」が「国際共通語としての英語力向上のための5つの提言と具体的施策」(2011) の1つとして提唱し，続いて同省が「各中・高等学校の外国語教育における『CAN-DO リスト』の形での学習到達目標設定のための手引き」(2013)（以下，「手引き」）を発表して，各都道府県でCAN-DO リストの作成・活用が始まりました。このねらいは，3つあります。

第一に，CAN-DO リストは行動目標なので，英語を理解し英語で表現するという目標が明確になります。従来，語彙や文法事項など個別の言語知識の習得に重点がおかれ，言語活動が十分に行われていないという課題がありました。行動目標を設定すれば，その達成に向けて生徒が教室で英語を使って行動する場面が増えるでしょう。さらにその達成度を評価するには，やはり行動させなければならないので，スピーチやエッセイなどのパフォーマンステストも必要となります。英語を理解し英語で表現する言語活動を充実させることが期待できます。

能力記述文：能力記述文を学習と評価に活用する理論的背景に，行動目標の考え方がある。学習の速度は学習者によって異なるので，教師は明確に設定された目標に照らして個々の学習者の進歩を形成的に評価し，個別に対応しようという，学習者中心の考え方である。そのために，能力記述文は観察可能で評価可能なものでなくてはならない。能力記述文は原則として次の3要素を含む。(1)どのようなタスクができるか，(2)どのような言語の質でできるか，(3)どのような条件下でできるか。CEFRを日本の英語教育の枠組みに適応したCEFR-Jから例をあげると，「自分の考えを事前に準備して，メモの助けがあれば（条件），聞き手を混乱させないように（言語の質），なじみのあるトピックや自分に関心のある事柄について語ることができる（タスク）」というものである

言語活動：言語活動は「学習指導で行われる活動であり，コミュニケーション能力の育成という目的のもとで意図的・計画的に導入されるもの」である（小串，2011）。この概念は「学習活動」に代わるものとして1969(中学)，1970(高校)年版学習指導要領に導入された。言語活動について1969年版中学校学習指導要領は，身近なことについて，話し，聞くこと，身近なことについて，尋ね，答えることなどをあげている。一方，学習活動として1958年版中学校学習指導要領があげているのは，英語を聞き取らせる，英語を聞かせ，これにならって言わせる，英語を暗記し，暗唱させる。文の一部を置き換えて言わせる，文を転換し

第二に、CAN-DOリストは5領域について設定するので、これを指導と評価に活用すれば、5領域の総合的な指導につながります。とかく読解中心と批判されてきた従来の指導を改善し、特定の技能領域に偏ることなく、バランスのとれたコミュニケーション能力を育成することができます。

5領域にわたり行動するためには、さまざまな認知能力が要求されます。たとえば外国人の先生にインタビューする場合、事前に聞きたいことを話題別に分類する、相手の答えを推測する、聞いたことをメモして論理的にまとめるなどしなければなりません。これらは学習指導要領が育成をめざす資質・能力の1つである思考力、判断力、表現力等の育成につながります。

第三に、「英語を使って…できる」という目標を生徒と共有すれば、生徒はメッセージの送り手、受け手として英語を使うことを意識するようになります。そうすれば英語学習に意義を見いだし、主体的に学習に取り組む態度が促進されるでしょう。さらに、①目標を定め、②目標に向かって言語活動を行い、③その結果を目標に照らして省察するというサイクルを生徒自身が繰り返すことにより、自ら学ぶ姿勢を身につけ、学習者の自律を促進することが期待されます。

以上のように、CAN-DOリスト設定のねらいは、①英語を理解し英語で表現するという目標を明確化し、言語活動を充実させること、②5領域を総合的に育成し、思考力・判断力・表現力を養う指導につなげること、③主体的に学習する態度・姿勢を身につけることです。つまり、CAN-DOリストは学習指導要領の着実な実施に資するものといえます。

7-2 CEFRと外国語科の目標

CAN-DOリストの設定が提言された背景に、CEFR（Common European Framework of Reference for Languages: Learning, teaching, assessment）→用語解説 の存在があります。CEFRは、理解、表現、やり取りの領域における32のコミュニケーション活動の例示的尺度を示しています。例示的尺度とは、言語熟達度の6段階ごとに何ができればその段階に達したといえるかを能力記述文で表したもので、通称can-do statementsと呼ばれています。これらを総括した共通参照レベルの全体的尺度および自己評価

て言わせるなどである。2017年版中学校学習指導要領は、「実際に英語を使用して互いの気持ちや考えなどを伝え合うことなど」を「言語活動」、「言語材料について理解したり練習したりする」ことを「指導」として区別している

言語熟達度の6段階：初級A（基礎段階の言語使用者）、中級B（自立した言語使用者）、上級C（熟達した言語使用者）の3段階に区別し、さらに各段階を上下に細分化してA1, A2, B1 … C2までの6段階になっている。CEFR-Jは、日本人英語学習者の8割がAレベルであるという実態に鑑み、A1.1, A1.2, A1.3のようにさらに細分化した。またA1以前の段階としてPre-A1を設け、小学校の外国語・外国語活動にも対応できるようにしている。欧州評議会（2017）のCEFR Companion Volume with New Descriptors もPre-A1を新設している

全体的尺度：CEFRは58種類の例示的尺度を提示しているが、これらを総括したものが全体的尺度である。中教審答申が高校必履修科目の目標として示したA2レベルは、全体的尺度では次のように記述されている。「個人や家族に関するごく基本的な情報、買い物、地元、仕事など、自分に直接関係のある文やよく使われる表現を理解できる。なじみがあり型どおりに進められることについて、簡単に直接情報交換することができる。自分の経歴や生い立ち、環境、当面必要な事柄について簡単なことばで述べることができる」

表は,「手引き」の巻末に引用されています。

中央教育審議会答申（平成28年12月）は,学習指導要領外国語科の目標のあり方として「小・中・高等学校で一貫した目標を実現するため,…国際的な基準であるCEFRなどを参考に,段階的に実現する領域別の目標を設定する」とし,高校必履修科目でA2レベル相当,選択科目でB1レベル相当を目標にするとしています。A2は,身近で日常の事柄について理解したり,説明したり,情報交換に応じたりできるレベル,B1は目標言語が話されている地域を旅行しているときに起こりそうなたいていの事態に対処できるレベルです。

7-3 CAN-DOリストの作成・活用

CAN-DOリストの形での学習到達目標と,学習指導要領の目標,単元の目標は,図7.1のような関係になっています。学習指導要領の目標は大綱的,概略的で,中学校では3年間を通して,高校の各科目では年間を通して達成する長期目標です。一方単元目標は具体的で,6〜8時間程度で達成する短期目標です。CAN-DOリストはこれらの中間に位置付けられます。単元目標は十分な指導の下で達成しますが,それを積み重ねた結果,生徒が自分の力で英語でできるようになることがCAN-DOリストの目標です。試みに,中学校の「書くこと」の目標イを例に能力記述文を作成してみましょう。

イ　日常的な話題について,事実や自分の考え,気持ちなどを整理し,簡単な語句や文を用いてまとまりのある文章を書くことができるようにする。

この目標の達成に通じる単元目標が,仮に次の3つあるとします。

①週末の出来事を日記に書く。
②夏休みの出来事を知らせる文章を書く。
③職業体験に行った報告を書く。

自己評価表：全体的尺度は技能領域別になっていないが,自己評価表は5つの技能領域別に熟達度の6段階を示している

B1：このレベルは,欧州評議会が1975年に初版を出版したThreshold Levelが基になっている。thresholdは「敷居」という意味で,目標言語が話されている社会に入るさいの敷居がどの程度高いのか,つまりどのような知識や能力があればその敷居を乗り越えられるのかを記述している。言語機能と意味的概念が詳細にリストされ,それらの具現形として現れる文法と語彙が付録として含まれている。6つの大きな範疇に分類された言語機能には「同意を表明する」「謝罪を述べる」「意見を表明する」「文の反復を求める」等の項目が並ぶ。なお,学習指導要領は「言語の働きに関する事項」として「コミュニケーションを円滑にする」「気持ちを伝える」「事実・情報を伝える」「考えや意図を伝える」「相手の行動を促す」の5項目をあげており,Threshold Levelの言語機能の概念に通じるものがある。

図7.1　CAN-DOリストの位置づけ

これらをまとめると，次のような能力記述文になります。

「経験したことについて，感想も含めてまとまりのある文章を書くことができる」

CAN-DO リストを設定すると，長期的視野で指導と評価の計画を作成することができます。経験したことを書くという上の例では，おそらく家庭や学校での活動や習慣が話題になりますから，それらを表す表現を使う機会を増やそうとする工夫が生まれます。毎回授業開始時の5分を使って，昨日の出来事についてペアでやり取りするのもよいでしょう。夏休み前には予定を，夏休み後には実際にしたことを話して同じ表現を繰り返し使えば，言語材料を言語活動と有機的に関連づけて練習でき，書く活動にもつながります。CAN-DO リストは学習した結果を記述したものですから，結果を得るための指導法および結果を適切に評価する方法を工夫することが重要です。

7-4 CAN-DO リストの形での学習到達目標の評価

CAN-DO リストにそのまま準拠した評価を行うのではなく，CAN-DO リストに関連づけられた単元目標の達成状況を評価することで，間接的に CAN-DO リストの達成度を評価します。上記の7-3で示した「書くこと」を例にすると，3つの単元で生徒が書いた文章をそれぞれ評価し総括することによって，CAN-DO を間接的に評価することになります。

作文を客観的に評価することは容易ではありません。何ができれば目標を達成したといえるのか，ルーブリックを作成し明確にしておきます。ルーブリックとは，「パフォーマンスの成功の度合いを示す数段階程度の尺度と，尺度に示された評点のそれぞれに対応するパフォーマンスの特徴を記した記述語から成る評価指標」（西岡，2003）のことです。

生徒が自己評価をすることも，学習の自律を促すうえで重要です。生徒はルーブリックの記述を読むことによって，何をすればワンランク上のパフォーマンスになるかを理解し，次の学習に役立てることができます。

7-5 観点別学習状況の評価

学習評価の基本的な考え方は，目標に照らしてその実現状況

結果を得るための指導法： CAN-DO リストの目標を生徒が自分の力でできるようになるには段階を踏んだ指導が必要である。たとえば「経験について書く」という目標を達成するには，異なる話題について経験を書く言語活動を複数回行う必要がある。そして，動作や活動を表す表現，感想の言い方，動詞の過去形，現在完了形，まとまりのある文章の構成等を，いつどのように指導するか，年間指導計画に組み込んでおく。

ルーブリック： ルーブリックを作成するには，まず生徒のスピーチのビデオやライティングの作品を集め，あらかじめ用意した採点基準で複数の教員が採点する。すべての採点が終わった後，評価者全員が同じ評点をつけた作品を選び，それぞれの評点がついた作品に共通する特徴を記述する。評点が全員で一致した作品を，その評点の典型例（アンカー）として用いる。ルーブリックを用いた評価には，全体的採点法と分析的採点法がある。前者は全体的印象に基づいて単一の得点を与え，後者は複数の側面のそれぞれに対して別個の得点を与える。たとえば分析的採点法でスピーチを評価する場合，内容，発音，態度といった観点が考えられる。

を評価する，目標に準拠した評価を実施することです。学習指導要領が育成をめざす資質・能力の3つの柱をふまえ，「知識・技能」「思考・判断・表現」「主体的に学習に取り組む態度」に観点を整理し，次のように評価します。

「十分満足できる」状況と判断されるもの　　：Ａ
「おおむね満足できる」状況と判断されるもの　：Ｂ
「努力を要する」状況と判断されるもの　　　　：Ｃ

　CAN-DOリストの達成度は「思考・判断・表現」の観点から評価しますが，言語材料の理解や積極的にコミュニケーションをしようとする態度が前提となって言語活動が成功します。例えば夏休みの経験を書くという言語活動について，成果物は「思考・判断・表現」，そのために必要な表現や動詞の過去形の理解は「知識・技能」，辞書を使ったり推敲したりして積極的に書く態度は「主体的に学習に取り組む態度」の観点から評価します。このように3つの観点は相互に関連しています。評価法は，パフォーマンス評価，ペーパーテスト，活動の観察など，評価しようと意図する構成概念に応じて決定します。

▶POST-LEARNING ▶▶▶

1．検定教科書を1冊選び，各課の単元目標を「英語を使って行動する主体として何ができるか」という観点から設定しましょう。各課で5領域すべてを扱う必要はありませんが，特定の領域に偏ることのないよう注意しましょう。
2．1．で設定した単元目標を領域ごとに束ねて，5領域それぞれについて能力記述文を作成しましょう。
3．検定教科書の単元を1つ選び，「知識・技能」「思考・判断・表現」「主体的に学習に取り組む態度」の3観点から単元目標を設定しましょう。

参考文献

G. ウィギンズ & J. マクタイ／西岡加名恵訳『理解をもたらすカリキュラム設計』日本標準
K・モロウ／和田稔他訳『ヨーロッパ言語参照枠（CEFR）から学ぶ英語教育』研究社
西岡加名恵（2003）『教科と総合に活かすポートフォリオ評価法―新たな評価基準の創出に向けて』図書文化社
小串雅則（2011）『英語検定教科書』三省堂
欧州評議会／吉島茂他訳『外国語の学習，教授，評価のためのヨーロッパ共通参照枠』朝日出版社
投野由紀夫編集（2013）『CAN-DOリスト作成・活用―英語到達指標CEFR-Jガイドブック』大修館
O'Dwyer, F. et al. (2017). *English profile studies 6: Critical, constructive assessment of CEFR-informed language teaching in Japan and beyond.* Cambridge University Press.
VanEk, J. A. & Trim, J. L. M. (1990). *Threshold 1990.* Cambridge University Press.

8 授業分析(1)──小学校英語

▶PRE-LEARNING ▶▶▶

Task 1：中学年用教材『Let's Try!』について調べ，それを使った授業を創造し，話し合いましょう。
Task 2：高学年用教材『We Can!』について調べ，それを使った授業を創造し，話し合いましょう。
Task 3：以下の用語の意味を調べておきましょう。
　＊学習指導要領に示された3つの学力の側面　＊Can-Do評価

▶IN-LEARNING ▶▶▶

　2017年告示の学習指導要領により，公立小学校へ外国語活動と外国語が導入されました。2018年度の文科省の調査では，学習指導要領の先行実施を試みたのは全国の3割程度の小学校でした。現場では学習指導要領に従い，文部科学省から配布されたカリキュラムや教材を使用しながら，どのように授業を進めるべきか日々試行錯誤が続いています。

　授業分析は「授業の中で起きることを体系的に記録し，分析する研究方法」(白畑他，2009)です。小学校英語はやっとその緒に就いたばかりで，授業分析をどのように行うかがこれからの課題になります。

　本章では，まず，どのように授業が行われているのかを理解してもらうために，実際の授業について報告します。そして授業分析としてそれらの①目標，②教材・教具，③授業活動，④評価についてみていきたいと思います。

> **学習指導要領の先行実施**：2018年5月，公立小学校1万9333校を対象に行った調査では，2018年に中学年に週1回の外国語活動を導入した学校が32％，2019年に導入を考えている学校が45％であった。また外国語に関しては2018年に28％，2019年に42％であった

8-1 外国語活動の授業報告

　ここでは校内研修として行われた研究授業について報告します。参加者は4年生38名（女子24名，男子14名），通常は週1回外国語指導助手（ALT）と学級担任とのTeam Teachingの形態で授業が行われますが，研究授業では指導者は学級担任1人でした。

8-1-1 授業の目標と教材

　新教材『Let's Try! 2』のUnit 2「Let's play cards.」を使っての授業でした。当該単元は4時間で計画されており，目標は，①天気によって遊びが異なることに気づくとともに，さまざまな動作，遊びや天気の言い方，遊びに誘う表現に慣れ親しむ（知識および技能），②好きな遊びについて尋ねたり答えたりして

> 『Let's Try!』：文部科学省は中学年を対象とした外国語活動の副読本として『Let's Try! 1』（3年生用），『Let's Try! 2』（4年生用）を作成し，2018年度に全国の公立小学校へ配布した。内容は2019年まで使用されていた高学年生用に作成されたHi, Friends! 1, 2と似ている

伝え合う（思考力・判断力・表現力），③相手に配慮しながら，自分の好きな遊びに誘おうとする（学びに向かう力）でした。研究授業はその3時間目にあたり，目標は「天気の言い方に慣れ親しみ，好きな遊びについて尋ねたり答えたりして伝え合う」力をつけることでした。

『Let's Try! 2』：4年生用の文部科学省作成外国語活動教材。9つのユニットで構成されており，それぞれ「世界のあいさつ」「好きな遊びを伝えよう」「好きな曜日は？」「今，何時？」「おすすめ文房具セットを作ろう」「欲しい物はなに？」「お気に入りの場所紹介」「アルファベット小文字」というテーマがあり，最後に This is my day. という絵本構成のユニットがある

8-1-2 学習活動

授業は表8.1のような流れでした。ウォームアップでは How are you? How's the weather? Do you like 〜? という質問が先生から児童に投げかけられ，児童が答えていました。

表8.1　外国語活動の展開

	活　動	内　容
導入10分	挨　拶	
	Let's sing	One little finger を歌う
	warm-up	既習表現を用いて簡単な質問をする
	Today's goal	本時のめあてを伝える
展開30分	Let's Chant	How's the weather?
	キーワード・ゲーム	前時で確認した天気や遊びの単語を確認する（tag, dodge ball, など）
	Activity	グループの友達に "Let's play 〜." の表現を使って好きな遊びを伝え合う。
5分	振り返り	振り返りカードを書く

最後のActivityでは4〜5名の児童がグループになり，下記のような応答をしていました。

```
A：How's the weather?（聞きながら天気カードをめくる）
B-D：It's sunny.（カードを見て）
A：Let's play tag.
B-D：Sounds good. Yes, let's.
または B-D: Sorry. I don't like tag. Let's play bingo.
```

8-2 外国語活動の授業分析

指導者は児童が進んで英語で話せるように終始適切な声掛けをしていました。児童は，単元で学習した天気のたずね方や答え方，また遊びへ誘う表現など自信をもって言っていました。

8-2-1 授業の目標設定について

文部科学省から配布されている『Let's Try! 2 指導編』に従い，教科書の内容に沿った独自の活動目標でしたが，児童の実態に

『Let's Try! 2 指導編』：文部科学省は中学年用副読本『Let's Try! 1 & 2』，そして高学年用教科書『We Can! 1&2』とともに，それぞれ『指導編』と呼ばれるものも作成した。それには「単元目標」「言語材料」，「指導の流れ」，「音源のスクリプト」，「各活動の留意点」などが含まれている

合った目標でした。

8-2-2 教材・教具

授業では『Let's Try! 2』とそのデジタル教材が効率よく使われていました。またグループ活動をスムーズに行うためグループにはお天気カード，また児童一人ひとりには「遊び」を表す絵と英語がかかれたプリントが用意されていました。

8-2-3 授業活動

ルーティン化した前半の活動と後半のスピーキング活動がバランスよく配置されていました。グループ活動では，必然的に既習表現を使う場面の設定が考慮されていましたが，「Sorry. I don't like 〜. Let's play 〜.」と発言する児童はいませんでした。おそらく児童は1つの表現（「Sounds good. Yes, let's.」）を使うことで精いっぱいであり，また他の人の提案に異を唱えることに躊躇したのではないかと思いました。

8-2-4 評　価

指導者は振り返りシートを用いて，次のように活動を評価しました。

> ① スピーキング活動を5つのポイント「smile, eye contact, clear voice, gesture, from the heart」で児童が自己評価
> ② 「天気に合わせた遊びを友だちにたずねることができましたか？」について「少しむずかしかった，わかった，よくわかった」と，3段階での児童の自己評価
> ③ 「たずねられた遊びについて答えることができましたか？」についても，3段階での児童の自己評価

最後は「今日のじゅぎょうの感想を書きましょう」の設問に，児童は自由に自分の思いを記述していました。

8-3 外国語科の授業報告

ここでは6年生を対象とした研究授業について報告します。参加者は36名（女子19名，男子17名），通常は週2回ALTと学級担任のTeam Teachingですが，研究授業は学級担任1人で行われました。

デジタル教材：文科省は中学年用の副読本『Let's Try!』および，高学年用の教科書『We Can!』の内容に合わせてデジタル教材を開発し，それも2018年度に各小学校へDVDとして配布している。等身大の英語を話す外国児童が出てきて，英語でコミュニケーションをしている様子を見ることができ，世界で英語が共通言語として使われていることを実感することができる

8-3-1 授業の目標と教材

新教材『We Can! 2』のUnit 4「I like my town.」の単元が7時間で実施されていました。目標は，①どのような施設があるのか，また，ほしいのかなどについて，聞いたり言ったりすることができる（知識および技能），②自分で考えた町のよさについて，考えや気持ちを伝え合ったり，その町のよさや願いについて例を参考に語順を意識したりしながら話すことができる（思考力・判断力・表現力），③自分で考えた町などについて，伝え合おうとする（学びに向かう力），でした。研究授業は単元計画の6時間目にあたり，目標は「自分の好みの町について自分の考えを話したり，友だちの考えを聞いたりする」力をつけることでした。

8-3-2 学習活動

授業は，表8.2のような流れで進みました。リタラシー活動については，独自のカリキュラムをつくり，毎時間取り組んでおり，この授業では小文字認識や音韻認識を高める活動を行っていました。

『We Can! 2』：6年生用の文部科学省作成外国語教材。9つのユニットで構成されており，「自己紹介」「日本文化」「人物紹介」「自分たちの町・地域」「夏休みの思い出」「オリンピック，パラリンピック」「小学校生活・思い出」「将来の夢・職業」「中学生活・部活動」というテーマがあり，過去形が2つのユニットで導入されている

表8.2　外国語科の展開

	活　動	内　容
導入	挨拶（2分）	
	Let's sing（3分）	It's a small world. を歌う
展開	リタラシー（12分）	音素認識，小文字練習など
	町の発表（23分）	自分の好みの町について考えを発表する。
	振り返り（5分）	振り返りシートを書く

本授業の発表活動では4〜5名の児童がグループになり，順番で下記のようなスピーチをしました。

---
① Hello!
② This is my town.（自分がつくった町を見せる）
③ We have 〜.（施設名を2つ言う）
④ I like 〜.（好きなことを言う）
⑤ We don't have 〜.（ない施設について言う）
⑥ I want 〜.（④が好きなので，ある施設が欲しい）
⑦ Thank you.

8-4 外国語の授業分析

外国語の目標として設定されている「読むこと」「書くこと」の指導を含め，児童が自分でつくった町を紹介するという目標の授業でしたが，少し詳しくみていきたいと思います。

8-4-1 授業の目標設定について

活動は「自分の地域のポスターをつくり発表しよう」というものでしたが，当該地域にはほとんどの施設があるため児童が「We don't have 〜．I want 〜．」という表現を使う必然性がありません。そこで，指導者は「架空の町を考え，必要とする施設や建物を伝える」活動に変更しました。自分がつくった町をALTに紹介することを最終目標として単元が構成され，当該授業での活動は，ALTへの発表前のグループ練習でした。

8-4-2 教材・教具

『We Can! 2』とデジタル教材が主要な教材です。今回の発表活動のため，指導者は地図と建物のカードを児童一人ひとりに準備していました。また，「読むこと」「書くこと」に関しては，文字学習と音韻認識能力の育成を大切だと考え，そのために開発された教材を使用していました（アレン玉井，2018）。

8-4-3 授業活動

前半のルーティン化されたリタラシー活動と後半のグループ活動のバランスがよく，授業にテンポがありました。それは指導者が授業の流れを十分に理解し，効率よく動いたからだと思います。児童も指示に従い，積極的に授業を受けていました。しかし「町紹介」では，自分が想定した町なので，好きな名前を付けてよいのにもかかわらず，自分たちが住んでいる町の名前を言っている児童が多く，架空の町を設定する必要があったのかと思いました。

モデル文は，I like（自分がすきなこと），We don't have（施設名），I want（施設名）と続く表現活動でしたが，I like（施設名）と言っている児童が多くおり，彼らがこの一連のディスコースを十分理解しているのかと疑問に思いました。

もう1つ，この活動で気になったのは We have a library.

「読むこと」「書くこと」：3年生で大文字，そして4年生で小文字が導入されているが，「読むこと」「書くこと」の本格的な指導は高学年からである。『We Can! 1』では，大文字・小文字の復習のあとにジングルを使い，文字と音との関連を教えている。『We Can! 2』では文字と音との学習を継続するとともに，脚韻を利用して単語認識ができるようにしている。どちらとも Story Time という活動で「読むこと」が指導されている。さらに2回の授業ごとにワークシートを使用した Let's Read and Write という活動が用意されている

But we don't have a convenience store. にみられる「We」の使われ方に対する児童の理解でした。この今一つ不十分な感じがしました。この「We」は総称的用法で，自然に使うためには十分な理解と練習が必要になります。初期段階では，このような点は，意識的かつ明示的に指導をする必要があると思いました。しかし，児童は聞き役のときもしっかり英語で反応しようと努力し，英語のコミュニケーションを楽しんでいるようでした。

8-4-4 評　価

振り返りシートを用いて，児童にそれぞれの活動を4段階で自己評価をさせていました。リテラシーの発達に関しては4つ，発表活動に関しては2つの項目が用意されていました。指導者は各週同様の振り返りシートを利用して児童の進捗状況を把握するようにしているそうです。

8-5 小学校英語の授業分析のポイント

外国語活動および外国語のクラスでは，授業の目標，または単元構成については，『指導書』に基づき，指導者が児童の実態に合わせて作成することになるでしょう。紹介した外国語活動の天気を聞いて友だちを遊びに誘う「Activity」と外国語の自分で架空の町をつくり，それをALTに紹介する「町の紹介」は，指導者が独自に考えた活動でした。独自の目標をたてる場合は，それが適切であったか，またどのように機能したのかを検証する必要があります。

音声活動の目標や教材は『指導書』などに従ってつくられるため，全国的に均等になる可能性があります。しかし外国語の文字指導では，大きな違いが出てくると予想されます。見学した授業では文字や音韻認識の指導が丁寧に行われていましたが，このように体系的に文字と音の関係を教えるところは少なく，「ペンマンシップに走る現場」に警鐘を鳴らす研究者，指導主事，そして現場の先生は少なくありません。文字指導がどのような目的で，またどのように指導されるのか分析する必要があります。

目標や教材とは異なり，授業活動や評価には指導者の考え方が色濃くでます。効果的な授業運営を探るために，授業中の指

評価：学習評価の際には，目標に準拠した評価として適切な評価方法を用いることが求められる。活動の観察やパフォーマンス評価（インタビュー，授業内発表，児童が書き記したワークシートや作品などの評価）など，多様な評価方法から児童の学習状況を的確に評価できる方法を選択して評価することが重要である（『小学校外国語活動・外国語研修ガイドブック』p.28）

導者と児童とのやり取りを質的，または量的に分析していくことは興味深いと思います。

今回の授業例ではどちらもSpeaking（やり取り，発表）の活動が中心でした。多くの児童は意味を理解しながらSpeaking活動を行っていたようにみえました。このような活動では，指導者と児童だけではなく，児童同士のやり取りを分析することも必要になるでしょう。

最後に評価活動についてですが，評価は学力の3要素である「知識・技能」，「思考力・判断力・表現力」そして「学びに向かう力」の3要素でみていくことになるでしょう。例として紹介した外国語活動および外国語のクラスでは，授業展開に合わせてCan-Do評価を利用していました。Can-Do評価を行うことの意義は授業目標を明確化し，教員と生徒が目標を共有することにあります。「できる」「できない」と2択にするのではなく，4段階を示すことで，児童は最終目標に到達するためにはどのような能力を発達させるべきなのか，また次にどの段階に向かって進めばいいのか，より深く理解できると思います。

以上をまとめますと，文字指導以外は，教材や授業目標は全国的に均等なものになると思われます。それゆえ，授業は，①指導者の授業目標の理解度，②適切な補助教材の作成，③授業活動での指導者と児童，または児童同士の関わり方で変わってくるでしょう。これから小学校英語ではそれらを分析する研究方法が必要となってくるでしょう。

> **学びに向かう力**：「主体的に学習に取り組む態度」については，子どもたちが自らの学習の目標をもち，進め方を見直しながら学習を進め，その過程を評価して新たな学習につなげるといった学習に関する自己調整を行いながら，粘り強く知識・技能を獲得したり思考・判断・表現しようとしたりしているかどうかという，意思的な側面を捉えて評価することが求められる（『小学校外国語活動・外国語研修ガイドブック』p.27）

▶POST-LEARNING ▶▶▶

1．外国語活動の授業分析について話し合いましょう。
2．小学校外国語の授業分析について話し合いましょう。

参考文献
アレン玉井光江（2018）『My Literacy Book』小学館集英社プロダクション
白畑知彦・冨田祐一・村野井仁・若林茂則（2009）『改訂版 英語教育用語辞典』大修館書店
文部科学省（2017）『小学校外国語活動・外国語研修ガイドブック』http://www.mext.go.jp/a_menu/kokusai/gaikokugo/_icsFiles/afieldfile/2017/07/07/1387503_1.pdf（2018年12月5日閲覧）
文部科学省（2018）移行期間中の授業時数調査【外国語教育】http://www.mext.go.jp/a_menu/kokusai/gaikokugo/_icsFiles/afieldfile/2018/05/08/1404606.pdf（2018年9月29日閲覧）

9 授業分析(2)—中学校英語

▶PRE-LEARNING ▶▶▶

Task 1：一人ひとりの生徒の意欲を高め，学力を伸ばす主体的で協働的な授業を構築する道筋を話し合いましょう。

Task 2：RPDCAの各段階で，よりよい授業をめざすためにどのような観点が必要でしょうか。

Task 3：求められる新しい教師の役割について（ティーム・ティーチングを含め）理解を深めましょう。

Task 4：以下の用語の意味を調べておきましょう。
＊カリキュラム・マネジメント　＊自立した学習者　＊アクション・リサーチ　＊第二言語習得
＊反転学習　＊パフォーマンス評価　＊グローバル教育

▶IN-LEARNING ▶▶▶

授業分析に関して，カリキュラム・マネジメントの観点からRPDCAサイクル，すなわちR（Research：調査）－P（Plan：計画）－D（Do：実施）－C（Check：検証）－A（Action：行動）の連環に沿って，みていくことにします。

中学生の発達をふまえた指導として，以下の各段階（ステージ）における授業分析の観点が考えられます。

9-1 【RESEARCH】ステージ

1　学習指導要領の理解，英語教育の理念・目標の把握
　　A：十分である　B：やや不十分　C：課題あり

2　中学生の英語学習に関する最新の意識調査・実態調査の検証
　　A：検証している　B：一部検証している　C：未実施

3　学習者集団の小学校における英語活動（授業）についての理解
　　A：十分である　B：概略を理解している　C：理解が不十分

4　アクション・リサーチなどに基づく授業改善方法についての理解
　　A：十分である　B：概略を理解している　C：理解が不十分

5　個人差への理解
　　A：十分である　B：やや不足している　C：課題あり

6　第二言語習得の代表的な理論を理解し，指導に生かすこと

> Researchステージ：学習指導案作成の前段階でふまえるべき基礎。理論と実践が連動するための重要なステージである。生徒達の意識・学習実態・到達度への十分な配慮が望まれる

A：可能である　B：おおむね可能である　C：今後の課題

7　文部科学省による「学力向上のための調査」結果の分析
　　A：できている　B：概要を把握している　C：今後の課題

9-2 【PLAN】ステージ

1　領域別の到達目標の設定ならびに，目標の達成状況を基にした指導計画の作成
　　A：できている　B：ほぼできている　C：課題あり

2　生徒の実態に即して作成した到達目標をめざした年間指導計画・単元の指導計画
　　A：確立している　B：改善点がある　C：不十分

3　生徒の実態に即した学習到達目標に向けての授業の組み立て
　　A：適切である　B：一部修正が必要　C：手直しが必要

4　生徒の実態に即し，目標・手順，評価の観点・方法などを系統立てて記述した学習指導案の作成
　　A：適切である　B：一部修正が必要　C：手直しが必要

5　主体的な学び・自立学習への導き
　　A：計画されている　B：今一歩である　C：課題あり

6　スモール・ステップと足場かけ（scaffoldings）の配慮
　　A：十分である　B：改善点がある　C：配慮を要する

7　音声指導・練習の質と量
　　A：適切である　B：質または量が不足　C：質・量とも不足

8　指導事項と言語活動の関わり
　　A：自然である　B：改善点がある　C：課題あり

9　語法・文法の指導計画
　　A：適切である　B：改善点がある　C：見直す必要あり

10　インプットの質と量
　　A：適切である　B：質または量が不足　C：質・量ともに不足

11　学習方法の指導と達成感への配慮
　　A：十分である　B：やや不足している　C：不足してい

> Plan ステージ：学習指導案作成に際して具体的に確認すべき分析観点。入念な授業設計を行いたい。生徒とのやりとり，生徒同士のインタラクションを活性化しながら指導内容の定着・到達目標の達成を図る

る

12 教材・教具の選定と活用

　　A：適切である　B：工夫が必要である　C：乏しい

13 動機づけへの配慮

　　A：なされている　B：やや不足している　C：不足している

14 4技能・5領域への配慮

　　A：十分である　B：やや不十分である　C：不十分

15 学習者ニーズへの対応

　　A：十分である　B：さらに深い把握が必要　C：不十分

16 異文化理解・深い学びへの配慮

　　A：十分である　B：さらに配慮が必要　C：不十分

17 指導事項の精選

　　A：適切である　B：検討を要する　C：精選を要する

18 ICT機器やメディア，英語学習アプリの選定と活用

　　A：適切である　B：工夫を要する　C：過多または過少

19 アクティブ・ラーニングの構成

　　A：適切である　B：工夫を要する　C：課題あり

20 グローバル教育の視点

　　A：適切である　B：不足がみられる　C：偏りがある

9-3 【DO】ステージ

1 4技能・5領域の効果的な育成

　　A：適切である　B：不足点がある　C：再検討を要する

2 音声指導の質と量

　　A：適切である　B：質または量に不足がある　C：質・量ともに不足

3 語彙・表現指導

　　A：的確である　B：工夫を要する　C：不的確である

4 コミュニケーションを支える文法指導

　　A：的確である　B：工夫を要する　C：課題あり

5 英語でのインタラクション（ティーチャー・トークを含む）

　　A：十分である　B：質または量が不足　C：質・量ともに不足

6 教科用図書・自主教材の活用

Doステージ：実際の授業を通して省察すべき分析観点。協働的な分析が有効である。定期的に研究授業を行い各項目の向上を図ることにより授業の質が高まっていく

A：適切である　B：工夫を要する　　C：課題あり

7　ALT等とのティーム・ティーチング
　　　A：適切である　B：工夫を要する　　C：課題あり

8　教材研究・ICTの活用
　　　A：的確である　B：深化が求められる　C：課題あり

9　授業中の英語使用率（教師）
　　　A：十分である　B：改善が必要　C：不十分である

10　授業中の英語使用率（生徒）
　　　A：十分である　B：やや不足　C：不十分である

11　生徒の自主的発言や質問への配慮
　　　A：適切である　B：工夫を要する　　C：不十分である

12　協働的な活動
　　　A：効果的である　B：工夫を要する　C：不足している

13　個人・ペア・グループ学習の構成
　　　A：適当である　B：工夫を要する　　C：再構成を要する

14　課題解決型のタスク設定
　　　A：効果的である　B：工夫が必要である　C：不十分である

15　アクティブ・ラーニングの実施
　　　A：効果的である　B：限定的である　C：今後の課題

16　反転学習の活用
　　　A：効果的である　B：工夫が必要である　C：していない

17　「発問」の技術
　　　A：すぐれている　B：標準的　C：研修を要する

18　「話す」場面の設定と準備
　　　A：十分である　B：工夫が必要である　C：不足している

19　英語で考え，表現する活動
　　　A：行われている　B：工夫が必要である　C：課題あり

20　ピア・サポート的協働学習
　　　A　意識されている　B：工夫が必要である　C：課題あり

21　教師の英語力
　　　A：すぐれている　B：標準的である　C：研修を要する

22 生徒の役割分担と達成感への配慮

A：なされている　B：今一歩である　C：不十分である

9-4 【CHECK】ステージ

1 到達目標ならびに指導との連動

A：適切である　B：一部改善が必要　C：再構成が必要

2 CAN-DO リストとの連動

A：適切である　B：一部改善が必要　C：再構成が必要

3 観点別評価の設定と実施

A：適切である　B：過不足がある　C：全体に改善が必要

4 自己評価・相互評価の実施

A：効果的である　B：改善点がある　C：再構成が必要

5 テストの妥当性・信頼性

A：適切である　B：改善点がある　C：課題あり

6 生徒による学習の振り返り

A：適切である　B：改善を要する　C：不十分である

7 パフォーマンス評価を含む5領域の総合的な評価

A：的確である　B：改善点がある　C：課題あり

8 授業研究会などの企画・運営

A：すぐれている　B：改善点がある　C：課題あり

9 ポートフォリオの活用

A：適切である　B：改善点がある　C：今後の課題

> Check ステージ：授業後の自己評価として加えるべき総合的な省察を目標とする分析観点。次のステージに向けての有効な改善指標となる

9-5 【ACTION】ステージ

1 小・中・高等学校連携

A：適切である　B：発展が必要である　C：今後の課題

2 カリキュラム開発

A：進めている　B：取り組んでいる　C：今後の課題

3 異文化交流

A：体験的な理解を組み入れている　B：計画している　C：今後の課題

4 英語教育の最新事情

A：把握している　B：概要を理解している　C：今後の課題

> Action ステージ：今後の授業改善，授業開発に向けて配慮すべき分析観点。言語教育，さらには教育そのものがめざす目標も包含される

5 ユニバーサルデザインによる合理的配慮
  A：すぐれている　B：改善点がある　C：課題あり
6 「あそび」の活用など，英語嫌いをつくらないための配慮
  A：適切である　B：さらに必要である　C：課題あり
7 家庭学習との連携
  A：適切である　B：工夫を要する　C：今後の課題
8 相互の文化を尊重する指導
  A：適切である　B：工夫を要する　C：不足している
9 人権尊重の視点
  A：適切である　B：改善を要する　C：課題あり
10 人格形成の視点
  A：適切である　B：改善を要する　C：課題あり

9-6 ティーム・ティーチングについて
  ―基本的な考え方と運営の要点―

9-6-1 日本における英語科ティーム・ティーチングの展開

ティーム・ティーチング（以下，TT）は，1980年代には先駆的に試行実践が行われており，やがて制度的に整えられていきました。当初，ネイティブスピーカーの導入目的は〈よきインフォーマント（母国語の資料提供者）〉を得ることが主眼でしたが，ALTが〈外国語指導助手〉として制度化されるに従い，協働して授業をつくり上げ生徒のコミュニケーション能力育成を図るティーム・ティーチングの実践と研究が発展しました。

以下に，文部科学省のガイドラインを抜粋します。

○ ALTは基本的には担当教員の指導のもと，担当教員が行う授業にかかる補助をする。（学校教育法上，授業全体を主導するのは，あくまでも担当教員である。）
(1) 授業前
　学校（担当教員）が作成した指導計画・学習指導案に基づき，授業の打ち合わせを行うとともに，教材作成等を補助する。
・授業の目的，指導内容を理解　・指導手順，指導の役割分担，教材等を把握　・教材作成やその補助
(2) 授業中
　担当教員の指導のもと，担当教員が行う授業を補助する
・言語活動についての説明，助言，講評　・言語モデルの提示
・音声，表現，文法等についてのチェックや助言　・児童生徒との会話
・母国の言語や文化についての情報の提供

(3) 授業後
　担当教員と共に，自らの業務に関する評価を行い，改善方法について話し合う。

　小学校，中学校，高等学校それぞれにおいて，ALTに期待される役割はさまざまですが，ALTを「授業を共に創り上げる協力者」として尊重することが大切です。近年では多くのALTが，その所属する派遣会社と自治体（または学校法人）との契約により派遣される形態が一般的であり，契約条項への配慮も求められます。小学校などでは，日本人担任（JTE）と英語力を有した日本人指導助手（ALT）のTTも多く行われています。

9-6-2　TT実践例（指導案）

対象：中学3年生　TEXT: 自作教材（"Nobel Prize 2018"）（J：JTE ／ A：ALT）

過程（時間）	指導内容と活動	JTE・ALTの発話ならびに支援 （指導上の留意点）	【評　価】 〈評価方法〉
挨拶 （5分）	・挨拶をする 　（ウォームアップ） ・ALTの自己紹介，続いて生徒による「自校の紹介」や質問によるやり取りを行い，相互理解を深める	J：Good morning, everyone. Today, we welcome our new ALT, Ms. 〜. Ms. 〜, would you please introduce yourself ? A：How do you do?（― Introduction ―） 　Nice to see you all! （自校の紹介はあらかじめ用意させる） （年齢やステレオタイプの質問は避ける）	【関心・意欲・態度】 〈観察〉 【表現の能力】 〈発表・やりとり〉
復習と導入 （20分）	・前時の復習 　Words and Phrases, Key Sentences, Quiz ・導入―JTEとALTによるダイアログから　ニュース映像視聴へ （概要を類推させながら2回繰り返す）	A―Review Practice 　― Appreciation or Comments J―（机間指導と支援，続いて小テスト実施） A：Have you heard anything about Nobel Prize 2018? J：Yes, of course. Today I prepared the news video. Let's have a watch altogether and tell me any key words you listen, OK?	【言語や文化に対する知識・理解】 〈応答・小テスト〉 【関心・意欲・態度】 〈観察〉 【理解の能力】 〈聞きとり・応答〉
展開 （20分）	・生徒のあげるKey Wordsを板書してゆきニュースの概要を捉えたのち，New Words, Target Sentenceの練習 ・Q and A, Jigsaw Readingによりニュースの内容を確認する ・グループに分かれ，重要と思うメッセージをあげ，その理由を英語でまとめる ・各グループの選んだメッセージと選んだ理由の発表（相互評価） ・ワークシート完成	J―生徒の捉えたKey Wordsを板書→マインド・マッピング A/B― "I have done my work with belief" 　　（Substitution Drills） A― Questions and Answers J― Group Jigsaw Reading J：Then, what do you think is the most important message from Dr. Honjo? A/B―机間指導と活動支援（アドバイス・褒めるなどの形成的評価） （グループ毎の協働をサポートする） ef. "With Will, You Succeed" "Please don't believe in all the news and information easily" A/B―観点を示し，相互評価させる A：Fill in the blanks on your worksheets.	【関心・意欲・態度】 〈観察〉 【言語や文化にする知識・理解】 〈やりとり〉 【理解の能力】 〈聞きとり・応答〉 【関心・意欲・態度】 〈観察〉 【関心・意欲・態度】 〈協働の観察〉 【表現の能力】 〈発　表〉 【理解の能力】 〈ワークシート〉
まとめ （5分）	・本時のまとめ ・次時への課題・挨拶	・質問，感想発表を奨励 ・メッセージを暗唱してくる	【関心・意欲・態度】 〈観　察〉

▶POST-LEARNING ▶▶▶

1．コミュニケーション・ストラテジーの指導について考えましょう。
2．生徒の学ぶ意欲を高める，創造的な授業について意見交換しましょう。
3．中学校英語検定教科書の比較検討をしながら，4技能・5領域の伸長にふさわしいシラバスや授業のあり方を考えましょう。

参考文献
市川伸一（2001）『学ぶ意欲の心理学』PHP 研究所
神保尚武・久村研他（2011）『英語教師の成長―求められる専門性』大修館書店
上山晋平（2016）『授業が変わる！―英語教師のためのアクティブ・ラーニングガイドブック』明治図書出版
文部科学省（2017）「教員養成・研修　外国語（英語）コア・カリキュラム」
米山朝二（2011）『新編　英語教育指導法事典』研究者

10 授業分析⑶—高等学校英語

▶PRE-LEARNING▶▶▶

Task 1：なぜ授業研究や授業分析を行うのでしょうか。
Task 2：授業研究や授業分析の方法について調べてみましょう。
Task 3：実際の授業記録に基づいて，授業の構成と展開について考えてみましょう。
Task 4：以下の用語について，その内容を調べておきましょう。
  ＊授業研究　＊質的研究　＊量的研究　＊J-POSTL I-C-3〜7

▶IN-LEARNING▶▶▶

　日本の学校に深く根づいている授業研究について，教師という職業がもつ専門性の観点からその意味や意義を考察します。そして，英語の授業を観察し授業研究を行う際の観点を紹介し，授業研究の方法の概略を説明します。そのうえで，実際の高等学校の英語の授業を取り上げ，授業研究のポイントを考えます。

10-1 授業研究の意味
　→用語解説
　授業研究は，日本の学校教育に150年近い歴史を刻んでいます。類似の言葉に，授業分析や授業評価が見いだされますが，学校現場で最も頻繁に用いられている言葉は授業研究です。授業研究は，専門職としての教師が自らの授業実践を振り返り，教授・学習過程を検討し，授業の特徴や問題点を把握し，改善策を考え，成長するためには必要不可欠で，よりよい授業を構築することは教師の職責でもあります。したがって，日本の学校教育には，授業研究が深く根づいているのです。本章では，現在の授業研究の潮流である質的研究の方法を基本に，高等学校の授業研究を考えていきます。

10-2 教師の専門的力量形成

　教師の専門的力量形成に不可欠な要素に，省察（reflection）能力があります。この言葉は，ドナルド・ショーン（Donald Schön）が用いて以来，世界的に専門職養成教育の文脈では必ず耳にする言葉です。現在の教師の専門的力量形成は，世界中で実践の省察（振り返り）を基軸とする方法により行われています。

授業研究の歴史：『授業研究入門』（pp.149-151）を参照

授業研究：日本で生まれた授業研究という言葉と概念は，今ではLesson Studyという英語として世界に発信されており，世界授業研究学会（The World Association of Lesson Studies）も誕生している

省察を基軸とする方法：イギリス・カナダ・アメリカ合衆国などの欧米諸国だけでなく日本でも，教員養成教育や教師教育において，「省察に基づく実践家」の養成が主要な目標となっている。省察能力という教師の専門的力量形成にとって授業研究が重要な役割を果たす理由は，ある特定の文脈の中でのみ教師の専門知が機能し，文脈を超えて一般的・普遍的な知としては機能しないため，授業がもつ固有性を追究することにより，教師の専門的力量形成が行われるからである。授業研究は，授業の事例研究とも呼ばれるゆえんである

10-3 授業研究がめざす方向性

教師の専門的力量形成は，どのような授業研究の方法により可能となるのでしょうか。授業観察や授業の事例研究では，次の6点が「省察に基づく実践家」に求められる省察能力育成の基礎を形成する要素として必要であることが示されています。

①授業中に起こっている事実（出来事）を捉えること。
②授業中の出来事の意味を問うこと。
③授業中の出来事を複合的に捉え，1つの授業に多様な意味を見いだすこと。
④子どもたちの学びに注目し，一人ひとりの学習過程に着目すること。
⑤子どもたちの学びの視点から，個々の授業の意味を解釈し捉えること。
⑥異なる授業展開や指導の方法，教材などを考えることができる柔軟性をもつこと。

また，授業研究が企図している事項とそうではない事項は，以下のように区別されています。

〈授業研究が企図している事項〉

ア．教師の成長を目的としていること。
イ．同僚の教師による授業観察を行い，観察した授業に関する事後検討を行うこと。
ウ．率直かつオープンに省察内容を語ること。
エ．学習者の学びに与えた授業の効果に焦点を当てた議論を行うこと。
オ．教室での出来事（事実）を，それが起こった文脈のなかで同僚教師と協同で検討すること。
カ．多様な角度から多面的に授業を捉えることができるようになるために，授業の見方を広げ，深め，高めること。

〈授業研究が企図していない事項〉

A．単一の尺度や基準に基づき授業と教師を評価すること。
B．授業中に起こっている問題の一般的・普遍的解決策を探ること。

留意したい点は，「よい授業」を定義することは容易ではなく，安易に授業の良し悪しを判断することは慎まなければならないということです。

> **授業観察や授業の事例研究**：木塚雅貴（2011）「授業観察とその省察を中心とする教員養成の方法に関する研究―省察能力の育成に着目して」『教師教育学研究の課題と方法：日本教師教育学会年報第20号』pp.142-154, 学事出版を参照

10-4 英語の授業観察の観点

　授業観察は，授業研究にとって欠くことができない最も基本的かつ重要な部分です。英語の授業を観察する際の観点はいろいろあります。代表的な1つの例は，Allen・Fröhlich・Spadaによって考案された外国語の授業観察の観点です。英語の授業を観察するポイントを，コミュニケーションの観点を含めて網羅しています。

　また，以下の図10.1と図10.2は授業観察の際にセットで用い，授業観察後に行われる授業検討会（事後研）で議論のベースとして用います（木塚，2007）。まず，授業観察者は図10.1を使って授業を観察します。その際，図10.2の項目のなかから，今回の授業観察における観察の観点をいくつか選び出します。1時間の授業観察のなかで，図10.2に記載されたすべての項目を網羅的に捉えることは不可能ですので，観察者が重点的に考えたい事項に絞ることが必要になります。観察の観点が定まったら，それを図10.1の【観察のポイント】の欄に記載し実際に授業を観察します。図10.1には，「時刻」を記載する箇所がありますので，授業を観ながら気がついたことや気になったことがら（実際に授業で起こっていた出来事）を時刻と対応させて「授業中の出来事」の欄に記入します。また，それらに関して考えたことがらを，「省察」の欄に記載します。これらの記録は，授業終了後に「授業観察記録シート」を見直した際に不明確な点がないように，できる限り具体的かつ正確に行います。授業観察が終了したら，「授業観察記録シート」を見直しながら，「省察」の欄に記入されている事項を振り返り，必要に応じて「省察」の欄に加筆修正を行います。そして，最初に設定した【観察のポイント】について，【コメント】欄に考えたことがらを記入します。さらに，必要に応じて図10.2の【観察のポイント】に該当する項目について，コメントを記入します。

　事後研では，観察者が各自記入した図10.1と図10.2の内容に基づき，授業者とともに授業を振り返り，学習者の学びを中心議題としながら，各自の授業中の出来事の捉え方や見方を交流し，さまざまな角度から教室の出来事の意味を考え議論し，その授業を深く見つめていきます。

外国語の授業観察の観点：Allen, P., Fröhlich, M. & Spada, N Spada (1983) "The Communicative Orientation of Language Teaching: An Observation Scheme" *On TESOL '83. The Question of Control. Selected Papers from the Annual Convention of Teachers of English to Speakers of Other Languages* pp.231-252を参照

観察の観点：観察する授業をビデオに録画することが望ましい。時間的に余裕があれば，事後研で授業のビデオを観ながら検討を行うとよい。それによって，教室の出来事（事実）を改めて捉え直す機会ができ，単なる授業観察者の印象論に終わることなく授業研究が進められる。また，同じ箇所を繰り返し観ることができるため，授業者と観察者の捉え方や考え方が異なる場合や観察者による捉え方の違いを深く議論することができ，お互いの考え方を深めることが可能となる。さらに，授業者にとっても自らの授業を映像に基づいて振り返る機会となり，非常に効果的である。なお，授業のビデオを録画する際には，できる限り学習者に焦点を当て，彼らの学びの状況が捉えられるようにすることが重要である

授業の振り返り：望ましいことではないが，図10.2は授業評価シートとしても利用可能である。図中の「観察の観点」の欄と「コメント」欄の間のスペースに，評価（基本的にはA・B・C評価になるであろう）を記入する。なお，教育実習生の授業評価を行う際には有効である

授 業 観 察 記 録 シ ー ト　　No.1

担当教員：	クラス：　　年　　組	観察者氏名：
日 付：20　年　月　日	時間：　時　分 ～ 　時　分	

【観察のポイント】	【コメント】

時　刻	授 業 中 の 出 来 事	省　　察

図10.1　授業観察記録シート

授業者名			学校名					授業観察者			
教科(題材)		(		)	学年・組	年 組	授業日時	20 年 月 日 校時			

観 察 の 観 点					コ メ ン ト
専門職としての素養と実践	態度	①	**上昇志向的な職務態度で授業に臨んでいる。**		
			・生徒や物事の多様性を尊重しようとしている。		
			・自らの授業の省察力を備えている。		
			・授業改善及び教育効果向上への高い意識を持っている。		
			・自らの責任を果たすことへの高い意識を持っている。		
		②	**協同的・協力的職務態度で職務に臨んでいる。**		
			・他の教員と協同的関係を築き、協力的態度で授業に臨んでいる。		
	知識	①	**教科に関する正確かつ確かな知識がある。**		
			・英語の発音、リズム、イントネーションが正しくできている。		
			・英語の語彙力が備わっている。		
			・英語の文法に関する正しい知識を身につけている。		
			・英語圏の文化に関する正確な知識を身につけている。		
			・英語で授業を行うに足るだけの総合的な英語の運用能力(四技能)を身につけ、かつそれを実践している。		
		②	**生徒の学習及び学習に影響を及ぼす要因への正しい理解がなされている。**		
			・学習指導要領の目標及び内容を充分に理解している。		
			・生徒の学習方略への理解がなされている。		
			・教科横断的な向上志向性が感じられる。		
			・特別なニーズを必要とする生徒に関する理解が正しく行われている。		
授業実践	計画・目標	①	**授業計画の適切性及び一貫性がある。**		
			・到達目標を適切に設定している。		
			・授業計画に整合性、継続性及び一貫性がある。		
		②	**教材研究が充分に行われている。**		
			・生徒の学年、発達段階、到達状況に応じた適切な教材、教具を選択し、準備している。		
			・1時間の活動が適切な時間配分に基づく授業計画となっている。		
			・教育効果や学習効果の向上、生徒の進歩を促進する教材を準備している。		
	モニタリングと評価	①	**生徒の学習活動や進歩の状況を随時評価しながら授業を展開し、その後の授業計画へ反映させている。**		
			・発問のモニタリングが行われている。		
			・生徒に対して適切な状況下で指示、介入、調整が行われている。		
			・迅速かつ建設的なフィードバックが行われている。		
			・生徒の誤りの根源を特定できる。		
		②	**生徒の多様性を認識し、それを授業で生かそうと試みている。**		
			・生徒の自己評価及び授業の振り返りを活用している。		
			・個々の生徒のニーズ範囲の特定とそれへの対応を行っている。		
			・生徒の進歩に関わる体系的記録を取っている。		
			・到達目標に準拠した観点別評価を行っている。		
	指導	①	**学習環境への理解と整備が行われている。**		
			・意識的に安全で良好な学習環境を整えようとしている。		
			・生徒との肯定的な人間関係を構築しようとしている。		
			・授業計画の継続性及び一貫性が感じられる。		
			・個々の生徒に平等に対応している。		
			・個々の生徒の性別、到達度、能力差に適切に応じている。(能力の高い生徒、発言しない生徒への配慮、生徒に自信を与える環境の準備等を行っている。)		
		②	**授業構成が適切である。**		
			・学習目標、学習目的を適切に伝達している。		
			・指示や説明が丁寧で明確である。		
			・板書がわかりやすく行われている。		
			・学習指導要領を適切に展開している。		
			・学習内容の系統性に配慮し、適切な教材を用いている。		
			・発問が明瞭であり、発問内容や答え方の指示が適切である。		
			・生徒の反応や受け答えに、適切な対応をとっている。		
			・適切な時間配分がなされている。		
			・生徒が英語を用いたコミュニケーション活動を行う充分な機会を確保している。		
			・四技能のバランスを考えた授業を展開している。		
			・四技能を適切に統合した授業を展開している。		
		③	**授業形態の工夫がなされている。**		
			・教師と生徒と双方向的な授業となっている。		
			・ペア活動や協同的なグループ活動が取り入れられている。		
			・個々の生徒が独立して自主的に取り組む活動が取り入れられている。		
			・情報機器が適切に使用されている。		
			・宿題が適切に指示されている。		
		④	**生徒が楽しく受けることができる授業展開となっている。**		
			・生徒に興味を持たせるため、動機づけに工夫がなされている。		
			・思考力や判断力を生かした、わかる喜びを実感できるような手段が講じられている。		
その他			これまでの実践とのつながりを踏まえた総合的評価(コメント)		
			次の授業の課題		

図10.2 授業観察観点別記入シート

10-5 実際の英語の授業観察に基づく授業の考察

ここでは，実際の高等学校の英語の授業を取り上げ，前項で説明した授業研究の方法を用いながら，その授業について考えてみます。

> 学　校　名：京都府立嵯峨野高等学校
> 授業担当者：岡本領子先生
> 学　　　年：1年生（40名）
> 授 業 科 目：コミュニケーション英語Ⅰ
> 教　科　書：*Element English Communication I*（啓林館）
> 本時の目標：四技能の内 Listening と Speaking（やり取り）に焦点を当て，聞くことの活動を通して情報を取得しながら，新しい単元内容を導入する。
> 本時の教材：Lesson3　Predictions of the Future

授業担当者の岡本先生は，ご自身の英語の授業全体の目標を，「日本語に置き換えることなく，生徒が英語を理解できるようにすること」と設定されています。したがって，この授業を観察させていただくにあたり，本時の目標で企図されている事項を含め，例えば以下の点を図10.3の【観察のポイント】に設定してみます。これら【観察のポイント】は，図10.2に記されている以下の項目と密接な関係にあるといえますので，その点を念頭においておきます。

- ・英語で授業を行うに足るだけの総合的な英語の運用能力（4技能）を身につけ，かつそれを実践している。
- ・学習指導要領の目標及び内容を十分に理解している。
- ・生徒に対して適切な状況下で指示，介入，調整が行われている。
- ・生徒の自己評価及び授業の振り返りを活用している。
- ・指示や説明が丁寧で明確である。
- ・板書がわかりやすく行われている。
- ・発問が明瞭であり，発問内容や答え方の指示が適切である。
- ・生徒の反応や受け答えに，適切な対応をとっている。
- ・生徒が英語を用いたコミュニケーション活動を行う十分な機会を確保している。　　　　　　　　　　　　　　　J-POSTL V-E-2
- ・教師と生徒と双方向的な授業となっている。　　　　　　J-POSTL V-C-2
- ・ペア活動や協同的なグループ活動が取り入れられている。　J-POSTL V-D-1

次に，授業を観察しながら気がついたことを記録します（本

担当教員：岡本領子　先生	クラス：1 年　1 組	観察者氏名：木塚雅貴
日　付：2018年6月20日（水）	時間：10時50分　～11時40分	

【観察のポイント】	【コメント】
・All English を基本に行われる授業において，学習者全員が参加する授業の構築と展開方法について。	・ペアー学習を中心に組み立てることで，学習者が積極的に活動に参加しており，基本的に学習者中心の授業の構成と展開になっている。
・「聞くこと」と「話すこと」を統合したコミュニケーション活動の展開の方法について。	・定型表現と自らの意見表明を行う箇所を会話中に設定することにより，コミュニケーション活動を展開している。

時　刻	授業中の出来事	省　察
3分08秒～ 5分03秒	・Lesson 3 の key word "prediction" の導入⇒サッカーワールドカップロシア大会勝敗予測に一役買った猫を使う。	・学習者に身近なことがら➡理解の手助けとする工夫。
5分55秒～ 6分14秒	・Read and look up（クラス全体⇒ペアー）。やり方を具体的に例示。	・学習者全員が個々に活動をする機会を生み出す。指示を明確に伝えるために例示は効果的。
6分15秒～ 13分02秒	・クラス全体で Read and look up を練習した後，ペアーで Read and look up 練習⇒終わったら着席。	・個別学習の機会の確保と，個々の学習者の学習ペースへの配慮➡学習者の状況把握を可能にする手立て。
13分03秒～ 18分20秒	・One-minute conversation。 板書：Which of these did you find the most interesting? 1. Homes under the sea. 2. Glowing wall panels. 3. Moving sidewalks. 4. Large solar power stations. A: I find ～ the most interesting. B: Why do you think so? A: Reason(s). How about you?	・対話の定型を板書。理由の箇所に自分で考えた内容を入れて答える活動➡理由を即興（improvisation）で述べる部分が，学習者の自己表現の重要な機会となり大きな意味がある。ゼスチャーを交えて表現している学習者が複数いる➡言語使用を志向した授業の成果。
18分21秒～ 19分19秒	・学習者2名を指名⇒One-minute conversation を岡本先生と行う。	・学習成果の確認➡先生と生徒両者にとって可能な方法。個への対応としても機能。
19分20秒～ 24分06秒	・自己評価シートの記入⇒One-minute conversation のポイント4項目（「質問に答えられた」・「10秒以上の沈黙は続かなかった」・「相手の目を見て話せた」・「発音やリズムに気を付けた」）に対する3段階評価。	・学習者が自らの課題を見出すきっかけ➡コミュニケーション・ツールとして英語を使うための活動への改善の指針。

図10.3　本時の授業観察記録シート

章では，紙幅の関係上授業の前半部分に限定して「授業観察記録ノート」を示します）。

　以上のように，1時間の授業全体について学習者の学びに焦点を当てた記録をとり，それをもとに図10.3中の該当するコメント欄にも気がついた事項や考えたことなどを記入します。そのうえで，授業者やほかの観察者とともに事後研に臨み，授業者の視点・ほかの観察者の視点・自らの視点を交流させながら，教室の出来事をさまざまな角度から深く考えて行きます。

　授業研究の目的は，あくまでも観察した1つの具体的な授業に基づいて議論を行うことであり，一般的傾向の追究やすべての授業を説明できるような普遍的な法則・理論を明らかにすることではないということです。

▶POST-LEARNING ▶▶▶

1．授業研究は教師にとってどのような意味や意義があるかについて，まとめてみましょう。
2．「授業観察記録シート」と「授業観察観点別記入シート」を用いて，実際に高等学校の英語の授業を観察してみましょう。
3．授業研究が効果的に機能するためには，授業観察者にどのようなことが求められるのかについて考えてみましょう。

参考文献
稲垣忠彦・佐藤学（1996）『授業研究入門』岩波書店
木塚雅貴（2007）「授業評価基準票による教育実習生の授業評価に関する研究―附属中学校との連携による客観的評価の確立」
　　平成18年度北海道教育大学学術研究推進経費（共同研究推進経費）研究
小柳和喜雄・柴田好章編著（2017）『Lesson Study（レッスンスタディ）』ミネルヴァ書房
佐藤学（1996）『教育方法学』岩波書店

　　【謝辞】本稿執筆のために快くご協力くださった京都府立嵯峨野高等学校校長小川雅史先生と英語科教諭岡本領子先生に，深く感謝申し上げます。

11 授業計画(1)
―授業計画に必要な知識・情報と教案作成（中学校）

▶PRE-LEARNING ▶▶▶

Task 1：実際の授業見学や授業ビデオ視聴を行い，省察・検討を加えましょう。

Task 2：生徒の状況と小学校からこれまでの学習内容と定着の度合いを正確に把握しましょう。

Task 3：本時のねらい，身につけさせたい力と内容をCAN-DOリストの全体計画に沿って学習指導案を組み立てましょう。

Task 4：以下の用語の意味を調べておきましょう。

＊スキーマの活性化　＊インタラクション　＊CAN-DOリスト　＊学習者の自律性　＊文化への気づき　＊プロジェクト型学習　＊質的評価　＊行動志向の言語学習

▶IN-LEARNING ▶▶▶

J-POSTL I-A-6

教科教育法で履修した指導理論の知識を活用し，具体的に個々の授業を組み立てるために作成するのが教案です。以下のことを念頭におき作成します。

> ① 十分教材研究をし，生徒のスキーマ（Schema）を活性化する導入の工夫を行う。
> ② 4技能のバランスを考慮し，自然な言語習得のステップを意識する。すなわち，概略において Listening → Speaking → Interaction → Reading → Writing の指導順序を意識する。
> ③ 内容に関しては「大意の把握」から「部分の正確な把握」へと向かい，言語活動もクラス全体からグループを経て個人に焦点を当てていく。
> ④ 授業は教室英語をはじめ極力英語で進めるが，生徒の実態を考慮して設計したタスク（task）を組み込むことにより，必然的な英語使用を促す。
> ⑤ 褒め言葉とアドバイスを中心とした形成的評価により意欲の向上を図る。
> ⑥ ＜役割分担＞が自己肯定感と達成感の獲得につながることをふまえ，活動に組み込む。

スキーマ：学習者の有する知識構造の抽象的な集合体。読解や聴解において重要な受け手の背景的知識

タスク：インフォメーション・ギャップなどの問題解決タスク（problem-solving task）や意志決定タスク（decision-making task）などがある。ただし，その前提に文法操作能力を高めるための練習（practice），とくに意味のある文型練習（meaningful pattern practice）などを十分に行うことが重要

11-1 授業全体の構想

・年間指導計画から月単位，週単位の指導計画と自分の担当する授業の位置づけを確認します。
・CAN-DOリストの目標と照らし合わせます。
・単元の指導目標と，観点別評価規準の整合性を図り，指導と評価の一体化を図ります。
・まず略案で大きく全体を構想し，具体的な細案（detailed plan）の作成に進みます。

観点別評価規準：ア　関心・意欲・態度，イ　表現の能力，ウ　理解の能力，エ　言語・文化に対する知識・理解

・それぞれの学習活動における学習者の反応を予測し、つまづきへの対応策も考慮します。
・言語活動などで、実際に計画どおりの展開にならない場合に柔軟に対応できるよう、次善のプランも用意しておく。

J-POSTL V-A-5

11-2 細案を構成する一般的な項目

学習指導案を作成する際には以下のような項目が網羅すべき一般的項目となります。

(1) 日時、活動場所、指導学級、授業者
「○年○月○日（○曜日）」「第○校時」
「○○中学校○○教室」
「第○学年○組」
「授業者○○○○（TTであればALTなどの氏名も併記）」

(2) 学級観

学級集団の特質と現状、男女比、英語学習への向き合い方と本時の指導上の工夫点を記載します。

(3) 単元名（題材名）

教科書名、LessonまたはUnit番号、単元名

(例) *COLUMBUS21 ENGLISH COURSE* 1（光村図書出版）
UNIT4 On The Way Home（pp.45-52）

(4) 単元観、単元の指導目標（CAN-DOリストと呼応）

単元の指導目標: teaching objective(s) /lesson target

指導する単元のねらいと目標を記述します。
(例)・自己紹介の場面で、「出身や好きなことなどを「話す」ために、一般動詞（肯定・否定・疑問）を習得し、友人との会話や質問を行い、相づちを打ったりしながらコミュニケーションを図る。
・自己紹介や好きなことなどを、積極的に英語を用いて伝えたりたずねたりすることができる。
・友だちが好きなことなどをたずね、その結果を書くことができる。

(5) 教材観

用いる教材がどのような考えによって構成されているのかを記述します。

(6) 単元の指導計画と本時の位置づけ

単元全体の指導計画と本時が、単元のどこに位置するかがわかるように表示します。

(7) 目標言語材料と言語の働き

その授業で学習する目標の言語機能と言語材料を記述します。

（例）〈自己紹介とそれに続くやり取り〉
　　　I'm from ～. I like ～.
　　　Do you like ～? Yes, I do./ No, I don't.

(8) 本時の評価規準と評価方法（assessment plan）

　授業の学習活動，学習内容の流れのなかで，「コミュニケーションへの関心・意欲・態度」，「表現の能力」，「理解の能力」，「言語・文化の知識・理解」それぞれの観点からみた生徒の達成度をどの指導場面，活動でどのように測るか計画します。

J-POSTL　VII-A-2

　（例）　指導場面：ALTとJTEによる自己紹介モデルを聞いて理解し言語材料の口頭練習を経て，ペアでロール・プレイを行う。
　　　　活　動：場面と目的を仮想し（例えば『外国からの転入生との会話で，互いを深く知り部活動の紹介などをする』など，小学校で身に付けた基礎の応用・発展を図る。
　　　　評価規準―評価方法
　　　　〈関心・意欲・態度〉：積極的に互いの情報を交換し，目的達成に向けて方略的能力を駆使できる〔観察〕
　　　　〈表現の能力〉：自己表現を的確に行ったり，相手を理解するために尋ねることができる〔観察・ワークシート〕
　　　　〈理解の能力〉：場面設定の意義やコミュニケーションにおける自己の役割，方法を理解できる〔ワークシート〕
　　　　〈言語・文化に対する知識・理解〉：相手のもつ文化や状況をふまえて適切に英語でやりとりできる〔小テスト〕

(9) 指導過程（procedure）

　一般的に時系列の表形式で表します。

(10) 指導上の留意点

　それぞれの指導過程のなかで配慮すべき点や予測，生徒の状況に応じた代替案を記述します。

(11) 本時の教材・教具

　使用する教材・教具（フラッシュ・カード，デジタル教材，実物教材，ピクチャーカードなど視聴覚教材）をここで紹介し，本時のテキストならびにワークシート，パワーポイント画面も添付します。

11-3 実際の教案例を作成しよう

　以下の教材をもとに実際の教案例（指導過程のみ）を示します。

　　特　徴：本時は〈世界が認めた日本人・嘉納治五郎〉についての調べ学習をもとにした反転学習形式で構成。指導目標

は 関係代名詞 'who' を用いた文）

> Naomi：What sports do you like, Ken?
> Ken：I like tennis. How about you?
> Naomi：I love 'judo' so much. Judo is very popular not only in my country but in many countries all over the world!
> Ken：Really? I'm glad to hear that!
> Naomi：And we have respect for the man who established 'judo'. He originated it for the sake of both physical and mental training of the people. 'Judo' begins with '礼 (Rei)' and ends with '礼 (Rei)'. Do you know his name?
> Ken：Yes, of course! His name is Mr. Kano Jigoro. He also created some other new educational systems like girls' high school of Japan.
> Naomi：Then, he was a great creative educator of the world!
> Ken：I think so.

主な指導過程：基本的な流れは以下のようになりますが，題材や内容，当該授業の活動目標などにより構成・時間配分などが変化します。
①前時の復習（Review of the Previous lesson）
②導入・内容類推（Introduction/Guessing the Content）
③本時の目標文・新出語句の導入（Introduction of Target sentence/ New words and phrases）
④内容理解（Comprehension）
⑤音読（Reading aloud）
⑥シャドウイングなどの活動(Shadowing/Other activities)
⑦ペア・プラクティスまたはグループ活動（Pair practice/ Group activities）
⑧まとめと課題の提示（Consolidation and Assignment）

▶POST-LEARNING ▶▶▶

1．他教科との連携，反転学習の方法論による問題解決志向のCLILの実践も試みましょう。
2．協働学習の意義について友だちと意見交換をしましょう。
3．学習の成功に至る＜自律した学習者＞を育てるために教師はどのような配慮をすべきか検討しましょう。
4．コミュニケーション・ストラテジーについての研究を深めましょう。

参考文献
木村松雄（2011）『新版　英語科教育法』学文社
村野井仁（2010）『言語習得研究から見た効果的な英語学習法・指導法』大修館書店
田中春美（1988）『現代言語学辞典』成美堂

過程（時間）	指導内容と活動	支援と留意点	【評　価】〈評価方法〉
挨拶（5分）	・挨拶をする （ウォームアップ） "Good morning everyone." "How are you, today?" ・ペアでも挨拶をする （あいづち，問いかけなども加え英語による相互理解を深める）	・生徒との自然なインタラクションにより，受容的で活動的な雰囲気作りをする （例：誕生日の生徒がいればお祝いのメッセージなども）	【関心・意欲・態度】〈観　察〉 【表現の能力】〈観察（机間指導）〉
復習と導入（25分）	・前時の復習 Words and Phrases → Key Sentences ・課題の発表（3グループ） "Mr.Kano Jigoro"，"Judo" から選択して準備した内容（5～7文）を発表する ・本時の目標を示す （関係代名詞 who を含む文） ・Oral Introduction with Interaction （Text closing） 　＊ True or False check 　（Text opening）	・フラッシュカードによる音声練習のあと，小テストを行う （自己採点―回収） ・リハーサルののち発表，聞く側はメモをとり，発表者に質問をするなどインタラクションを行う ・小黒板を活用 ・デジタル黒板　または教師による ・Listening → Guessing the content	【理解の能力】〈ワークシート〉 【表現の能力】〈発表・相互評価〉 【言語や文化に対する知識・理解】〈ワークシート〉 【関心・意欲・態度】〈観察・やり取り〉
展開（15分）	・新出語彙の導入，練習 ・目標文の導入，文法説明，練習 ・Naomi と Ken の会話の内容を確認し，音読練習ペアで役割を交換しながら，会話の雰囲気が表現できるようになるまで練習する ・Question and Answers ・会話の内容を要約した穴埋めテキストを完成させる	・過不足なく練習しつまずきをなくす ・Read, look up and say によりロールプレイができるようになることを目標に ・QA による内容確認 ・ワークシート	【関心・意欲・態度】〈ノートチェック〉 【表現の能力】〈観察（机間指導）〉 【理解の能力】〈ワークシート〉
まとめ（5分）	本時のまとめ ・次時への指示 ・挨拶でしめくくる	質問を奨励 家庭学習の習慣形成	【関心・意欲・態度】〈質問や感想〉

渡部良典・池田真他（2012）『CLIL 内容言語統合型学習』上智大学出版
米山朝二（2011）『新編　英語教育指導法事典』研究社
Andrian Akmajian（2001）'LINGUISTICS' Massachusetts Institute of Technology Press
Chomsky,N（1965）'Aspects of the thory of Syntax' MIT Press
Daniel Jones（1967）'THE PHONEME-Its Nature and Uses' CHAMBRIDGE UNIVERSITY PRESS
Dornyei.Z（2001）'Motivational strategies in the language classroom' CHAMBRIDGE　UNIVERITY PRESS
Little, D.（2003）Learner Autonomy and Second/Foreign Language Learning: Guide to Good Practice

12 授業計画(2)
―授業計画に必要な知識・情報と教案作成（高等学校）

▶PRE-LEARNING ▶▶▶

Task 1：TED Talk で Salman Khan の *Let's teach for mastery — not test scores.* を視聴し，要点を話し合いましょう。

Task 2：各地の教育センターなどのウェブサイトで公開されている学習指導案を分担して4つ収集し，共通点を話し合いましょう。

Task 3：以下の用語の意味を調べておきましょう。
＊インストラクショナルデザイン　＊ルーブリック　＊分散学習

▶IN-LEARNING ▶▶▶

　授業計画の目的は，授業で生徒の学びを最大化することです。そのためには，英語教授法やL2習得理論などの知識だけでは不十分です。学校という文脈の理解に加えて，生徒の学びのプロセスを支援するために授業をデザインするという発想，そして生徒の「学び方」への働きかけの3つが不可欠です。

12-1　授業をするということ

　生徒相手の授業は，正解のない現実です。すべての生徒が英語の学習に積極的なわけではありません。また，テクノロジーの授業活用を研究した人でも，教室ではCDプレーヤーしか使えないかもしれません。さらに，都市部では塾や英会話学校が，ネット上では世界中の個人や団体が，英語の講義を提供しています。では，高校の英語教員は，勤務校でどう指導すべきなのでしょうか。もちろん答えはありません。理想的な環境には程遠い現実にあっても，教員は，目の前の生徒をよく見て，学校の実態に合わせた試行錯誤を繰り返しながら前に進むのです。

12-2　学校授業の限界と可能性

　教員は，年齢層別の「従来型教室モデル」（カーン，2013）や，「組み立て作業ライン型の学校」（Senge, 2012）がかかえる危険性を理解しておかなければなりません。うまく授業を展開できたとしても，すべての生徒を同じように指導できてはいないものです。それは，一人ひとりの学びを標準化することはできないからです。加えて，たとえ各種テストで高得点を取れる生徒であっても，実は不完全な部分がいくらか残っていて，それが後の学習に影響を与える場合もあります。

従来型教室モデル：仮説上の平均的な生徒に合わせて教員が進度を決め，生徒の習得度合いよりも配当時間にしたがって学習モジュールをこなしていくとする

組み立て作業ライン型の学校：教員や保護者の思いとは裏腹に，生徒は画一的な製品と見なされ，全員が同じように学習するものだと単純に考えられてしまう

また，学校で学習する教科・科目は，生徒が学習しやすいように現実を便宜的に切り分けたものです。よって，英語は，教科の1つにすぎず，その文脈以外のものとは無関係なものと多くの生徒は捉えてしまいがちです。

　いっぽう，学校外で，英語は他教科の学習内容と複雑に絡み合って日常を構成しています。したがって，学習指導要領では，カリキュラム・マネジメントの観点から，教科等横断的に学べるような工夫も求められています。そして，校内他教科や校外関係機関などとの連携による内容中心のアプローチには，予測困難な未来に対応できる学習者を育てられる可能性があります。

12-3 授業デザインの考え方

　学校で英語を指導することの限界を理解したうえで，できる限り効果的な授業をデザインして実施することが教員の仕事です。

12-3-1　授業デザインの前提

　1時間の授業をデザインする際，教授法のことだけを考えればよいわけではありません。ゴールを意識して，それぞれの授業を計画しましょう。まず，各学校は，その教育方針と学習指導要領の目標と内容をふまえて，年間を通しての目標や評価の計画（年間指導計画）を設定します。ここでは，生徒の実態に合わせて，単元ごとに「何ができるようになるか」を目標とします。同時に，学力の三要素である「知識及び技能」「思考力，判断力，表現力等」「学びに向かう力，人間性等」をふまえて，「知識・技能」「思考・判断・表現」「主体的に学習に取り組む態度」の3観点から評価規準を設定しておきます。それから，単元ごとの目標と評価規準を決め，1時間単位の学習指導案へと落とし込んでいきます。学習指導案は，教育実習では学校所定の様式に合わせて，そして採用後は初任者研修などで学校の設置者ごとに，その具体的な書き方を指導されます。

12-3-2　学習指導案（Task 2 資料）

　学習指導案に記載される内容は，地域や学校ごとに異なりますが，次の8項目はおおむね共通していると考えられます。

内容中心のアプローチ：かつて文部科学省が指定した「スーパー・イングリッシュ・ランゲージ・ハイスクール（SELHi）」には，この視点から研究を進めた高校も多くあり，成果を上げた

3観点：2016年12月の中央教育審議会答申では，従来の4観点（「関心・意欲・態度」「思考・判断・表現」「技能」「知識・理解」）から，目標準拠評価を推進するため，3観点に整理することが提言された

① 単元・教材：単元は，まとまりをもった学習内容です。英語科では教科書の各 Lesson や Unit にあたります。
② 単元観・生徒観・指導観：単元観は単元の意義と学習指導要領や学校の到達目標との関係を記述します。生徒観は該当単元を学習する生徒の実態を，指導観は生徒の学習を促すための指導上の工夫を書きます。
③ 単元の目標：単元終了時に，生徒は「何ができるようになるか」を学習指導要領に即して述べます。
④ 観点別学習状況の評価規準：年間指導計画を確認し，単元終了時の学習成果を評価する観点別の規準を決めます。「おおむね満足できる」状況を，学習指導要領では前述のとおり3観点，旧学習指導要領では4観点から記述しますが，文末を「〜している」や「〜できる」とすることが多いようです。
⑤ 指導と評価の計画（単元計画）：単元目標達成のための全体計画です。目標と評価規準に照らして，どこでどう指導し評価するのかを計画します。
⑥ 本時の目標：単元計画に即して，本時の授業終了時に生徒ができるようになる目標です。
⑦ 本時の評価規準：評価規準と評価方法を単元計画に沿って示します。次の本時の展開の中に示されることもあります。
⑧ 本時の展開：1時間の授業の流れを計画します。多くは表形式です。

観点別評価：詳細は，国立教育政策研究所教育課程研究センター（2012）『評価規準の作成，評価方法の工夫改善のための参考資料（高等学校外国語）』参照

12-3-3 本時の展開

「本時の展開」では，ガニェ（Robert M. Gagné）の9教授事象（Nine Events of Instruction）に当てはめて流れを考えてみるとよいでしょう。実際の授業をデザインする際，該当時間の内容に応じて，それぞれの事象は，飛ばしたり，順番を入れ換えたり，必要な部分を繰り返したりして，生徒が学びやすくなるように工夫することができます。この9教授事象は，学習を知識の注入ではなく，既存知識の再構造化とみなし，学習者の積極的な関与を想定しています。さらに Dixon（2016）は，この考え方を英語授業に応用し，表12.1のような枠組みを提案

授業デザイン：学習者心理にも配慮できれば，より現実的なデザインが可能。学校現場で扱える動機づけモデルの提案としてケラー（2010）の第11章参照

しています。

表12.1 Lesson plan design

1. Warm Up
2. Objective Discussion
3. Present and Model
4. Guided or Controlled Practice
5. Less Guided Practice
6. Independent Practice
7. Assessment

1. Warm Up は，学習の土台となる既存知識を活性化して新たな学習を促進させることをねらっています。
2. Objective Discussion では，授業中の活動内容とその理由，そして授業終了時に何ができるようになるのかを生徒に説明します。これで1時間の授業についてのメタ認知的な理解を促すことができます。つまり，生徒はゴールを見通して活動に期待をもてるようになり，授業途中に達成度を自己評価して取り組み方をコントロールできるようになります。そして，授業終了時には，成果に応じて満足感を味わったり，次回はさらにがんばろうと考えたりできるようにもなります。こうして授業に当事者意識をもたせることが可能になります。
3. Present and Model では，必要な情報を生徒に与え，活動見本を示します。その際，発話思考法（think-aloud）を使えば，ある活動をする際に，教員がさまざまな知識をどう組み合わせながら活動するのかを生徒に観察させることができます。いっぽう，反転授業（flipped classroom）を提供できる場合は，この部分を事前の学習課題として与えておくこともできます。
4. Guided or Controlled Practice は，生徒が，学んだばかりのことを簡単な形式で試してみたり，誤りの確認を通して活動をよりいっそう洗練できるようにしたりする場面です。
5. Less Guided Practice は，教員や友だちの助けを借りて，間違いを認め合いながら生徒が練習できる部分です。ペア活動やグループ活動を通して，より複雑な活動に安心して挑戦します。なお，グループ活動の際には，英語が得意な生徒よりも苦手な生徒に，あえてむずかしめの課題を与えておくと，グループ内の協力が促されて全員が積極的に活動できるようになります。

メタ認知：自分自身の思考や行動を客観的に認識したり，コントロールしたりすること

当事者意識：一方的な説明より，生徒とのやり取りから「なぜその活動なのか」を引き出せればなおよい。与えられる目標が，生徒自身の目標になる

発話思考法：思考発話法とも。何らかの活動をする際，自分の頭の中で思考することを同時に言語化し，他者が観察できるようすること

反転授業：教員が教室で講義，説明するような内容を生徒に動画であらかじめ視聴させておき，それを前提に，授業では発展的な活動をさせる授業形態

6．Independent Practice で，ここまでに十分練習できたことを，生徒が個別に披露し学習成果を確認します。

7．Assessment として，普段の授業では 6．の活動にフィードバックを与えることで，本時の目標に対して生徒がどこまで到達できたのかを知らせます。これは教員にとっては形成的評価になります。いっぽう，単元全体の終了時に，テストや作文，プレゼンテーションなどに取り組ませて総括的評価とすることもできます。いずれの場合にも，ルーブリック（rubric）を生徒にあらかじめ配付しておけば，生徒は，何がどこまで期待されているのかを理解したうえで活動に取り組めます。慣れれば相互評価も可能になります。もちろん，教員の指導改善にも役立てられますので，指導と評価の一体化を図ることができます。そのためにも，単元の目標を設定するときは，生徒が「わかる」ことよりも「できる」ことを目標にしましょう。そうすれば，生徒をどのような活動に取り組ませればよいか，そしてどう評価すればよいかを明確化できるようになります。その際には，英語なら，know, believe, feel, understand などの static verbs よりも，identify, state, recognize, demonstrate などの dynamic verbs にあたる動詞を使って目標をつくりましょう。可視化できる行動目標なら確実に評価できます（Dixon, 2016）。

　この枠組みは，アクティブラーニングにも活用できます。2018年版学習指導要領には「生徒の主体的・対話的で深い学びの実現に向けた授業改善を行うこと（第1章総則第3款1の(1)）」とありますが，教員がモデルを示して教えることから生徒同士の学び合いへ，そして，学びの責任を少しずつ指導者から最終的には生徒個人へと移す計画ができます。これは，足場掛け（scaffolding；Wood, Bruner, & Ross, 1976）として広く支持されている理論や，責任の段階的移行モデル（the gradual release of responsibility instructional framework；Fisher & Frey, 2013）として知られる考え方とも整合性があります。

12-4 高等学校英語授業の可能性

　教科の授業は，便宜的に現実を切り分けたものだとの議論を覚えているでしょうか。これには，生徒のみならず教員も注意

総括的評価：指導途中で生徒にフィードバックを与えるのが「形成的評価」，指導後，成績に反映させるための評価が「総括的評価」。生徒にも教員にも，今後どうすべきかについての見通しを立てられる前者の方が重要と考えられる

ルーブリック：到達度が一目でわかる表形式の評価ツール。左端に評価項目，上端に段階別の評価基準，その下に各評価項目で期待される活動の記述説明を置き，該当の段階を示す。行列入れ換えることもある。TOEFL の Scoring Rubrics がよく知られている

責任の段階的移行モデル：教員の役割は，最終的に生徒が教員を必要としなくなるように指導することだとする考え方に合致する

が必要です。英語教育に熱心な人ほど，他教科とのつながりや教科等を超えた学びの視点を忘れてしまうことがあります。

　高等学校には入学当初から英語や数学を苦手とする生徒も大勢います。そして，そのような生徒の多くは，その原因を自分自身の適性や能力の不足，教員や環境の問題に帰属させようとします。ところが，彼らの学習習慣を調べてみると，非効果的な学習方法の使用が明らかになります。教員の授業改善だけでなく，生徒自身も汎用的な学習方法を改善できれば，学習成果は大きく改善します。それを促すことも授業の重要な役割です。

12-4-1　学び方の指導

　学び方そのものに対する生徒の誤解を修正してください。それを効果的に指導できるのも授業です。教員が授業を通して継続的に指導すれば，生徒は望ましい学習方法を定着させることができます。例えば，授業の終わりに，授業の要点や活動を毎回簡単に書かせて振り返らせてみてください。教員への授業フィードバックになるだけでなく，学習内容を振り返ることがその保持に役立つことを生徒が学べる機会にもなります。

12-4-2　学び方の例

　多くの生徒は，新出語句を覚える際，覚えたと感じるまでそれを何度も書きます。ところが，このような集中学習（massed learning）よりも，間隔をおいて分けて繰り返す分散学習（spaced learning）のほうが効果的なのです。また，生徒は，蛍光ペンでマークした資料を試験前に読み返したりもします。それよりも，一読後に何が書かれてあったのかをできるだけ思い出そうと試みるほうが，学習効果が高いことなどが明らかになっています。つまり，自分で自分に小テストを課すようなことが好成績につながるのです（Dunlosky, 2013；Karpicke, 2012）。

　学び方を誤解しているために，伸び悩む生徒は相当数存在します。どこかでそれを修正できなければ，英語が苦手な生徒は苦手なままになってしまいます。英語科の教員は，生徒にとっては，英語だけでなく，「学び方」の専門家でもあるということを理解していただきたい。そして，英語の授業を通して生徒

> **自分に小テストを課す**：この観点から，古典的な flash cards（単語カード）が，再評価されており，研究論文も多数ある

が教室外での学習にも自信をもてるように支援してください。

▶POST-LEARNING ▶▶▶

1．検定教科書から1つの Lesson を取り上げ，目標と評価規準を設定してみましょう。
2．学習意欲に乏しい40人のクラスを想定し，夏休み明け1時間目の英語授業をデザインしてみましょう。
3．分散学習を利用して語彙を定着させるための，5分ほどの帯活動をデザインしてみましょう。

参考文献

稲垣忠・鈴木克明（2015）『授業設計マニュアル Ver.2：教師のためのインストラクショナルデザイン』北大路書房
カーン, S.／三木俊哉訳（2013）『世界はひとつの教室：「学び×テクノロジー」が起こすイノベーション』ダイヤモンド社
ガニェ, R.M., ウェイジャー, W.W., ゴラス, K.C., ケラー, J.M.／鈴木克明・岩崎信監訳（2007）『インストラクショナルデザインの原理』北大路書房
ケラー, J.M.／鈴木克明監訳（2010）『学習意欲をデザインする：ARCS モデルによるインストラクショナルデザイン』北大路書房
Dixon, S. (2016) *100 TESOL activities for teachers: Practical ESL/EFL activities for the communicative classroom*. Wayzgoose press.
Dunlosky, J., Rawson, K. A., Marsh, E. J., Nathan, M. J., & Willingham, D. T. (2013). Improving students' learning with effective learning techniques: Promising directions from cognitive and educational psychology. *Psychological Science in the Public Interest. 14* (1), 4-58. https://doi.org/10.1177/1529100612453266
Fisher, D. & Frey, N. (2013). *Better learning through structured teaching: A framework for the gradual release of responsibility*. Alexandria, ASCD.
Karpicke, J. D. (2012). Retrieval-based learning: active retrieval promotes meaningful learning. *Current Directions in Psychological Science, 21* (1), 157-163. https://doi.org/10.1177/0963721412443552
Senge, P. M. (2012). The industrial age system of education. In P. M., Senge, N., Cambron-McCabe, T., Lucas, B., Smith, & J., Dutton, *Schools that learn: A fifth discipline fieldbook for educators, parents, and everyone who cares about education* (2nd ed., pp. 32-69). Crown Business.
Wood, D., Bruner, J. S., & Ross, G. (1976). The role of tutoring in problem solving. *Journal of Child Psychology and Psychiatry, 17* (2), 89-100. https://doi.org/10.1111/j.1469-7610.1976.tb00381.x

13 アクティブラーニングの進め方

▶PRE-LEARNING ▶▶▶

Task 1：どのような英語学習で，あなたは能動的に学習をしましたか。過去の自分の学習経験をふまえて振り返ってみましょう。

Task 2：学習パラダイムの転換とはどのようなものでしょうか。調べてタイムラインを作成してみましょう。

Task 3：以下の用語の意味を調べておきましょう。
　＊アクティブラーニングの定義　＊省察　＊協同（協調）学習　＊4技能統合　＊学習者中心

▶IN-LEARNING ▶▶▶

　近年，アクティブラーニング（Active learning）とは，「課題の発見と解決に向けて主体的・協働的に学ぶ学習」（2012）と中央教育審議会の答申において示されています。言い換えれば，アクティブラーニングは，学習者が主体的に学習に参加し，ほかの学習者や教員と共に問いを立て，探求していく学びのことともいえます。また，現在，アクティブラーニングは，教科の枠を超えて，その関心は高まってきています。英語科の授業でも，授業で学んだ知識に関して4技能を活用していくということを通し，教師主導型の学習から，より学習者中心，学習中心の教育をめざすことができるでしょう。本章ではそのようなことをふまえ，実際に，アクティブラーニングの背景に流れているもの（歴史や意義）を理解しながら，英語の授業でのアクティブラーニングの枠組み，授業実践，評価について考えてきます。

主体的・協働的に学ぶ学習：「教えるから学ぶへ（from teaching to learning）」（Barr & Tagg, 1995）という学習パラダイムの転換が今，求められている

13-1 アクティブラーニングとは

13-1-1 定　義

　溝上（2014）はアクティブラーニングを「一方的な知識伝達講義を聴くという（受動的）学習を乗り越える意味での，あらゆる能動的な学習のこと」と示しています。また能動的な学習は，書く・話す・発表するなどの活動への関与と，そこで生じる認知プロセスの外化を伴うとまとめています。つまり，英語の授業で考えるのならば，4技能を積極的に用い，発表などを行うことがアクティブラーニングということになります。学習指導要領でも，4技能を積極的に用いることをめざしており，知識伝達型の授業から，より能動的な学習への学習パラダイム

日本におけるアクティブラーニングの背景：1970年代ころから，多少のアクティブラーニングがなされてきたが，米国の大学の大衆化と同じく，「教えるから，学ぶ」へ転換していったものと思われる（溝上, 2014）

認知プロセスの外化：「知覚・言語・思考（論理的／批判的／創造的思考，推測，判断，意志決定，問題解決など）といった心的表象としての情報処理プロセス」を意味する（溝上, 2016, p.10）

への転換が求められています。

13-1-2 意　義

OECD は，21世紀の「知識基盤社会」で求められているキーコンピテンシーを以下の3つの要素で示しています（溝畑, 2017, p.107）。

① 社会・文化的・技術的ツールを相互作用的に活用する力
② 多様な社会グループにおける人間関係形成能力
③ 自律的に行動する能力

つまり，英語授業において，他者との関わりあいのなかで4技能を用い活動を行い，その過程のなかで，自らの学習や成果を振り返る，省察する機会を与えることが大切であると考えられます。これは，文科省が2013年に公示した「グローバル化に対応した英語教育改革実施計画」英語の授業を英語で行うことや，課題解決型学習，討論，デイベートを積極的に取り入れ，4技能を意識した学習を行うことへの提案に合致します。溝上（2014）は，このアクティブラーニングを，知識習得から認知プロセスの外化を行う学習とし，その学習過程において経験する技能や能力が，今後，学習者にとって，学校を出たあとにおいても生かされるものであると位置づけています。

そのほか,意義ある学習経験(significant learning experience)」を唱えてきた Fink（2003）によると，アクティブラーニングを「経験 experience」と「省察 reflection」で捉えていました。そして「意義のある学習経験」を表13.1のようにまとめています。

英語学習においては，これらの6つの要素を継続的なカリキュラムに取り込むことが望ましいとされます。以上のことをふまえたうえで，「フィンクのアクティブラーニングのホリステ

表13.1　意義ある学習経験（Fink, 2003）

(1) 基礎的知識	鍵となる概念，用語，関係などについての理解と記憶
(2) 応　用	学習内容を利用，適用する方法について知る
(3) 統　合	主題を他の主題と関連づけることができる
(4) 人間の次元	主題を学習することで，個人的，社会的示唆を得る
(5) 関心を向ける	主題に関して関心を持つ，さらに関心を持つ
(6) 学び方を学ぶ	授業が終わった後も，主題についてさらに学び続ける方法を知る

出典：溝上, 2014, p.19-20

キーコンピテンシー：OECDの示した3つのキーコンピテンシーは，学習者により認知的・メタ認知的知識等を与えることを目的としている（OECD 教育革新センター, 2016）

アクティブラーニングの定義：Fink 以前にも，Bonwell & Eison（1991）が唱えており，アクティブラーニングを「活動」と「思考」を含むものとしている…アクティブラーニングは，学習の形態を強調するもので，ディープ・ラーニングは，学習の内容を強調するものであるとしている。これらを混合させたものが，ディープアクティブ・ラーニングと呼ばれている

ィックな見方」をまとめた図（溝上, 2014, p.20）を参考に英語学習の場面を想定してみましょう。以下，その英語学習場面を想定した図13.1になります。この3つの要素を普段の英語の学習に積極的に取り入れ，アクティブラーニングを進めていくという方法があります。

　事前準備として教科書の単元を扱いリサーチを進め，その後，そのトピックに関連したペアやグループでの活動といった学習経験を促し，学習（方法）の省察，振り返りをしていくことができるでしょう。通常の教科書の単元の学習【基礎的知識の習得】（個と集団）とリサーチという過程を事前学習で行い，その分野に関する「問い」を考え，実際に協同での学び（集団）を実践し【豊かな学習経験】，学習者（個）に戻す【省察】この学習サイクルを促すような授業設計を行えるかと思います。次の図13.2は，英語授業におけるアクティブラーニングの骨組みになります。単元や扱う内容によっては，必要に応じて単元の内容（教師からの援助）に関する練習を学習経験の活動の合間に入れるなど，学習者の英語レベルやニーズによってスモ

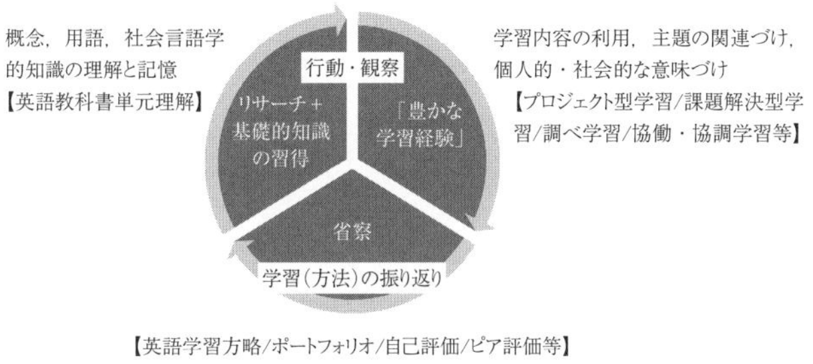

J-POSTL V-C：学習者とのインタラクション

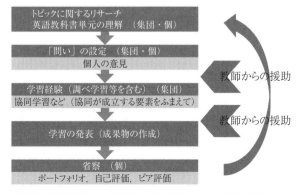

図13.1　英語学習におけるアクティブラーニングの構成

図13.2　英語学習におけるアクティブラーニングの骨組み

ールステップをどこに入れるか変わってきます。

13-2 アクティブラーニング型の授業

13-2-1　アクティブラーニング型の授業の技法

英語授業におけるアクティブラーニング型の授業にはどのような学習形態があるのでしょうか。大きく分けて下記の(A)–(C)の3つあるといわれています。学習のどの段階で，どのように組み入れるのかは学習者のニーズや学習状況から判断していきます。

J-POSTL V-C-2

(A) ①予習・復習・演習問題，② E-learning，③リアクションペーパー

(B) ①ディスカッション，②プレゼンテーション，③体験学習

J-POSTL IV-C-2

(C) ①協同・協調学習，②調べ学習，③ディベート，④ピアインストラクション，⑤PBL

現在，さまざまな教科において，アクティブラーニングを取り入れた授業が展開されていますが，アクティブラーニングを行う際，学習者の授業における能動性を高めるには，学習者同士の関わりあいが大切になってきます。学習者同士が関わりあうなかで学習を進めていくのには，いくつか，押さえるポイントがあります。

J-POSTL VI-A-2

13-2-2　効果的にアクティブラーニングを進めるポイント

どのようにしたら，効果的な学習者同士の学びを促進し，アクティブラーニング型英語授業を展開できるのでしょうか。この点に関しては，協同学習について示しているケーガンやジョンソンらを参考にしていきます。彼らによると，効果的な協同学習を成立させるには，以下の基本要素が必要といわれています（Kagan, 1988；Johnson *et al.*, 2002）。

①肯定的相互関係（互恵的な協力関係）Inter-dependence
　グループの目標に向かって全員が連携する

②個人の役割責任 Individual Accountability
　グループでの活動における責任をもつ

③促進的な相互作用　Interaction
　議論を通してお互いの学習を進める

協同学習：ジョンソンらが著者の『学習の輪』（石田裕久・梅原巳代子訳，2010，二瓶社）が参考になる。協同学習の本質，協同学習の技能，評価などについて詳細に説明されている

④社会的スキル skills
⑤グループ改善手続き Group Processing
　グループでの学習のために社会的スキルを使用
⑥平等な参加 Equal Participation

つまり，グループの共通の目標を立て，お互いの役割分担を明確にし，社会的スキルを用いながら，全員が活動に参加させることが必要になってきます。

13-3 アクティブラーニング型授業の指導の工夫

毎日の授業において，小さな単位でのアクティブラーニング型タスクを取り入れ，学期中（末）にいくつか大きめのタスクを準備していくことが大切かと思われます。斎藤（2017）では，アクティブラーニング型授業の根幹にあたることは，「発問」であるとしています。そのなかで最も重要なことは，発問の「質」で，教科の内容を学習者が理解したうえで，本質をつかむような発問を中心に，他者との学び，協同学習を行うことが望ましいと考えられます。その際，さまざまな考え方，視点があることを意識させることができる点に価値をおくといいでしょう。その発問を促すポイントは，次の表13.2を参照してください。

そのほか，【学習目標・タスクの明示，グループ構成の工夫，グループの成果物への評価・省察】などの点を留意しておく必要があります。

表13.2　発問の分類

	分類	詳細
1	誰が	教員，学習者
2	どの対象へ	個人，ペア，グループ，全体
3	何を	イメージ，既習内容，単元内容
4	どの位の期間で	短い，長い，期限を設けない
5	どのように回答する	口頭，筆記，描写等
6	どう対応する	まとめる，まとめない

出典：斎藤（2017, p.30）を参考にして作成

13-4 アクティブラーニング型英語授業評価について

アクティブラーニング型授業を行うことで，以前と大きく違うのは，評価の部分だと考えられます。多様なアセスメントや

評価方法がありますが，例えば，①試験：協同／個人，②クイズ：協同／個人，③プロジェクトやプレゼンテーション評価といった形態のアセスメントが考えられます。また，評価に関していえば，①自己評価，②ピア評価，③教員からの評価が考えられるかと思います。どの段階（いつ）で，誰が（評価主体），何を（評価対象），どのように（評価方法）評価するのか考えていかなくてはいけません。

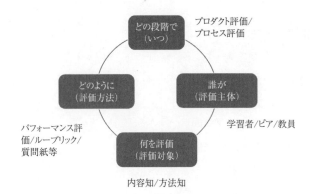

図13.3　評価の枠組み

このような学習評価を行うことを可能にする意味でも，学習のポートフォリオ化が今後，必要になると考えられます。アクティブラーニング型学習は準備がたいへんということも耳にすることがあるかもしれませんが，小さな単位でのアクティブラーニング型タスクの積み重ねによって，授業全体がより能動的になると考えられ，学習者の他者との関わりというのは従来の学習方法よりも活発すると考えられます。そのためには，学習者同士の協同も大切ですが，一貫したアクティブラーニング型英語カリキュラムの構築に向けた，英語教員同士の協同がきわめて重要といえます。

▶POST-LEARNING ▶▶▶

1．アクティブラーニングの定義，種類をまとめてみましょう。
2．Pre-learningで作成したタイムラインを振り返りながら，なぜ今，アクティブラーニングが必要なのか考えてみましょう。
3．自分の学習をJ-POSTLを参考に振り返ってみましょう。

参考文献

松下佳代「アクティブラーニングをどう評価するか」松下佳代・石井英真編（2017）『アクティブラーニングの評価』東信堂

溝畑保之「英語におけるアクティブラーニング」溝上慎一編（2017）『高等学校におけるアクティブラーニング—実例編』東信堂.

溝上慎一（2014）『アクティブラーニングと教授学習パラダイムの転換』東信堂

安永悟「協同学習による授業デザイン：構造化を意識して」安永悟・門田一彦・水野正裕朗編（2017）『アクティブラーニングの技法・デザイン』東信堂

Baeplar, P., Walker, J.D. Brooks, D.C., Saichaie, K. & Petersen, C.I. (2016). *A guide to teaching in the active learning classroom: History, research and practice*. Sterling, VA: Stylus Publishing, LLC.

D. W. ジョンソン・R. T. ジョンソン・E. J. ホルベック／石田裕久・梅原巳代子訳（2010）『学習の輪：学び合いの協同教育入門』二瓶社

14　代表的な教授法

▶PRE-LEARNING▶▶▶

Task 1：中・高時代に学校で受けた英語の授業の特徴をまとめてみましょう。
Task 2：英語の教師になったときに実践したいと思う授業はどのようなものですか。
Task 3：以下の用語の意味を調べておきましょう。

　　＊GTM　＊Audio-Lingual Method　＊The Oral Method　＊CLT　＊The Suggestopedia
　　＊CLL　＊Task-Based Syllabus　＊CLIL　＊EMI

▶IN-LEARNING▶▶▶

　英語教育史研究の第一人者である伊村元道（2011）は，本書の前身となる『新版英語科教育法』の第11章「代表的な教授法」において，外国語の教授法の歴史を，下図のとおり，GT，AL，PALの3期に分け説明しています。

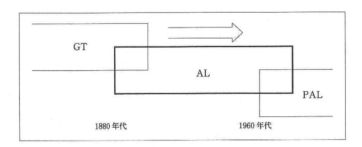

GT：Grammar-Translation Method（文法・翻訳教授法）

AL：Audio-Lingual Method（オーディオ・リンガル教授法）

PAL：Post-Audio-Lingual Method（AL以降の新しい教授法）

　伊村は，「図ではGT法はもちろん，AL法もすでにその歴史的使命を終えたかのように示されていますが，私たちの周囲を少しよく見ればすぐわかるように，AL法はもちろんのこと，GT法さえもまだ現役であることがわかります。しかし，教授法の流れが左から右へという方向に進んでいることは，誰も否定はできないでしょう。したがって，これらを時代区分ととって，第1期，第2期，第3期というふうに呼ぶこともできるでしょうし，これら3つを現在行われている教授法のおおまかな分類と考えても結構です」と説明します。このGT⇒AL⇒PALと過去から未来に向かうベクトルは，「内容理解の重視」⇒「形式の重視」⇒「意味伝達（コミュニケーション）の重視」と解釈することができます。

　時代は「コミュニケーション能力の育成」を大前提としながら，意味ある言語活動を通して「課題解決能力（知識・方法論）」をいかに育てうるかに応える教授法を求めています。よって，外国語教育の特徴をContent-driven（内容重視）と

```
Content-driven                                                    Language-driven
◄─────────────────────────────────────────────────────────────────────────►
Total      CLIL    Partial     Sheltered   Adjunct   Theme-based   Language classes with
immersion          immersion   courses     model     courses       frequent use of content
                                                                   for language practice
```

Language-driven（言語重視）の両極から捉え，目的との関係から，上図のどこに位置づけられるかを検討することが重要になってくるでしょう。イマージョンやCLILは「内容重視」ですが，その実効を保証するには，伝達媒体としての言語そのものが同時に育っていることが重要です。

Teaching English as a Second or Foreign Language（2014, p.439）National Geographic Learning に掲載の図に Dr. Margaret Gearon と Dr. Russell Cross（メルボルン大学大学院）の助言（2017年11月）をもとに CLIL を挿入

14-1 Grammar Translation Method

Grammar Translation Method（以下，GTM）はラテン語やギリシャ語を学ぶために編み出された教授法で，20世紀前半に世界中で広く用いられていた指導法です。

14-1-1 特　徴

1．第一の指導目標は，文学作品を読む言語能力の育成です。
2．読み書き能力の育成が中心です。
3．指導のための語彙は，文学作品のなかから選択します。
4．センテンスを指導と学習の基本ユニットとして訳します。
5．文法的正確さを重視します。
6．文法は演繹的に提示・指導します。
7．指導には学習者の母語を用います。

14-1-2 長　所

文法規則の正確な理解と活用，広く豊富な語彙知識を教える指導法であるため，今でも廃れることはなく，文学作品や哲学の深い理解，海外の科学技術を学ぶために用いられます。

14-1-3 短　所（課題）

GTMは心理学，言語学，教育学などの科学的な裏づけがないと批判され，学習者の動機づけに関する記述は見当たりません。受身的な学習になるとの批判もあります。音声言語は指導の中心ではないため，話す・聞く力の育成は困難で，「翻訳」

と「読むこと」の混同が起こりやすく,「訳せれば読める」と誤解しやすいという問題も起こっています。

しかし,文学作品の翻訳はこれからも需要があります。今後は,GTMの長所を生かしてほかの指導法に取り入れることを検討することが考えられます。以下は現代の需要に見合う例です。

① Focus on form：タスクを中心とした学習の際,生徒が間違えた文法項目や語彙に焦点を当てた指導（Fotos, 2005）。
② Grammar Communication task：語彙の選択や文法使用を正確に行うためにペアやグループで行うタスク（Pica, 2010）。
③ リメディアルのためのCALLプログラム（Adamson, 2004）。

14-2 Audio-Lingual Methods

Audio-Lingual Methodは,第二次世界大戦中に米国軍人対象に会話力の短期間育成のために編み出された外国語指導法に端を発しています。戦後は一般人対象にも用いられました。

14-2-1 特　徴

1．口頭練習を中心に短期集中で指導する点が画期的です。
2．言語指導法としては初めて科学的学問に基づき,行動心理学,構造言語学,対照言語学に拠るところが大でした。
3．言語は習慣形成（habit formation）であるとの考えに基づき,①ダイアログの模倣と暗記（mimicry and memorization）,②ノーマルスピードで文型の口頭ドリルを過剰学習（over learning）し,刺激に反応する訓練を行いました。
4．教材は母語話者による日常のダイアログでした。
5．語彙は日常生活に頻出するものでした。
6．文法説明はほとんどなく,学習者は口頭訓練で使う多くの言語サンプルから演繹的に文法規則を学びとりました。
7．学習者が言語的誤りを発したときは,即,その場で訂正され,誤りを極力避ける指導が行われました。

The Army Specialized Training Program：戦後,日本に紹介されると「オーラル・アプローチ」と呼ばれるようになった

14-2-2 長　所
1．発音と文法の正確さを重視し，言語の正確さを発達させることができました。
2．文型の過剰学習と自動的反応の訓練を徹底したため，流暢さが育成できました。つまり，学習者は，話しかけられたら即座に正確な英語で答えられるようになりました。
3．文法，文型はわかりやすい順番に提示されたので，学習者は文法規則を演繹的に学びとることができました。

14-2-3 短　所（課題）
　言語指導の場では，言語が表す意味や場面状況から切り離して，文型操作が行われることが多いと，したがって学習者が「話す」ことばは言語本来の伝達機能のための「話す」行為ではなかった批判はあります。しかし，母語話者をインフォーマントとして用いる特徴を生かせば，視聴覚教材の開発に生かすことができると思われます。

14-3 The Oral Method
14-3-1 背　景
　文法を重視し，外国語を母語に翻訳することを主たる目的とした旧教授法（Grammar Translation Method）に対して，音声を重視する近代的教授法一般をオーラル・メソッドと呼びますが，ここでは，The Oral Method の創始者といわれる H.E. Palmer（1877-1949）の考えを説明します。オーラル・メソッドは，幼児が母語を習得する場合の経験を再生させようとする点においては，Natural Method に通じるものがあり，母語の使用を可能なかぎり避けようとする点においては，Direct Method に通じるものがあるといえます。パーマーは，スイスの言語学者ソシュール（Ferdinand de Saussure）の言語理論の影響を受け，言語を体系・規範としての言語（language as code）と運用としての言語（language as speech）としました。前者の言語体系は，文法や語彙のことで，「言語材料」に相当し，後者の言語運用とは，文法や語彙を具体的な場面において実際に使用する理解・発表活動のことで，「言語活動」に相当します。

「The Oral Method」『現代教授法総覧』大修館書店

第15章「英語教授法の歴史 1.オーラル・メソッド」『英語科教育法入門』学文社

14-3-2 特　徴

　パーマーは外国語学習の段階を「了解」(identification),「融合」(fusion),「総合活用」(operation) の3段階に分け説明します。「了解」は,外国語の発音や文字の表す意味と母語でそれを表している言葉とを結びつけて理解することです。「融合」は,了解の段階で外国語の意味がわかる,あるいは母語に相当する外国語がわかるようになれば,それを徹底的に反復練習して,外国語と意味が融け合って完全に一体化するようにすることです。「総合活用」は,機械的に習得した文をさまざまな状況に適応させて活用することで,実際的な運用の段階をさします。このなかで,パーマーは特に「融合」の段階の重要性を強調しました。それは,従来の外国語教授法上の重大な誤解の1つが「了解」の段階で言語習得の作業が完了したものと考えことにあるとの指摘に由来します。

14-3-3 課　題

1．実演的に教えるため生徒の理解が正確でないことが起こる。実演による説明 (oral introduction) に時間がかかりすぎる。
2．口頭作業が中心で読み書きの指導が不足する。
3．生徒が主体的に創造的な発話をする機会が少ない。
4．教師の話す時間が多く,生徒の話す時間が少ない。以上のような指摘が従来よりあるが,ICTの進捗により電子教材を電子黒板を用いて行うなど技術論的改善は飛躍的に進むでしょう。課題は授業を「総合活用」の場にすることです。

14-4 Communicative Language Teaching

14-4-1 特　徴

　目標言語をコミュニケーションの手段として使えるようにするために実際の場面を想定した言語活動を行い,最終的にはコミュニケーション能力の育成を目標とする教授法の総称でCLT（コミュニカティブ言語教授法）あるいは,コミュニカティブ・アプローチ (communicative approach) とも呼ばれます。Hymes (1972) が提唱したコミュニケーション能力 (communicative competence) の規定概念が,CLTの発展に大きく影響を与えました。Canale (1983) の伝達能力の記述モ

> 本書の理論編1-5-3のCanale (1983) を参照のこと

デルはHymesの考えを具体化したものと考えられます。実際には，Wilkins（1976）がヨーロッパ協議会（Council of Europe）に提出した報告書（1972）の骨子をまとめたNotional Syllabusesを出版し，そのなかで，伝達能力を育てる言語教育を推進するためには従来の文法・構造中心のシラバス（教授細目）ではない，言葉の機能あるいは伝達目的に着目した「概念・機能シラバス」が必要であることをうたったところからコミュニケーションを授業の中核に据えた指導法が多く発表されました。CLTの共通特徴は以下の6点に集約されます。

1．現実の言語使用（use）に力点をおいた機能的言語観。言語の構造よりもその構造を用いて何ができるかが注目されます。談話の重視。
2．文法や場面ではなく，機能（function=what we talk for）と，概念（notion=what we talk about）を中心にしたシラバス構成。
3．学習者の認知力や分析力を重視した学習者中心の言語学習観。
4．学習者のneeds-analysisを出発点とします。言語構造の全体像よりも学習者が必要とする事項を教えます。
5．学習者のneedsに合致した授業設計を行います。
6．言語学習を現実の言語使用（authentic use of language）に接近させます。

CLTの言語活動に必要な諸要素は，① Information gap，② Choice，③ Feedbackの3点です。具体的には，課題（task）に基づいて課題解決（problem-solving）を果たしながら，総合的なスキル（4技能および4技能の統合）を身につけていくような活動を行います。

14-4-2 課題

CLTの課題は，これまで学習効果を測定する評価方法が十分には確立されていないことと，授業が伝達中心になるため文法指導が軽視されがちになることが指摘されてきましたが，前者はAI（人口知能）研究の成果としての4技能測定が可能となりつつあること，後者は4技能を統合する指導法のなかで構造の定着と強化を図る指導法を推進することで相当な部分は補

Information gap：AとBとの間に情報の差があること
Chioice：話し手に何をどういうかについての選択の自由があること
Feedback：相手の反応を判断して自分の話し方を調整すること

完されることが期待されます。

14-5 The Suggestopedia

14-5-1 特　徴

　暗示学（suggestology）の原理を外国語教育に応用した方法で，学習への障害となる事項を脱暗示により取り除くことで，飛躍的に学習が進むと主張する精神生理学的仮説に依拠した法則を基礎とする方法です。この方法では，学習を意識的に行うレベルから無意識的に行うレベルにもち込み，無意識の状態をつくり出すことで学習を促進することを企図しています。授業は，次の3段階で展開されます。

1. Pre-session：15〜20分の新教材を導入する段階で，学習者はクラシック音楽を聞きながら，教師が教材本文を音読するのを聞いたり，単語の発音・意味や文法の簡単な説明を聞きます。教師は学習者に，学習が容易で楽しいことを示唆し，学習者は多量の学習事項を記憶する段階です。

2. Session：45分から成り，教師はクラシック音楽のリズムに合わせて教材本文を朗読し，学習者は教師が読んだ文を再生したり，聞いた文を用いて新しい文をつくることなどを行う段階です。教師の朗読は，さまざまな抑揚をつけて行われます。

3. Post-session：上記2. Session 終了後にとる休憩のあと，クラシック音楽を聞きながら行われる教材理解や定着をはかる段階で，学習者は　歌・ゲーム・質疑応答・与えられたテーマでの会話・ロールプレイなどを行います。

14-5-2 長　所

　緊張や不安等の精神的ストレスを軽減したなかで授業が行われるため，リラックスして楽しく外国語を学習できることに加え，多様なコミュニケーション活動が行われるため，自然と外国語を使うことができるようになります。

14-5-3 課　題

　教師は学習者に暗示をかける必要があるため，その技術を身につけなければ授業ができません。また，上記1.〜3.の一連

ブルガリアの精神科医ロザノフ（Lozanov, Georgi）により提唱された教授法である

暗示学：暗示が人間の身体と精神にどのような機能を果たしうるかを研究する学問である。次に示す3つの教授理論に基づく教授法である。①学習者に集中的に精神安楽状態（学習への緊張・不安・恐怖・抵抗感・不適切な先入観等を取り除き，学習に適切な精神状態）を与えること。②学習活動は，意識的・無意識的レベルの両方で脳の活動の統合（脳の活動は分析・統合を繰り返しており，たとえば，文を単語に分割して教えることは脳の活動に合致していないため不自然であり，文全体が表す意味やコミュニケーションの側面に学習者の主な注意を向けるよう促し，同時に発音・語彙・文法にも少しの間注意を払わせる等）をはかるようにすること。③学習者の潜在能力（学習者が無意識のレベルでもっている能力や使用されたことがない能力）を暗示により引き出し開発すること

の流れを完結するためには1回の授業時間が相当程度必要となることに加え，音楽を聞きながらリラックスできる教室環境の整備や少人数（10～15人）による授業が必要となるため，学校教育で実施することには困難が伴います。

14-6 Community Language Learning

14-6-1 特　徴

別名 The Counseling Method とも呼ばれ，学習コミュニティーの形成によるカウンセリング心理学（counseling psychology）の原理を外国語教育に応用した方法で，学習の場（教室）を1つの共同体（community）と考え，教師がカウンセラー（counselor），学習者がクライアント（client）となり，一体となって1つの課題を解決していく学習を志向しています。授業展開例の1つは，以下に手順で行われます。

① 6～8人程度のグループの学習者が車座となり，各自が表現したいことを母国語でいい，教師が背後からそれを目標言語に訳し，学習者がそれを繰り返していい，その箇所を録音します。
② 学習者に，上記①の活動中に感じたことを母国語で話してもらいます。
③ 学習者は①で録音したテープを聞き，それを書き取ります。
④ 学習者は，テープを一文ごとに区切って聞き直し，その文の意味を思い出すことを求められます。
⑤ テープ全体を聞き直しながら，必要に応じて教師はテープの文を板書したり，文型・文法などの説明を加え，学習者は板書を書き写します。

14-6-2 長　所

学習活動は話すことを主体とした言語活動であるため，コミュニケーション能力を身につけやすい環境が準備されます。また，学習者は自律して学習することの意味を理解しながら，自らの発話を分析することで成長していきます。さらに，教室空間が学習共同体として機能することになるため，学習者はその構成員としてともに学ぶ仲間の長所や短所を意識し，1つのチ

シカゴ Loyola 大学の心理学教授（カウンセリングの専門家）であったカーラン（Curran, Charles A.）により開発された教授法である

学習過程：① Embryonic Stage ⇒教師がモデルを示さなければ，目標言語を話せない時期。② Self-assertive Stage ⇒目標言語の表現を聞きながら文を覚え，単純な文を使えるようになり始める時期。③ Birth Stage ⇒教師の援助を嫌い，学習者自身の表現を使ってみたくなる時期。④ Adolescent Stage ⇒教師の援助で学習が促進されることを認識し，援助を積極的に受け入れようとする時期。⑤ Independent Stage ⇒教師から完全に独立して自由にコミュニケーションを取れるものの，修正や洗練の必要性が残っている段階

ームとして活動することを志向するようになります。

14-6-3 課題

教師は外国語を話す能力に長け，かつカウンセリングの技術に通じていることが求められるため，誰もがこの教授法で指導できるわけではありません。また，少人数で授業を行うことが必要であるため，学校教育で実施することには困難が伴います。さらに，グループ学習を好まない学習者が取り残されたり，発話が一部の学習者に偏ることも懸念されます。

14-7 Task-Based Syllabus

14-7-1 特徴

Communicative Language Teaching（以下，CLT）の流れから生まれた方法です。Prabhu による The Bangalore Project に見られる Procedural Syllabus は，CLT の延長線上に位置づけられているだけでなく，task を用いたシラバスとしても知られ，別名 Task-Based Syllabus とも呼ばれることから，両者はほぼ同様の内容を表しています。Task-Based Syllabus は，シラバスという言葉が用いられていることから理解できるように，元来 task を中心に構成されたシラバスをさしていましたが，現在では一般的に Task-Based Syllabus に基づいて行われる英語教育の方法（教授法）を意味するようになっています。

14-7-2 長所

①コミュニケーションの目的を達成するために，学習者は task を処理する過程で自らの言語能力を最大限に利用し発揮することになります。②到達目標が非言語的な事項に設定されているので，学習者は task 完成に向け自発的に多様な方法を駆使するため，学習が促進される結果に繋がります。③ペアーやグループを形成し，複数の学習者と協力して task を処理する場合，お互いが用いる目標言語を理解し，かつお互いに目標言語を理解させようとする過程（意味のやり取り；negotiation of meaning）を通して，学習者は目標言語を疑似体験的に使用する機会を得られるだけでなく，目標言語の形式面の習得も促進されることになります。

Procedural syllabus：Prabhu, N. S. による Second Language Pedagogy を参照のこと。外国語教育におけるシラバス構成の原理は，Nunan, D., Syllabus Design に詳しく記されている

task（タスク）：コミュニケーション活動のために行う課題・問題・活動・作業をさす。たとえば，鉄道の路線図・時刻表・料金表用いた活動，電話のやり取りを通じて情報を入手する活動，口頭での指示を聞き地図を描く活動など，目標言語（target language）を使いある課題を完成させることや問題を解決することを志向した活動が該当する。タスクの処理は，ペアー・ワークやグループ活動により行われ，学習者相互のインターアクション（interaction）が重視される

14-7-3 課題

1. 文法項目の難易度決定以上にtaskのそれを決定することは困難であり、シラバス作成におけるtaskの配列順序の設定むずかしくなります。
2. taskの処理を完成することが目的となり、目標言語の形式面（音声・語彙・文法）は構わない（問わない）、言い換えれば「通じさえすればよい」という発想を助長する危険性があります。
3. 言語の核（core）に文法が存在しているにもかかわらず、文法学習をtaskの処理過程とどのように関係づけることが望ましいかについては、明確にすることがむずかしい状況です。

14-8 CLIL

14-8-1 CLIL（内容言語統合型学習）とは

CLILはContent and Language Integrated Learningの略で、ヨーロッパで広く実施されている社会や理科などの「教科」を母語以外の外国語を用いて教える指導法で教科（content）の学習と外国語（language）の習得を同時に達成する目的をもった教育方法をさします。1994年に提唱され、1996年に開始。

内容教科を学習者の母語以外の言語で教えることで、言語の知識が教科内容理解の手段となります。言語が教育課程のなかに統合され、自然な言語使用のなかでその学習も促進され、教科横断的な教育理念に基づき、ある文脈のなかで習得された知識・技能を異なった文脈における学習に活用することで、両者の統合的な進展を促します。CLILは対象外国語のみを用いたものから学習者の母語をかなり交えた指導まで、地域、指導者、対象学習者によってその具体像は多様です。実際の指導にはEFLで用いられている多くの手法が用いられていて、アメリカ、カナダで実施されているイマージョン教育（immersion program）を含む内容中心教授法（Content-Based Instruction）と共通部分を多く有しています。

国内におけるCLILの具体的な指導例は、本書の理論編13の「CLILと協調学習」を参照

多重知能（MI）理論：論理・数学的知能身体・運動的知能・音楽的知能・博物学的知能・言語的知能・内省的知能・視覚・空間的知能・対人的知能

14-8-2 特徴

CLILは重要な指針としてまた教育の対象として「4つのC」(4Cs) を設定しています。Content（科目やトピック）、Communication（語彙・文法・発音などの言語知識や，4技能等の言語スキル），Cognition（さまざまなレベルの思考力），CommunityまたはCulture（共同学習，異文化理解，地球市民意識）です。CLILは，この4つのCを統合した形で言語教育の質を最大限高めることをめざします。学習者・教師双方にとっての利点としては多重知能（multiple intelligence）への働きかけが考えられます（和泉，2016）。人間の知能は少なくとも8つの分野を有し，人によってその強みや弱みは異なる。それぞれの知能は，単独ではなく，複合的に働き，知能同士が補い合うなかで，自分の可能性を引き出すものであるという考えで，CLILの重要な理論背景になっています。

14-8-3　課題―今後の発展を願って

1．Content-driven（内容重視）― Language-driven（言語重視）において，母語の使用を段階を経て目標言語に置き換えるための指標設定。
2．内容理解度ならびに目標言語の熟達度に係る教育効果測定の実施。
3．ほかの教授法（とくにImmersion program（total・partial）との相対比較。
4．CLIL教師の条件の設定および評価方法（内容・言語）の提案。

14-9 English Medium Instruction（EMI）

14-9-1　EMIとは

　English Medium Instruction（EMI）とは，広義では英語を母国語としない国が提供する国際共通語としての英語による授業運営をさします。狭義には，国によってEMIを導入するさまざまな背景や目的が異なることもあり，明確な教授法としての定義はまだ確立されていません。しかし，近年の国際化やインターネットによる英語使用の拡大，国際バカロレア校やインターナショナルスクールの増加，さらに世界中で留学を推奨する動きがあることを背景に，EMIによる高等教育（大学や大学院）での専門的でアカデミックな授業の需要と供給が世界中で急速に高まっています。

> 国際共通語としての英語（English as a Lingua Franca）：この理解を深めることの大切さは，中学校・高等学校学習指導要領でも明記している

14-9-2　EMIの現状

しかし，EMIは確立した教授法ではないため，問題も多く存在しています。例えば，大学では次のような懸念点が世界的にあげられています。

1．母国語が異なる学生が同じ教室で学ぶ場合，授業内容の理解度が学生間で異なるかもしれない。
2．母語と同等レベルの専門的知識が習得できないのでは。
3．EMIで学んだ専門用語は母語では利用できないのでは。
4．留学先の言語や文化を学ぶ機会喪失につながるのでは。
5．英語を母語としない教師の英語力はどの程度必要なのか。
6．英語の技能を学ぶ機会がないEMIで英語力は伸びるのか。

14-9-3　EMIの課題

さまざまな懸念点があるものの，EMIは今後さらに増加すると考えられています。日本におけるEMI実践では次のような授業方法案が考えられます。

1．専門分野の英語映像教材を予習，復習に利用する。
2．文字情報だけでなく，視覚情報を多用し理解を促す。
3．日本への留学生と日本人学生との交流を増やす。
4．専門分野の論文を読んだり，書いたりする。
5．英語教師との連携で学生の英語力も伸ばす。

> **予習**：代表的な予習授業形態に反転学習がある。講義は教室ではなく，家庭での映像教材で生徒個々のペースで理解をし，教室はほかの学生とアクティブ・ラーニングをする形態である

▶POST-LEARNING ▶▶▶

1．それぞれの教授法の特徴を一覧表にして比較してみましょう。
2．それぞれの教授法は，Content-driven（内容重視）－ Language-driven（言語重視）の前掲図（p.201）のどこに位置するか考えてみましょう。

参考文献

和泉伸一（2016）『フォーカス・オン・フォームとCLILの英語授業』アルク
伊藤嘉一（1984）『英語教授法のすべて』大修館書店
佐野富士子（1995）「The Oral Approach（オーラル・アプローチ）」田崎清忠・佐野富士子編『現代英語教授法総覧』大修館書店, pp. 59-69
米山朝二（2011）『新編英語教育指導法事典』研究社
Adamson, B.（2004）Fashions in language teaching methodology. In A. Davies and C. Elder（Eds），*The handbook of applied linguistics*, pp.604-622.
Benson, D., & Schulz, R.（1980）Methodological trends in college foreign language instruction. *The Modern Language Journal* 64（1），88-96.
Celce-Murcia, M.（2014）. An overview of language teaching methods and approaches. In M. Celce-Murcia, D.M. Brinton, and

M. A. Snow (Eds.) *Teaching English as a second or foreign language*, 4th edition, pp. 2-14.

Fotos, S. (2005) Traditional and grammar translation methods for second language teaching. In e. Hinkel (Ed.), *Handbook of research in second language teaching and learning*, pp.653-670.

Macaro, E. (2018) *English Medium Instruction. Language and content in policy and practice*. Oxford University Press.

Pica, T. (2010) Task-based teaching and learning. In B. Spolsky & F. M. Hult (eds), *The handbook of educational linguistics*, pp.525-538.

Richards & Rodgers (2014) *ibid.*, p.7.

Richards & Rodgers (2014) ibid., pp.58-59.

Richards, J.C. & Rodgers, T.S. (2014) *Approaches and methods in language teaching: A description and analysis*.pp.6-7, Cambridge University Press.

Rivers, W. (1981) *Teaching foreign-language skills*, 2nd ed. Chicago, IL: The University of Chicago Press.

15 EGP 教育から ESP 教育へ

▶PRE-LEARNING ▶▶▶

Task 1：ESP におけるジャンルとは何かを考えてみましょう。
Task 2：ESP を中等教育で実践する条件とは何でしょうか。
Task 3：以下の用語の意味を調べておきましょう。
　　＊ジャンル　＊(プロフェッショナル・)ディスコース・コミュニティ　＊職業目的のための英語
　　＊学術目的のための英語

▶IN-LEARNING ▶▶▶

　本章では，各章で述べてきたいわば English for General Purposes（一般目的のための英語（に関する研究および実践）。以下，EGP）という視点で捉えてきた日本の英語教育を，English for Specific Purposes（特定目的のための英語（に関する研究および実践）；以下，ESP）という視点で捉え直した場合どうなるのか，EGP と ESP の接点をどう理解し，どのように生徒を導いていくことが可能なのかを検討します。

15-1 ESP の理解

15-1-1　ESP の種類— ESP と EGP

　1960年代にアフリカなどの旧大英帝国連邦において，「学習者の目標や現実に即したコースを考案し，教授法を整備する」というより実用的な観点が主張されるようになってきたことに ESP は始まるとされています（ESP の歴史に関しては深山，2000；寺内他，2010を参照）。

　ESP は「特定目的のための英語（に関する研究および実践）」，あるいは「専門英語教育（あるいは研究）」と呼ばれるのが一般的です。そしてこの ESP は，EGP とよく比較されます。その際，「EGP もよくわからないのになぜ ESP を教育するのか」という声があります（野口，2009）。初等・中等教育，またはそれ以上の高等教育までをも含むべきものを EGP，そして，それ以上の非常に特殊なものを ESP として区分していた傾向が日本にあることは否定できません。いずれにせよ，「ESP とは非常に特殊なものである」という認識が日本にはあり（Morizumi, 1994；深山編，2000；寺内他，2010），少なくとも本書のような『英語科教育法』で扱う範疇に入ったのは本書の改定前の版以外にはほとんどありませんでした。野口（2009）

J-POSTL I-B-1

は，EGPは個人の活動のための英語，個人的に本を読んだり，友人と会話したりするための英語として捉え，いっぽう，ESPは社会活動のための英語で，仕事のためにレポートを書いたり，会議で議論したり，学会でプレゼンテーションしたりするための英語として捉えています。

15-1-2　ESPの種類— EOPとEAP

ESPの種類に関してもう1つの区分法を紹介します。ESPはその使われ方により，English for Occupational Purposes（職業上の目的のための英語；以下，EOP）とEnglish for Academic Purposes（学術的な目的のための英語；以下，EAP）とに区分されるというものです。EOPは医者，弁護士，エンジニアなどの職業専門家のEnglish for Professional Purposes（以下，EPP）と，店員や電話のオペレーターなどの一般的な職業人のためのEnglish for Vocational Purposes（以下，EVP）に，EAPは大学や研究機関で行われるものであり，English for General Academic Purposes（一般学術目的のための英語；以下，EGAP）とEnglish for Specific Academic Purposes（特定学術目的のための英語；以下，ESAP）に再区分されます（このEAPの再区分に関しては田地野・水光，2005を参照）。

J-POSTL　IV-A-1

15-2　ESPにおけるジャンルの重要性

15-2-1　ESPにおけるジャンルの概念

では，英語教育にたずさわる私たちはESPをどのように捉えていくべきなのでしょうか。日本ではあまり認知されてこなかったとされるESPは，海外では応用言語学の一領域として発展してきました（寺内他，2010）。そして，今の時代に受け入れられているESPは，1990年にSwalesが唱えた「ジャンル分析」という観点に立っているかどうかが基本となります。

それでは，その「ジャンル」とは一体何なのでしょうか。人間はさまざまなコミュニティを形成し社会生活を送っています。このコミュニティのなかでは，効率よくやり取りするために，特定の目的，内容，形式をもつコミュニケーションを取り交わしています。ESPはこのコミュニケーションの手段として実

際に使用されている英語をさしているといえます。日常的なものとしては、天気予報、料理のレシピ、昔話、専門的なものとしては、天気予報、ビジネスレター、IR情報、学術論文などで使用される英語があり、これを「ジャンル」といいます（寺内他、2015）。

　ここで重要なのがコミュニティという概念です。学術的には（プロフェッショナル・）ディスコース・コミュニティと呼ばれるある共通の目的のために集まる集団のことで、その目的達成のためのコミュニケーションには、特定のルールやパターンがみられます。その（プロフェッショナル・）ディスコース・コミュニティには、競(せ)りを行う市場のような目に見えるコミュニティもあれば、地域や国境を越えた研究者集団のように、参加するものが直接会わないものもあります（寺内他、2015）。

　こうした目的をもった一連の発話を総称して「テクスト」といい、この「テクスト」は「書き言葉」と「話し言葉」の両方をさし、「ジャンル分析」とは、この（プロフェッショナル・）ディスコース・コミュニティで使用される特定の「テクスト」を「ジャンル」によって識別する方法をいいます。

　ここで、ESPを扱う際に注意しなければならない点をあげておきます。この「ジャンル」と「レジスター（あるいはスタイル）」の違いです。Bloor & Bloor (2013) は「レジスター（あるいはスタイル）」を Variety of a language as determined by social context として、このカテゴリーにはビジネス英語、法律英語、理工系英語、カジュアル英会話などが入るのに対して、「ジャンル」を A type of text identified by its communicative purpose and its conventional form として、先述のように、ビジネスレター、研究レポート、講義、謝罪文、レシピなどが入ります。つまり、ビジネス英語は「レジスター（あるいはスタイル）」であり、「ジャンル」ではないのです。

　いずれにしても、この「ジャンル」という視点を学習者にもたせることがESPにとっては非常に重要になります。

15-2-2　ジャンルの理解のための実践

　今まで述べてきた「ジャンル」という視点に立ってみると、

ESPは決して特殊なものではなく，言語というものがコミュニケーションのために存在すると考えていくことが重要であることがわかります。では，EGPにESPをいかに取り込むことが可能なのか，特に「ジャンル」という視点をいかに生徒にもたせるべきかを学習指導要領の観点も含めて整理してみます。

2018年に改定された「高等学校学習指導要領」の「英語コミュニケーションⅠ」では，多様で具体的なジャンルをあげ，それぞれの目的に応じた読み方を求めており，説明，評論，物語，随筆などを読む場合には，速読したり精読したりするなど目的に応じた読み方をすることができるというのです。このジャンルは，ESPの「ジャンル」という概念に基づいたものと読み替えることが可能です。大事なポイントは読むことにおいても，「評論」と「物語」ではそのコミュニケーションの目的が異なるのです。目的が違うのですから，当然そのコミュニケーションのスタイルは変わってきます。このことを意識させることができるかどうかがESPのポイントであるといえます。

このことに関して，高田（2011）は「検定教科書は語彙数や分量などさまざまな制約のため簡略化されているのです。かえって読みにくい場合があるのです」。さらに，「検定教科書は入念に作られていますが，難点として第1にインプット量が少なく，第2に簡略化されているために文や談話の流れが時に不自然なことがあげられます」という指摘があります。これらは検定教科書そのものを否定しているわけではありませんが，学習者向けではない真性の英語（authentic English）が掲載されていない検定教科書の実情をあらわしているといえます。つまり，語彙の制限などが設けられている検定教科書では，ESPのいうジャンルらしきものは扱うことは可能ですが，そのものを入れることは不可能なのです。

ここで，ジャンルの特定に関する問題に挑戦してみてください。a）～c）はどういったジャンルからきたものかを考えてみましょう（Bloor & Bloor, 2013：16）。

a) Aspirin belongs to a group of medicine called non-steroidal anti-inflammatory drugs. Aspirin thins the blood, which helps reduce the likelihood of heart attacks. These tablets have been especially coated to help minimize stomach upset.

b) The hotel is within walking distance of a few shops and restaurants in Playa de Sun Augustin. This peaceful attractive resort boasts a dark, sandy beach where a wide variety of watersports are available.

c) Heat the oil in a saucepan, add the rice and stir until it becomes translucent. Add the coconut milk, bay leaf and salt. Bring to the boil and cook until all the liquid is absorbed. Stir in chopped coriander leaves and chopped green peppers. Fork through the rice and serve with mashed hand-boiled egg.

おわかりのように，a）はアスピリンの説明書，b）はパッケージツアーの広告，c）は雑誌に出ていた料理のレシピです。こうしたものは生徒たちの日常生活において容易にふれることが可能なのでジャンルを意識させるのにとても有用なものとなります。

もう1つ例をあげますと（野口，2008），下の英文は取り扱っている内容は同じなのですが，ジャンルが違うものです。

左はロイターと書かれているからわかるように新聞記事で，右は学術雑誌に掲載されているものです。タイトルから情報の発信の仕方，使われる単語まで違いがあることが明らかですね。こうしたジャンルの違いによりテクストのパターンが異なって

Two texts: similar subjects, different genres　野口（2008）

Eyes lock on different letters when reading
YORK (Reuters) - When we read our eyes lock on to different letters in the same word instead of scanning a page smoothly from left to right as previously thought, researchers said on Monday.
Using sophisticated eye tracking equipment, the team looked at letters within a word and found that people combined parts of a word that were on average two letters apart, said Simon Liversedge, a cognitive psychologist at the University of Southampton.

- **Lexical and Sublexical Influences on Eye Movements During Reading**
  Simon P. Liversedge and Hazel I. Blythe, University of Southampton (March 2007)
- **In this paper,** we briefly review some recent studies that have clearly demonstrated the importance of lexical factors on eye movements during reading. We introduce the reader to eye-movement recording and explain its importance within the field of experimental psychology as a tool with which we can examine the psychological processes underlying reading. We then provide a summary of (mainly) eye-movement experiments in three areas: reading disappearing text, reading text with transposed letters, and morphological processing of compound words. Throughout the paper our central claim is that processes associated with lexical identification exert a strong and quite immediate effect on eye-movement behaviour during reading.

くることを生徒にも認識させることが非常に重要なのだと野口（2008）は力説しています。

　こうしたジャンルの違いを整理するために，野口（2002）はPAIL分析の手法を提唱しています。PAILとはPurpose（目的）「どんな目的で書かれているか」，Audience（読み手・聴衆）「誰のために書かれて」，Information（情報・内容）「どんな情報が含まれているか」，Language（言語）「使用言語上の特徴は何か」の4つの単語の頭文字をとったものです。このPAILの視点で上記の2つの文を分析すると，I（情報・内容）は一緒なのですが，P（目的）とA（読み手・聴衆）が違うために，当然L（言語）が異なっているというのがおわかりになると思います。生徒たちにこの視点をもたせることがEGPとESPの接点でもあるといえるのではないでしょうか。

15-2-3　学習指導要領という視点

　最後に，ESPとEGPの接点を，小学校，中学校，高等学校の2017・2018年版学習指導要領の視点からみてみたいと思います。

　竹内（2016）は，将来が予想できない未来に対応するために，社会の変化に受け身で対処するのではなく，それに主体的に向き合って関わりあい，他者と協働しながら解決してく力が大切で，そういった人材を育成することが学習指導要領の根本にあると述べています。

　ESPに関していえば，高等学校の学習指導要領における授業形態の言語活動の高度化（発表，討論，交渉）をめざすというのが，まさにESPのジャンルの視点からの教育が推奨されることが可能となったともいえるのかもしれません。

　そして，2017・2018年版学習指導要領はCEFRのような「外国語学習の到達度を示す指標」を作成し，その検証の必要性が強調されています。そのCEFRの考え方のなかに，「言語の学習の仕方をマスターしてさえすれば，どこの国に行ってもその言語を身につけることができる」というのがあります。さらに，1人の人間がもっている言語能力がすべて量的にも質的にも同じものでないので，1つの言語においてさえ，「書く」のと「読む」ことで差を認め，同じ「書く」においても，「新聞記事」「学術論文」と「日記」を書くということで差を認めるという

J-POSTL IV-B-1

J-POSTL V-C-5

ことがあります。これはまさにESPのいうジャンルそのものです。ジャンルが違うのだからその書き方が異なってくるのは当然なのです。

　ESPは特殊なものでは決してありません。「ジャンル」を意識したコミュニケーションの1つのアプローチだと考えることも可能です。少しだけ目線や視点を変えるだけで，ESPというものがみえてくることを期待しています。挑戦してみてください。

▶POST-LEARNING ▶▶▶

1．ESPについてジャンル，ディスコース・コミュニティという用語を入れて800字でまとめてみましょう。
2．同じI（情報・内容）が，P（目的）とA（読み手・聴衆）が違うことによりL（言語）使用が異なる例を探しましょう。

参考文献
深山晶子編（2000）『ESPの理論と実践』三修社
野口ジュディー（2008）「ESPからEGPへ―専門英語の手法で一般英語も上達！」大阪大学工学部ESPシンポジウム『大学英語教育のフロンティア―専門英語教育からの挑戦―』発表資料
野口ジュディー（2009）「ESPのすすめ―応用言語学から見たESPの概念と必要性」福井希一・野口ジュディー・渡辺紀子編著『ESP的バイリンガルを目指して』大阪大学出版会，1-17頁
高田智子（2011）「読むことの指導」木村松雄編『新版英語科教育法―小中高の連携―EGPからESPへ』学文社，62-80頁
竹内理「今，英語教育に求められていることは―方向性を定めるために」2016年度JACET英語教育セミナー（青山学院大学）配布資料，2016年
田地野彰・水光雅則（2005）「大学英語教育への提言」竹蓋幸生・水光雅則編『これからの大学英語教育』岩波書店
寺内一・山内ひさ子・野口ジュディー・笹島茂編（2010）『21世紀のESP－新しいESP理論の構築と実践』大修館書店
寺内一監／藤田玲子・内藤永編（2015）『ビジネスミーティング英語力』朝日出版社
Bloor, T. & Bloor, M.（2013）*The Functional Analysis of English*（Third edition）. N.Y.: Routledge.
Morizumi, M.（1994）On correlation between LGP and LSP in Japan. In Kho, R.（Ed.）. *The Practice of LSP: Perspectives, Pragmatics and Projects*. Singapore: SEAMEO Regional Language Centre. pp. 143-156.
Munby, J.（1978）*Syllabus Design*. Cambridge: CUP.
Swales, J. M.（1990）*Genre Analysis: English in Academic and Research Settings*. Cambridge: CUP.

巻末資料 1. J-POSTL 項目一覧

凡例：無印：教職課程履修学生用／[N]：初任教師用

I．教育環境 Context

A．教育課程（Curriculum）
1. 学習指導要領に記述された内容を理解できる。

B．目標とニーズ（Aims and Needs）
1. 英語を学習することの意義を理解できる。
2. 学習指導要領と学習者のニーズに基づいて到達目標を考慮できる。
3. 学習者が英語を学習する動機を考慮できる。
4. 学習者の知的関心を考慮できる。
5. 学習者の達成感を考慮できる。

C．言語教師の役割（The Role of the Language Teacher）
1. 学習者と保護者に対して英語学習の意義や利点を説明できる。
2. 学習者の母語の知識に配慮し，英語を指導する際にそれを活用できる。
3. 理論を理解して，自分の授業を批判的に評価できる。
4. 学習者からのフィードバックや学習の成果に基づいて，自分の授業を批判的に評価し，状況に合わせて変えることができる。
5. 他の実習生や指導教諭からのフィードバックを受け入れ，自分の授業に反映できる。
6. 他の実習生の授業を観察し，建設的にフィードバックできる。
7. 計画・実行・反省の手順で，学習者や授業に関する課題を認識できる。
8. 授業や学習に関連した情報を収集できる。

D．組織の設備と制約（Institutional Resources and Constraints）
1. 実習校における設備や教育機器を，授業などで状況に応じて活用できる。

II．教授法 Methodology

A．スピーキング活動（Speaking/Spoken Interaction）
1. 学習者をスピーキング活動に積極的に参加させるために，協力的な雰囲気を作り出し，具体的な言語使用場面を設定できる。
2. 自分の意見，身の回りのことおよび自国の文化などについて伝える力を育成するための活動を設定できる。
3. 発表や討論などができる力を育成するための活動を設定できる。[N]
4. つなぎ言葉，あいづちなどを効果的に使って，相手とインタラクションができる力を育成するための活動を設定できる。[N]
5. 強勢，リズム，イントネーションなどを身につけさせるような様々な活動を設定できる。[N]
6. 語彙や文法知識などを用いて正確に話す力を育成するための音声指導ができる。[N]

B．ライティング活動（Writing/Written Interaction）
1. 学習者がライティングの課題のために情報を収集し共有することを支援できる。
2. 学習者が持っているライティング能力を伸ばすために，言語の使用場面と言語の働きに応じた指導ができる。[N]
3. 学習者がEメールなどのやりとりを行うのを支援する活動を設定できる。[N]
4. 学習者がマインドマップやアウトラインを用いて文章を書くための支援ができる。[N]
5. 学習者がまとまりのあるパラグラフやエッセイを書くための支援ができる。[N]
6. 学習者が学習した綴り，語彙や文法などの定着に役立つライティング活動を設定できる。[N]

C．リスニング活動（Listening）
1. 学習者のニーズ，興味・関心，到達度に適した教材を選択できる。
2. 学習者が教材に関心が向くよう，聞く前の活動を計画できる。
3. 学習者がリスニングをする際に，教材のトピックについてもっている関連知識を使って内容を予測するよう指導できる。
4. リスニング・ストラテジー（要旨や特定の情報をつかむなど）の練習と向上のために，様々な学習活動を立案し設定できる。[N]
5. 学習者に英語の話し言葉の特徴に気づかせるような活動を立案し設定できる。[N]

D．リーディング活動（Reading）
1. 学習者のニーズ，興味・関心，到達度に適した教材を選択できる。

2．学習者が教材に関心が向くよう，読む前の活動を設定できる。
   3．学習者が文章を読む際に，教材のトピックについて持っている関連知識を使うよう指導できる。
   4．文章に応じて，音読，黙読，グループリーディングなど適切な読み方を導入できる。
   5．読む目的（スキミング，スキャニングなど）に合わせ，リーディング・ストラテジーの練習と向上のために様々な活動を展開できる。[N]
   6．学習者に難語や新語に対処する様々なストラテジーを身につけさせるよう支援できる。[N]
   7．リーディングとその他のスキルを関連づけるような様々な読んだ後の活動を選択できる。[N]
 E．文法（Grammar）
   1．学習者に適切な文法書や辞書を提示し，具体的にそれらを引用して説明を行え，またそれらを学習者が使えるように指導できる。
   2．文法は，コミュニケーションを支えるものであるとの認識を持ち，使用場面を提示して，言語活動と関連づけて指導できる。
 F．語彙（Vocabulary）
   1．文脈の中で語彙を学習させ，定着させるための活動を設定できる。
   2．ロングマンの辞書の語彙定義に使われる基本2000語を理解し，それらを使ってさまざまな活動を設定できる。[N]
   3．使用頻度の高い語彙・低い語彙，あるいは受容語彙・発信語彙のいずれであるかを判断し，それらを指導できる。[N]
 G．文化（Culture）
   1．英語学習をとおして，自分たちの文化と異文化に関する興味・関心を呼び起こすような活動を設定できる。

Ⅲ．教授資料の入手先 Resources

 1．学習者の年齢，興味・関心，英語力に適した教科書や教材を選択できる。
 2．学習者の英語力に適した文章や言語活動を教科書から選択できる。
 3．教科書以外の素材（文学作品，新聞，ウェブサイトなど）から，学習者のニーズに応じたリスニングとリーディングの教材を選択できる。
 4．教科書付属の教師用指導書や補助教材にあるアイディア，指導案，教材を利用できる。
 5．学習者に適切な教材や活動を考案できる。
 6．情報検索のためにネットを使えるように学習者を指導できる。
 7．学習者に役に立つ辞書や参考書を推薦できる。[N]

Ⅳ．授業計画 Lesson planning

 A．学習目標の設定（Identification of Learning Objectives）
   1．学習者のニーズと興味・関心を考慮し，学習指導要領の内容に沿った学習目標を設定できる。
   2．年間の指導計画に即して，授業ごとの学習目標を設定できる。
   3．学習者の意欲を高める目標を設定できる。
   4．学習者の能力やニーズに配慮した目標を設定できる。
   5．学習者に学習の振り返りを促す目標を設定できる。
 B．授業内容（Lesson Content）
   1．「聞くこと」「話すこと」「読むこと」「書くこと」の4技能が総合的に取り込まれた指導計画を立案できる。
   2．言語や文化の関わりを理解できるような活動を立案できる。
   3．文法学習や語彙学習をコミュニケーション活動に統合させた指導計画を立案できる。
   4．目標とする学習活動に必要な時間を把握して，指導計画を立案できる。
   5．学習者がこれまでに学習した知識を活用した活動を設定できる。
   6．学習者のやる気や興味・関心を引き出すような活動を設定できる。
   7．学習者の学習スタイルに応じた活動を設定できる。
   8．学習者の反応や意見を，授業計画に反映できる。
 C．授業展開（Lesson Organization）
   1．学習目標に沿った授業形式（対面式，個別，ペア，グループなど）を選び，指導計画を立案できる。
   2．学習者の発表や学習者同士のやりとりを促す活動計画を立案できる。

3．英語を使うタイミングや方法を考慮して，授業計画を立案できる。
　4．指導教員やALTとのティームティーチングの授業計画を立案できる。[N]

Ⅴ．授業実践 Conducting a Lesson

A．レッスン・プランの使用（Using Lesson Plans）
　1．学習者の関心を引きつける方法で授業を開始できる。
　2．指導案に基づいて柔軟に授業を行い，授業の進行とともに学習者の興味・関心に対応できる。
　3．学習者の集中力を考慮し，授業活動の種類と時間を適切に配分できる。
　4．本時をまとめてから授業を終了することができる。
　5．予期できない状況が生じたとき，指導案を調整して対処できる。[N]

B．内容（Content）
　1．授業内容を，学習者の持っている知識や身近な出来事や文化などに関連づけて指導できる。

C．学習者とのインタラクション（Interaction with Learners）
　1．授業開始時に，学習者をきちんと席に着かせて，授業に注意を向かせるよう指導できる。
　2．学習者中心の活動や学習者間のインタラクションを支援できる。
　3．可能な範囲で，授業の準備や計画において，学習者の参加を奨励できる。
　4．学習者の様々な学習スタイルに対応できる。[N]
　5．学習者が学習ストラテジーを適切に使えるように支援できる。[N]

D．授業運営（Classroom Management）
　1．個人学習，ペアワーク，グループワーク，クラス全体などの活動形態を提供できる。
　2．フラッシュカード・図表・絵などの作成や視聴覚教材を活用できる。

E．教室での言語（Classroom Language）
　1．英語を使って授業を展開するが，必要に応じて日本語を効果的に使用できる。
　2．学習者が授業活動において英語を使うように設計し指導できる。

Ⅵ．自立学習 Independent Learning

A．学習者の自律（Learner Autonomy）
　1．学習者が各自のニーズや興味・関心に合ったタスクや活動を選択するように支援できる。[N]
　2．学習者が自分の学習過程や学習成果を自己評価できるように支援できる。[N]

B．宿題（Homework）
　1．学習者にとって最も適した宿題を設定できる。[N]
　2．学習者が自主的に宿題を進めるのに必要な支援を行ない，学習時間の管理の手助けができる。[N]
　3．妥当で明確な基準に基づいて宿題を評価できる。[N]

Ⅶ．評価 Assessment

A．測定法の考案（Designing Assessment Tools）
　1．授業の目的に応じて，筆記試験，実技試験などの評価方法を設定できる。[N]
　2．学習者の授業への参加や活動状況を観察し評価する方法を立案し使用できる。[N]

B．評価（Evaluation）
　1．学習者の英語運用力が向上するように，本人の得意・不得意分野を指摘できる。[N]
　2．学習者や保護者などにわかりやすい形式で学習者の学習成果や進歩を記述できる。[N]

C．自己評価と相互評価（【現職英語教師編】参照）

D．言語運用（Language Performance）
　1．話したり書いたりする能力を適切に評価できる。[N]

E．国際理解（文化）（Culture）
　1．日本の文化と英語圏を中心とした文化を比べ，その相違への学習者の気づきを評価できる。

F．誤答分析（Error analysis）
　1．学習者の誤りを分析し，建設的にフィードバックできる。

出所：JACET教育問題研究会『言語教師のポートフォリオ』http://www.waseda.jp/assoc-jacetenedu/JPOSTL.htm

巻末資料 2. 教育実習心得

■教育実習の意義と目的

　教育職員免許法施行規則第6条に基づき，小学校・中学校・高等学校の教育現場において，大学で学んだ理論や知識，インターンシップなどの経験を生かすとともに，実際の教室において教員に必要な知識・技能・態度などの実践力の基礎を体得するものです。

　日本の教育実習期間は諸外国のそれと比較して短期間であり必要最小限ともいえますが，1987年の教育職員養成審議会の答申において教員の資質能力が課題としてあげられたことから，実践的指導力の育成が重要視されるようになり，そのあり方についてさまざまな改革が進められてきています。

　何よりも「後輩を育てるために」という実習校の教職員の無償かつ献身的な指導とありのままの生徒たちにふれ，教職の意義や重要性，やり甲斐を知り人生観に影響を与えられた実習生も多く，この経験は教員免許の所要要件というにとどまらない大きな意義をもつものといえます。実習校ならびに一人ひとりの児童生徒たちに敬意と感謝の念を忘れず真摯に実習に臨みましょう。

■事前指導

　大学での教育実習Ⅰ，教育実習Ⅱの授業は必修であり，やむを得ない事情で欠席することになった場合は指導教授に独自に補講を設定していただかなければなりません（欠席事由と補講日時を教職課程課に必ず伝える）。

■実習生としての心構え

　実習の前提条件として，専門的には英語教員としての十分な英語力，授業運営上の諸スキル（単元や授業の指導計画，教室英語，ICT機器の操作法など），基本的な教育法規の理解，児童生徒理解，集団の育成力，特別支援を必要とする児童生徒への合理的配慮などがありますが，同時に社会人としての常識，良識，行動への自覚が求められています。人を教え導く立場の責任と，職に対する畏敬の念をもって自らを磨くことが大切です。

　また，快く実習生を受け入れ，諸準備を整えてくださっている実習校にご迷惑をおかけすることのないよう，打ち合わせに出向く際の挨拶の電話にはじまり，打ち合わせ日からしっかりと社会人のマナー，気配りをもって臨んでください。もちろんスーツ，正装で持ち物にも気配りをして訪れますが，この時点ですでに実習が始まっていると考えましょう。

　約束の面会時間の遅くとも5分前に学校に到着し，1分前に担当者（教頭，副校長であることが多い）の執務場所をノックします。学校は分秒刻みで動いており，遅れることは論外として数分でも早すぎるのは迷惑をかけてしまうことになります。

　打ち合わせのときから上履き（スニーカーなどかかとのある履き物）を持参し，来客用スリッパは使用しないようにします。打ち合わせの要点は必ずメモをとり帰宅後に再確認します。実習生といえども組織のなかでの行動は，確認のうえにも確認が必要です。

■教育実習の展開

　通常，①ガイダンス（校長・副校長・教務主任・生活指導主任などからの講義）→②指導教諭との打ち合わせ→③授業観察（併行して学習指導案の作成）→④登壇実習・研究授業・省察→⑤指導を受け改善案を立てるという流れで進行します。児童生徒のときにはみえていなかった学校の営みがみえるのはもちろん，いかに教員が多岐にわたる業務にたずさわっているか，また校内・校外を問わず人との連携・協働がいかに重要かを学ぶ機会となります。

■学習指導案の作成と登壇実習・研究授業

　担任業務として道徳や各領域の実習も指示される場合がありますが，ここでは主に英語の授業に関して記述します。

　実習校の指導教諭の授業をよく観察させていただき，十分な教材研究のもと，校長・指導教諭の意向に沿って指導案を練りましょう。あくまでもコンプライアンスに則り実習校の方針を尊重し，大学の教職課程授業で学んだ理論や独自の活動などを取り入れたい場合は必ず相談の上許可を得てください。校長以下他教科の教諭も関わる校内の研究授業では，日本語で書かれた指導案を作成することが通例です。

　実習の締めくくりとなる研究授業に際しては指導・点検をうけて指導案を印刷したのち，指導教諭・実習生の捺印を施したものを，前日退勤前に教職員の机上に配付します。当日朝の職員朝礼時に研究授業実施の周知と参

観・指導依頼を行います。

■授業後の振り返りと研究協議
　研究授業の終了後，研究協議に臨みます。この場ではまず，教育実習に臨みここまでお世話になったお礼とともに〈授業者自評〉を述べ，管理職や参観者の講評，感想，アドバイスを受けることとなります。他教科の教員からの感想も視点が新鮮でたいへん参考になります。研究協議に参加できなかった参観者には一人ひとり回ってお礼を述べ指導を受けます。最終日には実習校の皆さんに十分な謝意を表し，使用した控え室をきれいに清掃してお返しします。

■事後指導
　大学に戻り〈教育実習Ⅱ〉の授業を受け省察を行います。指定日時までにあらかじめ出された課題に取り組み，他方実習校より受け取った「教育実習録」を教職課程課に期日までに提出しましょう。実習校へのお礼状（校長・副校長・指導教諭・児童生徒宛て）も心を込めて作成・送付します。
（その他の留意事項）
　実習校は，「後輩を育てるため」に貴重な学びの場を提供してくださるわけですから，実習時点で仮に教職に就かないことが決まっていたとしても，いつか教職に就く可能性を念頭に真摯に実習に臨んでください。

巻末資料　3. 用語解説

□ 足場（scaffolding）　　　　　　　　▶実践編13

「足場がけ」にはあらかじめ準備しておくものと，授業中の対応として行うものがある。前者の例としては，テキストの書き換え，単語の注釈，背景知識を与える，スピーキングやライティングのためのフレームを与える，などの方法があり，後者の例としては，やさしい表現に言い換えて説明する，具体例をあげるなどの方法がある。

□ 文化的，語用論的な語彙の知識　　　▶実践編1

例えば他動詞の ground は，英和辞典では「～を外出禁止にする」と訳され，LDOCE では to stop a child going out with their friends as a punishment for behaving badly と定義されている。定義を読めば意味はわかるが，より深い理解のためには，日本では「外で頭を冷やしなさい」と安らぎの場である家に入れてあげないことが罰となるが，アメリカでは逆にYou're going to be grounded for 2 weeks. などといって，自由を満喫できる外に遊びに行かせないようにすることが罰となるといった説明があると深い理解と長期記憶につながる。こうした文化的意味をもつ語彙については，必要に応じて重点的に指導する必要がある。

また，"My teacher scheduled an exam for Friday morning." "Oh, great." という会話の場合，後者の発話者の great は皮肉であることが文脈から推測できる。このように，日本語と同様，使用場面や状況，話し手の性格などを理解したうえで，話し手の意図を汲んで発話の意味を解釈しなければならないことも指導したい。

□ Can-Do 評価　　　　　　　　　　　▶実践編8

外国語で何ができるかを具体的に記述した Can-Do Statement に対して自己評価する。このような Can-Do 評価は世界中でさまざまな形で使用されているが，なかでも「ヨーロッパ言語共通参照枠」（CEFR）のものが最もよく知られ，使用されている。

□ CEFR（言語の学習，教授，評価のためのヨーロッパ言語共通参照枠）　　　　　　　▶実践編7

言語教育のシラバスやカリキュラムの作成，試験や教材の開発に共通の基盤を提供するものとして，欧州評議会が30年の研究の後2001年に発表した。言語学習者がコミュニケーションのために言語を使うには何を学ばなければならないか，効果的に行動するにはどのような知識と技能を身につけなければならないかを詳細に記述している。言語を使ってできることを熟達度別に示した例示的尺度がよく知られているが，コミュニケーション活動に必要な知識，技能，態度，学習能力も詳述している。また，CEFR の理論的背景，カリキュラム作成や言語学習法・教育法の選択肢，評価の種類にも紙幅を費やしている。

CEFR は特定の見解を推奨するのではなく，学習・教授・評価についてあらゆる選択肢を総合的に提示することを基本原則としている。選択肢を示したあと，読者がそれぞれの学習環境，教育環境に応じて検討すべきことを示し，「本参照枠の利用にさいして次の点を検討し，必要に応じて述べるとよい」と勧めている。

□ 妥当性　　　　　　　　　　　　　　▶実践編6

妥当性とは一般的に，テストが測定対象とすべき能力を測っていることと説明されるが，実際はその意味づけにはさまざまなものがある。Content Validity（内容的妥当性）と Construct Validity（構成概念的妥当性）は，テストが対象とする内容や構成概念を十分扱っているかという最も原義に近いものであるが，Concurrent Validity（並存的妥当性）は現在もっている能力が違うテストでも同様の結果として現れること，Predictive Validity（予測的妥当性）は，将来性を測定対象に含む。昨今注目されているのが，Consequential Validity（結果的妥当性）であり，それはあるテストが十分果たすべき教育的，社会的役割を果たしているか，つまりそれが人生の選択などに大きな影響をもつ場合，それに見合う広範で深い能力を測っているかということである。これらの妥当性の定義には重複もあるが，Messick や Backman が妥当性の議論を十分尽くすことを強調しているように，テストの質の根幹を成す概念といえる。

□ ドナルド・ショーン（Donald Schön）　▶実践編10

マサチューセッツ工科大学（MIT）の哲学者で，1983年に *The Reflective Practitioner How Professionals Think in Action* のなかで，「reflection（省察）」ということばを用いた。ショーンは同書のなかで，医師・弁護士・建築士・臨床心理士・教師などの専門家の思考様式に関する事例研究をもとに，新しい専門家像として「省察に基づく実践家（reflective practitioner）」という概念を提示している。彼は，専門家が依拠している理論と実践の関係を問い直し，「科学的原理と技術の合理的適用（Technical Rationality）」に基づく「技術的実践」，言い換えればあらゆる状況で有効に機能する科学的な原理と技術（普遍性）に基づく実践ではなく，経験を基礎として形成されたマイケル・ポラーニ（Michael Polanyi）が唱える「暗黙知（tacit knowledge）」（無意識の知識）を使いながら問題を見つめ，状況と対話し，「省察に基づく思考」を展開し，複雑な状況のなかで起こっている複合的な

問題解決にクライエントと協同で取り組んでいる実践者の姿に，現代の専門家の専門的特徴を見いだしている。

□ Focus on Form（F on F）　　　▶実践編2
言語の形式と意味の両方に焦点を当てたアプローチで，正確さと流暢さのどちらも上達させることができる点で第二言語の指導法として最も効果的とされている。しかし，EFL の環境で行うには形式に注意を向かせる工夫が必要となる。

□ Focus on Forms　　　▶実践編2
言語の形式に焦点を当てたアプローチで，文法訳読方式やオーディオリンガルメソッドがある。正確さを重視したため，結果的に学習者の言語能力は流暢さに欠け，実際の場面で言語を活用できないという問題点が指摘されている。

□ Focus on Meaning　　　▶実践編2
言語の意味に焦点を当てたアプローチで，内容中心教授法やタスク中心教授法がある。流暢さを重視したため，学習者の言語能力は正確さに欠けてしまうことがあり，これらの教授法のなかでいかに形式にも注意を向けさせるのかが課題となる。

□ガニェ（Gagné, Robert M.）の9教授事象（Nine Events of Instruction）　　　▶実践編12
1．Gaining attention（これから始まる授業への関心を引く）
2．Informing the learner of the objective（どうなれば学んだと言えるのかを生徒に明示する）
3．Stimulating recall of prerequisites（生徒の既存知識を活性化して学習が起こりやすくする）
4．Presenting the stimulus material（生徒に求める学習の「見える化」を図る）
5．Providing learning guidance（教員の補助や生徒同士の助け合いを通して練習させる）
6．Eliciting performance（学んだことを教員の助けなしに生徒のみで披露させる）
7．Providing feedback（生徒の活動にコメントして修正が必要かどうか伝える）
8．Assessing performance（全体目標が達成されたかどうかを，それに沿って知らせる）
9．Enhancing retention and transfer（学習事項の保持と拡張を図る）

□異文化理解　　　▶実践編3
文化背景にある知識を増やし，「文化相対主義」の立場から，多様性を受けいれる寛容な態度をもち，それに基づいてコミュニケーション行動をとることができること。「自文化中心主義」から脱却し，異なる発想や行動に対する関心，寛容，共感的な態度をもつことが大前提である。

□授業分析　　　▶実践編10
授業研究と授業分析という言葉のニュアンスは，異なっている。佐藤（1996, p.3）は，「現在では『授業研究』=『授業分析（数量的データのカテゴリー分析）』と考える人は，もはや少数派だろう」と述べている。一般的に，前者は質的研究といわれる方法に基づき，授業観察・教師の省察・学習者へのインタビューなどを通して，教室の出来事をできる限りありのままに固有の存在として捉えることを試みる。いっぽう，後者は量的研究と呼ばれる方法に基づき，数量的・定量的データを集め，授業を客観的に捉え，一般化できる理論の構築を志向する。後者に依拠した代表的な授業分析の手法は，フランダース（Flanders）によるカテゴリー分析（Interaction Analysis Categories）をあげることができるが，近年の授業研究の潮流は，質的研究に基づく方法になっている。なぜならば，授業には「学習者・教師・教材」の3要素が独立変数として関与し，これらのうち1つでも変われば授業はまったく異なるため，量的研究が試みる実験群と統制群で変数を揃えることが不可能になるからである。換言すれば，すべての授業は1回限りの固有の存在であり，量的研究が追究する一般化ということ自体が無意味なのである。上記のような質的研究と量的研究の比較対照は，下記の表から明確に読み取ることができる（『授業研究入門』p.121）。

□授業研究　　　▶実践編10
授業研究が，Lesson Study として世界に発信されている背景について，柴田（2017, pp.31-32）は次の3点をあげている。
・授業を継続的に研究することが教師の日常的な取り組みとして定着していること。
・授業を共同で観察・検討する段階では，児童・生徒の学びの過程を重視することにより，同僚性にもとづく教師相互の学び合いの機会になること。
・授業研究の成果は，教師の授業の力量，教材研究，授業づくりに結びつくとともに，教師の児童・生徒の学習（やそれをとりまく背景）を捉える力の向上を通して，教育活動全般の改善につながっていること。
ただ，柴田（同上，p.32）が指摘しているように，高等学校では授業研究は十分に普及しているとはいえない。

表　授業分析と授業研究の比較

	〈技術的実践の授業分析〉	〈反省的実践の授業研究〉
目　的	プログラムの開発と評価 文脈を越えた普遍的な認識	教育的経験の実践的認識の形成 文脈に繊細な個別的な認識
対　象	多数の授業サンプル	特定の1つの授業
基　礎	教授学，心理学，行動科学 実証主義の哲学	人文社会科学と実践的認識論 ポスト事象主義の哲学
方　法	数量的研究・一般化 標本抽出法・法則定立学	質的研究・特異化 事例研究法・個性記述学
特　徴	効果の原因と結果（因果）の解明	経験の意味と関係（因縁）の解明
結　果	授業の技術と教材の開発	教師の反省的思考と実践の見識
表　現	命題（パラダイム）的認識	物語（ナラティヴ）的認識

□カリキュラム・マネジメント　　　　▶理論編12

校長・管理職のリーダーシップの下，学校と地域が協力して Plan・Do・Check・Action を稼働させる営みであり，それを円滑に機能させるために，学校運営（教師集団を協同させる組織づくり）を行い，特色ある（確かな学力を保障する）学校文化をつくること（田中，p.6）。

□帰納的な教え方（Inductive Teaching）　▶実践編3

ルール（文法や公式）を教えてそれを応用するように仕向ける教え方を演繹的な教え方（Deductive Teaching）という。反対に，事例（例文）をたくさん提供し，生徒と一緒に考えながら，ルールや意味を探り出す教え方を帰納的な教え方（Inductive Teaching）と呼ぶ。関わらせ，考えさせるには後者のほうが向いているが，教師の腕が試される。

□国際語（国際英語論）　　　　　　　▶実践編3

英語が実質的に世界のビジネスや交流の場で使われるようになり，「国際語」としての地位を得ている。これに伴って多様な英語を認知する考え方が生まれた。これを「国際英語論」という。このなかでも，英語の多様性に焦点を当てた考え方を World English，国際性に焦点を当てた考え方を English as an International Language，地域性ではなく共通性や教育に焦点を当てた考え方を English as a Lingua Franca と呼ぶ。

□コミュニケーション能力の育成　　　▶理論編12

例えば，学習指導要領の「コミュニケーション英語Ⅰ」には，「四つの領域の言語活動を有機的に関連付けつつ総合的に指導するものとする」と記されていることから，聞く・話す・読む・書くという4技能を偏りなく指導することが求められている。また「英語表現Ⅰ・Ⅱ」では，「表現」という文言が用いられているが，「聞くこと及び読むこととも有機的に関連付けた活動を行うことにより，話すこと及び書くことの指導の効果を高めるよう工夫するものとする」と記されており，単に「話す・書く」活動ではないことがわかる。また，「コミュニケーション英語基礎」「コミュニケーション英語Ⅰ」「英語表現Ⅰ」は，高等学校1年生で扱われる科目であるため，中学校の英語教育との接続に留意する必要性がある。さらに，中学校学習指導要領の「外国語」と高等学校学習指導要領の「外国語」の内容は類似しており，高等学校の外国語教育が中学校の外国語教育の延長線上に位置づけられることが理解できる。なお語彙に関しては，「コミュニーケーション英語Ⅰ」では中学校の学習語彙に400語程度の新語を，「コミュニケーション英語Ⅱ」では「コミュニーケーション英語Ⅰ」に700語程度の新語を，「コミュニーケーション英語Ⅲ」では「コミュニーケーション英語Ⅱ」に700語程度の新語をそれぞれ加えることになっている。

□項目応答理論（Item Response Theory=IRT）
　　　　　　　　　　　　　　　　　▶理論編15

通常統計の基礎として学習する「古典的テスト理論」は，標準偏差や誤差の考え方が平易に説明されているので，日常的なテスト作成には今でも十分役に立つ。ただ，大規模かつ重要なテストに対しては，「項目応答理論（項目反応理論）」による分析のほうが，より正確で詳細な情報を個々のテスト項目と被験者について提供できる。受験者の真の能力値（θ）や難易度，困難度，当て推量についてパラメータ（変数値）をデータのばらつきやモデルに対する適合度によって推測することにより，各テスト項目の適切さを確率論的に判定する。何よりも特定のテストや受験者に依存しないことが魅力である。精緻な項目分析に基づく項目バンクの構築によって異なるテスト間の比較が可能

になり，受験者の能力に合わせた出題をする「コンピューター適応型テスト（Computer Adaptive Test＝CAT）」の開発にもつながった。最近は，人の能力と困難度に基づく1パラメータ・モデル（ラッシュ・モデル）の使用が多い。

□教育課程　　　　　　　　　　　　▶理論編12
　一般的に，学校で何をどのような順序で教えるかという教育活動の計画を意味し，英語ではcurriculum（カリキュラム）という（柴田，p.9）。

□メタ認知方略（metacognitive strategy）▶理論編1
　学習をより効率よく行うための学習者の行動全般を「学習方略（learning strategy）」という。このなかで，メタ認知能力を使い適切な学習方略を選択したり組み合わせたりして学習の方向性を決定する間接的方略の1つであり，SL（Successful Learner：すぐれた学習者）が共通して用いる重要な方略である。
　メタ認知能力（metacognition）とは，自分自身の思考や行動を客観的に分析（モニター）して，学習等に関わる既存知識（メタ認知的知識）に基づき，評価を下したり次の行動を計画したりする力であり，学習方略の適切な選択に必要とされる能力。英語学習に対する意識とメタ認知能力は，同じレベルで英語学習に影響を与えるのではなく，意識がメタ認知能力を活性化させ，それが英語学習を促進させると考える（Miyamoto,T., 2010）。

□音韻認識能力（Phonological Awareness）▶理論編10
　話し言葉のなかで音がどのように使われているかを理解できる力，もしくは狭義には音節の内部構造を知る力ともいわれている。

□音　読　　　　　　　　　　　　　▶理論編6
　学習段階や目的によって音読の指導法は異なる。初歩段階ではフラッシュカードを用いて単語を発音し，綴りと聴覚像の結合を図る。次の段階では，意味的，構造的に理解した文を正確に流暢に音読することによって，音韻・語彙・統語の体系の習得を図る。繰り返し音読すると，英語の発音・リズム・イントネーションが身につき，語彙が習得され，文法規則が自動的習慣になるといわれている（土屋，2004）。表現活動として，対話を演じたり，詩や散文を朗読したりすることもある。

□オーラル・インターアクション　　▶理論編12
　教師が英語を用いて生徒と相互作用（質疑応答などのやり取り）を行うなかで，新教材の導入を行う方法。

□オーラル・イントロダクション　　▶理論編12
　教師が学習者に理解できる程度の英語（既習事項）を使って，新教材の導入を行う方法。

□パタン・プラクティス　　　　　　▶理論編12
　The Audio-lingual Methodで用いられる指導技術の1つで，習得させたい文型を含む文の模倣・反復練習を行ったあと，教師が出す指示（cue）に基づき，もとの文の構成要素を入れ替えて行う口頭練習。

□フォニックス（Phonics）　　　　　▶理論編10
　文字と音との関係を理解する力を育てる方法。さまざまな方法があるが，よく知られているのは，synthetic phonics, analytic phonics, onset-rime phonicsである。

□臨界期仮説　　　　　　　　　　　▶理論編10
　言語を完全に習得する能力は人生の初期のある一定の期間のみ機能すると主張。Lennebergは，言語習得の臨界期は12～13歳であると結論づけた。第二言語習得におけるこの仮説の妥当性を探る研究が続いているが，完全に答えが出ているわけではない（白畑他，2009）。

□正規分布（古典的テスト理論と正規曲線）▶理論編15
　古典的テスト理論では，テストの結果が下記のような正規分布に近いことが識別力をもつことを示す理想とされた。スコアが鐘形に分散し，中心の平均値から標準偏差（a）2つ分の区間に95.45%の点数が分布する。この考え方自体には統計的な意味が十分あるのだが，実際のテストに当てはめると，その目的やテスト項目の適切さ，受験者の特徴，設問の識別力などのさまざまな要素が介在するため，項目応答理論による分析ほど正確な結果は得られない。

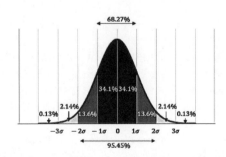

□省察（reflection）　　　　　　　　▶実践編10
　デューイ（John Dewey）の「省察に基づく思考（reflective thinking）」に起源をもつ概念で，経験のなかで生じる問題を解決するための探究を誘うような思考を意味する言葉である。ショーンはこれを専門家

の実践の中心に位置づけ，専門職の思考様式の捉え方にパラダイム転換をもたらしたといえる。この背後には，現代社会の複雑化，つまり現代社会がかかえる諸問題は複雑かつ不確実であり，一般的・普遍的に適応可能な原理のみでは問題解決に限界があるという現実が関わっている。彼は，「行為の中の省察（reflection-in-action）」と「行為についての省察（reflection-on-action）」を峻別し，前者を一連の活動の流れのなかで瞬間的に生まれては消える探究としての思考，言い換えれば体系化や言語化がむずかしい「暗黙知」に近い思考と捉え，後者を活動のあとでその行為を立ち止まって振り返る思考であると捉えている。専門職養成教育の文脈では，「振り返り」ともいわれている。なお，『言語教師のポートフォリオ』（J-POSTL）も省察を中心概念に据えている。

□シラバス　　　　　　　　　　　▶理論編12
　一定期間内に教授・学習される項目・内容，目標などを選択・配列し，具体的に示したもの。英語教育における，シラバスの構成原理は，「文法」「場面」「概念・機能」の3種類が基本になる。

□スキーマ理論　　　　　　　　　▶理論編6
　スキーマとは読み手の頭のなかに内在化されている先行知識のことで，長期記憶として構造化されている。もとは認知心理学の概念だが，言語処理を説明するものとして言語習得の分野に取り入れられた。概念的な上位スキーマから具体的な下位スキーマまで階層化されている。例えば，キング牧師の演説 I Have a Dream を読むとき，熟達した読み手は，「人種差別」「アメリカ公民権運動」などの上位スキーマから，「White Only という表示」「有色人種専用の座席」などの下位スキーマを引き出して，テクスト情報を処理していく。

□対話型授業（dialogic talk）　　　▶実践編13
　正解を問う質問（display questions）だけでなく，自由に答えられる質問（referential questions）も加えることにより，生徒に具体的に説明させたり，理由や意見を述べさせる。発話を途切れさせずに連続した対話を行うことにより授業を展開する。

□テスト作成のための Can-do チェックリスト
　　　　　　　　　　　　　　　　▶理論編15
　一般的にどのようなテストにも当てはまる Can-do チェックリストを参考例としてあげる。
1．このテスト項目はあなたの測定したい内容や下位能力をカバーできていますか？（妥当性）
2．設問の種類は多種あり（同じような問題だけでなく），重要度に応じて重みづけがなされていますか？（妥当性・信頼性）
3．それは，評価の目的や方法に合ったタスクや状況・コンテクストを使っていますか？（妥当性・信頼性）
4．テストを受ける人に対する指示文は明確で理解しやすいものですか？（信頼性）
5．難易度は対象者の能力レベルに合っていますか？（信頼性）
6．解答を採点するルーブリック（採点基準）は適切で一貫性がありますか？（信頼性）
7．このテスト項目の実施や採点は，あまりあなたに負荷を与え過ぎない，実行可能なものですか？（実行可能性）
8．それは，生徒が自分の弱点を発見することを助けるものですか（＝良い意味での波及効果を持つものですか）？（妥当性・実行可能性）

巻末資料 4．学習指導要領（小中高・日英併記）

【小学校】第4章 外国語活動

第1 目標

外国語によるコミュニケーションにおける見方・考え方を働かせ，外国語による聞くこと，話すことの言語活動を通して，コミュニケーションを図る素地となる資質・能力を次のとおり育成することを目指す。

(1) 外国語を通して，言語や文化について体験的に理解を深め，日本語と外国語との音声の違い等に気付くとともに，外国語の音声や基本的な表現に慣れ親しむようにする。

(2) 身近で簡単な事柄について，外国語で聞いたり話したりして自分の考えや気持ちなどを伝え合う力の素地を養う。

(3) 外国語を通して，言語やその背景にある文化に対する理解を深め，相手に配慮しながら，主体的に外国語を用いてコミュニケーションを図ろうとする態度を養う。

第2 各言語の目標及び内容等

英　語

1　目　標

英語学習の特質を踏まえ，以下に示す，聞くこと，話すこと［やり取り］，話すこと［発表］の三つの領域別に設定する目標の実現を目指した指導を通して，第1の(1)及び(2)に示す資質・能力を一体的に育成するとともに，その過程を通して，第1の(3)に示す資質・能力を育成する。

(1) 聞くこと
ア　ゆっくりはっきりと話された際に，自分のことや身の回りの物を表す簡単な語句を聞き取るようにする。

イ　ゆっくりはっきりと話された際に，身近で簡単な事柄に関する基本的な表現の意味が分かるようにする。

ウ　文字の読み方が発音されるのを聞いた際に，どの文字であるかが分かるようにする。

(2) 話すこと［やり取り］
ア　基本的な表現を用いて挨拶，感謝，簡単な指示をしたり，それらに応じたりするようにする。

イ　自分のことや身の回りの物について，動作を交えながら，自分の考えや気持ちなどを，簡単な語句や基本的な表現を用いて伝え合うようにする。
ウ　サポートを受けて，自分や相手のこと及び身の回りの物に関する事柄について，簡単な語句や基本的な表現を用いて質問をしたり質問に答えたりするようにする。
(3) 話すこと［発表］
ア　身の回りの物について，人前で実物などを見せながら，簡単な語句や基本的な表現を用いて話すようにする。
イ　自分のことについて，人前で実物などを見せながら，簡単な語句や基本的な表現を用いて話すようにする。

ウ　日常生活に関する身近で簡単な事柄について，人前で実物などを見せながら，自分の考えや気持ちなどを，簡単な語句や基本的な表現を用いて話すようにする。

2　内　容

〔第3学年及び第4学年〕
〔知識及び技能〕
(1) 英語の特徴等に関する事項
　実際に英語を用いた言語活動を通して，次の事項を体験的に身に付けることができるよう指導する。

The Course of Study for Elementary Schools　Chapter 4 Foreign Language Activities

I. Overall Objectives

The guidelines aim at fostering the attributes and abilities that form the groundwork of communication by putting the ways of looking at and thinking about various things in the act of communication in a foreign language to work through the language activities of listening and speaking, as follows.

(1) Through the foreign language, pupils will deepen their understanding of language and culture experientially and, along with becoming aware of phonetic differences and so on between Japanese and the foreign language, pupils will become familiar with the sounds and basic expressions of the foreign language.

(2) Pupils will cultivate the basic capacity to convey to each other their thoughts and feelings regarding familiar, simple matters through listening and speaking in the foreign language.

(3) Through the foreign language, pupils will deepen their comprehension of the language and the culture that forms the backdrop of the foreign language while giving consideration to the interlocutor, and cultivate an attitude to communicate independently using the foreign language.

II. Objectives and Contents of Each Language

English

1　Objectives

Instruction will aim at implementing the objectives set in the three domains of listening, speaking (interaction), and speaking (presentation) specified below, based on the characteristics of English study, along with fostering in a unified manner the attributes and abilities described in Subsection I (1) and Subsection I (2), and through this process fostering the attributes and abilities described in Subsection I (3).

(1) Listening

a) Pupils will be able to catch simple phrases related to themselves and things around them if spoken slowly and clearly.

b) Pupils will become able to understand the meaning of basic expressions related to familiar, simple matters if spoken slowly and clearly.

c) When listening to letters being pronounced, pupils will become able to understand which letters are being pronounced.

(2) Speaking (Interaction)

a) Pupils will become able to greet others, express thanks, and give simple directions as well as respond to these using basic expressions.

b) Pupils will become able to convey to others their thoughts and feelings about themselves and the things around them using simple phrases and basic expressions along with gestures.

c) With support, pupils will become able to ask and respond to questions regarding themselves and their interlocutor and the things around them using simple phrases and basic expressions.

(3) Speaking (Presentation)

a) Pupils will become able to speak about things around them while showing actual objects to those listening, using simple phrases and basic expressions.

b) Pupils will become able to speak about themselves while showing actual objects to those listening, using simple phrases and basic expressions.

c) Pupils will become able to speak about their thoughts and feelings regarding familiar, simple matters related to daily life while showing actual objects to those listening, using simple phrases and basic expressions.

2　Content

[Grades 3 and 4]

[Knowledge and Skills]

(1) Matters related to the characteristics of English

Pupils will be instructed in order to acquire experientially the following items through language activities actually using English.

ア　言語を用いて主体的にコミュニケーションを図ることの楽しさや大切さを知ること。
イ　日本と外国の言語や文化について理解すること。
　(ｱ)　英語の音声やリズムなどに慣れ親しむとともに，日本語との違いを知り，言葉の面白さや豊かさに気付くこと。
　(ｲ)　日本と外国との生活や習慣，行事などの違いを知り，多様な考え方があることに気付くこと。
　(ｳ)　異なる文化をもつ人々との交流などを体験し，文化等に対する理解を深めること。

〔思考力，判断力，表現力等〕
(2)　情報を整理しながら考えなどを形成し，英語で表現したり，伝え合ったりすることに関する事項
　具体的な課題等を設定し，コミュニケーションを行う目的や場面，状況などに応じて，情報や考えなどを表現することを通して，次の事項を身に付けることができるよう指導する。

ア　自分のことや身近で簡単な事柄について，簡単な語句や基本的な表現を使って，相手に配慮しながら，伝え合うこと。
イ　身近で簡単な事柄について，自分の考えや気持ちなどが伝わるよう，工夫して質問をしたり質問に答えたりすること。
(3)　言語活動及び言語の働きに関する事項
①言語活動に関する事項
　(2)に示す事項については，(1)に示す事項を活用して，例えば，次のような言語活動を通して指導する。

ア　聞くこと
　(ｱ)　身近で簡単な事柄に関する短い話を聞いておおよその内容が分かったりする活動。
　(ｲ)　身近な人や身の回りの物に関する簡単な語句や基本的な表現を聞いて，それらを表すイラストや写真などと結び付ける活動。
　(ｳ)　文字の読み方が発音されるのを聞いて，活字体で書かれた文字と結び付ける活動。
イ　話すこと［やり取り］
　(ｱ)　知り合いと簡単な挨拶を交わしたり，感謝や簡単な指示，依頼をして，それらに応じたりする活動。
　(ｲ)　自分のことや身の回りの物について，動作を交えながら，好みや要求などの自分の考えや気持ちなどを伝え合う活動。
　(ｳ)　自分や相手の好み及び欲しい物などについて，簡単な質問をしたり質問に答えたりする活動。

ウ　話すこと［発表］
　(ｱ)　身の回りの物の数や形状などについて，人前で実物やイラスト，写真などを見せながら話す活動。
　(ｲ)　自分の好き嫌いや，欲しい物などについて，人前で実物やイラスト，写真などを見せながら話す活動。
　(ｳ)　時刻や曜日，場所など，日常生活に関する身近で簡単な事柄について，人前で実物やイラスト，写真などを見せながら，自分の考えや気持ちなどを話す活動。

②言語の働きに関する事項
　言語活動を行うに当たり，主として次に示すような言語の使用場面や言語の働きを取り上げるようにする。

ア　言語の使用場面の例
　(ｱ)　児童の身近な暮らしに関わる場面　・家庭での生活　・学校での学習や活動　・地域の行事　・子供の遊び　など

a) Knowing the fun and importance of communicating independently using language.
b) Understanding the language and culture of Japan and foreign countries.
　a　Along with becoming familiar with the sounds and rhythms of English, knowing the differences between it and Japanese as well as noticing the fascination and richness of language.
　b　Knowing the difference between the lifestyles, customs, and events in Japan and foreign countries, and noticing that there are diverse ways of thinking.
　c　Experiencing exchanges with people of different cultures and deepening understanding of cultures.
[Reason, Judgement, and Expressive Ability]
(2) Items related to forming, expressing, and conveying thoughts while organizing information

Specific assignments will be made according to the aims, situations, circumstances and so on in which communication takes place, so that through expressing information and thoughts pupils will receive guidance in order to acquire the following items.
a) Pupils will speak to each other about themselves and familiar, simple matters using simple phrases and basic expressions, paying consideration to the interlocutor.
b) Pupils will devise ways to ask and respond to questions about familiar, simple matters in order to communicate their thoughts and feelings.
(3) Items related to language activities and language functions
① Items related to language activities

Regarding the items specified in Subsection (2), using the items specified in Subsection (1), pupils will receive instruction, for example, in the following items.
a) Listening
　a　Activities in which pupils listen to a short talk about familiar, simple matters and understand the gist of the contents
　b　Activities in which pupils listen to simple phrases and basic expressions related to familiar people or things around them and link them to illustrations or photographs
　c　Activities in which pupils listen to letters being pronounced and link them to written print letters.
b) Speaking (Interaction)
　a　Activities in which pupils exchange simple greetings, thank someone, or give simple directions to an acquaintance as well as respond to these
　b　Activities in which pupils convey to each other their thoughts and feelings, such as likes and wants, about themselves as well as their thoughts and feelings about the things around them using gestures
　c　Activities in which pupils ask and answer simple questions about what they or their interlocutor likes or wants.
c) Speaking (Presentation)
　a　Activities in which pupils speak about the number, shape, and so on of things around them, showing the listeners actual objects, illustrations, or photographs
　b　Activities in which pupils speak about what they like and don't like, things they want and so on, showing the listeners actual objects, illustrations, or photographs
　c　Activities in which pupils speak about their thoughts and feelings about familiar, simple matters related to daily life such as time, days, and places, showing the listeners actual objects, illustrations, or photographs
② Items related to language functions

In undertaking language activities, the following language situations and language functions will mainly be introduced.
a) Examples of language situations
　a　Situations related to pupils' daily lives
　　・Home life　　・Study and activities at school
　　・Regional events　・Children's play　etc.

(イ) 特有の表現がよく使われる場面　・挨拶　・自己紹介　・買物　・食事　・道案内　など

イ　言語の働きの例
　(ア) コミュニケーションを円滑にする　・挨拶をする　・相づちを打つ　など
　(イ) 気持ちを伝える　・礼を言う　・褒める　など
　(ウ) 事実・情報を伝える　・説明する　・答える　など
　(エ) 考えや意図を伝える　・申し出る　・意見を言う　など
　(オ) 相手の行動を促す　・質問する　・依頼する　・命令する　など

3　指導計画の作成と内容の取扱い
(1) 指導計画の作成に当たっては，第5学年及び第6学年並びに中学校及び高等学校における指導との接続に留意しながら，次の事項に配慮するものとする。

ア　単元など内容や時間のまとまりを見通して，その中で育む資質・能力の育成に向けて，児童の主体的・対話的で深い学びの実現を図るようにすること。その際，具体的な課題等を設定し，児童が外国語によるコミュニケーションにおける見方・考え方を働かせながら，コミュニケーションの目的や場面，状況などを意識して活動を行い，英語の音声や語彙，表現などの知識を，三つの領域における実際のコミュニケーションにおいて活用する学習の充実を図ること。

イ　学年ごとの目標を適切に定め，2学年間を通じて外国語活動の目標の実現を図るようにすること。

ウ　実際に英語を用いて互いの考えや気持ちを伝え合うなどの言語活動を行う際は，2の(1)に示す事項について理解したり練習したりするための指導を必要に応じて行うこと。また，英語を初めて学習することに配慮し，簡単な語句や基本的な表現を用いながら，友達との関わりを大切にした体験的な言語活動を行うこと。

エ　言語活動で扱う題材は，児童の興味・関心に合ったものとし，国語科や音楽科，図画工作科など，他教科等で児童が学習したことを活用したり，学校行事で扱う内容と関連付けたりするなどの工夫をすること。

オ　外国語活動を通して，外国語や外国の文化のみならず，国語や我が国の文化についても併せて理解を深めるようにすること。言語活動で扱う題材についても，我が国の文化や，英語の背景にある文化に対する関心を高め，理解を深めようとする態度を養うのに役立つものとすること。

カ　障害のある児童などについては，学習活動を行う場合に生じる困難さに応じた指導内容や指導方法の工夫を計画的，組織的に行うこと。

キ　学級担任の教師又は外国語活動を担当する教師が指導計画を作成し，授業を実施するに当たっては，ネイティブ・スピーカーや英語が堪能な地域人材などの協力を得る等，指導体制の充実を図るとともに，指導方法の工夫を行うこと。

(2) 2の内容の取扱いについては，次の事項に配慮するものとする。

ア　英語でのコミュニケーションを体験させる際は，児童の発達の段階を考慮した表現を用い，児童にとって身近なコミュニケーションの場面を設定すること。
イ　文字については，児童の学習負担に配慮しつつ，音声によるコミュニケーションを補助するものとして取り扱うこと。
ウ　言葉によらないコミュニケーションの手段もコミュニケーションを支えるものであることを踏まえ，ジェスチャーなどを取り上げ，その役割を理解させるようにすること。

b Situations that frequently use special expressions ・Greetings ・Self-introductions ・Shopping ・Dining ・Giving street directions etc.
  ｂ）Examples of language functions
   a Facilitating smooth communication ・Greetings ・Back-channeling etc.
   b Conveying feelings ・Thanking ・Praising etc.
   c Conveying facts and information ・Explaining ・Responding etc.
   d Conveying thoughts and intentions ・Suggesting ・Stating opinions etc.
   e Spurring another to action ・Questioning ・Requesting ・Ordering etc.
3 Lesson Plan Design and Handling of the Content
(1) In designing the lesson plan, consideration will be given to the following items while paying attention to the relationship to instruction in the fifth and sixth grades as well as instruction in junior high and high school.
  ａ）The organization of time and content in units, etc. will be anticipated and, through this, teachers will aim at the development of attributes and abilities to attain pupils' independent and interactive deep learning. At that time, teachers will enhance the learning of English knowledge such as pronunciation, vocabulary, and expressions, using actual communication in the three domains, undertaking activities while being conscious of the communicative aims, situations, and circumstances, and setting specific tasks while making use of the pupils' ways of seeing and thinking in the act of communication in the foreign language.
  ｂ）Teachers will realize the objectives of the foreign language over the two years and appropriately decide on the objectives for each grade.
  ｃ）Regarding the language materials specified in Subsection 2 (1), teachers will undertake necessary instruction in comprehension and practice when pupils engage in language activities such as actually using English to convey their thoughts and feelings to each other. In addition, teachers will give consideration to the fact that pupils are studying English for the first time, and using simple phrases and basic expressions they will undertake experiential language activities that value the relationships between friends.
  ｄ）The materials to be dealt with in the language activities will match the pupils' interests, and teachers will devise means to use things which the pupils have learned in their Japanese, music, drawing and manual arts, and other classes, as well as to relate it to the contents of school events.
  ｅ）Teachers will deepen understanding not only of foreign languages and foreign cultures but also of the Japanese language and culture through foreign language activities.

  ｆ）Regarding pupils with disabilities, teachers will deliberately devise instructional contents and instructional methods for such pupils and they will systematically respond to difficulties that arise in the course of study.
  ｇ）The homeroom teacher or the teacher in charge of foreign languages will create an instructional plan and will devise a method of instruction that enhances the instructional system in implementing the course while gaining assistance from native speakers or members of the community who are proficient in English.
(2) Regarding the handling of the contents of Subsection 2, consideration will be given to the following items.
  ａ）Teachers will use situations that are familiar to the pupils and use expressions in consideration of the pupils' level of development when providing experiences for communication in English.
  ｂ）Written letters will be used to support spoken communication, paying consideration to the pupils' burden of study.
  ｃ）Teachers will enable pupils to understand the role of gestures, etc. in keeping with the notion that nonverbal communication supports communication.

エ　身近で簡単な事柄について，友達に質問をしたり質問に答えたりする力を育成するため，ペア・ワーク，グループ・ワークなどの学習形態について適宜工夫すること。その際，相手とコミュニケーションを行うことに課題がある児童については，個々の児童の特性に応じて指導内容や指導方法を工夫すること。

オ　児童が身に付けるべき資質・能力や児童の実態，教材の内容などに応じて，視聴覚教材やコンピュータ，情報通信ネットワーク，教育機器などを有効活用し，児童の興味・関心をより高め，指導の効率化や言語活動の更なる充実を図るようにすること。

カ　各単元や各時間の指導に当たっては，コミュニケーションを行う目的，場面，状況などを明確に設定し，言語活動を通して育成すべき資質・能力を明確に示すことにより，児童が学習の見通しを立てたり，振り返ったりすることができるようにすること。

第3　指導計画の作成と内容の取扱い

1　外国語活動においては，言語やその背景にある文化に対する理解が深まるよう指導するとともに，外国語による聞くこと，話すことの言語活動を行う際は，英語を取り扱うことを原則とすること。

2　第1章総則の第1の2の(2)に示す道徳教育の目標に基づき，道徳科などとの関連を考慮しながら，第3章特別の教科道徳の第2に示す内容について，外国語活動の特質に応じて適切な指導をすること。

【小学校】　第2章　第10節　外国語
第1　目　標

外国語によるコミュニケーションにおける見方・考え方を働かせ，外国語による聞くこと，読むこと，話すこと，書くことの言語活動を通して，コミュニケーションを図る基礎となる資質・能力を次のとおり育成することを目指す。

(1)　外国語の音声や文字，語彙，表現，文構造，言語の働きなどについて，日本語と外国語との違いに気付き，これらの知識を理解するとともに，読むこと，書くことに慣れ親しみ，聞くこと，読むこと，話すこと，書くことによる実際のコミュニケーションにおいて活用できる基礎的な技能を身に付けるようにする。

(2)　コミュニケーションを行う目的や場面，状況などに応じて，身近で簡単な事柄について，聞いたり話したりするとともに，音声で十分に慣れ親しんだ外国語の語彙や基本的な表現を推測しながら読んだり，語順を意識しながら書いたりして，自分の考えや気持ちなどを伝え合うことができる基礎的な力を養う。

(3)　外国語の背景にある文化に対する理解を深め，他者に配慮しながら，主体的に外国語を用いてコミュニケーションを図ろうとする態度を養う。

第2　各言語の目標及び内容
英　語
1　目　標

英語学習の特質を踏まえ，以下に示す，聞くこと，読むこと，話すこと［やり取り］，話すこと［発表］，書くことの五つの領域別に設定する目標の実現を目指した指導を通して，第1の(1)及び(2)に示す資質・能力を一体的に育成するとともに，その過程を通して，第1の(3)に示す資質・能力を育成する。

(1)　聞くこと
ア　ゆっくりはっきりと話されれば，自分のことや身近で簡単な事柄について，簡単な語句や基本的な表現を聞き取ることができるようにする。

d) Regarding familiar, simple matters, in order to develop the pupils' ability to ask and answer questions with friends, teachers will devise suitable study formations such as pair work and group work. At that time, regarding pupils that have tasks in which they will communicate with other pupils, teachers will devise instruction content and instruction methods in response to the characteristics of the individual pupils.

e) Teachers will aim to enhance pupils' interest and further enrich the efficiency of instruction and language activities in response to the attributes that the pupils should acquire, their abilities, and the actual situation as well as the contents of the educational materials, making effective use of audiovisual materials, computers, telecommunication networks, and educational equipment.

f) In the instruction of each unit and each hour, teachers will clearly establish the aims, situations, and circumstances of the communication that will take place, and through clearly indicating the attributes and abilities that should be nurtured through the language activities, pupils will be able to see what they have learned in the past as well as anticipate the learning that is to come.

III. Lesson Plan Design and Handling of the Content

1 In foreign language activities, along with instruction to deepen understanding of language and the culture that forms the backdrop of language, when undertaking the language activities of listening and speaking in a foreign language in principle, the foreign language activities will deal with English.

2 Based on the moral education objectives specified in Subsection 2 (2) of Chapter 1 "General Provisions", and taking into consideration the link to moral education, appropriate instruction in the content of Section II of Chapter 3 "Moral Education" will be undertaken in accordance with the special characteristics of foreign language activities.

The Course of Study for Elementary Schools   Part 10 Foreign Languages

I. Overall Objectives

The guidelines aim at fostering the attributes and abilities that form the foundation of communication by putting the ways of looking at and thinking about various things in the act of communication in a foreign language to work through the language activities of listening, reading, speaking, and writing, as follows.

(1) Regarding the sounds, letters, vocabulary, expressions, structure, language functions and so on of the foreign language, pupils will notice differences between Japanese and the foreign language and, along with this understanding, become comfortable in reading and writing, as well as acquire basic skills to use in actual communication through listening, reading, speaking, and writing.

(2) Along with listening and speaking, pupils will read while guessing words and basic expressions of the foreign language that they are sufficiently familiar with by sound, and write while conscious of the syntax, cultivating the basic capacity to convey to each other their thoughts and feelings regarding familiar, simple matters according to the communicative aims, situations, circumstances and so on.

(3) Through the foreign language pupils will deepen their comprehension of the culture that forms the backdrop of the foreign language while giving consideration to the interlocutor, and cultivate an attitude to communicate independently using the foreign language.

II. Objectives and Contents of Each Language

English

1 Objectives

Instruction will aim at implementing the objectives set in the five domains of listening, reading, speaking (interaction), speaking (presentation), and writing specified below based on the characteristics of English study, along with fostering in a unified manner the attributes and abilities described in Subsection I (1) and Subsection I (2), and through this process fostering the attributes and abilities described in Subsection I (3).

(1) Listening

a) Pupils will become able to catch simple phrases and basic expressions related to themselves and familiar, simple matters if spoken slowly and clearly.

イ　ゆっくりはっきりと話されれば，日常生活に関する身近で簡単な事柄について，具体的な情報を聞き取ることができるようにする。
ウ　ゆっくりはっきりと話されれば，日常生活に関する身近で簡単な事柄について，短い話の概要を捉えることができるようにする。
(2) 読むこと
ア　活字体で書かれた文字を識別し，その読み方を発音することができるようにする。
イ　音声で十分に慣れ親しんだ簡単な語句や基本的な表現の意味が分かるようにする。

(3) 話すこと［やり取り］
ア　基本的な表現を用いて指示，依頼をしたり，それらに応じたりすることができるようにする。

イ　日常生活に関する身近で簡単な事柄について，自分の考えや気持ちなどを，簡単な語句や基本的な表現を用いて伝え合うことができるようにする。
ウ　自分や相手のこと及び身の回りの物に関する事柄について，簡単な語句や基本的な表現を用いてその場で質問をしたり質問に答えたりして，伝え合うことができるようにする。

(4) 話すこと［発表］
ア　日常生活に関する身近で簡単な事柄について，簡単な語句や基本的な表現を用いて話すことができるようにする。
イ　自分のことについて，伝えようとする内容を整理した上で，簡単な語句や基本的な表現を用いて話すことができるようにする。
ウ　身近で簡単な事柄について，伝えようとする内容を整理した上で，自分の考えや気持ちなどを，簡単な語句や基本的な表現を用いて話すことができるようにする。

(5) 書くこと
ア　大文字，小文字を活字体で書くことができるようにする。また，語順を意識しながら音声で十分に慣れ親しんだ簡単な語句や基本的な表現を書き写すことができるようにする。

イ　自分のことや身近で簡単な事柄について，例文を参考に，音声で十分に慣れ親しんだ簡単な語句や基本的な表現を用いて書くことができるようにする。

2　内 容
〔第5学年及び第6学年〕
〔知識及び技能〕
(1) 英語の特徴やきまりに関する事項
　　実際に英語を用いた言語活動を通して，次に示す言語材料のうち，1に示す五つの領域別の目標を達成するのにふさわしいものについて理解するとともに，言語材料と言語活動とを効果的に関連付け，実際のコミュニケーションにおいて活用できる技能を身に付けることができるよう指導する。

ア　音声
　　次に示す事項のうち基本的な語や句，文について取り扱うこと。
　(ｱ)　現代の標準的な発音
　(ｲ)　語と語の連結による音の変化
　(ｳ)　語や句，文における基本的な強勢
　(ｴ)　文における基本的なイントネーション
　(ｵ)　文における基本的な区切り
イ　文字及び符号
　(ｱ)　活字体の大文字，小文字

b) Pupils will become able to catch concrete information regarding familiar, simple matters related to daily life if spoken slowly and clearly.

c) Pupils will become able to grasp the gist of short talks regarding familiar, simple matters related to daily life if spoken slowly and clearly.

(2) Reading

a) Pupils will become able to recognize printed letters and understand their pronunciation.

b) Pupils will become able to understand the meaning of simple phrases and basic expressions that they have become familiar with through sound.

(3) Speaking (Interaction)

a) Pupils will become able to give instructions and make requests using basic expressions as well as respond to these.

b) Pupils will become able to convey their thoughts and feelings to each other regarding familiar, simple matters related to daily life using simple phrases and basic expressions.

c) Pupils will become able to convey information to each other regarding matters related to themselves and their interlocutor as well as things around them on the spot by asking and answering questions using simple phrases and basic expressions.

(4) Speaking (Presentation)

a) Pupils will become able to speak about familiar, simple matters related to daily life using simple phrases and basic expressions.

b) Pupils will become able to speak about themselves after organizing the contents of what they want to convey, using simple phrases and basic expressions.

c) Pupils will become able to speak about their thoughts and feelings and so on regarding familiar, simple matters after organizing the contents of what they want to convey, using simple phrases and basic expressions.

(5) Writing

a) Pupils will become able to print uppercase and lowercase letters. In addition, they will become able to copy simple phrases and basic expressions that they have become sufficiently familiar with through sound while being conscious of syntax.

b) Pupils will become able to write about themselves and familiar, simple matters using simple phrases and basic expressions that they have become sufficiently familiar with through sound, using examples for reference.

2 Content

[Grades 5 and 6]

[Knowledge and Skills]

(1) Matters related to the characteristics and rules of English

Pupils will be instructed in order to acquire the skills needed in actual communication through language activities actually using English, along with understanding what is appropriate to attain the objectives of the five domains specified in Subsection 1, effectively relating the language materials and the language activities, from the language materials specified as follows.

a) Phonetics

Handling the following items as they occur in basic words, phrases, and sentences:

 a Contemporary, standard pronunciation

 b The changing of sounds according to the linking of words

 c Basic stress of words, phrases and sentences

 d Basic intonation of sentences

 e Basic places to break sentences into parts

b) Letters and punctuation

 a The alphabet in print form, uppercase and lowercase

(イ)　終止符や疑問符，コンマなどの基本的な符号
ウ　語，連語及び慣用表現
　(ア)　1に示す五つの領域別の目標を達成するために必要となる，第３学年及び第４学年において第４章外国語活動を履修する際に取り扱った語を含む600〜700語程度の語

　(イ)　連語のうち，get up, look at などの活用頻度の高い基本的なもの
　(ウ)　慣用表現のうち，excuse me, I see, I'm sorry, thank you, you're welcome などの活用頻度の高い基本的なもの
エ　文及び文構造
　次に示す事項について，日本語と英語の語順の違い等に気付かせるとともに，基本的な表現として，意味のある文脈でのコミュニケーションの中で繰り返し触れることを通して活用すること。

　(ア)　文
　　a　単文
　　b　肯定，否定の平叙文
　　c　肯定，否定の命令文
　　d　疑問文のうち，be 動詞で始まるものや助動詞（can, do など）で始まるもの，疑問詞（who, what, when, where, why, how）で始まるもの
　　e　代名詞のうち，I, you, he, she などの基本的なものを含むもの
　　f　動名詞や過去形のうち，活用頻度の高い基本的なものを含むもの
　(イ)　文構造
　　a　［主語＋動詞］
　　b　［主語＋動詞＋補語］のうち，

　　　　主語＋be 動詞＋ { 名詞 / 代名詞 / 形容詞 }

　　c　［主語＋動詞＋目的語］のうち，

　　　　主語＋動詞＋ { 名詞 / 代名詞 }

〔思考力，判断力，表現力等〕
(2)　情報を整理しながら考えなどを形成し，英語で表現したり，伝え合ったりすることに関する事項
　　具体的な課題等を設定し，コミュニケーションを行う目的や場面，状況などに応じて，情報を整理しながら考えなどを形成し，これらを表現することを通して，次の事項を身に付けることができるよう指導する。

ア　身近で簡単な事柄について，伝えようとする内容を整理した上で，簡単な語句や基本的な表現を用いて，自分の考えや気持ちなどを伝え合うこと。
イ　身近で簡単な事柄について，音声で十分に慣れ親しんだ簡単な語句や基本的な表現を推測しながら読んだり，語順を意識しながら書いたりすること。
(3)　言語活動及び言語の働きに関する事項
①言語活動に関する事項
　(2)に示す事項については，(1)に示す事項を活用して，例えば，次のような言語活動を通して指導する。

ア　聞くこと
　(ア)　自分のことや学校生活など，身近で簡単な事柄について，簡単な語句や基本的な表現を聞いて，それらを表すイラストや写真などと結び付ける活動。
　(イ)　日付や時刻，値段などを表す表現など，日常生活に関する身近で簡単な事柄について，具体的な情報を聞き取る活動。

  b Basic punctuation such as periods, question marks, and commas
c）Words, collocations, and common expressions
 a A vocabulary of about 600-700 words made up of words dealt with in the study of Chapter 4 Foreign Language Activities in the third and fourth grades, necessary to attain the objectives of the five domains specified in Subsection 1
 b Basic collocations of high frequency such as "get up" and "look at"
 c Basic common expressions of high frequency such as "excuse me", "I see", "I'm sorry", "thank you", and "you're welcome"
d）Sentences and sentence structure
 Along with making pupils aware of syntactical differences in Japanese and English, the following items will be used as basic expressions allowing pupils to come into contact with them repeatedly in meaningful contexts.
 a Sentences
  i Simple sentences
  ii Affirmative and negative declarative sentences
  iii Affirmative and negative imperative sentences
  iv Interrogative sentences beginning with "be" verbs, auxiliary verbs ("can", "do", etc.), and those beginning with interrogatives ("who, "what", "when", "where", "why", and "how")
  v Basic pronouns including "I", "you", "he", and "she"
  vi Basic gerunds and past tense forms of high frequency
 b Sentence structures
  i [subject + verb]
  ii In [subject + verb + complement] structures,

$$\text{Subject} + \text{"be" verb} + \begin{Bmatrix} \text{noun} \\ \text{pronoun} \\ \text{adjective} \end{Bmatrix}$$

  iii In [subject + verb + object] structures,

$$\text{Subject} + \text{verb} + \begin{Bmatrix} \text{noun} \\ \text{pronoun} \end{Bmatrix}$$

[Reason, Judgment, and Expressive Ability]
(2) Items related to forming, expressing, and conveying thoughts in English while organizing information
 Specific assignments will be made according to the aims, situations, and circumstances and so on in which communication takes place, so that pupils will develop their thoughts while organizing information, and in the process of expressing these thoughts, pupils will receive guidance in order to acquire the following items.
 a）Pupils will convey to each other their thoughts, feelings, and so on regarding familiar, simple matters, using simple phrases and basic expressions and organizing the contents they wish to convey.
 b）Pupils will read about familiar, simple matters while guessing vocabulary and basic expressions that they are sufficiently familiar with by sound, and write while being conscious of syntax.
(3) Items related to language activities and language functions
① Items related to language activities
 Regarding the items specified in Subsection (2), using the items specified in Subsection (1), pupils will receive instruction, for example, in the following language activities.
 a）Listening
  a Activities in which pupils listen to simple phrases and basic expressions regarding familiar, simple matters, such as themselves or school life, and link them to illustrations or photographs
  b Activities in which pupils listen to and catch specific information regarding familiar, simple matters related to daily life, such as phrases expressing dates, times and prices

(ｳ)　友達や家族，学校生活など，身近で簡単な事柄について，簡単な語句や基本的な表現で話される短い会話や説明を，イラストや写真などを参考にしながら聞いて，必要な情報を得る活動。

イ　読むこと
　(ｱ)　活字体で書かれた文字を見て，どの文字であるかやその文字が大文字であるか小文字であるかを識別する活動。
　(ｲ)　活字体で書かれた文字を見て，その読み方を適切に発音する活動。
　(ｳ)　日常生活に関する身近で簡単な事柄を内容とする掲示やパンフレットなどから，自分が必要とする情報を得る活動。
　(ｴ)　音声で十分に慣れ親しんだ簡単な語句や基本的な表現を，絵本などの中から識別する活動。

ウ　話すこと［やり取り］
　(ｱ)　初対面の人や知り合いと挨拶を交わしたり，相手に指示や依頼をして，それらに応じたり断ったりする活動。
　(ｲ)　日常生活に関する身近で簡単な事柄について，自分の考えや気持ちなどを伝えたり，簡単な質問をしたり質問に答えたりして伝え合う活動。
　(ｳ)　自分に関する簡単な質問に対してその場で答えたり，相手に関する簡単な質問をその場でしたりして，短い会話をする活動。

エ　話すこと［発表］
　(ｱ)　時刻や日時，場所など，日常生活に関する身近で簡単な事柄を話す活動。
　(ｲ)　簡単な語句や基本的な表現を用いて，自分の趣味や得意なことなどを含めた自己紹介をする活動。
　(ｳ)　簡単な語句や基本的な表現を用いて，学校生活や地域に関することなど，身近で簡単な事柄について，自分の考えや気持ちなどを話す活動。

オ　書くこと
　(ｱ)　文字の読み方が発音されるのを聞いて，活字体の大文字，小文字を書く活動。
　(ｲ)　相手に伝えるなどの目的をもって，身近で簡単な事柄について，音声で十分に慣れ親しんだ簡単な語句を書き写す活動。
　(ｳ)　相手に伝えるなどの目的をもって，語と語の区切りに注意して，身近で簡単な事柄について，音声で十分に慣れ親しんだ基本的な表現を書き写す活動。
　(ｴ)　相手に伝えるなどの目的をもって，名前や年齢，趣味，好き嫌いなど，自分に関する簡単な事柄について，音声で十分に慣れ親しんだ簡単な語句や基本的な表現を用いた例の中から言葉を選んで書く活動。

②言語の働きに関する事項
　言語活動を行うに当たり，主として次に示すような言語の使用場面や言語の働きを取り上げるようにする。

ア　言語の使用場面の例
　(ｱ)　児童の身近な暮らしに関わる場面　・家庭での生活　・学校での学習や活動　・地域の行事　など
　(ｲ)　特有の表現がよく使われる場面　・挨拶　・自己紹介　・買物　・食事　・道案内　・旅行　など

イ　言語の働きの例

c　Activities in which pupils gain necessary information regarding familiar, simple matters, such as family, friends, and school life by listening to short conversations or explanations that use simple phrases and basic expressions, using illustrations or photographs for reference

b) Reading
　　a　Activities in which pupils look at printed letters and distinguish what letters are printed and whether they are uppercase or lowercase
　　b　Activities in which pupils look at printed letters, and appropriately pronounce how they are read
　　c　Activities in which pupils gain information they need from notices or pamphlets with contents about familiar, simple matters related to daily life
　　d　Activities in which pupils recognize simple phrases and basic expressions that they have become sufficiently familiar with through sound in picture books and so on

c) Speaking (Interaction)
　　a　Activities in which pupils exchange greetings when meeting someone for the first time or with previous acquaintances, instruct or request another person to do something, or respond to or refuse such instructions or requests
　　b　Activities in which pupils convey their thoughts and feelings about familiar, simple matters related to daily life as well as ask questions and respond to questions on such matters
　　c　Activities in which pupils carry out short conversations by answering simple questions about themselves on the spot and posing such questions on the spot

d) Speaking (Presentation)
　　a　Activities in which pupils speak about familiar, simple matters related to daily life such as dates, times, and places
　　b　Activities in which pupils make self-introductions including their hobbies and things they're good at using simple phrases and basic expressions
　　c　Activities in which pupils talk about their thoughts and feelings about familiar, simple matters such as school life and the region using simple phrases and basic expressions

e) Writing
　　a　Activities in which pupils listen to the pronunciation of letters being read and write the letters in print in uppercase and lowercase
　　b　Activities in which pupils copy simple phrases that they have become sufficiently familiar with through sound about familiar, simple matters with an aim to convey them to another pupil
　　c　Activities in which pupils copy basic expressions that they have become sufficiently familiar with through sound about familiar, simple matters with an aim to convey them to another pupil, paying attention to the break between words
　　d　Activities in which pupils choose words from examples of simple phrases and basic expressions that they have become sufficiently familiar with through sound about simple matters related to themselves such as their name, age, hobbies, likes, and dislikes and write them down with an aim to convey them to another pupil

② Items related to language functions
　In undertaking language activities, the following language situations and language functions will be mainly introduced.
　a) Examples of language situations
　　a　Situations related to pupils' daily lives
　　　　・Home life　・Study and activities at school　・Regional events etc.
　　b　Situations that frequently use special expressions
　　　　・Greetings　・Self-introductions　　・Shopping
　　　　・Dining　　・Giving street directions　・Travel etc.
　b) Examples of language functions

(ｱ) コミュニケーションを円滑にする　・挨拶をする　・呼び掛ける　・相づちを打つ　・聞き直す　・繰り返す　など

(ｲ) 気持ちを伝える　・礼を言う　・褒める　・謝る　など

(ｳ) 事実・情報を伝える　・説明する　・報告する　・発表する　など

(ｴ) 考えや意図を伝える　・申し出る　・意見を言う　・賛成する　・承諾する　・断る　など

(ｵ) 相手の行動を促す　・質問する　・依頼する　・命令する　など

3　指導計画の作成と内容の取扱い

(1) 指導計画の作成に当たっては，第３学年及び第４学年並びに中学校及び高等学校における指導との接続に留意しながら，次の事項に配慮するものとする。

ア　単元など内容や時間のまとまりを見通して，その中で育む資質・能力の育成に向けて，児童の主体的・対話的で深い学びの実現を図るようにすること。その際，具体的な課題等を設定し，児童が外国語によるコミュニケーションにおける見方・考え方を働かせながら，コミュニケーションの目的や場面，状況などを意識して活動を行い，英語の音声や語彙，表現などの知識を，五つの領域における実際のコミュニケーションにおいて活用する学習の充実を図ること。

イ　学年ごとの目標を適切に定め，２学年間を通じて外国語科の目標の実現を図るようにすること。

ウ　実際に英語を使用して互いの考えや気持ちを伝え合うなどの言語活動を行う際は，２の(1)に示す言語材料について理解したり練習したりするための指導を必要に応じて行うこと。また，第３学年及び第４学年において第４章外国語活動を履修する際に扱った簡単な語句や基本的な表現などの学習内容を繰り返し指導し定着を図ること。

エ　児童が英語に多く触れることが期待される英語学習の特質を踏まえ，必要に応じて，特定の事項を取り上げて第１章総則の第２の３の(2)のウの(ｲ)に掲げる指導を行うことにより，指導の効果を高めるよう工夫すること。このような指導を行う場合には，当該指導のねらいやそれを関連付けて指導を行う事項との関係を明確にするとともに，単元など内容や時間のまとまりを見通して資質・能力が偏りなく育成されるよう計画的に指導すること。

オ　言語活動で扱う題材は，児童の興味・関心に合ったものとし，国語科や音楽科，図画工作科など，他の教科等で児童が学習したことを活用したり，学校行事で扱う内容と関連付けたりするなどの工夫をすること。

カ　障害のある児童などについては，学習活動を行う場合に生じる困難さに応じた指導内容や指導方法の工夫を計画的，組織的に行うこと。

キ　学級担任の教師又は外国語を担当する教師が指導計画を作成し，授業を実施するに当たっては，ネイティブ・スピーカーや英語が堪能な地域人材などの協力を得る等，指導体制の充実を図るとともに，指導方法の工夫を行うこと。

(2) ２の内容の取扱いについては，次の事項に配慮するものとする。

ア　２の(1)に示す言語材料については，平易なものから難しいものへと段階的に指導すること。また，児童の発達の段階に応じて，聞いたり読んだりすることを通して意味を理解できるように指導すべき事項と，話したり書いたりして表現できるように指導すべき事項とがあることに留意すること。

a Facilitating smooth communication　・Greeting　・Calling out to someone　・Back-channeling
　　・Asking something again　・Repeating etc.
  b Conveying feelings　・Thanking　・Praising　・Apologizing etc.
  c Conveying facts and information　・Explaining　・Reporting　・Presenting etc.
  d Conveying thoughts and intentions　・Suggesting　・Stating opinions　・Agreeing　・Consenting
　　・Refusing etc.
  e Spurring another to action　・Questioning　・Requesting　・Ordering etc.

3　Lesson Plan Design and Handling of the Content

(1)　In designing the lesson plan, consideration will be given to the following items while paying attention to the relationship to instruction in the third and fourth grades as well as instruction in junior high school and high school.

a) The organization of time and content in units, etc. will be anticipated and through this teachers will aim at the development of attributes and abilities to attain pupils' independent and interactive deep learning. At that time, teachers will enhance of the learning of English knowledge such as phonetics, vocabulary, and expressions, using actual communication in the five domains, undertaking activities while being conscious of the communicative aims, situations and circumstances, and setting specific tasks while making use of the pupils' perspectives and ways of thinking in the act of communication in the foreign language.

b) Teachers will realize the objectives of the foreign language over the two years and appropriately decide on the objectives for each grade.

c) Regarding the language materials specified in Subsection 2 (1), teachers will undertake necessary guidance in comprehension and practice when pupils engage in language activities such as actually using English to convey their thoughts and feelings to each other. In addition, teachers will go over the study content dealt with in the foreign language activities of Chapter 4 in the third and fourth grades, such as simple phrases and basic expressions in order that it will become firmly embedded.

d) Teachers will devise means to enhance the effectiveness of instruction through the guidance specified in c) in Subsection 3 (2) of Section II of Chapter 1 "General Provisions" regarding the English that it is anticipated pupils are likely often to come into contact with, as necessary, based on the characteristics of English study. When undertaking this type of instruction, along with clarifying the relationship between the aims and the items that are related to the instruction, teachers will provide guidance regarding attributes and abilities in a deliberate and balanced manner, anticipating the organization of the time and contents in units.

e) The materials to be dealt with in the language activities will match pupils' interests, and teachers will devise means to use things which the pupils have learned in their Japanese, music, drawing and manual arts, and other classes, as well as to relate it to the contents of school events.

f) Regarding pupils with disabilities, teachers will deliberately devise instructional contents and instructional methods for such pupils and they will systematically respond to difficulties that arise in the course of study.

g) The homeroom teacher or the teacher in charge of foreign languages will create an instructional plan and will devise a method of instruction that enhances the instructional system in implementing the course while gaining assistance from native speakers or members of the community who are proficient in English.

(2)　Regarding the handling of the contents of Subsection 2, consideration will be given to the following items.

a) Regarding the language materials specified in Subsection 2 (1), teachers will commence instruction with simple things, moving to more difficult ones step by step. In addition, in response to the developmental level of the pupils, teachers will pay attention to the items of instruction that will enable pupils to become able to comprehend meaning through listening and reading, and also to those items of instruction that will enable pupils to become able to express themselves though speaking and writing.

イ 音声指導に当たっては，日本語との違いに留意しながら，発音練習などを通して２の(1)のアに示す言語材料を指導すること。また，音声と文字とを関連付けて指導すること。

ウ 文や文構造の指導に当たっては，次の事項に留意すること。
　(ｱ) 児童が日本語と英語との語順等の違いや，関連のある文や文構造のまとまりを認識できるようにするために，効果的な指導ができるよう工夫すること。

　(ｲ) 文法の用語や用法の指導に偏ることがないよう配慮して，言語活動と効果的に関連付けて指導すること。

エ 身近で簡単な事柄について，友達に質問をしたり質問に答えたりする力を育成するため，ペア・ワーク，グループ・ワークなどの学習形態について適宜工夫すること。その際他者とコミュニケーションを行うことに課題がある児童については，個々の児童の特性に応じて指導内容や指導方法を工夫すること。

オ 児童が身に付けるべき資質・能力や児童の実態，教材の内容などに応じて，視聴覚教材やコンピュータ，情報通信ネットワーク，教育機器などを有効活用し，児童の興味・関心をより高め，指導の効率化や言語活動の更なる充実を図るようにすること。

カ 各単元や各時間の指導に当たっては，コミュニケーションを行う目的，場面，状況などを明確に設定し，言語活動を通して育成すべき資質・能力を明確に示すことにより，児童が学習の見通しを立てたり，振り返ったりすることができるようにすること。

(3) 教材については，次の事項に留意するものとする。
ア 教材は，聞くこと，読むこと，話すこと［やり取り］，話すこと［発表］，書くことなどのコミュニケーションを図る基礎となる資質・能力を総合的に育成するため，１に示す五つの領域別の目標と２に示す内容との関係について，単元など内容や時間のまとまりごとに各教材の中で明確に示すとともに，実際の言語の使用場面や言語の働きに十分配慮した題材を取り上げること。

イ 英語を使用している人々を中心とする世界の人々や日本人の日常生活，風俗習慣，物語，地理，歴史，伝統文化，自然などに関するものの中から，児童の発達の段階や興味・関心に即して適切な題材を変化をもたせて取り上げるものとし，次の観点に配慮すること。
　(ｱ) 多様な考え方に対する理解を深めさせ，公正な判断力を養い豊かな心情を育てることに役立つこと。

　(ｲ) 我が国の文化や，英語の背景にある文化に対する関心を高め，理解を深めようとする態度を養うことに役立つこと。
　(ｳ) 広い視野から国際理解を深め，国際社会と向き合うことが求められている我が国の一員としての自覚を高めるとともに，国際協調の精神を養うことに役立つこと。

その他の外国語
　その他の外国語については，英語の１に示す五つの領域別の目標，２に示す内容及び３に示す指導計画の作成と内容の取扱いに準じて指導を行うものとする。

第３　指導計画の作成と内容の取扱い
１　外国語科においては，英語を履修させることを原則とすること。
２　第１章総則の第１の２の(2)に示す道徳教育の目標に基づき，道徳科などとの関連を考慮しながら，第３章特別の教科道徳の第２に示す内容について，外国語科の特質に応じて適切な指導をすること。

b) Teachers will conduct phonetic instruction according to the language materials specified in a) of Subsection (1) 2, through pronunciation practice while paying attention to the differences with Japanese. In addition, instruction concerning the connection between sound and letters will be undertaken.

c) In the instruction of sentences and sentence structure, attention will be paid to the following items.

    a Teachers will devise means to effectively teach so that pupils will become able to distinguish the differences between the word order of Japanese and English as well as the unity of related sentences and sentence structure.

    b In order to ensure that there is not a lack of balance in the instruction of the wording or usage of grammar, instruction will associate these with language activities effectively.

d) Regarding familiar, simple matters, in order to develop the pupils' ability to ask and answer questions of friends, teachers will devise suitable study formations such as pair work and group work. At that time, regarding pupils that have tasks in which they will communicate with other pupils, teachers will devise instruction content and instruction methods in response to the characteristics of the individual pupils.

e) Teachers will aim to enhance pupils' interest and further enrich the efficiency of instruction and language activities in response to the attributes that the pupils should acquire, their abilities, and the actual situation as well as the contents of the educational materials, making effective use of audiovisual materials, computers, telecommunication networks, and educational equipment.

f) In the instruction of each unit and each hour, teachers will clearly establish the aims, situations, and circumstances of the communication that will take place, and through clearly indicating the attributes and abilities that should be nurtured through the language activities, pupils will be able to see what they have learned in the past as well as anticipate the learning that is to come.

(3) Regarding educational materials, attention will be paid to the following items.

a) In order to comprehensively nurture the attributes and abilities that serve as the foundation for communication such as listening, reading, speaking (interaction), speaking (presentation), and writing, regarding the relationship between the five domains of the objectives specified in Subsection 1 and the contents specified in Subsection 2, along with clearly indicating in each educational material the contents and hours such as units, teachers will adopt educational materials with sufficient consideration of actual language situations and functions.

b) Teachers will adopt and amend appropriate materials from the world in which English is used and Japanese people's daily lives, manners and customs, stories, geography, history, traditional culture, and nature, giving consideration to the following perspectives.

    a Materials that are useful in nurturing a deepening of the understanding of diverse ways of thinking, supporting a judgement ability that is fair and developing rich knowledge.

    b Materials that are useful in heightening interest in Japan's culture as well as the culture that serves as the backdrop to English, and supporting an attitude that seeks to deepen understanding of them.

    c Materials that, along with deepening international understanding through a wide outlook and heightening awareness of the pupil as a Japanese person living in an international society, are useful in supporting a spirit of international cooperation.

Other foreign languages

Regarding other foreign languages, instruction will be undertaken according to the five domains of objectives specified in Subsection 1, the content specified in Subsection 2, and the handling of lesson plan design and content specified in Subsection 3 of the English guidelines.

III. Lesson Plan Design and Handling of the Content

1 In principle, pupils will take English as their subject of foreign language study.

2 Based on the moral education objectives specified in Subsection 2 (2) of Chapter 1 "General Provisions", taking into consideration the link to moral education, appropriate instruction in the content of Section II of Chapter 3 "Moral Education" will be undertaken in accordance with the special characteristics of foreign language activities.

【中学校】第2章　第9節　外国語
第1　目標

外国語によるコミュニケーションにおける見方・考え方を働かせ，外国語による聞くこと，読むこと，話すこと，書くことの言語活動を通して，簡単な情報や考えなどを理解したり表現したり伝え合ったりするコミュニケーションを図る資質・能力を次のとおり育成することを目指す。

(1) 外国語の音声や語彙，表現，文法，言語の働きなどを理解するとともに，これらの知識を，聞くこと，読むこと，話すこと，書くことによる実際のコミュニケーションにおいて活用できる技能を身に付けるようにする。
(2) コミュニケーションを行う目的や場面，状況などに応じて，日常的な話題や社会的な話題について，外国語で簡単な情報や考えなどを理解したり，これらを活用して表現したり伝え合ったりすることができる力を養う。
(3) 外国語の背景にある文化に対する理解を深め，聞き手，読み手，話し手，書き手に配慮しながら，主体的に外国語を用いてコミュニケーションを図ろうとする態度を養う。

第2　各言語の目標及び内容等
英　語
1　目　標

英語学習の特質を踏まえ，以下に示す，聞くこと，読むこと，話すこと［やり取り］，話すこと［発表］，書くことの五つの領域別に設定する目標の実現を目指した指導を通して，第1の(1)及び(2)に示す資質・能力を一体的に育成するとともに，その過程を通して，第1の(3)に示す資質・能力を育成する。

(1) 聞くこと
ア　はっきりと話されれば，日常的な話題について，必要な情報を聞き取ることができるようにする。
イ　はっきりと話されれば，日常的な話題について，話の概要を捉えることができるようにする。
ウ　はっきりと話されれば，社会的な話題について，短い説明の要点を捉えることができるようにする。
(2) 読むこと
ア　日常的な話題について，簡単な語句や文で書かれたものから必要な情報を読み取ることができるようにする。
イ　日常的な話題について，簡単な語句や文で書かれた短い文章の概要を捉えることができるようにする。
ウ　社会的な話題について，簡単な語句や文で書かれた短い文章の要点を捉えることができるようにする。

(3) 話すこと［やり取り］
ア　関心のある事柄について，簡単な語句や文を用いて即興で伝え合うことができるようにする。

イ　日常的な話題について，事実や自分の考え，気持ちなどを整理し，簡単な語句や文を用いて伝えたり，相手からの質問に答えたりすることができるようにする。
ウ　社会的な話題に関して聞いたり読んだりしたことについて，考えたことや感じたこと，その理由などを，簡単な語句や文を用いて述べ合うことができるようにする。

(4) 話すこと［発表］
ア　関心のある事柄について，簡単な語句や文を用いて即興で話すことができるようにする。

イ　日常的な話題について，事実や自分の考え，気持ちなどを整理し，簡単な語句や文を用いてまとまりのある内容を話すことができるようにする。
ウ　社会的な話題に関して聞いたり読んだりしたことについて，考えたことや感じたこと，その理由などを，簡単な語句や文を用いて話すことができるようにする。

The Course of Study for Junior High Schools　Part 9 Foreign Languages

I. Overall Objectives

The guidelines aim at fostering the attributes and abilities to communicate through understanding, expressing, and conveying simple information and ideas to others by putting ways of looking at and thinking about various things in the act of communication in a foreign language to work through the language activities of listening, reading, speaking, and writing, as follows.

(1) Along with understanding the phonetics, vocabulary, expressions, grammar, language functions, and so on of the foreign language, students will acquire the skills to apply this knowledge to actual communication through listening, reading, speaking, and writing.

(2) The students' ability to understand simple information and ideas regarding everyday topics and societal topics in the foreign language and apply these to expressing and conveying related things according to the communicative aims, situations, and circumstances will be cultivated.

(3) Students will deepen their comprehension of the culture that forms the backdrop of the foreign language while giving consideration to the listener, reader, speaker, or writer, cultivating an attitude to communicate independently using the foreign language.

II. Objectives and Contents of Each Language

English

1　Objectives

Instruction will aim at implementing the objectives set in the five domains of listening, reading, speaking (interaction), speaking (presentation), and writing specified below, based on the characteristics of English study, along with fostering in a unified manner the attributes and abilities described in Subsection I (1) and Subsection I (2), and through this process fostering the attributes and abilities described in Subsection I (3).

(1)　Listening

a) Students will become able to catch necessary information related to everyday topics if spoken clearly.

b) Students will become able to grasp the gist of talks related to everyday topics if spoken clearly.

c) Students will become able to grasp the main points of talks related to societal topics if spoken clearly.

(2)　Reading

a) Students will become able to comprehend necessary information from things written in simple sentences and phrases about everyday topics.

b) Students will become able to grasp the gist of short pieces of writing about everyday topics.

c) Students will become able to grasp the main points of short pieces of writing written in simple sentences and phrases related to societal topics.

(3)　Speaking (Interaction)

a) Students will become able to speak extemporaneously about a matter that interests them using simple phrases and sentences.

b) Students will become able to speak about everyday topics, organizing the facts, their ideas, and their feelings, using simple phrases and sentences and respond to questions from an interlocutor.

c) Students will become able to discuss with each other what they thought and felt regarding things they've listened to or read about concerning societal topics and explain why they thought and felt so using simple phrases and sentences.

(4)　Speaking (Presentation)

a) Students will become able to speak extemporaneously about a matter that interests them using simple phrases and sentences.

b) Students will become able to speak coherently about a matter that interests them, organizing the facts, their ideas, and their feelings using simple phrases and sentences.

c) Students will become able to speak about what they thought and felt regarding things they've listened to or read about concerning societal topics and explain why thought and felt so using simple phrases and sentences.

(5) 書くこと

ア 関心のある事柄について，簡単な語句や文を用いて正確に書くことができるようにする。
イ 日常的な話題について，事実や自分の考え，気持ちなどを整理し，簡単な語句や文を用いてまとまりのある文章を書くことができるようにする。
ウ 社会的な話題に関して聞いたり読んだりしたことについて，考えたことや感じたこと，その理由などを，簡単な語句や文を用いて書くことができるようにする。

2 内 容
〔知識及び技能〕
(1) 英語の特徴やきまりに関する事項
　実際に英語を用いた言語活動を通して，小学校学習指導要領第2章第10節外国語第2の2の(1)及び次に示す言語材料のうち，1に示す五つの領域別の目標を達成するのにふさわしいものについて理解するとともに，言語材料と言語活動とを効果的に関連付け，実際のコミュニケーションにおいて活用できる技能を身に付けることができるよう指導する。

　　(ア) 現代の標準的な発音
　　(イ) 語と語の連結による音の変化
　　(ウ) 語や句，文における基本的な強勢
　　(エ) 文における基本的なイントネーション
　　(オ) 文における基本的な区切り
イ 符号
　感嘆符，引用符などの符号
ウ 語，連語及び慣用表現
　　(ア) 1に示す五つの領域別の目標を達成するために必要となる，小学校で学習した語に1600〜1800語程度の新語を加えた語
　　(イ) 連語のうち，活用頻度の高いもの
　　(ウ) 慣用表現のうち，活用頻度の高いもの
エ 文，文構造及び文法事項
　小学校学習指導要領第2章第10節外国語第2の2の(1)のエ及び次に示す事項について，意味のある文脈でのコミュニケーションの中で繰り返し触れることを通して活用すること。

　　(ア) 文
　　　a 重文，複文
　　　b 疑問文のうち，助動詞（may, will など）で始まるものや or を含むもの，疑問詞（which, whose）で始まるもの
　　　c 感嘆文のうち基本的なもの
　　(イ) 文構造
　　　a ［主語＋動詞＋補語］のうち，
　　　　　主語 ＋ be 動詞以外の動詞 ＋ { 名詞 / 形容詞 }
　　　b ［主語＋動詞＋目的語］のうち，
　　　　(a) 主語 ＋ 動詞 ＋ { 動名詞 / to 不定詞 / how（など）to 不定詞 }

(5) Writing

a) Students will become able to write correctly about a matter that interests them using simple phrases and sentences.

b) Students will become able to write a coherent piece of writing about an everyday topic, organizing the facts, their thoughts, and their feelings, using simple phrases and sentences.

c) Students will become able to write about what they thought and felt regarding things they've listened to or read about concerning societal topics and explain why thought and felt so using simple phrases and sentences.

2 Content

[Knowledge and Skills]

(1) Matters related to the characteristics and rules of English

Students will be instructed in order to acquire the skills needed in actual communication through language activities actually using English, along with understanding what is appropriate to attain the objectives of the five domains specified in Subsection 1, effectively relating the language materials and the language activities, from the language activities specified in Subsection 2 (1) of Section II of Part 10 of Chapter 2 of the Course of Study for Elementary Schools.

a) Phonetics

Handling the following items:

 a Contemporary, standard pronunciation
 b The changing of sounds according to the linking of words
 c Basic stress of words, phrases, and sentences
 d Basic intonation of sentences
 e Basic places to break sentences into parts

b) Punctuation

Punctuation such as exclamation points, quotation marks, etc.

c) Words, collocations, and common expressions

 a A vocabulary of about 1,600–1,800 words in addition to the vocabulary learned in elementary school, necessary to obtain the objectives of the five domains specified in Subsection 1
 b Collocations of high frequency
 c Common expressions of high frequency

d) Sentences and sentence structure

The items specified in d) of Subsection 2 (1) of Section II of Part 10 of Chapter 2 of the Course of Study for Elementary Schools as well as the items specified below will be used, allowing students to come into contact with them repeatedly in communication in meaningful contexts.

 a Sentences
  i Compound sentences and complex sentences
  ii Interrogative sentences beginning with auxiliary verbs ("may", "will", etc.) interrogative questions including "or", and those beginning with interrogatives ("which" and "whose")
  iii Basic exclamatory sentences
 b Sentence structures
  i In [subject + verb + complement] structures,

$$\text{Subject + verb other than "be" verb} + \begin{Bmatrix} \text{noun} \\ \text{adjective} \end{Bmatrix}$$

  ii In [subject + verb + object] structures,

   a $$\text{Subject + verb} + \begin{Bmatrix} \text{gerund} \\ \text{"to" infinitive} \\ \text{"how" etc. + "to" infinitive} \end{Bmatrix}$$

(b)　主語＋動詞＋{that で始まる節 / what などで始まる節}

　c　［主語＋動詞＋間接目的語＋直接目的語］のうち，
　　(a)　主語＋動詞＋間接目的語＋{名詞 / 代名詞}
　　(b)　主語＋動詞＋間接目的語＋how（など）to 不定詞
　　(c)　主語＋動詞＋間接目的語＋{that で始まる節 / what などで始まる節}

　d　［主語＋動詞＋目的語＋補語］のうち，
　　(a)　主語＋動詞＋目的語＋{名詞 / 形容詞}
　　(b)　主語＋動詞＋目的語＋原形不定詞

　e　その他
　　(a)　There ＋ be 動詞＋～
　　(b)　It ＋ be 動詞＋～（＋ for ～）＋ to 不定詞
　　(c)　主語＋ tell, want など＋目的語＋ to 不定詞
　　(d)　主語＋ be 動詞＋形容詞＋ that で始まる節

(ウ)　文法事項
　a　代名詞
　　(a)　人称や指示，疑問，数量を表すもの
　　(b)　関係代名詞のうち，主格の that, which, who, 目的格の that, which の制限的用法

　b　接続詞
　c　助動詞
　d　前置詞
　e　動詞の時制及び相など
　　　現在形や過去形，現在進行形，過去進行形，現在完了形，現在完了進行形，助動詞などを用いた未来表現
　f　形容詞や副詞を用いた比較表現
　g　to 不定詞
　h　動名詞
　i　現在分詞や過去分詞の形容詞としての用法
　j　受け身
　k　仮定法のうち基本的なもの

〔思考力，判断力，表現力等〕
(2)　情報を整理しながら考えなどを形成し，英語で表現したり，伝え合ったりすることに関する事項
　　具体的な課題等を設定し，コミュニケーションを行う目的や場面，状況などに応じて，情報を整理しながら考えなどを形成し，これらを論理的に表現することを通して，次の事項を身に付けることができるよう指導する。

ア　日常的な話題や社会的な話題について，英語を聞いたり読んだりして必要な情報や考えなどを捉えること。

イ　日常的な話題や社会的な話題について，英語を聞いたり読んだりして得られた情報や表現を，選択したり抽出したりするなどして活用し，話したり書いたりして事実や自分の考え，気持ちなどを表現すること。

ウ　日常的な話題や社会的な話題について，伝える内容を整理し，英語で話したり書いたりして互いに事実や自分の考え，気持ちなどを伝え合うこと。

(3)　言語活動及び言語の働きに関する事項

      b Subject + verb + { clauses beginning with "that" / clauses beginning with "what" etc. }

  iii In [subject + verb + indirect object + direct object] structures,

      a Subject + verb + indirect object + { noun / pronoun }

      b Subject + verb + indirect object + "how" etc. + "to" infinitive

      c Subject + verb + indirect object + { clauses beginning with "that" / clauses beginning with "what" etc. }

  iv In [subject + verb + direct object + complement] structures,

      a Subject + verb + direct object + { noun / adjective }

      b Subject + verb + direct object + bare infinitive

  v Other structures

      a There + "be" verb + ~

      b "It" + "be" verb + ~ (+ "for" ~) + "to" infinitive

      c Subject + "tell", "want", etc. + object + "to" infinitive

      d Subject + "be" verb + adjective + clause beginning with "that"

c Grammatical items

  i Pronouns

      a Pronouns expressing person and quantity, demonstrative pronouns, and interrogative pronouns

      b Among relative pronouns, the nominative pronouns "that", "which", and "who", and the restrictive use of the objective pronouns "that" and "which"

  ii Conjunctions

  iii Auxiliary verbs

  iv Prepositions

  v Verb tense and aspect, etc.

    Present, past tense, present progressive, past progressive, present perfect, present perfect progressive, and future expressions using auxiliary verbs, etc.

  vi Comparative expressions using adjectives or adverbs

  vii "to" infinitive

  viii Gerunds

  ix Use of present participles and past participles as adjectives

  x The passive voice

  xi Basic types of the subjunctive mood

[Reason, Judgement, and Expressive Ability]

(2) Items related to forming, expressing, and conveying thoughts in English while organizing information

    Specific assignments will be made according to the aims, situations, and circumstances in which communication takes place, so that students will develop their thoughts while organizing information, and in the process of expressing these thoughts logically, students will receive guidance in order to acquire the following items.

a) Students will grasp necessary information and ideas about everyday topics and societal topics while listening to and reading English.

b) Students will choose and extract information and expressions while listening to and reading about everyday topics and societal topics in English, and they will make use of them to express facts as well as their thoughts and feelings in speaking and writing.

c) Students will convey to each other facts as well as their thoughts and feelings about everyday topics and societal topics, speaking and writing in English, organizing the content to be conveyed.

(3) Items related to language activities and language functions

①言語活動に関する事項
　(3)に示す事項については，(1)に示す事項を活用して，例えば，次のような言語活動を通して指導する。

ア　小学校学習指導要領第２章第10節外国語の第２の２の(3)に示す言語活動のうち，小学校における学習内容の定着を図るために必要なもの。

イ　聞くこと
　(ｱ)　日常的な話題について，自然な口調で話される英語を聞いて，話し手の意向を正確に把握する活動。

　(ｲ)　店や公共交通機関などで用いられる簡単なアナウンスなどから，自分が必要とする情報を聞き取る活動。

　(ｳ)　友達からの招待など，身近な事柄に関する簡単なメッセージを聞いて，その内容を把握し，適切に応答する活動。
　(ｴ)　友達や家族，学校生活などの日常的な話題や社会的な話題に関する会話や説明などを聞いて，概要や要点を把握する活動。また，その内容を英語で説明する活動。

ウ　読むこと
　(ｱ)　書かれた内容や文章の構成を考えながら黙読したり，その内容を表現するよう音読したりする活動。

　(ｲ)　日常的な話題について，簡単な表現が用いられている広告やパンフレット，予定表，手紙，電子メール，短い文章などから，自分が必要とする情報を読み取る活動。
　(ｳ)　簡単な語句や文で書かれた日常的な話題に関する短い説明やエッセイ，物語などを読んで概要を把握する活動。
　(ｴ)　簡単な語句や文で書かれた社会的な話題に関する説明などを読んで，イラストや写真，図表なども参考にしながら，要点を把握する活動。また，その内容に対する賛否や自分の考えを述べる活動。

エ　話すこと［やり取り］
　(ｱ)　関心のある事柄について，相手からの質問に対し，その場で適切に応答したり，関連する質問をしたりして，互いに会話を継続する活動。

　(ｲ)　日常的な話題について，伝えようとする内容を整理し，自分で作成したメモなどを活用しながら相手と口頭で伝え合う活動。
　(ｳ)　社会的な話題に関して聞いたり読んだりしたことから把握した内容に基づき，読み取ったことや感じたこと，考えたことなどを伝えた上で，相手からの質問に対して適切に応答したり自ら質問し返したりする活動。
オ　話すこと［発表］
　(ｱ)　関心のある事柄について，その場で考えを整理して口頭で説明する活動。

　(ｲ)　日常的な話題について，事実や自分の考え，気持ちなどをまとめ，簡単なスピーチをする活動。

　(ｳ)　社会的な話題に関して聞いたり読んだりしたことから把握した内容に基づき，自分で作成したメモなどを活用しながら口頭で要約したり，自分の考えや気持ちなどを話したりする活動。
カ　書くこと
　(ｱ)　趣味や好き嫌いなど，自分に関する基本的な情報を語句や文で書く活動。

　(ｲ)　簡単な手紙や電子メールの形で自分の近況などを伝える活動。

① Items related to language activities

Regarding the items specified in Subsection (2), using the items specified in Subsection (1), students will receive instruction, for example, in the following language activities.

a) Among language activities specified in Subsection 2 (3) of Section II of Part 10 "Foreign Languages" of Chapter 2 of the Course of Study for Elementary Schools, those activities that are needed in order to ensure the study in elementary school becomes firmly embedded.

b) Listening
   a Activities in which students listen to English spoken in a natural tone about everyday topics and properly grasp the speaker's intention
   b Activities in which students catch information necessary to them from simple announcements and so on that are used in stores, public transportation, etc.
   c Activities in which students listen to simple messages related to familiar matters, such as an invitation from a friend, grasp the content, and respond appropriately
   d Activities in which students listen to talks or explanations related to everyday topics about friends, family, school life, etc. or societal topics and grasp the overview and main points. Students will further explain the contents in English.

c) Reading
   a Activities in which students silently read while thinking about the content that is written and the structure of the piece of writing, as well as read aloud in a manner that suitably expresses the content
   b Activities in which students read advertisements, pamphlets, programs, letters, e-mail, short passages, etc. about everyday topics that use simple expressions and get the information necessary to them
   c Activities in which students read short explanations, essays, or stories related to everyday topics written in simple phrases and sentences and grasp the outline
   d Activities in which students read explanations, etc. related to societal topics written in simple phrases and sentences and grasp the main points, using illustrations, photographs, diagrams, etc. for reference. In addition, activities in which students express whether they agree or disagree with the content or their thoughts about it.

d) Speaking (Interaction)
   a Activities in which students are able to carry on conversations with each other about matters that interest them by appropriately responding to an interlocutor's questions on the spot and asking related questions
   b Activities in which students organize content they wish to convey about everyday topics and, using notes they have created, orally convey the content to an interlocutor
   c Activities in which students tell listeners about what they read, felt, or thought based on what they understood from reading or listening related to a societal topic as well as appropriately respond to questions and ask questions in response

e) Speaking (Presentation)
   a Activities in which students orally explain about a topic that interests them, organizing their thoughts on the spot.
   b Activities in which students make a simple speech about an everyday topic, bringing together facts as well as their thoughts and feelings
   c Activities in which students orally summarize what they understood from reading or listening related to a societal topic, using notes they have created, and convey their thoughts and feelings based on it

f) Writing
   a Activities in which students write basic information about themselves such as their likes and dislikes using simple phrases and sentences
   b Activities in which students convey what has been going on in their lives recently in the form of a simple letter or e-mail

(ｳ)　日常的な話題について，簡単な語句や文を用いて，出来事などを説明するまとまりのある文章を書く活動。
　(ｴ)　社会的な話題に関して聞いたり読んだりしたことから把握した内容に基づき，自分の考えや気持ち，その理由などを書く活動。
②言語の働きに関する事項
　言語活動を行うに当たり，主として次に示すような言語の使用場面や言語の働きを取り上げるようにする。

ア　言語の使用場面の例
　(ｱ)　生徒の身近な暮らしに関わる場面　・家庭での生活　・学校での学習　・地域の行事　など

　(ｲ)　特有の表現がよく使われる場面　・自己紹介　・買物　・食事　・道案内　・旅行　・電話での対応　・手紙や電子メールのやり取り　など
イ　言語の働きの例
　(ｱ)　コミュニケーションを円滑にする　・話し掛ける　・相づちを打つ　・聞き直す　・繰り返す　など

　(ｲ)　気持ちを伝える　・礼を言う　・苦情を言う　・褒める　・謝る　・歓迎する　など
　(ｳ)　事実・情報を伝える　・説明する　・報告する　・発表する　・描写する　など
　(ｴ)　考えや意図を伝える　・申し出る　・約束する　・意見を言う　・賛成する　・反対する　・承諾する　・断る　・仮定する　など
　(ｵ)　相手の行動を促す　・質問する　・依頼する　・招待する　・命令する　など
3　指導計画の作成と内容の取扱い
(1)　指導計画の作成に当たっては，小学校や高等学校における指導との接続に留意しながら，次の事項に配慮するものとする。
ア　単元など内容や時間のまとまりを見通して，その中で育む資質・能力の育成に向けて，生徒の主体的・対話的で深い学びの実現を図るようにすること。その際，具体的な課題等を設定し，生徒が外国語によるコミュニケーションにおける見方・考え方を働かせながら，コミュニケーションの目的や場面，状況などを意識して活動を行い，英語の音声や語彙，表現，文法の知識を五つの領域における実際のコミュニケーションにおいて活用する学習の充実を図ること。

イ　学年ごとの目標を適切に定め，3学年間を通じて外国語科の目標の実現を図るようにすること。

ウ　実際に英語を使用して互いの考えや気持ちを伝え合うなどの言語活動を行う際は，2の(1)に示す言語材料について理解したり練習したりするための指導を必要に応じて行うこと。また，小学校第3学年から第6学年までに扱った簡単な語句や基本的な表現などの学習内容を繰り返し指導し定着を図ること。

エ　生徒が英語に触れる機会を充実するとともに，授業を実際のコミュニケーションの場面とするため，授業は英語で行うことを基本とする。その際，生徒の理解の程度に応じた英語を用いるようにすること。

オ　言語活動で扱う題材は，生徒の興味・関心に合ったものとし，国語科や理科，音楽科など，他の教科等で学習したことを活用したり，学校行事で扱う内容と関連付けたりするなどの工夫をすること。

カ　障害のある生徒などについては，学習活動を行う場合に生じる困難さに応じた指導内容や指導方法の工夫を計画的，組織的に行うこと。

キ　指導計画の作成や授業の実施に当たっては，ネイティブ・スピーカーや英語が堪能な地域人材などの協力を得る等，指導体制の充実を図るとともに，指導方法の工夫を行うこと。

c　Activities in which students write a cohesive passage about an everyday topic that explains an event, etc. using simple phrases and sentences
　　d　Activities in which students listen to or read about a societal problem and, based on what they've grasped, write about their thoughts and feelings as well as the reasons for them.
② Items related to language functions
　In undertaking language activities, the following language situations and language functions will be mainly introduced.
　ａ) Examples of language situations
　　a　Situations related to students' daily lives　・Home life　・Study and activities at school
　　　・Regional events　etc.
　　b　Situations that frequently use special expressions　・Self-introductions　・Shopping　・Dining
　　　・Giving street directions　・Travel　・Talking on the telephone　・Letters and e-mail　etc.
　ｂ) Examples of language functions
　　a　Facilitating smooth communication　・Calling out to someone　・Back-channeling
　　　・Asking something again　・Repeating　etc.
　　b　Conveying feelings　・Thanking　・Complaining　・Praising　・Apologizing　・Welcoming　etc.
　　c　Conveying facts and information　・Explaining　・Reporting　・Presenting　・Describing　etc.
　　d　Conveying thoughts and intentions　・Suggesting　・Promising　・Stating opinions　・Agreeing
　　　・Disagreeing　・Consenting　・Refusing　・Making assumptions　etc.
　　e　Spurring another to action　・Questioning　・Requesting　・Inviting　・Ordering　etc.

3　Lesson Plan Design and Handling of the Content
(1)　In designing the lesson plans, consideration will be given to the following items while paying attention to the relationship to instruction in elementary school and high school.
ａ) The organization of time and content in units, etc. will be anticipated and through this teachers will aim at the development of attributes and abilities to attain students' independent and interactive deep learning. At that time, teachers will enhance the learning of English knowledge such as phonetics, vocabulary, expressions, and grammar using actual communication in the five domains, undertaking activities while being conscious of communicative aims, situations, and circumstances, and setting specific tasks while making use of the students' perspectives and ways of thinking in act of communication in the foreign language.
ｂ) Teachers will realize the objectives in the foreign language over the three years and appropriately decide on the objectives for each year.
ｃ) Regarding the language materials specified in Subsection 2(1), teachers will undertake necessary guidance in comprehension and practice when students engage in language activities such as actually using English to convey their thoughts and feelings to each other. In addition, teachers will go over the study content dealt with in the third to sixth grades of elementary school, such as simple phrases and basic expressions in order that it will become firmly embedded.
ｄ) Along with enhancing the opportunities for students to come into contact with English, because classes will employ actual communication situations, as a general rule classes will be conducted in English. At that time, teachers will use English according to the students' level of comprehension.
ｅ) The materials to be dealt with in the language activities will match the students' interests, and teachers will devise means to use things which the students have learned in their Japanese, science, music, and other classes, as well as relate it to the contents of school events.
ｆ) Regarding students with disabilities, teachers will deliberately devise instructional contents and instructional methods for such students and they will systematically respond to difficulties that arise in the course of study.
ｇ) Teachers will create an instructional plan and will devise a method of instruction that enhances the instructional system in implementing the course while gaining assistance from native speakers or members of the community who are proficient in English.

(2) 2の内容に示す事項については，次の事項に配慮するものとする。

ア　2の(1)に示す言語材料については，平易なものから難しいものへと段階的に指導すること。また，生徒の発達の段階に応じて，聞いたり読んだりすることを通して意味を理解できるように指導すべき事項と，話したり書いたりして表現できるように指導すべき事項とがあることに留意すること。

イ　音声指導に当たっては，日本語との違いに留意しながら，発音練習などを通して2の(1)のアに示す言語材料を継続して指導するとともに，音声指導の補助として，必要に応じて発音表記を用いて指導することもできることに留意すること。また，発音と綴りとを関連付けて指導すること。

ウ　文字指導に当たっては，生徒の学習負担にも配慮しながら筆記体を指導することもできることに留意すること。

エ　文法事項の指導に当たっては，次の事項に留意すること。
　(ｱ)　英語の特質を理解させるために，関連のある文法事項はまとめて整理するなど，効果的な指導ができるよう工夫すること。
　(ｲ)　文法はコミュニケーションを支えるものであることを踏まえ，コミュニケーションの目的を達成する上での必要性や有用性を実感させた上でその知識を活用させたり，繰り返し使用することで当該文法事項の規則性や構造などについて気付きを促したりするなど，言語活動と効果的に関連付けて指導すること。
　(ｳ)　用語や用法の区別などの指導が中心とならないよう配慮し，実際に活用できるようにするとともに，語順や修飾関係などにおける日本語との違いに留意して指導すること。

オ　辞書の使い方に慣れ，活用できるようにすること。

カ　身近な事柄について，友達に質問をしたり質問に答えたりする力を育成するため，ペア・ワーク，グループ・ワークなどの学習形態について適宜工夫すること。その際，他者とコミュニケーションを行うことに課題がある生徒については，個々の生徒の特性に応じて指導内容や指導方法を工夫すること。

キ　生徒が身に付けるべき資質・能力や生徒の実態，教材の内容などに応じて，視聴覚教材やコンピュータ，情報通信ネットワーク，教育機器などを有効活用し，生徒の興味・関心をより高め，指導の効率化や言語活動の更なる充実を図るようにすること。

ク　各単元や各時間の指導に当たっては，コミュニケーションを行う目的，場面，状況などを明確に設定し，言語活動を通して育成すべき資質・能力を明確に示すことにより，生徒が学習の見通しを立てたり，振り返ったりすることができるようにすること。

(3) 教材については，次の事項に留意するものとする。

ア　教材は，聞くこと，読むこと，話すこと［やり取り］，話すこと［発表］，書くことなどのコミュニケーションを図る資質・能力を総合的に育成するため，1に示す五つの領域別の目標と2に示す内容との関係について，単元など内容や時間のまとまりごとに各教材の中で明確に示すとともに，実際の言語の使用場面や言語の働きに十分配慮した題材を取り上げること。

イ　英語を使用している人々を中心とする世界の人々や日本人の日常生活，風俗習慣，物語，地理，歴史，伝統文化，自然科学などに関するものの中から，生徒の発達の段階や興味・関心に即して適切な題材を効果的に取り上げるものとし，次の観点に配慮すること。
　(ｱ)　多様な考え方に対する理解を深めさせ，公正な判断力を養い豊かな心情を育てるのに役立つこと。

(2) Regarding the treatment of the contents of Subsection 2, consideration will be given to the following items.

a) Regarding the language materials specified in Subsection 2 (1), teachers will commence instruction with simple things, moving to more difficult ones step by step. In addition, in response to the developmental level of the students, teachers will pay attention to the items of instruction that will enable students to become able to comprehend meaning through listening and reading, and also to those items of instruction that will enable students to become able to express themselves through speaking and writing.

b) Along with continuing to conduct phonetic instruction according to the language materials specified in a) of Subsection 2 (1), through pronunciation practice while paying attention to the differences with Japanese, teachers will consider instruction using phonetic symbols as needed, as an aid in phonetic instruction. In addition, instruction concerning the connection between sound and spelling will be undertaken.

c) Regarding instruction in letters, teachers will give thought to instructing students in cursive writing while considering the students' burden of study.

d) In the instruction of grammatical items, attention will be paid to the following items.

　a　Teachers will devise means to effectively teach by bringing together and organizing related grammatical items in order to enable students to understand the characteristics of English.

　b　Based on the notion that grammar supports communication, teachers will instruct students by making effective connections with the language activities, using that knowledge to make students feel the necessity and usefulness of grammatical items in achieving communicative objectives, drawing attention to the rules and structure of the relevant grammatical items by repeated use.

　c　Along with enabling students to actually use grammatical items by taking care not to center instruction on terminology or distinctions in usage, teachers will give thought to instructing students in the differences between English and Japanese in word order, modifiers, etc.

e) Students will become familiar with how to use dictionaries.

f) Regarding familiar, simple matters, in order to develop the students' ability to ask and answer questions, teachers will devise suitable study formations such as pair work and group work. At that time, regarding students that have tasks in which they will communicate with other students, teachers will devise instruction content and instruction methods in response to the characteristics of the individual students.

g) Teachers will aim to enhance students' interest and further enrich the efficiency of instruction and language activities in response to the actual attributes that the students should acquire, their abilities, and the actual situation as well as the contents of educational materials, making effective use of audiovisual materials, computers, telecommunication networks, and educational equipment.

h) In the instruction of each unit and each hour, teachers will clearly establish the aims, situations, and circumstances of the communication that will take place, and through clearly indicating the attributes and abilities that should be nurtured through the language activities, students will be able to see what they have learned in the past as well as anticipate the learning that is to come.

(3) Regarding education materials, attention will be paid to the following items.

a) In order to comprehensively nurture the attributes and abilities that serve as the foundation for communication such as listening, reading, speaking (interaction), speaking (presentation), and writing, regarding the relationship between the five domains of objectives specified in Subsection 1 and the contents specified in Subsection 2, along with clearly indicating in each education material the contents and hours as units, teachers will adopt educational materials with sufficient consideration of actual language situations and functions.

b) Teachers will effectively adopt appropriate materials from the world in which English is used and Japanese people's daily lives , manners and customs, stories, geography, history, traditional culture, and natural sciences, giving consideration to the following viewpoints.

　a　Materials that are useful in nurturing a deepening of the understanding of diverse ways of thinking, supporting a judgement ability that is fair and developing rich knowledge.

(イ) 我が国の文化や，英語の背景にある文化に対する関心を高め，理解を深めようとする態度を養うのに役立つこと。
  (ウ) 広い視野から国際理解を深め，国際社会と向き合うことが求められている我が国の一員としての自覚を高めるとともに，国際協調の精神を養うのに役立つこと。

 その他の外国語
　その他の外国語については，英語の１に示す五つの領域別の目標，２に示す内容及び３に示す指導計画の作成と内容の取扱いに準じて指導を行うものとする。

第３　指導計画の作成と内容の取扱い
 1　外国語科においては，英語を履修させることを原則とすること。
 2　第１章総則の第１の２の(2)に示す道徳教育の目標に基づき，道徳科などとの関連を考慮しながら，第３章特別の教科道徳の第２に示す内容について，外国語科の特質に応じて適切な指導をすること。

【高等学校】第8節　外 国 語
第1款　目標
　外国語によるコミュニケーションにおける見方・考え方を働かせ，外国語による聞くこと，読むこと，話すこと，書くことの言語活動及びこれらを結び付けた統合的な言語活動を通して，情報や考えなどを的確に理解したり適切に表現したり伝え合ったりするコミュニケーションを図る資質・能力を次のとおり育成することを目指す。

(1) 外国語の音声や語彙，表現，文法，言語の働きなどの理解を深めるとともに，これらの知識を，聞くこと，読むこと，話すこと，書くことによる実際のコミュニケーションにおいて，目的や場面，状況などに応じて適切に活用できる技能を身に付けるようにする。

(2) コミュニケーションを行う目的や場面，状況などに応じて，日常的な話題や社会的な話題について，外国語で情報や考えなどの概要や要点，詳細，話し手や書き手の意図などを的確に理解したり，これらを活用して適切に表現したり伝え合ったりすることができる力を養う。

(3) 外国語の背景にある文化に対する理解を深め，聞き手，読み手，話し手，書き手に配慮しながら，主体的，自律的に外国語を用いてコミュニケーションを図ろうとする態度を養う。

第2款　各科目
第1　英語コミュニケーションⅠ
 1　目　標
　英語学習の特質を踏まえ，以下に示す，聞くこと，読むこと，話すこと［やり取り］，話すこと［発表］，書くことの五つの領域（以下この節において「五つの領域」という。）別に設定する目標の実現を目指した指導を通して，第１款の(1)及び(2)に示す資質・能力を一体的に育成するとともに，その過程を通して，第１款の(3)に示す資質・能力を育成する。

(1) 聞くこと
ア　日常的な話題について，話される速さや，使用される語句や文，情報量などにおいて，多くの支援を活用すれば，必要な情報を聞き取り，話し手の意図を把握することができるようにする。

イ　社会的な話題について，話される速さや，使用される語句や文，情報量などにおいて，多くの支援を活用

b   Materials that are useful in heightening interest in Japan's culture as well as the culture that serves as the backdrop to English, and supporting an attitude that seeks to deepen understanding of them.
  c   Materials that, along with deepening international understanding through a wide outlook and heightening awareness of the student as a Japanese person living in an international society, are useful in supporting a spirit of international cooperation.

 Other foreign languages
  Regarding other foreign languages, instruction will be undertaken according to the five domains of objectives specified in Subsection 1, the content specified in Subsection 2, and the handling of lesson plan design and content specified in Subsection 3 of the English guidelines.

III. Lesson Plan Design and Handling of the Content
 1 In principle, students will take English as the subject of foreign language study.
 2 Based on the moral education objectives specified in Subsection 2 (2) of Chapter 1 "General Provisions", taking into consideration the link to moral education, appropriate instruction in the content of Section II of Chapter 3 "Moral Education" will be undertaken in accordance with the special characteristics of foreign language activities.

The Course of Study for Senior High Schools　Part 8 Foreign Languages
Article 1 Overall Objectives
   The guidelines aim at fostering the attributes and abilities to communicate through accurately understanding, appropriately expressing, and conveying information and ideas to others by putting ways of looking at and thinking about various things in the act of communication in a foreign language to work, through the language activities of listening, reading, speaking, and writing as well as comprehensive language activities that bring these together, as follows.
(1) Along with deepening understanding of the phonetics, vocabulary, expressions, grammar, language functions, and so on of the foreign language, students will acquire the skills to appropriately apply this knowledge according to communicative aims, situations, and circumstances in actual communication through listening, reading, speaking, and writing.
(2) The students' ability to accurately understand the summary, main points, details, a speaker or writer's aim, and other such information and ideas regarding everyday topics and societal topics in the foreign language and apply these to appropriately expressing and conveying related things according to the aims, situations, and circumstances will be cultivated.
(3) Students will deepen their comprehension of the culture that forms the backdrop of the foreign language while giving consideration to the listener, reader, speaker, or writer, and cultivate an attitude to communicate independently and autonomously using the foreign language.

Article 2 Objectives and Contents of Each Language
I. Communication English I
 1 Objectives
   Instruction will aim at implementing the objectives set in the five domains of listening, reading, speaking (interaction), speaking (presentation), and writing (referred to in subsequent paragraphs as "the five domains") specified below based on the characteristics of English study, along with fostering in a unified manner the attributes and abilities described in Article 1 (1) and (2), and through this process fostering the attributes and abilities described in Article 1 (3).
 (1) Listening
  a) Students will become able to catch necessary information and grasp the speaker's intention if much support is made use of in terms of the speed of what is spoken, the words and phrases to be used, and the amount of information when listening to everyday topics.
  b) Students will become able to catch necessary information and grasp the speaker's intention if much sup-

すれば，必要な情報を聞き取り，概要や要点を目的に応じて捉えることができるようにする。

(2) 読むこと
ア　日常的な話題について，使用される語句や文，情報量などにおいて，多くの支援を活用すれば，必要な情報を読み取り，書き手の意図を把握することができるようにする。

イ　社会的な話題について，使用される語句や文，情報量などにおいて，多くの支援を活用すれば，必要な情報を読み取り，概要や要点を目的に応じて捉えることができるようにする。

(3) 話すこと［やり取り］
ア　日常的な話題について，使用する語句や文，対話の展開などにおいて，多くの支援を活用すれば，基本的な語句や文を用いて，情報や考え，気持ちなどを話して伝え合うやり取りを続けることができるようにする。

イ　社会的な話題について，使用する語句や文，対話の展開などにおいて，多くの支援を活用すれば，聞いたり読んだりしたことを基に，基本的な語句や文を用いて，情報や考え，気持ちなどを論理性に注意して話して伝え合うことができるようにする。

(4) 話すこと［発表］
ア　日常的な話題について，使用する語句や文，事前の準備などにおいて，多くの支援を活用すれば，基本的な語句や文を用いて，情報や考え，気持ちなどを論理性に注意して話して伝えることができるようにする。

イ　社会的な話題について，使用する語句や文，事前の準備などにおいて，多くの支援を活用すれば，聞いたり読んだりしたことを基に，基本的な語句や文を用いて，情報や考え，気持ちなどを論理性に注意して話して伝えることができるようにする。

(5) 書くこと
ア　日常的な話題について，使用する語句や文，事前の準備などにおいて，多くの支援を活用すれば，基本的な語句や文を用いて，情報や考え，気持ちなどを論理性に注意して文章を書いて伝えることができるようにする。

イ　社会的な話題について，使用する語句や文，事前の準備などにおいて，多くの支援を活用すれば，聞いたり読んだりしたことを基に，基本的な語句や文を用いて，情報や考え，気持ちなどを論理性に注意して文章を書いて伝えることができるようにする。

2　内　容
〔知識及び技能〕
(1) 英語の特徴やきまりに関する事項実際に英語を用いた言語活動を通して，小学校学習指導要領（平成二十九年文部科学省告示第六十三号）第2章第10節の第2の2の(1)，中学校学習指導要領（平成二十九年文部科学省告示第六十四号）第2章第9節の第2の2の(1)及び次に示す言語材料のうち，五つの領域別の目標を達成するのにふさわしいものについて理解するとともに，言語材料と言語活動とを効果的に関連付け，実際のコミュニケーションにおいて活用できる技能を身に付けることができるよう指導する。

ア　音声
　(ｱ)　語や句，文における強勢
　(ｲ)　文におけるイントネーション
　(ｳ)　文における区切り
イ　句読法
　(ｱ)　コンマ
　(ｲ)　コロン，セミコロン

port is made use of in terms of the speed of what is spoken, the words and phrases to be used, and the amount of information when listening to societal topics.

(2) Reading

a) Students will become able to catch necessary information and grasp the writer's intention if much support is made use of in terms of the words and phrases to be used, and the amount of information when reading about everyday topics.

b) Students will become able to catch necessary information and grasp the writer's intention if much support is made use of in terms of the words and phrases to be used, and the amount of information when reading about societal topics.

(3) Speaking (Interaction)

a) Students will become able to carry on interactions that convey to each other information, thoughts, and feelings regarding everyday topics using basic phrases and sentences if much support is made use of in terms of the words and phrases to be used and the development of the dialogue.

b) Students will become able to convey to each other information, thoughts, and feelings regarding societal topics, paying attention to logic, using basic phrases and sentences if much support is made use of in terms of the words and phrases to be used and the development of the dialogue, using things they have heard or read as a foundation.

(4) Speaking (Presentation)

a) Students will become able to convey information, thoughts, and feelings regarding everyday topics, paying attention to logic, using basic phrases and sentences if much support is made use of in terms of the words and phrases to be used and advance preparation.

b) Students will become able to convey information, thoughts, and feelings regarding societal topics, paying attention to logic, using basic phrases and sentences if much support is made use of in terms of the words and phrases to be used and advance preparation, using things they have heard or read as a foundation.

(5) Writing

a) Students will become able to write passages that convey information, thoughts, and feelings regarding everyday topics, paying attention to logic, using basic phrases and sentences if much support is made use of in terms of the words and phrases to be used and advance preparation.

b) Students will become able to write passages that convey information, thoughts, and feelings regarding societal topics, paying attention to logic, using basic phrases and sentences if much support is made use of in terms of the words and phrases to be used and advance preparation, using things they have heard or read as a foundation.

2 Content

[Knowledge and Skills]

(1) Matters related to the characteristics and rules of English

Students will be instructed in order to acquire the skills needed in actual communication through language activities actually using English, along with understanding what is appropriate to attain the objectives of the five domains, effectively relating the language materials and the language activities, from the language activities specified in Subsection 2 (1) of Section II of Part 10 of Chapter 2 of the Course of Study for Elementary Schools (Heisei 29 MEXT Bulletin 63) and Subsection 2 (1) of Section II of Part 9 of Chapter 2 of the Course of Study for Junior High Schools (Heisei 29 MEXT Bulletin 64).

a) Phonetics
   a Stress of words, phrases, and sentences
   b Intonation of sentences
   c Places to break sentences into parts

b) Punctuation
   a Commas
   b Colons, semicolons

(ウ)　ダッシュ
　ウ　語，連語及び慣用表現
　　(ア)　小学校及び中学校で学習した語に400～600語程度の新語を加えた語

　　(イ)　連語
　　(ウ)　慣用表現
　エ　文構造及び文法事項
　　小学校学習指導要領第２章第10節の第２の２の(1)のエ，中学校学習指導要領第２章第９節の第２の２の(1)の
エ及び次に示す事項については，意味のある文脈でのコミュニケーションの中で繰り返し触れることを通して
活用すること。その際，(イ)に掲げる全ての事項を，適切に取り扱うこと。

　　(ア)　文構造のうち，活用頻度の高いもの
　　(イ)　文法事項
　　　　a 不定詞の用法
　　　　b 関係代名詞の用法
　　　　c 関係副詞の用法
　　　　d 接続詞の用法
　　　　e 助動詞の用法
　　　　f 前置詞の用法
　　　　g 動詞の時制及び相など
　　　　h 仮定法
〔思考力，判断力，表現力等〕
(2)　情報を整理しながら考えなどを形成し，英語で表現したり，伝え合ったりすることに関する事項
　具体的な課題等を設定し，コミュニケーションを行う目的や場面，状況などに応じて，情報を整理しながら
考えなどを形成し，これらを論理的に適切な英語で表現することを通して，次の事項を身に付けることができ
るよう指導する。

　ア　日常的な話題や社会的な話題について，英語を聞いたり読んだりして，情報や考えなどの概要や要点，詳
　　細，話し手や書き手の意図などを的確に捉えたり，自分自身の考えをまとめたりすること。

　イ　日常的な話題や社会的な話題について，英語を聞いたり読んだりして得られた情報や考えなどを活用しな
　　がら，話したり書いたりして情報や自分自身の考えなどを適切に表現すること。

　ウ　日常的な話題や社会的な話題について，伝える内容を整理し，英語で話したり書いたりして，要点や意図
　　などを明確にしながら，情報や自分自身の考えなどを伝え合うこと。

(3)　言語活動及び言語の働きに関する事項
①言語活動に関する事項
　(2)に示す事項については，(1)に示す事項を活用して，例えば，次のような五つの領域別の言語活動及び複数
の領域を結び付けた統合的な言語活動を通して指導する。

　ア　中学校学習指導要領第２章第９節の第２の２の(3)の①に示す言語活動のうち，中学校における学習内容の
　　定着を図るために必要なもの。

　イ　聞くこと
　　(ア)　日常的な話題について，話される速さが調整されたり，基本的な語句や文での言い換えを十分に聞いた
　　　りしながら，対話や放送などから必要な情報を聞き取り，話し手の意図を把握する活動。また，聞き取っ

           c　Dashes
　　c ）Words, collocations, and common expressions
　　　a　New vocabulary of about 400–600 words in addition to the vocabulary learned in elementary school and junior high school
　　　b　Collocations
　　　c　Colloquial expressions
　　d ）Sentences and sentence structure
　　　The items specified in d) of Subsection 2 (1) of Section II of Part 10 of Chapter 2 of the Course of Study for Elementary Schools and in d) of Subsection 2 (1) of Section II of Part 9 of Chapter 2 of the Course of Study for Junior High Schools as well as the items specified below will be used, allowing students to come into contact with them repeatedly in communication in meaningful contexts. At that time, all of items specified in b will be dealt with appropriately.
　　　a　Among sentence structures, those with high frequency will be introduced.
　　　b　Grammatical items
　　　　i　Use of the infinitive
　　　　ii　Use of relative pronouns
　　　　iii　Use of relative adverbs
　　　　iv　Use of conjunctions
　　　　v　Use of auxiliary verbs
　　　　vi　Use of prepositions
　　　　vii　Tense and aspect of verbs
　　　　viii　The subjunctive
[Reason, Judgement, and Expressive Ability]
(2)　Items related to forming, expressing, and conveying thoughts in English while organizing information
　　Specific assignments will be made according to the aims, situations, and circumstances in which communication takes place, so that students will develop their thoughts while organizing information, and in the process of expressing these thoughts logically in appropriate English, students will receive guidance in order to acquire the following items.
　　a ）Students will accurately grasp the outline, main points, details, and the aims of the speaker or writer regarding information and ideas about everyday topics and societal topics while listening to and reading English, and organize their own thoughts about what they have heard or read.
　　b ）Making use of information and ideas obtained while listening to and reading about everyday topics and societal topics in English, students will appropriately express information and their own ideas in speaking and writing.
　　c ）Students will convey to each other information and their own ideas about everyday topics and societal topics making clear the main points and purpose, speaking and writing in English, and organizing the content to be conveyed.
(3)　Items related to language activities and language functions
① I tems related to language activities
　　Regarding the items specified in Subsection (2), using the items specified in Subsection (1), students will receive instruction, for example, in the following language activities of each of the five domains as well as integrated language activities that bring domains together.
　　a ）Among language activities specified in ① of Subsection 2 (3) of Section II of Part 9 "Foreign Languages" of Chapter 2 of the Course of Study for Junior High Schools, those activities that are needed in order to ensure the study in junior high school becomes firmly embedded.
　　b ）Listening
　　　a　Activities in which students catch necessary information from dialogues or broadcasts about everyday topics, with the speed of speaking adjusted and sufficiently hearing paraphrases of basic words and

た内容を話したり書いたりして伝え合う活動。

(イ)　社会的な話題について，話される速さが調整されたり，基本的な語句や文での言い換えを十分に聞いたりしながら，対話や説明などから必要な情報を聞き取り，概要や要点を把握する活動。また，聞き取った内容を話したり書いたりして伝え合う活動。

ウ　読むこと
(ア)　日常的な話題について，基本的な語句や文での言い換えや，書かれている文章の背景に関する説明などを十分に聞いたり読んだりしながら，電子メールやパンフレットなどから必要な情報を読み取り，書き手の意図を把握する活動。また，読み取った内容を話したり書いたりして伝え合う活動。

(イ)　社会的な話題について，基本的な語句や文での言い換えや，書かれている文章の背景に関する説明などを十分に聞いたり読んだりしながら，説明文や論証文などから必要な情報を読み取り，概要や要点を把握する活動。また，読み取った内容を話したり書いたりして伝え合う活動。

エ　話すこと［やり取り］
(ア)　身近な出来事や家庭生活などの日常的な話題について，使用する語句や文，やり取りの具体的な進め方が十分に示される状況で，情報や考え，気持ちなどを即興で話して伝え合う活動。また，やり取りした内容を整理して発表したり，文章を書いたりする活動。

(イ)　社会的な話題について，使用する語句や文，やり取りの具体的な進め方が十分に示される状況で，対話や説明などを聞いたり読んだりして，賛成や反対の立場から，情報や考え，気持ちなどを理由や根拠とともに話して伝え合う活動。また，やり取りした内容を踏まえて，自分自身の考えなどを整理して発表したり，文章を書いたりする活動。

オ　話すこと［発表］
(ア)　身近な出来事や家庭生活などの日常的な話題について，使用する語句や文，発話例が十分に示されたり，準備のための多くの時間が確保されたりする状況で，情報や考え，気持ちなどを理由や根拠とともに話して伝える活動。また，発表した内容について，質疑応答をしたり，意見や感想を伝え合ったりする活動。

(イ)　社会的な話題について，使用する語句や文，発話例が十分に示されたり，準備のための多くの時間が確保されたりする状況で，対話や説明などを聞いたり読んだりして，情報や考え，気持ちなどを理由や根拠とともに話して伝える活動。また，発表した内容について，質疑応答をしたり，意見や感想を伝え合ったりする活動。

カ　書くこと
(ア)　身近な出来事や家庭生活などの日常的な話題について，使用する語句や文，文章例が十分に示されたり，準備のための多くの時間が確保されたりする状況で，情報や考え，気持ちなどを理由や根拠とともに段落を書いて伝える活動。また，書いた内容を読み合い，質疑応答をしたり，意見や感想を伝え合ったりする活動。

(イ)　社会的な話題について，使用する語句や文，文章例が十分に示されたり，準備のための多くの時間が確保されたりする状況で，対話や説明などを聞いたり読んだりして，情報や考え，気持ちなどを理由や根拠とともに段落を書いて伝える活動。また，書いた内容を読み合い，質疑応答をしたり，意見や感想を伝え合ったりする活動。

phrases, and grasp the speaker's intention. Additionally, activities in which students convey to each other what they have heard in speaking or in writing.

    b   Activities in which students catch necessary information from dialogues or explanations about societal topics, with the speed of speaking adjusted and sufficiently hearing paraphrases of basic words and phrases, and grasp the speaker's intention. Additionally, activities in which students convey to each other what they have heard in speaking or in writing.

c) Reading

    a   Activities in which students catch necessary information from e-mails and pamphlets about everyday topics, while sufficiently listening to or reading paraphrases of basic words and explanations regarding the background of the passage, and grasp the writer's intention. Additionally, activities in which students convey to each other what they have read in speaking or in writing.

    b   Activities in which students catch necessary information from written explanations or arguments about societal topics, while sufficiently listening to or reading paraphrases of basic words and explanations regarding the background of the passage, and grasp the outline and the main points. Additionally, activities in which students convey to each other what they have read in speaking or in writing.

d) Speaking (Interaction)

    a   Activities in which students extemporaneously speak to each other about information, ideas, and feelings regarding everyday topics such as familiar events and family life in circumstances in which the words and phrases to be used and the concrete way to proceed are sufficiently indicated. Additionally, activities in which the contents of the interaction will be organized and presented or written about.

    b   Activities in which students listen to or read dialogues or explanations and, based on whether they agree or disagree, convey to each other information, ideas, and feelings along with the reasons and basis for their stance regarding societal topics in circumstances in which the words and phrases to be used and the concrete way to proceed are sufficiently indicated. Additionally, activities in which, based on the contents of the interaction, the students' own ideas will be organized and presented or written about.

e) Speaking (Presentation)

    a   Activities in which students speak about information, ideas, and feelings along with the reasons and basis for their stance regarding everyday topics such as familiar events and family life in circumstances in which the words and phrases to be used and examples of utterances are sufficiently indicated and much time has been secured in order to prepare. Additionally, activities in which students will engage in Q&A sessions regarding the contents of the presentation and give their opinions and impressions.

    b   Activities in which students listen to or read dialogues or explanations and speak about information, ideas, and feelings along with the reasons and basis or their stance regarding societal topics in circumstances in which the words and phrases to be used and examples of utterances are sufficiently indicated, and much time has been secured in order to prepare. Additionally, activities in which students will engage in Q&A sessions regarding the contents of the presentation and give their opinions and impressions.

f) Writing

    a   Activities in which students write paragraphs about information, ideas, and feelings along with the reasons and basis for their regarding everyday topics such as familiar events and family life in circumstances in which the words and phrases to be used and examples of written expressions are sufficiently indicated and much time has been secured in order to prepare. Additionally, activities in which students read each other's writing, engage in Q&A sessions regarding the contents, and give their opinions and impressions.

    b   Activities in which students write paragraphs about information, ideas, and feelings along with the reasons and basis for their stance regarding societal topics in circumstances in which the words and phrases to be used and examples of written expressions are sufficiently indicated and much time has been secured in order to prepare. Additionally, activities in which students read each other's writing, en-

②言語の働きに関する事項
　言語活動を行うに当たり，例えば，次に示すような言語の使用場面や言語の働きの中から，五つの領域別の目標を達成するためにふさわしいものを取り上げ，有機的に組み合わせて活用するようにする。

ア　言語の使用場面の例
　(ｱ)　生徒の暮らしに関わる場面　・家庭での生活　・学校での学習や活動　・地域での活動　・職場での活動　など
　(ｲ)　多様な手段を通して情報などを得る場面　・本，新聞，雑誌などを読むこと　・テレビや映画，動画，ラジオなどを観たり，聞いたりすること　・情報通信ネットワークを活用すること　など

　(ｳ)　特有の表現がよく使われる場面　・買物　・食事　・旅行　・電話での対応　・手紙や電子メールのやり取り　など
イ　言語の働きの例
　(ｱ)　コミュニケーションを円滑にする　・相づちを打つ　・聞き直す　・繰り返す　・言い換える　・話題を発展させる　・話題を変える　など
　(ｲ)　気持ちを伝える　・共感する　・褒める　・謝る　・感謝する　・望む　・驚く　・心配する　など
　(ｳ)　事実・情報を伝える　・説明する　・報告する　・描写する　・理由を述べる　・要約する　・訂正する　など
　(ｴ)　考えや意図を伝える　・提案する　・申し出る　・賛成する　・反対する　・承諾する　・断る　・主張する　・推論する　・仮定する　など
　(ｵ)　相手の行動を促す　・質問する　・依頼する　・誘う　・許可する　・助言する　・命令する　・注意をひく　・説得する　など
3　内容の取扱い
(1)　中学校におけるコミュニケーションを図る資質・能力を育成するための総合的な指導を踏まえ，五つの領域別の言語活動及び複数の領域を結び付けた統合的な言語活動を通して，総合的に指導するものとする。

(2)　中学校における学習との接続のため，既習の語句や文構造，文法事項などの学習内容を繰り返したり，特にこの科目の学習の初期の段階においては中学校における基礎的な学習内容を整理したりして指導し，定着を図るよう配慮するものとする。

第2　英語コミュニケーションⅡ
1　目標
　英語学習の特質を踏まえ，以下に示す，五つの領域別に設定する目標の実現を目指した指導を通して，第1款の(1)及び(2)に示す資質・能力を一体的に育成するとともに，その過程を通して，第1款の(3)に示す資質・能力を育成する。

(1)　聞くこと
ア　日常的な話題について，話される速さや，使用される語句や文，情報量などにおいて，一定の支援を活用すれば，必要な情報を聞き取り，話の展開や話し手の意図を把握することができるようにする。

イ　社会的な話題について，話される速さや，使用される語句や文，情報量などにおいて，一定の支援を活用すれば，必要な情報を聞き取り，概要や要点，詳細を目的に応じて捉えることができるようにする。

gage in Q&A sessions regarding the contents, and give their opinions and impressions.

② Items related to language functions

In undertaking language activities, for example, from the following language situations and language functions, suitable items to achieve the objectives of the five domains will be introduced and organically connected.

a） Examples of language situations
- a Situations related to students' daily lives　・Home life　・Study and activities at school
　　・Regional events　・Workplace activitiesetc.
- b Situations in which information is obtained through a variety of means
　　・Reading books, newspapers, and magazines
　　・Watching and listening to TV, films, video, and radio
　　・Using information and telecommunication networks
- c Situations that frequently use special expressions　・Shopping　・Dining　・Travel
　　・Talking on the telephone　・Letters and e-mail　etc.

b） Examples of language functions
- a Facilitating smooth communication　・Back-channeling　・Asking something again　・Repeating
　　・Paraphrasing　・Developing a topic　・Changing the topic　etc.
- b Conveying feelings　・Sympathizing　・Praising　・Apologizing　・Thanking　・Hoping
　　・Being surprised　・Worrying　etc.
- c Conveying facts and information　・Explaining　・Reporting　・Describing　・Giving a reason
　　・Summarizing　・Amending　etc.
- d Conveying thoughts and intentions　・Proposing　・Offering　・Agreeing　・Disagreeing
　　・Consenting　・Refusing　・Asserting　・Inferring　・Hypothesizing　etc.
- e Spurring another to action　・Questioning　・Requesting　・Inviting　・Permitting　・Advising
　　・Ordering　・Gaining someone's attention　・Explaining　etc.

3　Handling of the Content

(1)　Based on comprehensive instruction to nurture the attributes and abilities developed in communication in junior high, through language activities in each of the five domains as well as comprehensive language activities that integrate domains, instruction will be conducted comprehensively.

(2)　In order to connect with the study in junior high, previously studied words and phrases, sentence structures, and grammatical structures will be repeated, and particularly in the early stages, instruction will focus on the arrangement of the basic study contents of junior high, allowing these to become firmly embedded.

II. Communication English II

1　Objectives

Based on the special characteristics of English study, through the instruction specified to realize the objectives established in each of the five domains, along with nurturing in a unified manner the attributes and abilities specified in Section I, Subsections (1) and (2), through this process the attributes and abilities specified in Section I, Subsection (3) will be nurtured.

(1)　Listening
- a Students will become able to catch necessary information and grasp the speaker's intention as well as the development of the talk if a certain amount of support is made use of in terms of the speed of what is spoken, the words and phrases to be used, and the amount of information when listening to everyday topics.
- b Students will become able to catch necessary information and grasp the outline, main points, or details depending on the objective, if a certain amount of support is made use of in terms of the speed of what is spoken, the words and phrases to be used, and the amount of information when listening to societal topics.

(2) 読むこと
ア　日常的な話題について，使用される語句や文，情報量などにおいて，一定の支援を活用すれば，必要な情報を読み取り，文章の展開や書き手の意図を把握することができるようにする。

イ　社会的な話題について，使用される語句や文，情報量などにおいて，一定の支援を活用すれば，必要な情報を読み取り，概要や要点，詳細を目的に応じて捉えることができるようにする。

(3) 話すこと［やり取り］
ア　日常的な話題について，使用する語句や文，対話の展開などにおいて，一定の支援を活用すれば，多様な語句や文を用いて，情報や考え，気持ちなどを詳しく話して伝え合うやり取りを続けることができるようにする。

イ　社会的な話題について，使用する語句や文，対話の展開などにおいて，一定の支援を活用すれば，聞いたり読んだりしたことを基に，多様な語句や文を用いて，情報や考え，気持ちなどを論理性に注意して詳しく話して伝え合うことができるようにする。

(4) 話すこと［発表］
ア　日常的な話題について，使用する語句や文，事前の準備などにおいて，一定の支援を活用すれば，多様な語句や文を用いて，情報や考え，気持ちなどを論理性に注意して詳しく話して伝えることができるようにする。

イ　社会的な話題について，使用する語句や文，事前の準備などにおいて，一定の支援を活用すれば，聞いたり読んだりしたことを基に，多様な語句や文を用いて，情報や考え，気持ちなどを論理性に注意して詳しく話して伝えることができるようにする。

(5) 書くこと
ア　日常的な話題について，使用する語句や文，事前の準備などにおいて，一定の支援を活用すれば，多様な語句や文を用いて，情報や考え，気持ちなどを論理性に注意して複数の段落から成る文章で詳しく書いて伝えることができるようにする。

イ　社会的な話題について，使用する語句や文，事前の準備などにおいて，一定の支援を活用すれば，聞いたり読んだりしたことを基に，多様な語句や文を用いて，情報や考え，気持ちなどを論理性に注意して複数の段落から成る文章で詳しく書いて伝えることができるようにする。

2　内　容
〔知識及び技能〕
(1) 英語の特徴やきまりに関する事項
　　「英語コミュニケーションⅠ」の２の(1)と同様に取り扱うものとする。ただし，指導する語については，「英語コミュニケーションⅠ」の２の(1)のウの(ア)で示す語に700〜950語程度の新語を加えた語とする。また，「英語コミュニケーションⅠ」の２の(1)のエの(イ)については，示された文法事項の中から，五つの領域別の目標を達成するのにふさわしいものを取り扱うものとする。

〔思考力，判断力，表現力等〕
(2) 情報を整理しながら考えなどを形成し，英語で表現したり，伝え合ったりすることに関する事項「英語コミュニケーションⅠ」の２の(2)に示す事項について，五つの領域別の目標を達成するように取り扱うものとする。
(3) 言語活動及び言語の働きに関する事項
①言語活動に関する事項(2)に示す事項については，(1)に示す事項を活用して，例えば，次のような五つの領域別の言語活動及び複数の領域を結び付けた統合的な言語活動を通して指導する。

(2) Reading
  a Students will become able to catch necessary information as well as grasp the writer's intention and the development of the passage if a certain amount of support is made use of in terms of the words and phrases to be used and the amount of information when reading about everyday topics.
  b Students will become able to catch necessary information and grasp the outline, main points, or details depending on the objective if a certain amount of support is made use of in terms of the words and phrases to be used, and the amount of information when reading about societal topics.
(3) Speaking (Interaction)
  a Students will become able to carry on interactions that convey to each other information, thoughts, and feelings regarding everyday topics in detail using a variety of phrases and sentences if a certain amount of support is made use of in terms of the words and phrases to be used and the development of the dialogue
  b Students will become able to convey to each other information, thoughts, and feelings regarding societal topics in detail, paying attention to logic, using various phrases and sentences if a certain amount of support is made use of in terms of the words and phrases to be used and the development of the dialogue, using things they have heard or read as a foundation.
(4) Speaking (Presentation)
  a Students will become able to convey information, thoughts, and feelings regarding everyday topics in detail, paying attention to logic, using various phrases and sentences if a certain amount of support is made use of in terms of the words and phrases to be used and advance preparation.
  b Students will become able to convey to each other information, thoughts, and feelings regarding societal topics in detail, paying attention to logic, using various phrases and sentences if a certain amount of support is made use of in terms of the words and phrases to be used and the development of the dialogue, using things they have heard or read as a foundation.
(5) Writing
  a Students will become able to write passages comprised of multiple paragraphs that convey information, thoughts, and feelings regarding everyday topics in detail, paying attention to logic, using various phrases and sentences if a certain amount of support is made use of in terms of the words and phrases to be used and advance preparation.
  b Students will become able to write passages comprised of multiple paragraphs that convey information, thoughts, and feelings regarding societal topics in detail paying attention to logic using various phrases and sentences if a certain amount of support is made use of in terms of the words and phrases to be used and advance preparation using things they have heard or read as a foundation.

2 Content
[Knowledge and Skills]
(1) Matters related to the characteristics and rules of English
  Content will be handled in the same way as in Subsection 2 (1) of Communication English I. However, regarding vocabulary instruction, 700-950 words will be added to the words specified in c) a of Subsection 2 (1) of Communication English I. Additionally, regarding d) b of Subsection 2 (1) of Communication English I, from the grammatical items specified, items suitable to achieve the objectives of the five domains will be handled.
[Reason, Judgement, and Expressive Ability]
(2) Items related to forming, expressing, and conveying thoughts in English while organizing information
  Regarding the items specified in Subsection 2 (2) of Communication English I, items that will achieve the objectives of the five domains will be handled.
(3) Items related to language activities and language functions
① Items related to language activities
  Regarding the items specified in (2), using the items specified in (1), students will receive instruction, for

ア 「英語コミュニケーションⅠ」の２の(3)の①に示す言語活動のうち,「英語コミュニケーションⅠ」における学習内容の定着を図るために必要なもの。

イ 聞くこと
(ア) 日常的な話題について,必要に応じて,話される速さが調整されたり,別の語句や文での言い換えを聞いたりしながら,対話やスピーチなどから必要な情報を聞き取り,話の展開や話し手の意図を把握する活動。また,聞き取った内容を基に考えをまとめ,話したり書いたりして伝え合う活動。

(イ) 社会的な話題について,必要に応じて,話される速さが調整されたり,別の語句や文での言い換えを聞いたりしながら,説明や討論などから必要な情報を聞き取り,概要や要点,詳細を把握する活動。また,聞き取った内容を基に考えをまとめ,話したり書いたりして伝え合う活動。

ウ 読むこと
(ア) 日常的な話題について,必要に応じて,別の語句や文での言い換えや,書かれている文章の背景に関する説明などを聞いたり読んだりしながら,新聞記事や広告などから必要な情報を読み取り,文章の展開や書き手の意図を把握する活動。また,読み取った内容を基に考えをまとめ,話したり書いたりして伝え合う活動。

(イ) 社会的な話題について,必要に応じて,別の語句や文での言い換えや,書かれている文章の背景に関する説明などを聞いたり読んだりしながら,論証文や報告文などから必要な情報を読み取り,概要や要点,詳細を把握する活動。また,読み取った内容を基に考えをまとめ,話したり書いたりして伝え合う活動。

エ 話すこと［やり取り］
(ア) 関心のある事柄や学校生活などの日常的な話題について,必要に応じて,使用する語句や文,やり取りの具体的な進め方が示される状況で,情報や考え,気持ちなどを詳しく話して伝え合う活動。また,やり取りした内容を整理して発表したり,文章を書いたりする活動。

(イ) 社会的な話題について,必要に応じて,使用する語句や文,やり取りの具体的な進め方が示される状況で,説明や討論などを聞いたり読んだりして,賛成や反対の立場から,情報や考え,気持ちなどを理由や根拠とともに詳しく話して伝え合う活動。また,やり取りした内容を踏まえて,自分自身の考えなどを整理して発表したり,文章を書いたりする活動。

オ 話すこと［発表］
(ア) 関心のある事柄や学校生活などの日常的な話題について,必要に応じて,使用する語句や文,発話例が示されたり,準備のための一定の時間が確保されたりする状況で,情報や考え,気持ちなどを理由や根拠とともに詳しく話して伝える活動。また,発表した内容について,質疑応答をしたり,意見や感想を伝え合ったりする活動。

(イ) 社会的な話題について,必要に応じて,使用する語句や文,発話例が示されたり,準備のための一定の時間が確保されたりする状況で,説明や討論などを聞いたり読んだりして,情報や考え,気持ちなどを理由や根拠とともに詳しく話して伝える活動。また,発表した内容について,質疑応答をしたり,意見や感

example, in the following language activities of each of the five domains as well as integrated language activities that bring domains together.
a) Among the language activities specified in ① of Subsection 2 (3) of Communication English I, those activities that are needed in order to ensure the study in Communication English I becomes firmly embedded.
b) Listening
   a   Activities in which students catch necessary information from dialogues or broadcasts about everyday topics, with the speed of speaking adjusted and while hearing paraphrases of basic words and phrases as needed, and grasp the development of the talk as well as the speaker's intention. Additionally, activities in which students organize their thoughts regarding what they have heard in speaking or in writing and convey this content to each other.
   b   Activities in which students catch necessary information from explanations or discussions about societal topics, with the speed of speaking adjusted and hearing paraphrases of basic words and phrases as needed, and grasp the outline and the main points as well as the details. Additionally, activities in which students organize their thoughts regarding what they have heard in speaking or in writing and convey this content to each other.
c) Reading
   a   Activities in which students catch necessary information from newspaper articles and advertisements about everyday topics, listening to or reading paraphrases of basic words and explanations regarding the background of the passage as needed, and grasp the development of the passage as well as the writer's intention. Additionally, activities in which students organize their thoughts regarding what they have read in speaking or in writing and convey this content to each other.
   b   Activities in which students catch necessary information from argumentative essays or reports about societal topics, listening to or reading paraphrases of basic words and explanations regarding the background of the passage as needed, and grasp the outline and the main points as well as the details. Additionally, activities in which students organize their thoughts regarding what they have read in speaking or in writing and convey this content to each other.
d) Speaking (Interaction)
   a   Activities in which students speak to each other in detail about information, ideas, and feelings regarding everyday topics such as matters of interest and school life in circumstances in which the words and phrases to be used and the concrete way to proceed are indicated as needed. Additionally, activities in which the contents of the interaction will be organized and presented or written about.
   b   Activities in which students listen to or read explanations or discussions and, based on whether they agree or disagree, convey to each other in detail information, ideas, and feelings along with the reasons and basis for their stance regarding societal topics in circumstances in which the words and phrases to be used and the concrete way to proceed are indicated as needed. Additionally, activities in which, based on the contents of the interaction, the students' own ideas will be organized and presented or written about.
e) Speaking (Presentation)
   a   Activities in which students speak in detail about information, ideas, and feelings along with the reasons and basis for their stance regarding everyday topics such as matters of interest and school life in circumstances in which the words and phrases to be used and examples of utterances are indicated as needed and a certain amount of time has been secured in order to prepare. Additionally, activities in which students will engage in Q&A sessions regarding the contents of the presentation and give their opinions and impressions.
   b   Activities in which students listen to or read explanations or discussions and speak in detail about information, ideas, and feelings along with the reasons and basis for their stance regarding societal topics in circumstances in which the words and phrases to be used and examples of utterances are indicated

想を伝え合ったりする活動。

カ 書くこと
(ｱ) 関心のある事柄や学校生活などの日常的な話題について，必要に応じて，使用する語句や文，文章例が示されたり，準備のための一定の時間が確保されたりする状況で，情報や考え，気持ちなどを理由や根拠とともに複数の段落を用いて詳しく書いて伝える活動。また，書いた内容を読み合い，質疑応答をしたり，意見や感想を伝え合ったりする活動。

(ｲ) 社会的な話題について，必要に応じて，使用する語句や文，文章例が示されたり，準備のための一定の時間が確保されたりする状況で，説明や討論などを聞いたり読んだりして，情報や考え，気持ちなどを理由や根拠とともに複数の段落を用いて詳しく書いて伝える活動。また，書いた内容を読み合い，質疑応答をしたり，意見や感想を伝え合ったりする活動。

②言語の働きに関する事項
「英語コミュニケーションⅠ」の２の(3)の②と同様に取り扱うものとする。
3 内容の取扱い
コミュニケーションを図る資質・能力を育成するためのこれまでの総合的な指導を踏まえ，五つの領域別の言語活動及び複数の領域を結び付けた統合的な言語活動を通して，総合的に指導するものとする。

第３ 英語コミュニケーションⅢ
1 目標
英語学習の特質を踏まえ，以下に示す，五つの領域別に設定する目標の実現を目指した指導を通して，第１款の(1)及び(2)に示す資質・能力を一体的に育成するとともに，その過程を通して，第１款の(3)に示す資質・能力を育成する。

(1) 聞くこと
ア 日常的な話題について，話される速さや，使用される語句や文，情報量などにおいて，支援をほとんど活用しなくても，必要な情報を聞き取り，話の展開や話し手の意図を把握することができるようにする。

イ 社会的な話題について，話される速さや，使用される語句や文，情報量などにおいて，支援をほとんど活用しなくても，話の展開に注意しながら必要な情報を聞き取り，概要や要点，詳細を目的に応じて捉えることができるようにする。

(2) 読むこと
ア 日常的な話題について，使用される語句や文，情報量などにおいて，支援をほとんど活用しなくても，必要な情報を読み取り，文章の展開や書き手の意図を把握することができるようにする。

イ 社会的な話題について，使用される語句や文，情報量などにおいて，支援をほとんど活用しなくても，文章の展開に注意しながら必要な情報を読み取り，概要や要点，詳細を目的に応じて捉えることができるようにする。
(3) 話すこと［やり取り］
ア 日常的な話題について，使用する語句や文，対話の展開などにおいて，支援をほとんど活用しなくても，多様な語句や文を目的や場面，状況などに応じて適切に用いて，情報や考え，気持ちなどを詳しく話して伝え合うやり取りを続け，会話を発展させることができるようにする。

as needed, and a certain amount of time has been secured in order to prepare. Additionally, activities in which students will engage in Q&A sessions regarding the contents of the presentation and give their opinions and impressions.

f) Writing

a　Activities in which students write in detail multiple paragraphs about information, ideas, and feelings along with the reasons and basis for their stance regarding everyday topics such as matters of interest and school life in circumstances in which the words and phrases to be used and examples of written expressions are indicated as needed and a certain amount of time has been secured in order to prepare. Additionally, activities in which students read each other's writing, engage in Q&A sessions regarding the contents of the presentation, and give their opinions and impressions.

b　Activities in which students write in detail multiple paragraphs about information, ideas, and feelings along with the reasons and basis for their stance regarding societal topics in circumstances in which the words and phrases to be used and examples of written expressions are indicated as needed and a certain amount of time has been secured in order to prepare. Additionally, activities in which students read each other's writing and engage in Q&A sessions regarding the contents of the presentation and give their opinions and impressions.

② Items related to language functions

The items will be handled in the same manner as in ② of Subsection 2 (3) of Communication English I.

3　Handling of the Content

Based on comprehensive instruction to nurture the attributes and abilities used in communication, through language activities in each of the five domains as well as comprehensive language activities that integrate domains, instruction will be conducted comprehensively.

III. Communication English III

1　Objectives

Based on the special characteristics of English study, through the instruction specified to realize the objectives established in each of the five domains, along with nurturing in a unified manner the attributes and abilities specified in Section I, Subsections (1) and (2), through this process the endowments and abilities specified in Section I, Subsection (3) will be nurtured.

(1) Listening

a　Students will become able to catch necessary information and grasp the development of a talk as well as the speaker's intention with almost no support made use of in terms of the speed of what is spoken, the words and phrases to be used, and the amount of information when listening to everyday topics.

b　Students will become able to catch necessary information while paying attention to the development of the talk and grasp the outline, main points, or details depending on the objective, with almost no support made use of in terms of the speed of what is spoken, the words and phrases to be used, and the amount of information when listening to societal topics.

(2) Reading

a　Students will become able to catch necessary information as well as grasp the writer's intention and the development of the passage with almost no support made use of in terms of the words and phrases to be used and the amount of information when reading about everyday topics.

b　Students will become able to catch necessary information and grasp the outline, main points, or details depending on the objective with almost no support made use of in terms of the words and phrases to be used, and the amount of information when reading about societal topics.

(3) Speaking (Interaction)

a　Students will become able to continue speaking and developing conversations in interactions that convey to each other information, thoughts, and feelings regarding everyday topics in detail using a variety of phrases and sentences appropriately as required by the aims, situations, and circumstances with almost no support made use of in terms of the words and phrases to be used and the development of the

イ 社会的な話題について，使用する語句や文，対話の展開などにおいて，支援をほとんど活用しなくても，聞いたり読んだりしたことを基に，多様な語句や文を目的や場面，状況などに応じて適切に用いて，情報や考え，課題の解決策などを論理的に詳しく話して伝え合うことができるようにする。

(4) 話すこと［発表］
ア 日常的な話題について，使用する語句や文，事前の準備などにおいて，支援をほとんど活用しなくても，多様な語句や文を目的や場面，状況などに応じて適切に用いて，情報や考え，気持ちなどを論理的に詳しく話して伝えることができるようにする。

イ 社会的な話題について，使用する語句や文，事前の準備などにおいて，支援をほとんど活用しなくても，聞いたり読んだりしたことを基に，多様な語句や文を目的や場面，状況などに応じて適切に用いて，情報や考え，気持ちなどを論理的に詳しく話して伝えることができるようにする。

(5) 書くこと
ア 日常的な話題について，使用する語句や文，事前の準備などにおいて，支援をほとんど活用しなくても，多様な語句や文を目的や場面，状況などに応じて適切に用いて，情報や考え，気持ちなどを複数の段落から成る文章で論理的に詳しく書いて伝えることができるようにする。

イ 社会的な話題について，使用する語句や文，事前の準備などにおいて，支援をほとんど活用しなくても，聞いたり読んだりしたことを基に，多様な語句や文を目的や場面，状況などに応じて適切に用いて，情報や考え，気持ちなどを複数の段落から成る文章で論理的に詳しく書いて伝えることができるようにする。

2 内 容
〔知識及び技能〕
(1) 英語の特徴やきまりに関する事項
　「英語コミュニケーションⅠ」の２の(1)と同様に取り扱うものとする。ただし，指導する語については，「英語コミュニケーションⅡ」の２の(1)で示す語に700～950語程度の新語を加えた語とする。また，「英語コミュニケーションⅠ」の２の(1)のエの(イ)については，示された文法事項の中から，五つの領域別の目標を達成するのにふさわしいものを取り扱うものとする。

〔思考力，判断力，表現力等〕
(2) 情報を整理しながら考えなどを形成し，英語で表現したり，伝え合ったりすることに関する事項
　「英語コミュニケーションⅠ」の２の(2)に示す事項について，五つの領域別の目標を達成するように取り扱うものとする。
(3) 言語活動及び言語の働きに関する事項
①言語活動に関する事項
　(2)に示す事項については，(1)に示す事項を活用して，例えば，次のような五つの領域別の言語活動及び複数の領域を結び付けた統合的な言語活動を通して指導する。

ア 「英語コミュニケーションⅠ」及び「英語コミュニケーションⅡ」のそれぞれの２の(3)の①に示す言語活動のうち，これらの科目における学習内容の定着を図るために必要なもの。

イ 聞くこと
　(ア) 日常的な話題について，インタビューやニュースなどから必要な情報を聞き取り，話の展開や話し手の

dialogue.
    b Students will become able to convey to each other in detail information, thoughts, and solutions to problems in a logical manner regarding societal topics, using a variety of phrases and sentences appropriately as required by the aims, situations, and circumstances with almost no support made use of in terms of the words and phrases to be used and the development of the dialogue, using things they have heard or read as a foundation.
(4) Speaking (Presentation)
    a Students will become able to convey information, thoughts, and feelings regarding everyday topics in detail, paying attention to logic, using a variety of phrases and sentences appropriately as required by the aims, situations, and circumstances with almost no support made use of in terms of the words and phrases to be used and advance preparation.
    b Students will become able to convey to each other information, thoughts, and feelings regarding societal topics in detail, paying attention to logic, using a variety of phrases and sentences appropriately as required by the aims, situations, and circumstances with almost no support made use of in terms of the words and phrases to be used and advanced preparation, using things they have heard or read as a foundation.
(5) Writing
    a Students will become able to write passages comprised of multiple paragraphs that convey in detail information, thoughts, and feelings regarding everyday topics, paying attention to logic, using a variety of phrases and sentences appropriately as required by the aims, situations, and circumstances with almost no support made use of in terms of the words and phrases to be used and advance preparation.
    b Students will become able to write passages comprised of multiple paragraphs that convey in detail information, thoughts, and feelings regarding societal topics, paying attention to logic, using a variety of phrases and sentences appropriately as required by the aims, situations, and circumstances with almost no support made use of in terms of the words and phrases to be used and advance preparation, using things they have heard or read as a foundation.
2 Content
[Knowledge and Skills]
(1) Matters related to the characteristics and rules of English
    Content will be handled in the same way as in Subsection 2(1) of Communication English I. However, regarding vocabulary instruction, 700–950 new words will be added to the words specified in Subsection 2(1) of Communication English II. Additionally, regarding d) b of Subsection 2(1) of Communication English I, from the grammatical items specified, items suitable to achieve the objectives of the five domains will be handled.
[Reason, Judgement, and Expressive Ability]
(2) Items related to forming, expressing, and conveying thoughts in English while organizing information
    Regarding the items specified in Subsection 2(2) of Communication English I, items that will achieve the objectives of the five domains will be handled.
(3) Items related to language activities and language functions
① Items related to language activities
    Regarding the items specified in (2), using the items specified in (1), students will receive instruction, for example, in the following language activities of each of the five domains as well as integrated language activities that bring domains together.
 a) Among the language activities specified in ① of Subsection 2(3) of both Communication English I and Communication English II, those activities that are needed in order to ensure that the study in Communication English I becomes firmly embedded.
 b) Listening
    a Activities in which students catch necessary information from interviews or news about everyday

意図を把握する活動。また，聞き取った内容について，質疑応答をしたり，意見や感想を伝え合ったりする活動。

(イ) 社会的な話題について，複数のニュースや講演などから話の展開に注意しながら必要な情報を聞き取り，概要や要点，詳細を把握する活動。また，聞き取った内容について，質疑応答をしたり，意見や感想を伝え合ったりする活動。

ウ　読むこと
(ア) 日常的な話題について，新聞記事や物語などから必要な情報を読み取り，文章の展開や書き手の意図を把握する活動。また，読み取った内容について，質疑応答をしたり，意見や感想を伝え合ったりする活動。

(イ) 社会的な話題について，複数の論証文や記録文などから文章の展開に注意しながら課題を解決するために必要な情報を読み取り，概要や要点，詳細をまとめる活動。また，まとめた内容を基に解決策を考え，話したり書いたりして伝え合う活動。

エ　話すこと［やり取り］
(ア) 学校外での生活や地域社会などの日常的な話題について，情報や考え，気持ちなどを詳しく話して伝え合い，会話を発展させる活動。また，やり取りした内容を整理して発表したり，文章を書いたりする活動。

(イ) 社会的な話題について，ニュースや講演などを聞いたり読んだりして，情報や考え，課題の解決策などを明確な理由や根拠とともに詳しく話して伝え合う活動。また，やり取りした内容を踏まえて，自分自身の考えなどを整理して発表したり，文章を書いたりする活動。

オ　話すこと［発表］
(ア) 学校外での生活や地域社会などの日常的な話題について，情報や考え，気持ちなどを明確な理由や根拠とともに詳しく話して伝える活動。また，発表した内容について，質疑応答をしたり，意見や感想を伝え合ったりする活動。

(イ) 社会的な話題について，ニュースや講演などを聞いたり読んだりして，情報や考え，気持ちなどを明確な理由や根拠とともに詳しく話して伝える活動。また，発表した内容について，質疑応答をしたり，意見や感想を伝え合ったりする活動。

カ　書くこと
(ア) 学校外での生活や地域社会などの日常的な話題について，情報や考え，気持ちなどを明確な理由や根拠とともに複数の段落を用いて詳しく書いて伝える活動。また，書いた内容を読み合い，質疑応答をしたり，意見や感想を伝え合ったりする活動。

(イ) 社会的な話題について，ニュースや講演などを聞いたり読んだりして，情報や考え，気持ちなどを自分自身の立場を明らかにしながら，明確な理由や根拠とともに複数の段落を用いて詳しく書いて伝える活動。また，書いた内容を読み合い，質疑応答をしたり，意見や感想を伝え合ったりする活動。

②言語の働きに関する事項
「英語コミュニケーションⅠ」の２の(3)の②と同様に取り扱うものとする。
3　内容の取扱い

topics and grasp necessary information and the development of the talk as well as the speaker's intention. Additionally, activities in which students ask and answer questions as well as express their opinions and impressions to each other regarding what they have heard.

  b Activities in which students catch necessary information from multiple news broadcasts or lectures about societal topics and grasp the outline and the main points as well as the details while paying attention to the development of the talk. Additionally, activities in which students ask and answer questions as well as express their opinions and impressions to each other regarding what they have heard.

 c) Reading

  a Activities in which students catch necessary information from newspaper articles and stories about everyday topics and grasp the development of the passage as well as the writer's intention. Additionally, activities in which students ask and answer questions as well as express their opinions and impressions to each other regarding what they have read.

  b Activities in which students catch necessary information from multiple argumentative essays or documents about societal topics while paying attention to the development of the writing in order to solve an issue and arrange the outline and the main points as well as the details. Additionally, activities in which students use the contents they have arranged as a foundation to think of a solution and convey it to each other in speaking or in writing.

 d) Speaking (Interaction)

  a Activities in which students speak to each other in detail about information, ideas, and feelings regarding everyday topics such as life outside of school and the community and develop the conversation. Additionally, activities in which the contents of the interaction will be organized and presented or written about.

  b Activities in which students listen to or read news or lectures about societal topics and speak to each other in detail about their thoughts, feelings, and proposed solutions along with clear reasons and the basis for these. Additionally, activities in which based on the contents of the interaction the students' own ideas will be organized and presented or written about.

 e) Speaking (Presentation)

  a Activities in which students speak in detail about information, ideas, and feelings along with clear reasons and the basis for these regarding everyday topics such as life outside of school and the community. Additionally, activities in which students will engage in Q&A sessions regarding the contents of the presentation and give their opinions and impressions.

  b Activities in which students listen to or read news or lectures and speak in detail about information, ideas, and feelings along with clear reasons and basis for these regarding societal topics. Additionally, activities in which students will engage in Q&A sessions regarding the contents of the presentation and give their opinions and impressions.

 f) Writing

  a Activities in which students write in detail multiple paragraphs about information, ideas, and feelings along with clear reasons and the basis for these regarding everyday topics such as life outside of school and the community. Additionally, activities in which students read each other's writing, engage in Q&A sessions regarding the contents of the writing, and give their opinions and impressions.

  b Activities in which students listen to or read news or lectures and write in detail multiple paragraphs about information, ideas, and feelings making plain their own stance, along with the reasons and basis for this stance regarding societal topics. Additionally, activities in which students read each other's writing, engage in Q&A sessions regarding the contents of the writing and give their opinions and impressions.

② Items related to language functions

 The items will be handled in the same manner as in ② of Subsection 2 (3) of Communication English I.

3 Handling of the Content

「英語コミュニケーションⅡ」の3と同様に取り扱うものとする。

第4 論理・表現Ⅰ
1 目標
英語学習の特質を踏まえ，以下に示す，話すこと［やり取り］，話すこと［発表］，書くことの三つの領域（以下この節において「三つの領域」という。）別に設定する目標の実現を目指した指導を通して，第1款の(1)及び(2)に示す資質・能力を一体的に育成するとともに，その過程を通して，第1款の(3)に示す資質・能力を育成する。

(1) 話すこと［やり取り］
ア 日常的な話題について，使用する語句や文，対話の展開などにおいて，多くの支援を活用すれば，基本的な語句や文を用いて，情報や考え，気持ちなどを話して伝え合ったり，やり取りを通して必要な情報を得たりすることができるようにする。

イ 日常的な話題や社会的な話題について，使用する語句や文，対話の展開などにおいて，多くの支援を活用すれば，ディベートやディスカッションなどの活動を通して，聞いたり読んだりしたことを活用しながら，基本的な語句や文を用いて，意見や主張などを論理の構成や展開を工夫して話して伝え合うことができるようにする。

(2) 話すこと［発表］
ア 日常的な話題について，使用する語句や文，事前の準備などにおいて，多くの支援を活用すれば，基本的な語句や文を用いて，情報や考え，気持ちなどを論理の構成や展開を工夫して話して伝えることができるようにする。

イ 日常的な話題や社会的な話題について，使用する語句や文，事前の準備などにおいて，多くの支援を活用すれば，スピーチやプレゼンテーションなどの活動を通して，聞いたり読んだりしたことを活用しながら，基本的な語句や文を用いて，意見や主張などを論理の構成や展開を工夫して話して伝えることができるようにする。

(3) 書くこと
ア 日常的な話題について，使用する語句や文，事前の準備などにおいて，多くの支援を活用すれば，基本的な語句や文を用いて，情報や考え，気持ちなどを論理の構成や展開を工夫して文章を書いて伝えることができるようにする。

イ 日常的な話題や社会的な話題について，使用する語句や文，事前の準備などにおいて，多くの支援を活用すれば，聞いたり読んだりしたことを活用しながら，基本的な語句や文を用いて，意見や主張などを論理の構成や展開を工夫して文章を書いて伝えることができるようにする。

2 内容
〔知識及び技能〕
(1) 英語の特徴やきまりに関する事項実際に英語を用いた言語活動を通して，小学校学習指導要領第2節第10節の第2の2の(1)，中学校学習指導要領第2章第9節の第2の2の(1)及び「英語コミュニケーションⅠ」の2の(1)に示す言語材料及び次に示す事項のうち，三つの領域別の目標を達成するのにふさわしいものについて理解するとともに，それらと言語活動とを効果的に関連付け，実際のコミュニケーションにおいて活用できる技能を身に付けることができるよう指導する。ただし，語や文法事項については，三つの領域別の目標を達成するのにふさわしいものを適宜取り扱うものとする。

ア 論理の構成や展開及び表現などに関する事項
　(ｱ) 目的や場面，状況などに応じた論理の構成や展開

The content will be handled in the same manner as in Subsection 3 of Communication English II.

IV. Logic and Expression I

1 Objectives

Instruction will aim at implementing the objectives set in the three domains of speaking (interaction), speaking (presentation), and writing (referred to in subsequent paragraphs as "the three domains") specified below based on the characteristics of English study. Through instruction to attain the objectives established separately, along with fostering in a unified manner the attributes and abilities described in Subsection I (1) and Subsection I (2), through this process the attributes and abilities described in Subsection I (3) will be fostered.

(1) Speaking (Interaction)

a) Students will become able to convey to each other information, thoughts, and feelings regarding everyday topics using basic phrases and sentences and through the interaction gain necessary information if much support is made use of in terms of the words and phrases to be used and the development of the dialogue.

b) Students will become able to convey to each other opinions and assertions, coming up with logical constructions and developments, regarding everyday topics and societal topics through debate and discussion using basic phrases and sentences, if much support is made use of in terms of the words and phrases to be used and the development of the dialogue, using things they have heard or read as a foundation.

(2) Speaking (Presentation)

a) Students will become able to convey information, thoughts, and feelings, coming up with logical constructions and developments, regarding everyday topics using basic phrases and sentences if much support is made use of in terms of the words and phrases to be used and advance preparation.

b) Students will become able to convey to each other opinions and assertions, coming up with logical constructions and developments, regarding everyday topics and societal topics through speeches and presentations using basic phrases and sentences, if much support is made use of in terms of the words and phrases to be used and the development of the dialogue, using things they have heard or read as a foundation.

(3) Writing

a) Students will become able to write passages that convey information, thoughts, and feelings, coming up with logical constructions and developments, regarding everyday topics using basic phrases and sentences if much support is made use of in terms of the words and phrases to be used and advance preparation.

b) Students will become able to write passages that convey opinions and assertions regarding everyday topics and societal topics, coming up with logical constructions and developments, using basic phrases and sentences if much support is made use of in terms of the words and phrases to be used and advance preparation, using things they have heard or read as a foundation.

2 Content

[Knowledge and Skills]

(1) Matters related to the characteristics and rules of English

Students will be instructed in order to acquire the skills needed in actual communication through language activities actually using English, along with understanding what is appropriate to attain the objectives of the three domains, effectively relating the language materials and the language activities, from the language activities specified in Subsection 2 (1) of Section II of Part 10 of Chapter 2 of the Course of Study for Elementary Schools, Subsection 2 (1) of Section II of Part 9 of Chapter 2 of the Course of Study for Junior High Schools, and Subsection 2 (1) of Communication English I. However, regarding the vocabulary and grammatical items, suitable ones in order to achieve the objectives of the three domains will be handled as appropriate.

a) Items related to the construction and development of logic and expression

a Construction and development of logic depending on aims, situations, and circumstances.

(イ)　情報や考えなどを効果的に伝える表現
〔思考力，判断力，表現力等〕
(2)　情報を整理しながら考えなどを形成し，英語で表現したり，伝え合ったりすることに関する事項具体的な課題等を設定し，コミュニケーションを行う目的や場面，状況などに応じて，情報を整理しながら考えなどを形成し，これらを論理的に適切な英語で表現することを通して，次の事項を身に付けることができるよう指導する。

　ア　日常的な話題や社会的な話題について，英語を聞いたり読んだりして得られた情報や考えなどを活用しながら，話したり書いたりして情報や自分自身の考えなどを適切に表現すること。

　イ　日常的な話題や社会的な話題について，伝える内容を整理し，英語で話したり書いたりして，要点や意図などを明確にしながら，情報や自分自身の考えなどを伝え合うこと。

(3)　言語活動及び言語の働きに関する事項
①言語活動に関する事項
　(2)に示す事項については，(1)に示す事項を活用して，例えば，次のような三つの領域別の言語活動及び複数の領域を結び付けた統合的な言語活動を通して指導する。

　ア　話すこと［やり取り］
　　(ア)　関心のある事柄や学校生活などの日常的な話題について，使用する語句や文，やり取りの具体的な進め方が十分に示される状況で，情報や考え，気持ちなどを話して伝え合ったり，やり取りを通して必要な情報を得たりする活動。また，やり取りした内容を整理して発表したり，文章を書いたりする活動。

　　(イ)　日常的な話題や社会的な話題に関して聞いたり読んだりした内容について，使用する語句や文，やり取りの具体的な進め方が十分に示される状況で，優れている点や改善すべき点を話して伝え合ったり，意見や主張などを適切な理由や根拠とともに伝え合うディベートやディスカッションをする活動。また，やり取りした内容を踏まえて，自分自身の考えなどを整理して発表したり，文章を書いたりする活動。

　イ　話すこと［発表］
　　(ア)　関心のある事柄や学校生活などの日常的な話題について，使用する語句や文，発話例が十分に示されたり，準備のための多くの時間が確保されたりする状況で，情報や考え，気持ちなどを適切な理由や根拠とともに話して伝える活動。また，発表した内容について，質疑応答をしたり，意見や感想を伝え合ったりする活動。

　　(イ)　日常的な話題や社会的な話題に関して聞いたり読んだりした内容について，使用する語句や文，発話例が十分に示されたり，準備のための多くの時間が確保されたりする状況で，段階的な手順を踏みながら，意見や主張などを適切な理由や根拠とともに伝える短いスピーチやプレゼンテーションをする活動。また，発表した内容について，質疑応答をしたり，意見や感想を伝え合ったりする活動。

　ウ　書くこと
　　(ア)　関心のある事柄や学校生活などの日常的な話題について，使用する語句や文，文章例が十分に示されたり，準備のための多くの時間が確保されたりする状況で，情報や考え，気持ちなどを適切な理由や根拠とともに段落を書いて伝える活動。また，書いた内容を読み合い，質疑応答をしたり，意見や感想を伝え合ったりする活動。

b　Expressions that effectively convey information and thoughts.
[Reason, Judgement, and Expressive Ability]
(2)　Items related to forming, expressing, and conveying thoughts in English while organizing information
　　Specific assignments will be made according to the aims, situations, and circumstances in which communication takes place, so that students will develop their thoughts while organizing information, and in the process of expressing these thoughts logically in appropriate English, students will receive guidance in order to acquire the following items.
　a) Making use of information and ideas obtained while listening to and reading about everyday topics and societal topics in English, students will appropriately express information and their own ideas in speaking and writing.
　b) Students will convey to each other information and their own ideas about everyday topics and societal topics making clear the main points and purpose, speaking and writing in English, organizing the content to be conveyed.
(3)　Items related to language activities and language functions
① Items related to language activities
　　Regarding the items specified in (2), using the items specified in (1), students will receive instruction, for example, in the following language activities of each of the three domains as well as integrated language activities that bring domains together.
　a) Speaking (Interaction)
　　　a　Activities in which students speak to each other about information, ideas, and feelings regarding everyday topics such as matters of interest and school life and through the interaction gain necessary information in circumstances in which the words and phrases to be used and the concrete way to proceed are sufficiently indicated. Additionally, activities in which the contents of the interaction will be organized and presented or written about.
　　　b　Activities in which students convey to each other excellent points or points for improvement as well as engage in debates or discussions about their opinions and assertions and appropriate reasons and the basis for them regarding everyday topics and societal topics in circumstances in which the words and phrases to be used and the concrete way to proceed are sufficiently indicated. Additionally, activities in which, based on the contents of the interaction, the students' own ideas will be organized and presented or written about.
　b) Speaking (Presentation)
　　　a　Activities in which students speak about information, ideas, and feelings along with appropriate reasons and the basis for them regarding everyday topics such as matters of interest and school life in circumstances in which the words and phrases to be used and examples of utterances are sufficiently indicated and much time has been secured in order to prepare. Additionally, activities in which students will engage in Q&A sessions regarding the contents of the presentation and give their opinions and impressions.
　　　b　Activities in which students make short speeches or presentations about their opinions and assertions along with clear reasons and the basis for them regarding things they have listened to or read about everyday topics and societal topics following step by step procedures, in circumstances in which the words and phrases to be used and examples of utterances are sufficiently indicated, and much time has been secured in order to prepare. Additionally, activities in which students will engage in Q&A sessions regarding the contents of the presentation and give their opinions and impressions.
　c) Writing
　　　a　Activities in which students write paragraphs that convey information, ideas, and feelings along with the reasons and basis regarding everyday topics such as matters of interest and school life in circumstances in which the words and phrases to be used and examples of written expressions are sufficiently indicated and much time has been secured in order to prepare. Additionally, activities in which students

(イ) 日常的な話題や社会的な話題に関して聞いたり読んだりした内容について，使用する語句や文，文章例が十分に示されたり，準備のための多くの時間が確保されたりする状況で，発想から推敲まで段階的な手順を踏みながら，意見や主張などを適切な理由や根拠とともに段落を書いて伝える活動。また，書いた内容を読み合い，質疑応答をしたり，意見や感想を伝え合ったりする活動。

② 言語の働きに関する事項
「英語コミュニケーションⅠ」の2の(3)の②と同様に取り扱うものとする。
3 内容の取扱い
コミュニケーションを図る資質・能力を育成するためのこれまでの総合的な指導を踏まえ，話したり書いたりする言語活動を中心に，情報や考えなどを表現したり伝え合ったりする能力の向上を図るように指導するものとする。

第5 論理・表現Ⅱ
1 目標
英語学習の特質を踏まえ，以下に示す，三つの領域別に設定する目標の実現を目指した指導を通して，第1款の(1)及び(2)に示す資質・能力を一体的に育成するとともに，その過程を通して，第1款の(3)に示す資質・能力を育成する。

(1) 話すこと［やり取り］
ア 日常的な話題について，使用する語句や文，対話の展開などにおいて，一定の支援を活用すれば，多様な語句や文を用いて，情報や考え，気持ちなどを詳しく話して伝え合ったり，立場や状況が異なる相手と交渉したりすることができるようにする。

イ 日常的な話題や社会的な話題について，使用する語句や文，対話の展開などにおいて，一定の支援を活用すれば，ディベートやディスカッションなどの活動を通して，聞いたり読んだりしたことを活用しながら，多様な語句や文を用いて，意見や主張，課題の解決策などを論理の構成や展開を工夫して詳しく話して伝え合うことができるようにする。

(2) 話すこと［発表］
ア 日常的な話題について，使用する語句や文，事前の準備などにおいて，一定の支援を活用すれば，多様な語句や文を用いて，情報や考え，気持ちなどを論理の構成や展開を工夫して詳しく話して伝えることができるようにする。

イ 日常的な話題や社会的な話題について，使用する語句や文，事前の準備などにおいて，一定の支援を活用すれば，スピーチやプレゼンテーションなどの活動を通して，聞いたり読んだりしたことを活用しながら，多様な語句や文を用いて，意見や主張などを論理の構成や展開を工夫して詳しく話して伝えることができるようにする。

(3) 書くこと
ア 日常的な話題について，使用する語句や文，事前の準備などにおいて，一定の支援を活用すれば，多様な語句や文を用いて，情報や考え，気持ちなどを論理の構成や展開を工夫して複数の段落から成る文章で詳しく書いて伝えることができるようにする。

イ 日常的な話題や社会的な話題について，使用する語句や文，事前の準備などにおいて，一定の支援を活用すれば，聞いたり読んだりしたことを活用しながら，多様な語句や文を用いて，意見や主張などを論理の構

read each other's writing and engage in Q&A sessions regarding the contents of the presentation and give their opinions and impressions.

b   Activities in which students write paragraphs that convey their opinions and assertions along with clear reasons and the basis for them regarding things they have listened to or read about everyday topics and societal topics in circumstances in which the words and phrases to be used and examples of written expressions are sufficiently indicated and much time has been secured in order to prepare following step by step procedures from their initial idea to the polishing stage. Additionally, activities in which students read each other's writing, engage in Q&A sessions regarding the contents of the presentation, and give their opinions and impressions.

② Items related to language functions

The items will be handled in the same manner as in ② of Subsection 2 (3) of Communication English I.

3   Handling of the Content

Based on comprehensive instruction to nurture the attributes and abilities used in communication, centering on speaking and writing language activities, instruction will be conducted to enhance the ability to express and convey to each other information and ideas.

V. Logic and Expression II

1   Objectives

Instruction will aim at implementing the objectives set in the three domains specified below based on the characteristics of English study. Through instruction to attain the objectives established separately, along with fostering in a unified manner the attributes and abilities described in Subsection I (1) and Subsection I (2), through this process the attributes and abilities described in Subsection I (3) will be fostered.

(1) Speaking (Interaction)

a) Students will become able to convey in detail to each other information, thoughts, and feelings regarding everyday topics using various phrases and sentences, and negotiate with an interlocutor with a differing position or circumstances if a certain amount of support is made use of in terms of the words and phrases to be used and the development of the dialogue.

b) Students will become able to convey in detail to each other opinions, assertions, and solutions, coming up with logical constructions and developments regarding everyday topics and societal topics through debate and discussion using various phrases and sentences, if a certain amount of support is made use of in terms of the words and phrases to be used and the development of the dialogue, using things they have heard or read.

(2) Speaking (Presentation)

a) Students will become able to convey in detail information, thoughts, and feelings coming up with logical constructions and developments regarding everyday topics using various phrases and sentences if a certain amount of support is made use of in terms of the words and phrases to be used and advance preparation.

b) Students will become able to convey in detail to each other opinions and assertions, coming up with logical constructions and developments, regarding everyday topics and societal topics through speeches and presentations, using various phrases and sentences, if a certain amount of support is made use of in terms of the words and phrases to be used in advance preparation and the development of the dialogue, using things they have heard or read.

(3) Writing

a) Students will become able to write passages of multiple paragraphs that convey in detail information, thoughts, and feelings, coming up with logical constructions and developments, regarding everyday topics using various phrases and sentences if a certain level of support is made use of in terms of the words and phrases to be used and advance preparation.

b) Students will become able to write passages of multiple paragraphs that convey in detail opinions and assertions regarding everyday topics and societal topics, coming up with logical constructions and devel-

成や展開を工夫して複数の段落から成る文章で詳しく書いて伝えることができるようにする。

2　内　容
〔知識及び技能〕
(1) 英語の特徴やきまりに関する事項
「論理・表現Ⅰ」の２の(1)と同様に取り扱うものとする。
〔思考力，判断力，表現力等〕
(2) 情報を整理しながら考えなどを形成し，英語で表現したり，伝え合ったりすることに関する事項「論理・表現Ⅰ」の２の(2)に示す事項について，三つの領域別の目標を達成するように取り扱うものとする。

(3) 言語活動及び言語の働きに関する事項
①言語活動に関する事項
　(2)に示す事項については，(1)に示す事項を活用して，例えば，次のような三つの領域別の言語活動及び複数の領域を結び付けた統合的な言語活動を通して指導する。

ア　「論理・表現Ⅰ」の２の(3)の①に示す言語活動のうち，「論理・表現Ⅰ」における学習内容の定着を図るために必要なもの。
イ　話すこと［やり取り］
　(ｱ)　学校外での生活や地域社会などの日常的な話題について，必要に応じて，使用する語句や文，やり取りの具体的な進め方が示される状況で，情報や考え，気持ちなどを詳しく話して伝え合ったり，自分自身の状況や要望を伝え，相手の意向を把握しながら交渉したりする活動。また，やり取りした内容を整理して発表したり，文章を書いたりする活動。

　(ｲ)　日常的な話題や社会的な話題に関して聞いたり読んだりした内容について，必要に応じて，使用する語句や文，やり取りの具体的な進め方が示される状況で，課題を明確に説明し，その解決策を提案し合ったり，意見や主張，課題の解決策などを適切な理由や根拠とともに詳しく伝え合ったりするディベートやディスカッションをする活動。また，やり取りした内容を踏まえて，自分自身の考えなどを整理して発表したり，文章を書いたりする活動。

ウ　話すこと［発表］
　(ｱ)　学校外での生活や地域社会などの日常的な話題について，必要に応じて，使用する語句や文，発話例が示されたり，準備のための一定の時間が確保されたりする状況で，情報や考え，気持ちなどを適切な理由や根拠とともに詳しく話して伝える活動。また，発表した内容について，質疑応答をしたり，意見や感想を伝え合ったりする活動。

　(ｲ)　日常的な話題や社会的な話題に関して聞いたり読んだりした内容について，必要に応じて，使用する語句や文，発話例が示されたり，準備のための一定の時間が確保されたりする状況で，段階的な手順を踏みながら，意見や主張などを適切な理由や根拠とともに詳しく伝えるスピーチやプレゼンテーションをする活動。また，発表した内容について，質疑応答をしたり，意見や感想を伝え合ったりする活動。

エ　書くこと
　(ｱ)　学校外での生活や地域社会などの日常的な話題について，必要に応じて，使用する語句や文，文章例が示されたり，準備のための一定の時間が確保されたりする状況で，情報や考え，気持ちなどを適切な理由

opments, using various phrases and sentences if a certain amount of support is made use of in terms of the words and phrases to be used and advance preparation, using things they have heard or read.

2　Content

[Knowledge and Skills]

(1)　Items related to the characteristics and rules of English

Items will be handled in the same way as in Subsection 2 (1) of Logic and Expression I.

[Reason, Judgement, and Expressive Ability]

(2)　Items related to forming, expressing, and conveying thoughts in English while organizing information

Regarding items in Subsection 2 (2) of Logic and Expression I, items will be handled so as to accomplish the objectives in each of the three domains.

(3)　Items related to language activities and language functions

① Items related to language activities

Regarding the items specified in (2), using the items specified in (1), students will receive instruction, for example, in the following language activities of each of the three domains as well as integrated language activities that bring domains together.

a) Among the items specified in ① of Subsection 2 (3) of Logic and Expression I, items needed to firmly establish the study contents of Logic and Expression I.

b) Speaking (Interaction)

　　a　Activities in which students speak in detail to each other about information, ideas, and feelings regarding everyday topics such as life outside school and the community and negotiate while conveying their own situation and grasping the interlocutor's views, in circumstances in which the words and phrases to be used and the concrete way to proceed with the interaction are indicated as necessary. Additionally, activities in which the contents of the interaction will be organized and presented or written about.

　　b　Activities in which students explain an issue clearly and convey to each other proposals for solutions as well as engage in debates or discussions about their opinions, assertions, and proposals for solutions and appropriate reasons, and convey in detail the basis for them regarding what they have listened to or read about everyday topics and societal topics in circumstances in which the words and phrases to be used and the concrete way to proceed are indicated as necessary. Additionally, activities in which, based on the contents of the interaction, the students' own ideas will be organized and presented or written about.

c) Speaking (Presentation)

　　a　Activities in which students speak in detail about information, ideas, and feelings along with appropriate reasons and the basis for them regarding everyday topics such as life outside school and the community in circumstances in which the words and phrases to be used and examples of utterances are indicated as necessary and a certain amount of time has been secured in order to prepare. Additionally, activities in which students will engage in Q&A sessions regarding the contents of the presentation and give their opinions and impressions.

　　b　Activities in which students make speeches or presentations about their opinions and assertions along with conveying in detail appropriate reasons and the basis for them regarding things they have listened to or read about everyday topics and societal topics following step by step procedures, in circumstances in which the words and phrases to be used and examples of utterances are indicated as necessary, and a certain amount of time has been secured in order to prepare. Additionally, activities in which students will engage in Q&A sessions regarding the contents of the presentation and give their opinions and impressions.

d) Writing

　　a　Activities in which students write multiple paragraphs that convey in detail information, ideas, and feelings along with appropriate reasons and the basis for them regarding everyday topics such as life

や根拠とともに複数の段落を用いて詳しく書いて伝える活動。また，書いた内容を読み合い，質疑応答をしたり，意見や感想を伝え合ったりする活動。

(イ) 日常的な話題や社会的な話題に関して聞いたり読んだりした内容について，必要に応じて，使用する語句や文，文章例が示されたり，準備のための一定の時間が確保されたりする状況で，発想から推敲まで段階的な手順を踏みながら，意見や主張などを適切な理由や根拠とともに複数の段落を用いて詳しく書いて伝える活動。また，書いた内容を読み合い，質疑応答をしたり，意見や感想を伝え合ったりする活動。

②言語の働きに関する事項
「英語コミュニケーションⅠ」の２の(3)の②と同様に取り扱うものとする。
３　内容の取扱い
「論理・表現Ⅰ」の３と同様に取り扱うものとする。
第６　論理・表現Ⅲ
１　目　標
　英語学習の特質を踏まえ，以下に示す，三つの領域別に設定する目標の実現を目指した指導を通して，第１款の(1)及び(2)に示す資質・能力を一体的に育成するとともに，その過程を通して，第１款の(3)に示す資質・能力を育成する。

(1)　話すこと［やり取り］
ア　日常的な話題について，使用する語句や文，対話の展開などにおいて，支援をほとんど活用しなくても，複数の資料を活用しながら，多様な語句や文を目的や場面，状況などに応じて適切に用いて，課題を解決することができるよう，情報や考え，気持ちなどを整理して話して伝え合うことができるようにする。

イ　日常的な話題や社会的な話題について，使用する語句や文，対話の展開などにおいて，支援をほとんど活用しなくても，ディベートやディスカッションなどの活動を通して，複数の資料を活用しながら，多様な語句や文を目的や場面，状況などに応じて適切に用いて，意見や主張，課題の解決策などを，聞き手を説得できるよう，論理の構成や展開を工夫して詳しく話して伝え合うことができるようにする。

(2)　話すこと［発表］
ア　日常的な話題について，使用する語句や文，事前の準備などにおいて，支援をほとんど活用しなくても，多様な語句や文を目的や場面，状況などに応じて適切に用いて，情報や考え，気持ちなどを，聞き手を説得できるよう，論理の構成や展開を工夫して詳しく話して伝えることができるようにする。

イ　日常的な話題や社会的な話題について，使用する語句や文，事前の準備などにおいて，支援をほとんど活用しなくても，スピーチやプレゼンテーションなどの活動を通して，複数の資料を活用しながら，多様な語句や文を目的や場面，状況などに応じて適切に用いて，意見や主張などを，聞き手を説得できるよう，論理の構成や展開を工夫して詳しく話して伝えることができるようにする。

(3)　書くこと
ア　日常的な話題について，使用する語句や文，事前の準備などにおいて，支援をほとんど活用しなくても，多様な語句や文を目的や場面，状況などに応じて適切に用いて，情報や考え，気持ちなどを，読み手を説得できるよう，論理の構成や展開を工夫して複数の段落から成る文章で詳しく書いて伝えることができるようにする。

outside school and the community in circumstances in which the words and phrases to be used and examples of written expressions are indicated as necessary and a certain amount of time has been secured in order to prepare. Additionally, activities in which students read each other's writing, engage in Q&A sessions regarding the contents of the writing, and give their opinions and impressions.

b　Activities in which students write multiple paragraphs that convey in detail their opinions and assertions along with appropriate reasons and the basis for them regarding things they have listened to or read about everyday topics and societal topics in circumstances in which the words and phrases to be used and examples of written expressions are indicated as necessary and a certain amount of time time has been secured in order to prepare following step by step procedures from their initial idea to the polishing stage. Additionally, activities in which students read each other's writing, engage in Q&A sessions regarding the contents of the writing, and give their opinions and impressions.

② Items related to language functions

The items will be handled in the same manner as in ② of 2 (3) of Communication English I.

3　Handling of the Content

Items will be handled in the same way as in Subsection 3 of Logic and Expression I.

VI. Logic and Expression III

1　Objectives

Instruction will aim at implementing the objectives set in the three domains specified below based on the characteristics of English study. Through instruction to attain the objectives established separately, along with fostering in a unified manner the attributes and abilities described in Subsection I (1) and Subsection I (2), through this process the attributes and abilities described in Subsection I (3) will be fostered.

(1)　Speaking (Interaction)

a) Students will become able to convey in detail to each other information, thoughts, and feelings regarding everyday topics using various materials and using various phrases and sentences appropriately according to the aims, situations, and circumstances and accomplish the assignment with almost no support made use of in terms of the words and phrases to be used and the development of the dialogue.

b) Students will become able to convey in detail to each other opinions, assertions, and solutions, coming up with logical constructions and developments and convincing the listeners regarding everyday topics and societal topics through debate and discussion using various materials and using various phrases and sentences appropriately according to the aims, situations, and circumstances, with almost no support made use of in terms of the words and phrases to be used and the development of the dialogue using various materials.

(2)　Speaking (Presentation)

a) Students will become able to convey in detail information, thoughts, and feelings, coming up with logical constructions and developments and convincing the listeners regarding everyday topics using various phrases and sentences appropriately according to the aims, situations, and circumstances with almost no support made use of in terms of the words and phrases to be used and advance preparation.

b) Students will become able to convey in detail to each other opinions and assertions, coming up with logical constructions and developments and convincing the listeners, regarding everyday topics and societal topics through speeches and presentations using various phrases and sentences appropriately according to the aims, situations, and circumstances, with almost no support made use of in terms of the words and phrases to be used in advance preparation, using various materials.

(3)　Writing

a) Students will become able to write passages of multiple paragraphs that convey in detail information, thoughts, and feelings, coming up with logical constructions and developments and convincing the readers regarding everyday topics using various phrases and sentences appropriately according to the aims, situations, and circumstances, with almost no support made use of in terms of the words and phrases to be used and advance preparation.

イ　日常的な話題や社会的な話題について，使用する語句や文，事前の準備などにおいて，支援をほとんど活用しなくても，複数の資料を活用しながら，多様な語句や文を目的や場面，状況などに応じて適切に用いて，意見や主張などを，読み手を説得できるよう，論理の構成や展開を工夫して複数の段落から成る文章で詳しく書いて伝えることができるようにする。

2　内　容
〔知識及び技能〕
(1)　英語の特徴やきまりに関する事項
　「論理・表現Ⅰ」の２の(1)と同様に取り扱うものとする。
〔思考力，判断力，表現力等〕
(2)　情報を整理しながら考えなどを形成し，英語で表現したり，伝え合ったりすることに関する事項「論理・表現Ⅰ」の２の(2)に示す事項について，三つの領域別の目標を達成するように取り扱うものとする。

(3)　言語活動及び言語の働きに関する事項
①言語活動に関する事項
　(2)に示す事項については，(1)に示す事項を活用して，例えば，次のような三つの領域別の言語活動及び複数の領域を結び付けた統合的な言語活動を通して指導する。

ア　「論理・表現Ⅰ」及び「論理・表現Ⅱ」のそれぞれの２の(3)の①に示す言語活動のうち，これらの科目における学習内容の定着を図るために必要なもの。
イ　話すこと［やり取り］
　(ｱ)　日常的な話題について，ニュースや新聞記事などの複数の資料を活用して，情報や考え，気持ちなどを整理して話して伝え合ったり，課題を解決するために話し合ったりする活動。また，やり取りした内容を整理して発表したり，文章を書いたりする活動。

　(ｲ)　日常的な話題や社会的な話題に関して聞いたり読んだりした内容について，質疑応答をしたり，聞き手を説得することができるよう，ニュースや新聞記事などの複数の資料を活用して，意見や主張，課題の解決策などを効果的な理由や根拠とともに詳しく伝え合ったりするディベートやディスカッションをする活動。また，やり取りした内容を踏まえて，自分自身の考えなどを，整理して発表したり，文章を書いたりする活動。

ウ　話すこと［発表］
　(ｱ)　日常的な話題について，聞き手を説得することができるよう，情報や考え，気持ちなどを効果的な理由や根拠とともに詳しく話して伝える活動。また，発表した内容について，質疑応答をしたり，意見や感想を伝え合ったりする活動。

　(ｲ)　日常的な話題や社会的な話題について，ニュースや新聞記事などの複数の資料を活用して，段階的な手順を踏みながら，聞き手を説得することができるよう，意見や主張などを効果的な理由や根拠とともに詳しく伝えるまとまりのある長さのスピーチやプレゼンテーションをする活動。また，発表した内容について，質疑応答をしたり，意見や感想を伝え合ったりする活動。

エ　書くこと
　(ｱ)　日常的な話題について，読み手を説得することができるよう，情報や考え，気持ちなどを効果的な理由や根拠とともに複数の段落を用いて詳しく書いて伝える活動。また，書いた内容を読み合い，質疑応答をしたり，意見や感想を伝え合ったりする活動。

　(ｲ)　日常的な話題や社会的な話題について，ニュースや新聞記事などの複数の資料を活用して，発想から推敲まで段階的な手順を踏みながら，読み手を説得することができるよう，意見や主張などを効果的な理由

b) Students will become able to write passages of multiple paragraphs that convey in detail opinions and assertions regarding everyday topics and societal topics, coming up with logical constructions and developments and convincing the readers, using various phrases and sentences appropriately according to the aims, situations, and circumstances, with almost no support made use of in terms of the words and phrases to be used and advance preparation, using various materials.

2 Content

[Knowledge and Skills]

(1) Items related to the characteristics and rules of English

Items will be handled in the same way as in Subsection 2 (1) of Logic and Expression I.

[Reason, Judgement, and Expressive Ability]

(2) Items related to forming, expressing, and conveying thoughts in English while organizing information

Regarding items in Subsection 2 (2) of Logic and Expression I, items will be handled so as to accomplish the objectives in each of the three domains.

(3) tems related to language activities and language functions

① Items related to language activities

Regarding the items specified in (2), using the items specified in (1), students will receive instruction, for example, in the following language activities of each of the three domains as well as integrated language activities that bring domains together.

a) Among the items specified in ① of Subsection (3) 2 of both Logic and Expression I and Logic and Expression II, items needed to firmly establish the study contents of Logic and Expression I.

b) Speaking (Interaction)

　　a Activities in which students speak in detail to each other about information, ideas, and feelings regarding everyday topics in an organized manner using various materials such as news programs and newspaper articles and accomplish the assignment by talking to each other. Additionally, activities in which the contents of the interaction will be organized and presented or written about.

　　b Activities in which students engage in questions and answers and convince their interlocutors, and convey to each other proposals for solutions as well as engage in debates or discussions about their opinions, assertions, and proposals for solutions and effective reasons, and convey in detail the basis for them regarding what they have listened to or read about everyday topics and societal topics using various materials such as news programs or newspaper articles. Additionally, activities in which based on the contents of the interaction the students' own ideas will be organized and presented or written about.

c) Speaking (Presentation)

　　a Activities in which students speak in detail about information, ideas, and feelings along with effective reasons and the basis for them regarding everyday topics and convince their listeners. Additionally, activities in which students will engage in Q&A sessions regarding the contents of the presentation and give their opinions and impressions.

　　b Activities in which students make speeches or presentations about their opinions and assertions along with conveying in detail effective reasons and the basis for them regarding everyday topics and societal topics using various materials such as news programs and newspaper articles following step by step procedures, and convince their listeners. Additionally, activities in which students will engage in Q&A sessions regarding the contents of the presentation and give their opinions and impressions.

(4) Writing

　　a Activities in which students write multiple paragraphs that convey in detail information, ideas, and feelings along with effective reasons and the basis for them regarding everyday topics and convince their readers. Additionally, activities in which students read each other's writing, engage in Q&A sessions regarding the contents of the writing, and give their opinions and impressions.

　　b Activities in which students write multiple paragraphs tha convey in detail their opinions and assertions along with effective reasons and the basis for them regarding everyday topics and societal topics

や根拠とともに複数の段落を用いて詳しく書いて伝える活動。また，書いた内容を読み合い，質疑応答をしたり，意見や感想を伝え合ったりする活動。

②言語の働きに関する事項
　「英語コミュニケーションⅠ」の２の(3)の②と同様に取り扱うものとする。
３　内容の取扱い
「論理・表現Ⅰ」の３と同様に取り扱うものとする。

第７　その他の外国語に関する科目
1　その他の外国語に関する科目については，第１から第６まで及び第３款に示す英語に関する各科目の目標及び内容などに準じて指導を行うものとする。
2　高等学校において英語以外の外国語を初めて履修させる場合には，生徒の学習負担等を踏まえ，適切に指導するものとする。

第３款　英語に関する各科目にわたる指導計画の作成と内容の取扱い
1　指導計画の作成に当たっては，小学校や中学校における指導との接続に留意しながら，次の事項に配慮するものとする。

(1) 単元など内容や時間のまとまりを見通して，その中で育む資質・能力の育成に向けて，生徒の主体的・対話的で深い学びの実現を図るようにすること。その際，具体的な課題等を設定し，生徒が外国語によるコミュニケーションにおける見方・考え方を働かせながら，コミュニケーションの目的や場面，状況などを意識して活動を行い，英語の音声や語彙，表現，文法などの知識を五つの領域（「論理・表現Ⅰ」，「論理・表現Ⅱ」及び「論理・表現Ⅲ」においては三つの領域。３において同じ。）における実際のコミュニケーションにおいて活用する学習の充実を図ること。

(2) 「英語コミュニケーションⅡ」は「英語コミュニケーションⅠ」を，「英語コミュニケーションⅢ」は「英語コミュニケーションⅡ」を履修した後に履修させることを原則とすること。

(3) 「論理・表現Ⅱ」は「論理・表現Ⅰ」を，「論理・表現Ⅲ」は「論理・表現Ⅱ」を履修した後に履修させることを原則とすること。

(4) 多様な生徒の実態に応じ，生徒の学習負担に配慮しながら，年次ごと及び科目ごとの目標を適切に定め，学校が定める卒業までの指導計画を通して十分に段階を踏みながら，外国語科の目標の実現を図るようにすること。

(5) 実際に英語を使用して自分自身の考えを伝え合うなどの言語活動を行う際は，既習の語句や文構造，文法事項などの学習内容を繰り返し指導し定着を図ること。

(6) 生徒が英語に触れる機会を充実させるとともに，授業を実際のコミュニケーションの場面とするため，授業は英語で行うことを基本とする。その際，生徒の理解の程度に応じた英語を用いるようにすること。

(7) 言語能力の向上を図る観点から，言語活動などにおいて国語科と連携を図り，指導の効果を高めるとともに，日本語と英語の語彙や表現，論理の展開などの違いや共通点に気付かせ，その背景にある歴史や文化，習慣などに対する理解が深められるよう工夫をすること。

(8) 言語活動で扱う題材は，生徒の興味・関心に合ったものとし，国語科や地理歴史科，理科など，他の教科等で学習した内容と関連付けるなどして，英語を用いて課題解決を図る力を育成する工夫をすること。

(9) 障害のある生徒などについては，学習活動を行う場合に生じる困難さに応じた指導内容や指導方法の工夫を計画的，組織的に行うこと。

using various materials such as news programs or newspaper articles following step by step procedures from their initial idea to the polishing stage and convince their readers. Additionally, activities in which students read each other's writing and engage in Q&A sessions regarding the contents of the writing and give their opinions and impressions.

② Items related to language functions

The items will be handled in the same manner as in ② of Subsection 2 (3) of Communication English I.

3 Handling of the Content

Items will be handled in the same way as in Subsection 3 of Logic and Expression I.

VII. Courses in Other Foreign Languages

1 Regarding courses in other foreign languages, instruction will be conducted according to the objectives and content specified for each English course in Sections I through VI as well as in Article 3.

2 In cases in which a foreign language other than English is being studied for the first time in high school, instruction will be undertaken appropriately on the basis of the students' burden of learning.

Article 3 Lesson Plan Design and Handling of the Content of Each English Course

1 In the creation of lesson plans, paying attention to the connection with instruction in elementary school and junior high school, consideration will be paid to the following items.

(1) Foreseeing the unity of content and time in units and so on, aimed at developing their attributes and abilities, the attainment of students' deep learning independently and interactively will be undertaken. At that time, concrete assignments will be set, and while students use ways of seeing and ways of thinking in communication in the foreign language, activities will be conducted with a consciousness of the aims, situations, and circumstances of communication, and the enhancement of learning in actual communication will be undertaken with knowledge of English phonetics, vocabulary, expression, grammar and so on in the five domains (and in the three domains of Logic and Expression I, Logic and Expression II, and Logic and Expression III, as in Subsection 3.)

(2) In principle, Communication English II will be studied after Communication English I, and Communication English III will be studied after Communication English II.

(3) In principle, Logic and Expression II will be studied after Logic and Expression I, and Logic and Expression III will be studied after Logic and Expression II.

(4) Responding to the actual circumstances of diverse students, taking into consideration the students' burden of learning, objectives will be appropriately established at each year and in each course to realize the objectives of the foreign language, taking steps sufficiently in the instruction plans until graduation from the school.

(5) When actually using English in language activities such as to convey to each other their own thoughts, the contents of learning such as words, sentence structures, and grammar that have already been learned will be repeated to allow them to become firmly embedded.

(6) Along with allowing ample opportunities for students to come into contact with English, in order to make the classes a setting of actual communication, as a general rule, classes will be conducted in English. At that time, English will be used in accordance with students' level of comprehension.

(7) From the perspective of enhancing language competence, coordination with Japanese language classes will be undertaken in language activities, and along with heightening the effect of instruction, students will be made aware of the similarities and differences in the vocabulary, expressions, and logical development of Japanese and English and devise means to deepen understanding of the history, culture, and customs that form a backdrop to these.

(8) The materials to be used in language activities will be those that correspond to the students' interests and enthusiasm, and related to the content studied in Japanese classes, geography and history classes, science classes and so on, and means will be devised to nurture the ability to solve problems in English.

(9) Regarding students with disabilities, means will be devised deliberately and systematically regarding the instructional content and instructional method responding to difficulties that may occur when under-

⑽ 指導計画の作成や授業の実施に当たっては，ネイティブ・スピーカーや英語が堪能な地域人材などの協力を得る等，指導体制の充実を図るとともに，指導方法の工夫を行うこと。

2 内容の取扱いに当たっては，次の事項に配慮するものとする。
(1) 単に英語を日本語に，又は日本語を英語に置き換えるような指導とならないよう，各科目の内容の(1)に示す言語材料については，意味のある文脈でのコミュニケーションの中で繰り返し触れることを通して指導すること。また，生徒の発達の段階に応じて，聞いたり読んだりすることを通して意味を理解できるように指導すべき事項と，話したり書いたりして表現できるように指導すべき事項とがあることに留意すること。

(2) 音声指導の補助として，必要に応じて発音表記を用いて指導することもできることに留意すること。
(3) 文法事項の指導に当たっては，文法はコミュニケーションを支えるものであることを踏まえ，過度に文法的な正しさのみを強調したり，用語や用法の区別などの指導が中心となったりしないよう配慮し，使用する場面や伝えようとする内容と関連付けて整理するなど，実際のコミュニケーションにおいて活用できるように，効果的な指導を工夫すること。

(4) 現代の標準的な英語によること。ただし，様々な英語が国際的に広くコミュニケーションの手段として使われている実態にも配慮すること。

(5) 話すことや書くことの指導に当たっては，目的や場面，状況などに応じたやり取りや発表，文章などの具体例を示した上で，生徒がそれらを参考にしながら自分で表現できるよう留意すること。

(6) 中学校で身に付けた使い方を基礎として，辞書を効果的に活用できるようにすること。

(7) 生徒が発話する機会を増やすとともに，他者と協働する力を育成するため，ペア・ワーク，グループ・ワークなどの学習形態について適宜工夫すること。その際，他者とコミュニケーションを行うことに課題がある生徒については，個々の生徒の特性に応じて指導内容や指導方法を工夫すること。

(8) 生徒が身に付けるべき資質・能力や生徒の実態，教材の内容などに応じて，視聴覚教材やコンピュータ，情報通信ネットワーク，教育機器などを有効活用し，生徒の興味・関心をより高めるとともに，英語による情報の発信に慣れさせるために，キーボードを使って英文を入力するなどの活動を効果的に取り入れることにより，指導の効率化や言語活動の更なる充実を図るようにすること。

(9) 各単元や各時間の指導に当たっては，コミュニケーションを行う目的や場面，状況などを設定し，言語活動を通して育成すべき資質・能力を明確に示すことにより，生徒が学習の見通しを立てたり，振り返ったりして，主体的，自律的に学習することができるようにすること。

3 教材については，次の事項に留意するものとする。
(1) 教材は，五つの領域別の言語活動及び複数の領域を結び付けた統合的な言語活動を通してコミュニケーションを図る資質・能力を総合的に育成するため，各科目の五つの領域別の目標と2に示す内容との関係について，単元など内容や時間のまとまりごとに各教材の中で明確に示すとともに，実際の言語の使用場面や言語の働きに十分に配慮した題材を取り上げること。その際，各科目の内容の(1)に示す文法事項などを中心とした構成とならないよう十分に留意し，コミュニケーションを行う目的や場面，状況などを設定した上で，言語活動を通して育成すべき資質・能力を明確に示すこと。

taking learning activities.

(10) In the creation of the instructional plans and the implementation of the classes, cooperation from native speakers of English or members of the community who are proficient at English and, along with enhancing the instructional system, means will be devised regarding the instructional method.

2 In handling the content, consideration will be paid to the following items.

(1) Regarding the language activities specified in (1) related to the content of each of the courses, students will be instructed in a way in which students come into contact repeatedly with communication in meaningful contexts and instruction will not take the form of replacing English with Japanese or Japanese with English. Additionally, responding to the students' developmental stage, attention will be paid to items in which students will gain understanding of meaning by listening and reading, and to items in which students will be able to express themselves by speaking and writing.

(2) As a phonetic aid, attention will be paid to using phonetic symbols as required.

(3) In the instruction of grammatical items, based on the notion that grammar supports communication, consideration will be paid to not solely emphasizing grammatical accuracy excessively or focusing instruction on distinctions between wording and usage, and means will be devised for effective instruction that enables students to use real communication by organizing and relating it to the situations in which it will be used and the content that is intended to be conveyed.

(4) Instruction will be given in standard contemporary English. However, consideration will be paid to the actual situation in which many varieties of English are used widely internationally as a means of communication.

(5) In instruction in speaking and writing, attention will be paid to enabling students to express themselves using concrete examples of interactions, presentation, and essays that meet the demands of aims, situations, and circumstances as a reference.

(6) Students will become able to use dictionaries effectively using what they have learned in junior high school about how to use them as a foundation.

(7) Along with increasing the opportunities for students to speak, in order to foster the ability to cooperate with others, teachers will devise suitable study formations such as pair work and group work. At that time, regarding students who have tasks in which they will communicate with other students, teachers will devise instruction contents and instruction methods in response to the characteristics of the individual students.

(8) According to the attributes and abilities students need to master, the actual situation of students, the contents of the educational materials, and so on, audiovisual materials, computers, telecommunication networks, educational equipment and so on will be effectively used, and along with heightening students' interests and enthusiasms, in order to enable students to become accustomed to the transmission of information in English, through effectively incorporating activities in which English is input using a keyboard, efficiency of instruction and further enrichment of language activities will be undertaken.

(9) In the instruction of each unit and each hour, teachers will clearly establish the aims, situations, and circumstances of the communication that will take place, and by clearly indicating the attributes and abilities that should be nurtured through the language activities, students will become able to independently and autonomously study, predicting the study to come and reflecting on what has been learned.

3 Regarding teaching materials, attention will be paid to the following items.

(1) In order to comprehensively foster the attributes and abilities in communication through integrated language activities that bring together various domains as well as the language activities of each of the five separate domains, regarding the relationship between the content specified in Subsection 2 and the objectives of each course in each of the five separate domains, along with clearly specifying in each teaching material the unity of contents and hours such as units, teaching materials will include themes with sufficient care regarding the actual language used in the situations and the language functions. At that time, paying sufficient attention to not creating a structure that centers on the grammatical items specified in

(2) 英語を使用している人々を中心とする世界の人々や日本人の日常生活，風俗習慣，物語，地理，歴史，伝統文化，自然科学などに関するものの中から，生徒の発達の段階や興味・関心に即して適切な題材を効果的に取り上げるものとし，次の観点に配慮すること。

(ア) 多様な考え方に対する理解を深めさせ，公正な判断力を養い豊かな心情を育てるのに役立つこと。

(イ) 我が国の文化や，英語の背景にある文化に対する関心を高め，理解を深めようとする態度を養うのに役立つこと。

(ウ) 社会がグローバル化する中で，広い視野から国際理解を深め，国際社会と向き合うことが求められている我が国の一員としての自覚を高めるとともに，国際協調の精神を養うのに役立つこと。

(エ) 人間，社会，自然などについての考えを深めるのに役立つこと。

the contents of (1) of each course, setting the aims, situations, and circumstances of the communication to be conducted, the attributes and abilities to be fostered through the language activities will be clearly specified.

(2) Teachers will effectively adopt appropriate materials from the world in which English is used and Japanese people's daily lives, manners and customs, stories, geography, history, traditional culture, and natural sciences that are in line with the students' level of development, interests and enthusiasms, giving consideration to the following perspectives.

- a Materials that are useful in nurturing a deepening of the understanding of diverse ways of thinking, supporting a judgement ability that is fair and developing rich knowledge.
- b Materials that are useful in heightening interest in Japan's culture as well as the culture that serves as the backdrop to English, and supporting an attitude that seeks to deepen understanding of them.
- c Materials that, along with deepening international understanding through a wide outlook and heightening awareness of the student as a Japanese person living in an international society, are useful in supporting a spirit of international cooperation.
- d Materials that are useful in deepening thought regarding people, society, and the natural sciences.

英訳：ケイト・エルウッド

索　引

Action ステージ　169
Audience　55
Audio-Lingual Method　202
authentic-educational materials　35
BICS から CALP への比重移動　5, 6, 149
Can-do リスト　6, 24-25, 35, 105, 152
Can-Do 評価　72, 225
CEFR（セファール）　6, 25, 60, 154, 225
Check ステージ　169
CLIL（クリル）　75, 88, 209
Communicative Language Teaching　204
Community Language Learning　207
Content-driven（内容重視）　200
Do ステージ　167
Educational-materials　35
EFL　51
English Medium Instruction（EMI）210
ESL　53
ESP　213
　　──におけるジャンル　214
Focus on Form（F on F）　119, 120, 202, 226
Focus on Forms　120, 226
Focus on Meaning　120, 226
global errors　57
Grammar Translation Method　201
ICT　139
JET　73
J-POSTL　6, 22, 26, 75, 220
Language-driven（言語能力）　200
Learning-centered　i
local errors　57
Plan ステージ　166
Research ステージ　165
Task-Based Syllabus　208
TED　140
The Oral Method　203
The Suggestopedia　206

〈あ行〉
アウトプット　11
アクセシビリティ　97
アクティブラーニング　131, 193
足場　89, 225
アセスメント・リタラシー　106
新たな教育課題　23
暗示的知識　118
一貫性英語教育構想　4
異文化理解　127, 167, 226
インタラクション　12
インプット　11
英語教育ポータルサイト　41
オーバーラッピング　47
オーラル・インターアクション　85, 228
オーラル・イントロダクション　228
音韻認識能力（Phonological Awareness）　71, 162, 228
音素　70
音読　228

〈か行〉
外国語能力向上のための方策　152
外国語の授業観察の観点　175
概念・機能シラバス　79
外部テストの性格の違い　147
学習言語　92
学習指導要領　2, 24, 37, 51, 59, 61, 68, 74, 80, 96, 112, 218, 230
学習者の知性　16
学習者ビリーフ　18
学習者要因　16
学習方略　18
学習モデル　17
ガニュ，R.M.　188, 226
カリキュラム・マネジメント　165, 187, 227
観察の観点　175
観点別評価　181, 188
聞く時の速度　33
気づき　12
機能語　30
帰納的な教え方／授業形態（Inductive Teaching）　131, 227
技能統合型テスト　146
教育課程　228
教育実習心得　223
協学　89
協調学習　88
組み立て作業ライン型の学校　186
形式スキーマ　45
形成的評価　102
結果を得るための指導法　156
言語活動　153
言語熟達度の6段階　154
語彙　110, 115
語彙数　83, 112
行動主義　119
項目応答理論（Item Response Theory=IRT）　103, 227
合理的な配慮　75
国際語（国際英語論）　126, 227
言葉の文化的解釈　127
コミュニカティブ・ストレス　44
コミュニケーション・ストラテジー　74
コミュニケーション能力　4, 7, 49, 60, 212
　　──の育成　29, 53, 73, 80, 152, 170, 200, 227

〈さ行〉
錯乱肢　108
3観点　187
ジグソー法　90
思考力・判断力・表現力等　38
自己評価表　155
自己評価やピア評価による自律的学習者の養成　150
自己変容　128
視聴覚機器　139
自分の言葉で行うタスク　14
シャドーイング　47

ジャンル準拠指導　54
従来型教室モデル　186
授業研究　173, 226
授業デザイン　188
授業の振り返り　175
授業分析　173, 226, 227
熟達度判定テスト　102
ショウ・アンド・テル　47
情意フィルター　67
小-中-高を一貫した指導原理　7
シラバス　229
自律した学習者19
人工知能（AI）　100
診断テスト　102
真の能力値　103
スキーマ　40, 45, 92, 126, 181
スキーマ理論　37, 229
スピーキング評価のむずかしさ　148
正規分布　228
省察（reflection）　6, 20, 27, 173, 194, 225, 228
　　――を基軸とする方法　173
絶対評価　104
全体的尺度　154
選抜テスト　102
総括的評価　102, 190
相互交流的修正／対話的調整　46
相対評価　104
素点　102, 103

〈た行〉
ダイナミック・アセスメント　150
第二言語指導　13
対話型授業（dialogic talk）　91, 229
多角的に支援するツール　141
多重知能（MI）理論　209
タスク　181
妥当性　103, 148, 225, 229
　　――の種類　148
単語学習アプリ　116
談話標識　39
中央教育審議会　22
中央研修・中核教員研修　71
綴りと音声の関連　37
デジタル・ポートフォリオ　143
テスト作成のための Can-do リスト　105, 229
デリバリー　93
電子黒板　139
電子辞書　140
動機づけ　13
道具的動機づけ　17
統合的機能　61
統合的動機づけ　17
到達度判定テスト　102
ドナルド・ショーン　173, 225

〈な行〉
内容語　30
内容スキーマ　45
内容中心のアプローチ　187
21世紀型スキル　145
ニーズ分析　33
「認知」「行動」「感情」の3つの学習レベル　128

認知的負荷　147
認知プロセスの外化　193
能力記述文　153

〈は行〉
波及効果　105, 115
パタン・プラクティス　85, 228
発達障害　19
発達段階説　67
発話思考法　189
パフォーマンス評価　107
　　――と能力感の変遷　145
反転学習／反転授業　138, 189
ピア・レビュー（peer-review）　54
評価者間信頼性　148
フォニックス（Phonics）　71, 228
ブラウザ検索　116
プロソディー（prosody）　45
文化　125
　　――の構成要素　128
　　――の違い　126
　　――の学び方　128
　　――の見方　128
文化間コミュニケーション　125
文化相対主義　127
文化的，語用論的な語彙の知識　112, 225
文法・構造シラバス　78
ポートフォリオ（portfolio）　57
翻訳問題　107

〈ま行〉
学びに向かう力　164
明示的知識　118
メタ認知能力　20, 146, 228
メタ認知方略（metacognitive strategy）　5, 228
　　――の育成　5
メリルの「第一原理」　62
模擬国連　63
問題解決能力　200
問題間の依存性　148

〈や行〉
4技能・5領域　48, 82, 118, 134, 167

〈ら行〉
臨界期仮説　66, 228
ルーブリック　104, 156, 190
レシテーション／リプロダクション　47

〈わ行〉
ワーキングメモリ　113
ワードファミリー換算　111

［著者紹介］

アレン玉井光江　［理論編10・実践編8］
青山学院大学教授〈テンプル大学大学院教育学専攻／教育学博士〉
　専門分野：子どもの第二言語習得，リタラシー教育
　主な著作：『小学校英語の教育法―理論と実践』（大修館書店），『Story Tree』（小学館集英社プロダクション），『リタラシーを育てる英語教育の創造』（共著，学文社），New Horizon 1, 2, 3（東京書籍，編集委員）ほか
　主な活動等：日本児童英語教育学会理事

醍醐路子　［理論編11・実践編9・11・巻末資料2］
元青山学院大学非常勤講師〈文学士〉
　専門分野：応用言語学（指導と評価），一般言語学，人権教育
　主な著作：『提言　日本の英語教育〜ガラパゴスからの脱出〜』（光村図書出版，共著），『東京都英語教育開発委員会研究紀要』（東京都教育委員会），『国語力向上実践校研究紀要』（文部科学省），『東京都人権尊重教育研究開発実践校研究紀要』（東京都教育委員会），Educators of Japan（Routridge Encycropedia UK, 共著）ほか
　主な活動等：国際連合大学女性協会（UNUWA）ボードオフィサー，災害復興支援，途上国教育支援などのボランティア活動

飯田敦史　［理論編8］
群馬大学大学教育センター准教授〈ペンシルベニア州立インディアナ大学大学院博士課程修了／Ph.D. in Composition & TESOL〉
　専門分野：英語教育学，第二言語ライティング
　主な著作：Professionalizing Second Language Writing（共著），Asian English Language Classrooms（共著），Graduate Study in the USA（共著），国際学術雑誌 Assessing Writing, System, Qualitative Inquiry, Scientific Study of Literature　ほか論文

伊東弥香　［理論編7］
東海大学教授
　専門分野：英語教育
　主な著作：『英語教師の成長―求められる専門性〈英語教育学体系第7巻〉』（大修館書店，共著），『英語と開発』（春風社，共訳），「英語科教員養成における教育実習の意味と意義―非教員養成系・私立大学の教職履修生の省察を通して」『東海大学課程資格教育センター論集 第16号』（東海大学）ほか

伊藤泰子　［実践編2］
神田外語大学英米語学科教授・同大学院 TESOL Program 講師〈スタンフォード大学 MA，ジョージタウン大学 MS，ハワイ大学マノア校 Ph.D 取得〉
　専門分野：第二言語習得，英語音声学
　主な著作：『日本の英語教育の今，そして，これから』（開拓社，共著），『NEW ONE WORLD Communication Ⅰ〜Ⅲ ワークシート・評価問題集』（教育出版，共同執筆）ほか

ケイト・エルウッド　［巻末資料4英訳］
早稲田大学商学部教授〈アメリカ・マサチューセッツ州出身，ペンシルベニア大学留学生として国際基督教大学編入，同大学卒業，日本企業勤務を経て，コロンビア大学ティーチャーズ・カレッジ英語教授法修士課程修了〉
　主な著作：「Cultural Conundrums」The Japan News（元 The Daily Yomiuri）コラム連載中，One Mother, Two Mother Tongues（NHK 出版），Takes and Mistakes（NHK 出版），Getting Along with the Japanese（アスク），Say It with Skill（南雲堂）ほか
　主な活動等：「基礎英語」ほか NHK 英語講座出演，原案執筆・英文校閲（1986年〜）

菊池尚代　［理論編9・実践編14］
青山学院大学地球社会共生学部教授〈國學院大學・青山学院大学（学士），テンプル大学大学院 TESOL（M. Ed.）〉
　専門分野：英語教育学，メディア・リテラシー，教育方法論
　主な著作：Issues of English Medium Instruction in the context of Japan's tertiary education『地球社会共生論集』（青山学院），Students' perceptions of online apprenticeship projects at a university（EURO CALL）ほか
　主な活動等：ニッポン放送編成局制作部勤務，ビジネス・ブレークスルー大学院大学，豪 Bond 大学院 MBA プログラム企画・コーディネーター，JACET 関東支部研究企画委員

木村松雄　［理論編1・実践編14］
青山学院大学文学部英米文学科・大学院専攻科教授
　〔編著者紹介〕参照

木塚雅貴　［理論編12・実践編10・14］
京都府立医科大学教授〈英国エセックス大学大学院，東京大学大学院教育学研究科修了〉
　専門分野：教員養成・教師教育（専門職養成教育），授業研究，教育方法・実践研究
　主な活動等：2005-2006年ロンドン大学 Institute of Education 研究員。現在インドネシア教育大学・インドネシア Sarjanawiyata Tamansiswa University 客員教授併任。世界授業研究学会 International Journal 編集委員

松本佳穂子　［理論編15・実践編6］
東海大学教授〈米国コロンビア大学で文学修士，教育学修士号（応用言語学），東京工業大学で学術博士号（教育工学）取得〉

専門分野：教育評価学，とくにライティングの指導と評価，社会言語学。
主な著作：数種類の高校検定教科書執筆
主な活動等：大学英語教育学会テスト研究会，日本言語テスト学会など役員・運営委員歴任，異文化理解教育の方法と評価に関する数種類のプロジェクト参画

宮本智明　［実践編12］
香川県立三木高等学校教諭〈ニューヨーク州立大 TESOL, EdM，アリゾナ州立大 TESOL Certificate 取得〉
主な活動等：高松第一高等学校ほかで SELHi 事業担当，高松桜井高等学校で「学び方探究」プロジェクト企画推進

佐野富士子　［理論編2・実践編14］
常葉大学外国語学部特任教授〈横浜国立大学教育人間科学部教授・東京学芸大学大学院連合学校教育学研究科教授歴任〉
主な著作：『SLA 研究と外国語教育—文献紹介』（リーベル出版，編集責任者），『文献から見る第二言語習得研究』（開拓社），『第二言語習得と英語科教育法』（開拓社）
主な活動等：1995年 JACET 内に JACET SLA 研究会設立，研究会代表，JACET, AAAL など発表

下山幸成　［理論編14・実践編5］
東洋学園大学教授〈修士（英語教育）〉
専門分野：英語教育学・教育工学・CALL・MALL・ICT 活用と自律学習
主な著作：「第3章 CALL 教授法，デジタルコンテンツとマルチメディア教材」見上晃・西堀ゆり・中野美知子編『英語教育におけるメディア利用（英語教育学体系第12巻）』（大修館書店，共著），「外国語教育におけるアクティブラーニング」『外国語教育研究』No.19（外国語教育学会）
主な活動等：外国語教育メディア学会（LET）理事，大学英語教育学会（JACET）理事

塩澤　正　［実践編3］
中部大学人文学部教授〈MA〉
専門分野：言語習得と文化（環境）の関係，「国際英語論」の授業への応用
主な著作：『英語教育と文化』（大修館書店，共編著），『国際英語論で変わる日本の英語教育』（くろしお出版，共編著），『現代社会と英語』（金星堂，共編著），*Global Activator*（金星堂，共著），『私たちの異文化体験』（大修館書店，編著）ほか

高田智子　［理論編6・実践編7］
清泉女子大学文学部英語英文学科教授・同大学院人文科学研究科教授〈お茶の水女子大学（学士），ボストン大学大学院（M. Ed.），ニューヨーク大学大学院（Ph. D.）〉
専門分野：日本の英語教育への CEFR の適用，教材開発
主な著作：*English Profile Studies 6*（Cambridge University Press，共著）
主な活動等：関東甲信越英語教育学会副会長，全国英語教育学会理事，NHK ラジオ「基礎英語2」講師（2018年～）

竹蓋順子　［実践編1］
千葉大学国際未来教育基幹教授〈千葉大学大学院自然科学研究科博士後期課程修了／博士（学術）〉
専門分野：英語教育学，とくに語彙とリスニングの関連分野
主な著作：リスニング教材「三ラウンド・システムに基づいた CALL 教材」『Listen to Me!』シリーズ
主な活動等：語彙教材の制作・効果検証，発表語彙を習得するためのスマーフォン用アプリの開発

寺内　一　［実践編15］
高千穂大学学長・商学部教授〈慶應義塾大学（学士），ウォーリック大学大学院（PhD）〉
専門分野：English for Specific Purposes (ESP)，法文化論
主な著作：『ビジネス・ミーティング英語力』（朝日出版社，監修），*A New Approach to English Pedagogical Grammar*（Routledge，共著）
主な活動歴：一般社団法人大学英語教育学会会長，Journal of Asia TEFL 査読委員

辻るりこ　［理論編3・実践編13］
和洋女子大学国際学部英語コミュニケーション学科助教〈修士（英語教育学）〉
専門分野：学習者要因，英語協働学習，自律学習
主な著作：「協働的な学習者たちの学び—TOEFL チュータープログラムでの英語学習者たち（チューターを探る）」青山学院大学文学部『紀要』第58号，pp.87-102ほか

山口高領　［理論編4・実践編4］
秀明大学学校教師学部講師〈修士（英語教育）〉
専門分野：英語教師教育・語彙指導方法・動画像を用いた英語指導方法
主な著作：文部科学省検定教科書 *Perspective English Expression I・II, Attainable Expression I・II*（第一学習社，編集委員）

山崎　勝　［理論編13］
埼玉県立和光国際高等学校教諭
主な著作：『CLIL GLOBAL ISSUES　英語で学ぶ国際問題』（三修社，共著）
主な活動等：一般財団法人語学教育研究所理事，日本 CLIL 教育学会（J-CLIL）理事，国際教育研究所理事

[編著者紹介]

木村松雄
青山学院大学文学部英米文学科・大学院専攻科教授
（英語教育学：方法論・評価論・言語政策論）。

青山学院大学文学部英米文学科卒業（文学士），国立兵庫教育大学大学院学校教育研究科（教育学修士）。東京大学教育学部附属中高等学校文部教官教諭・東京大学教育学部講師を経て現職。大学英語教育学会（JACET）本部理事・関東支部長，文部科学省高等教育局大学設置審議委員会審議委員（外国語），文部科学省SEL-Hi運営指導委員，東京都庁英語教員海外派遣事業審査委員，東京都「英語村（Tokyo Global Gateway）」事業審査委員，全英連全国高等学校英語スピーチコンテスト審査委員，NHKラジオ講座「基礎英語1」講師，青山学院大学総合研究所人文科学研究部長，青山学院英語教育研究センター所長等歴任。『英語教育学大系第2巻 英語教育政策』（共編著）大修館書店，『応用言語学辞典』（共著）研究社，『青山学院4-4-4一貫制英語教育構想』（監修）学文社，学校法人青山学院『SEED BOOKS』全12巻（監修）アルクなど。

新しい時代の英語科教育法
──小中高を一貫した理論と実践

2019年4月15日　第1版第1刷発行
2022年1月30日　第1版第2刷発行

編著　木村　松雄

発行者　田中千津子

発行所　株式会社　学文社

〒153-0064　東京都目黒区下目黒3-6-1
電話　03（3715）1501（代）
FAX　03（3715）2012
http://www.gakubunsha.com

©MATSUO KIMURA 2019

印刷　新灯印刷株式会社

乱丁・落丁の場合は本社でお取替えします。
定価はカバーに表示。

ISBN 978-4-7620-2861-8